Q&A
外国法人
所得課税
の実務

税理士
遠藤 克博

清文社

はしがき

　渡辺京二さんが書かれた『逝きし世の面影』という本には、江戸時代末期から明治初期にかけて、日本の地方を旅した外国人の目に映ったありのままの日本の庶民の姿が描かれています。貧相な体格、貧しい家や家具調度、粗末な食べ物……、「不潔で野蛮な民族」という印象を持ったであろうと予想する読者はまったく予想を裏切られます。

　互いを尊重し、弱いものをいたわり、貧しさの中にも礼節と清潔を保ち、小さな喜びを見出して笑顔に満ちてゆったりとした生活をおくる小柄でやせた心優しい日本人のファンになって、旅人の多くが帰国していったようです。

　明治維新、何度かの戦争を経て、焦土と化した国土を復興させ世界第二の経済大国に発展した日本は、今、未曾有の大震災からの復興に立ち向かっています。

　人口に比して狭い国土、天然資源やエネルギー、食料といった国民生活に不可欠な「物資」が自給できないという宿命を背負って、日本経済を支え続けてきた先人は、勤勉さや礼節、柔軟性やサービス精神といった優れたソフトを活かすことで降りかかる困難に打ち勝って、今日の豊かさを今の人々に引き継いできました。そこには、外国との交易があり、日本企業が海外へ出て行き、あるいは、外国の企業が日本に進出してきて、日本経済のダイナミックな発展と多様性が培われてきたのだと思います。

　わが国は、戦後近代的な税制とされる申告納税制度を採用し、企業や個人事業者等の協力に支えられた源泉徴収制度も効率的に機能して、直接税の納税道義は高い水準で維持発展してきました。

　筆者は、1990年から2年間英国での在外勤務の機会を持ちました。当時、英国は賦課課税制度を採用しており、任意の税務調査は文書による確認が主で、調査官が企業に臨場して資料の検査や質問を行うケースは査察事案を除けばあまり実施されていない時代でした。税務に関する仕事に携わっていた

筆者は、日本と英国の税制と執行の実状の違いに当惑するとともに、まったく新しい世界を垣間見た驚きを覚えました。外国に住んで、国の外から日本の税制や執行の実態を見てみると、日本では当然と思っていたことが、他の国では当然のことではないことがわかってきます。現在、世界各国に駐在して、経済取引の渦中に身を置くビジネスマンや会計・税務の専門家も同じような思いを肌で感じているのではないでしょうか。

　国際税制といわれる国内法の導入の歴史をたどってみると、1953（昭和28）年に外国税額控除制度、1978（昭和53）年にタックスヘイブン対策税制、1986（昭和61）年に移転価格税制、そして1992（平成4）年に過少資本税制となっています。租税回避の否認を念頭に置いた制度の整備と執行は、いまだ30年間の歴史しかないことがわかります。

　この30年の間に、国税庁の組織の中で国際課税を担当する部署は飛躍的に充実してきました。国際取引調査を担当する国際税務専門官は、30年前には大企業調査を担当する部署にわずか数名が配置されている程度でしたが、現在では、各国税局の課税部、調査部、査察部等はもちろん、主要税務署にも配置されています。不服申立手続を担当する部署や相互協議を担当する部署への人材の配置も行われ、移転価格の事前確認といった行政サービスを担当する部署も充実しています。人員配置の充実は、投下した資源と施策の効果が行政効率として評価され、これを反映したものと推測されます。国税庁が報道発表している年間の調査事績には国際取引調査で把握された申告漏れ所得金額が、法人税調査全体で把握された申告漏れ所得金額の約40％に上ることが示されています。

　「外国法人所得課税の実務」は、租税回避否認規定の適用という内国法人の特定取引に係る問題ではなく、外国法人が日本でビジネスを行う場合に直面する課税問題や手続きを取り扱う領域で、裏返せば、内国法人が外国でビジネスを行う場合に直面する課税問題や手続きに通じる領域です。したがって、日本に拠点を設けて事業を行う企業や海外に拠点を設けて事業を行う企業にとって、基本事項として認識しておくべき課税の仕組みを取り扱う領域

といえます。

　国内法に対して国際法という用語法がありますが、条文規定がある国際法の典型として二国間租税条約が挙げられます。二国間租税条約の条文のほとんどは、各締約国間の課税権の配分、二重課税排除のための規定が占めています。国際税務の実務を念頭に、日本国内から国際課税の歴史を振り返ってみると、30年前くらいまでぼんやり見えてくる程度かもしれません。視点を変えて、主要先進国から国際課税の歴史を振り返ってみると100年、200年にわたる試行錯誤の姿が見えてくるのでしょう。その歴史を映し出したものが租税条約であるといえそうです。

　わが国に支店等を有する外国法人の数は約5,800社ともいわれますが、外国法人課税の問題は、恒久的施設の有無の問題とともに所得の種類と所得源泉地の判定の問題が複合的に関連して、取引当事国に双方向で課税関係が生じうる領域であるといえます。国内法である租税回避否認規定の理解を了した専門家の皆さんには、ぜひ、さらに広い国際課税の世界に一歩踏み出していただきたいと思います。本書が、そのガイドポストのひとつとなれば幸いです。

　本書の執筆に当たり、税理士の山内利文氏に貴重な助言をいただきました。また、清文社編集部の永見・宮﨑の両氏には、豊かな経験に裏づけられた執筆上の助言を通して完成までの道案内をしていただきました。心から感謝申し上げます。

平成24年9月

税理士　遠藤　克博

Contents

目次

第1章　外国法人の納税義務

第1節　外国法人の納税義務と内国法人の納税義務の相違点— 3

   1　内国法人と外国法人の区分　3

   2　外国法人の納税義務　5

   3　外国法人の納税地　6

   4　国内源泉所得に係る所得金額の計算　7

   5　外国で導管として扱われる事業体の納税義務
     （事業体の性質決定）　9

●外国法人の設置に伴う諸手続に関するQ&A …………15

   Q1　外国法人所得課税の構成要素　15

   Q2　外国法人の事業年度　16

   Q3　みなし事業年度　17

   Q4　本店で組織再編があった場合のみなし事業年度　18

   Q5　外国法人特有の事情から認められている
      申告期限の延長　20

   Q6　投資事業有限責任組合の事務所は、
      外国法人組合員のPEか　21

第2節　外国法人の恒久的施設　　26

1　事業所得とPE　26
2　PE（恒久的施設）　27
3　導管事業体等への租税条約の適用上の留意点　34

●恒久的施設（PE）に関するQ&A　46

Q7　1号PEに含まれない場所　46
Q8　1号PEの租税条約における解釈　48
Q9　2号PEの租税条約における解釈　50
Q10　3号PEの租税条約における解釈　52
Q11　電子商取引とPE　54

第3節　所得の源泉性──国内源泉所得　　56

●国内源泉所得と源泉性の判断に関するQ&A　59

Q12　国内源泉所得の区分　59
Q13　国内源泉所得の納税方式　60
Q14　PEの区分と課税所得の範囲　63
Q15　事業所得（1号所得）　66
Q16　資産の運用または保有による所得（1号所得）　68
Q17　資産の譲渡により生ずる所得（1号所得）　70
Q18　その源泉が国内にある所得（1号所得）　71
Q19　PEを有しない外国法人の申告納税対象所得　72
Q20　人的役務提供事業の対価（2号所得）　74
Q21　租税条約における人的役務提供事業の対価　78
Q22　免税芸能法人等に対する源泉徴収と還付手続　80

Q23　租税条約における不動産等の賃貸料　82

Q24　船舶もしくは航空機の貸付けによる
　　　対価（3号所得）　84

Q25　租税条約における利子所得　86

Q26　国内において業務を行う者に対する
　　　貸付金の利子（6号所得）　88

Q27　貸付金に準ずるもの　89

Q28　租税条約における貸付金の利子　90

Q29　使用料等（7号所得）　93

Q30　権利の譲渡対価・権利金と
　　　使用料等所得の関係　95

Q31　人的役務提供の対価と使用料等の
　　　複合する取引　96

Q32　匿名組合契約に基づく
　　　利益分配所得（11号所得）　97

新しいビジネスモデルへの課税の検討に関するQ&A　102

Q33　匿名組合の非居住組合員の納税義務　102

Q34　インターネットによる物品販売事業　105

Q35　放送事業・出版事業等の広告料　110

Q36　不良債権の買取り、債権回収・処分ビジネス　111

Q37　デット・アサンプション　113

Q38　ローン・パーティシペーション　115

Q39　オプション取引　118

Q40　クロスライセンス契約のロイヤリティ　119

国際金融取引実務に関するQ&A　　　121

　　Q41　本店等に支払う外部調達金利の損金性　121

　　Q42　米国（所得源泉地）において香港本店法人が
　　　　CFC課税（被支配外国法人課税）を受けている
　　　　場合の所得の内外区分　124

　　Q43　グローバルトレーディングに係る
　　　　国内源泉所得の計算　127

第2章　課税方式と所得計算

第1節　申告を要する所得と源泉徴収される所得────133

　　1　外国法人の国内源泉所得に係る法人税の申告
　　　と源泉徴収　133

　　2　外国法人の法人税の課税所得金額の計算　133

　　3　本店からの配賦経費　136

　　4　各事業年度の所得に対する法人税の税率　144

●国内源泉所得の金額の計算に関するQ&A…………149

　　Q44　無形資産の移転を前提とする
　　　　外国法人株式の取得　149

　　Q45　事業所得及び資産運用等の所得とその他の所得
　　　　の関係　151

　　Q46　国内及び国外の双方にわたって事業を行う
　　　　外国法人の国内源泉所得の計算　155

Q47 国内において譲渡を受けたたな卸資産を、国内において製造等をしないで、国外で譲渡する場合の国内源泉所得の金額　159

Q48 広告、宣伝のみを行う外国法人の国内源泉所得　160

Q49 外国法人が日本支店を通じて、国外の企業や個人に金銭の貸付けを行う場合の納税義務　160

Q50 日本支店に移送されたたな卸資産の帳簿価額　161

Q51 日本支店が台湾支店から移管した減価償却資産の税務処理　162

Q52 損金不算入役員給与等　163

Q53 寄附金の損金不算入額　166

Q54 交際費等の損金不算入額　169

外国法人が関係する企業組織再編への課税に関するQ&A　171

Q55 三角合併における課税の繰延の可否　171

Q56 三角合併で交付される国内事業管理親法人株式と課税繰延　173

Q57 国内事業管理親法人株式の管理替えを行った場合の「みなし譲渡」　175

Q58 国内事業管理親法人株式の交付に伴う手続き　177

Q59 外国法人日本支店が行う現物出資　178

租税回避否認規定の外国法人への適用に関するQ&A　180

Q60 米国法人日本支店と香港法人との移転価格問題　180

Q61 過少資本税制の課税リスク　182

Q62 過大支払利子税制　188

本店配賦経費の損金性に関するQ&A　　　　　　　　　193

Q63 国内源泉所得に関連する本店配賦経費　193

Q64 本店配賦経費の計算の合理性を説明する資料　195

第2節　外国法人の所得税の源泉徴収───────197

1　外国法人の国内源泉所得に係る源泉徴収　197

2　外国法人への支払に係る源泉徴収の留意事項　199

3　源泉徴収税率　203

4　租税条約の「特典条項」の適用　207

●各種国内源泉所得と課税方式に関するQ&A　………215

Q65 課税方式検討の手順　215

Q66 外国法人の国内源泉所得に係る源泉徴収義務　217

Q67 任意組合からの利益の配分に係る源泉徴収　218

Q68 PEを有しない投資組合契約の組合員とされる
　　 特例　221

Q69 土地等の譲渡対価の源泉徴収　222

Q70 人的役務提供事業の対価の租税条約上の取扱い　225

Q71 船舶または航空機の貸付けによる対価の
　　 租税条約上の取扱い　228

Q72 裸用船（機）契約の具体的判定　230

Q73 利子所得について、租税条約の取扱いで
　　 留意すべき事項　231

Q74 配当所得について
　　 租税条約の適用上留意すべき事項　233

Q75 貸付金の利子に関して、
租税条約の取扱いで留意すべき事項　234
Q76 使用料等所得の定義　237
Q77 「使用料等」の対象となる資産は
登録された権利か　238
Q78 特別の技術による生産方式等　239
Q79 国内において業務を行う者から支払われる
使用料　240
Q80 「使用料等」と権利の使用許諾取引及び
権利の譲渡取引の関係　241
Q81 図面、人的役務等の提供の対価は使用料等か　242
Q82 使用料とともに発生する費用の対価の
源泉徴収　243
Q83 技術等の資産の現物出資と使用料条項の関係　244
Q84 使用料等所得に関する租税条約上の
源泉性判断基準　245
Q85 工業所有権等の譲渡益と使用料等所得　247

第3章　申告・納税・諸手続

第1節　法人税の申告 ——————————— 251

1　確定申告　251
2　中間申告　252

第2節　外国法人とわが国の地方税 ———————— 257

　　1　地方税の納税義務　257
　　2　法人住民税　257
　　3　法人事業税　258

第3節　諸届出 ———————————————————— 261

　　1　外国普通法人となった旨の届出書　261
　　2　必要に応じて行う届出　266
　　3　申告期限の延長の特例の申請書　267

第4節　国際的な二重課税の排除——相互協議手続 — 271

　　1　相互協議の対象　271
　　2　相互協議の現状　272
　　3　相互協議の合意が困難な現状　273

●相互協議・情報交換に関するQ&A ……………275

　Q86　国際的二重課税の発生形態　275
　Q87　相互協議の申立窓口　278
　Q88　相互協議申立の期限　278
　Q89　相互協議の申立と不服申立　279
　Q90　相互協議申立上の留意事項　281
　Q91　中国子会社への技術者派遣と
　　　　PE認定課税リスク　281
　Q92　租税条約に基づく情報交換制度　282
　Q93　タックスヘイブンの国、地域とも情報交換が可能　285

第4章　税務調査

第1節　税務調査の基本事項　　289

1　官職名で税務調査の種類が分かる　289
2　どのような会社が
　　税務調査の対象として選定されるか　291

第2節　質問検査権　　295

1　税務調査で「できること」「できないこと」　295
2　調査する「必要があるとき」というのは
　　誰が判断するのか　296
3　誰に対して調査ができるか　297
4　反面調査の必要性　300
5　何を調査できるか　301
6　調査官がしなければならないこと　301

●金融機関の税務調査に関するQ&A　　303

Q94　外国銀行の税務調査　303
Q95　業務関連部署のスタッフへのヒアリング　304
Q96　外国証券会社の税務調査　307

 **外国法人に関する法令等・税務関係書類一覧**

1　外国法人の商業登記関連法令　313
2　外国における組織再編成に係る
　　我が国租税法上の取扱いについて（目次）　314
3　外国普通法人となった旨の届出書（法法149）　315
4　源泉所得税関係申告書　319
5　投資組合等の外国組合員に関する申告書　324
6　租税条約に関する届出書の提出（源泉徴収関係）　329
7　租税条約に基づく限度税率一覧表　355
8　租税条約における特典条項規定　363
9　租税条約における情報交換規定　374
10　日本が締結した租税条約の概要一覧　385

索　引──────────────────417

本書にて掲載しているOECDモデル租税条約の訳文は、川端康之監訳『OECDモデル租税条約 2010年版』（日本租税研究協会、2011年）から引用しています。

本書の使い方

　本書は、実務の役に立つことを最優先のテーマとしています。

　初めて国際税務の本を開く方のためにも、最初に国際税務の中の「外国法人所得課税」の位置づけを確認しておくことにします。
　税務の出発点はまず**納税義務者**を認識することから始まります。国際税務を納税義務者という視点から分類すると、大きく次の２つに分類できます。
① **居住者・内国法人が**外国の取引先と行う経済活動に係る税務と居住者・内国法人が海外へ進出して行う経済活動に係る税務
② **非居住者・外国法人が**日本の取引先と行う経済活動に係る税務と非居住者・外国法人が日本に進出して行う経済活動に係る税務

　本書の中で検討される問題は、主として②に分類される税務に関するものですが、日本企業が外国に進出して直面する課税問題（①の税務）は、②の税務問題を解明するのと同じような検討プロセスをたどります。したがって、本書において解説される検討プロセスは、①の税務にも示唆を与えるものと考えます。
　外国法人には、法人税、所得税のほかに消費税や地方税など様々な税が課されますが、本書では、主として法人税と源泉所得税に焦点を当てて検討することとしました。
　日ごろ日本企業の税務に関する仕事をしている専門家の中で、「外国法人の法人税について教えていただけますか」という依頼があった場合に、「何なりとご質問ください」と応えられる方はそれほど多くはないように思われます。
　その理由は、大学や大学院の講義や専門学校の授業であまり触れない領域が「外国法人の納税義務」であり、実務においても、外国法人の税務を担当

している専門家以外は常日ごろ直面しない問題であるからだと思います。

一方、外国法人が日本に支店を設置して事業を行うに当たってアドバイスを求めるケースや、内国法人の取引先に外国法人があり取引関係の中に外国法人課税の問題が発生するケースがあります。また、内国法人が外国に支店形態で進出する場合には、現地において外国法人課税の問題が生じます。そういう意味では、「外国法人の納税義務」の問題は、無関係の領域だったのではなく、皆さんが当事者として関与しなくて済んでいた領域であったのではないでしょうか。

本書は、これから「法人の納税義務」を学習する方、ならびに今までは「内国法人の納税義務」のみを学習してきたが「外国法人の納税義務」もレパートリーに加えようとする方を念頭に、わかりやすさと実務での利便性を重視して内容を構成することとしました。

税法の学習では、税法の条文に当たるのが大切です。法人税法では、**第1編「総則」**に外国法人の定義等の条項が設けられており、さらに**第2編に「外国法人の法人税」**が規定されています。そこには、外国法人特有の納税義務が規定されているのです。「内国法人の納税義務」と「外国法人の納税義務」の異なる点を概観し、その後に、外国法人の課税所得の計算等について、個別の仕組みを検討する手順を踏むこととして、「内国法人の納税義務」の実務を経験済みの方にとって理解しやすい構成となるよう心掛けました。

【凡　例】

■法令等の略記

民	民法
会	会社法
商登	商業登記法
投	投資事業有限責任組合契約に関する法律
法法	法人税法
法令	法人税法施行令
法規	法人税法施行規則
法基通	法人税基本通達
所法	所得税法
所令	所得税法施行令
所基通	所得税基本通達
措法	租税特別措置法
新措法	平成25年4月1日から施行される租税特別措置法
措令	租税特別措置法施行令
新措令	平成25年4月1日から施行される租税特別措置法施行令
措規	租税特別措置法施行規則
措通	租税特別措置法関係通達（法人税編）
金商法	金融商品取引法
地法	地方税法
地令	地方税法施行令
実施特例法	租税条約等の実施に伴う所得税法、法人税法及び地方税法の特例等に関する法律
実施特例省令	租税条約等の実施に伴う所得税法、法人税法及び地方税法の特例等に関する法律の施行に関する省令
OECDモデル租税条約	OECD所得と財産に対するモデル租税条約
PE	恒久的施設（Permanent Establishment）

■条数等の略記

法法67①②	法人税法第67条第1項及び第2項
法基通20－1－13	法人税基本通達20－1－13

*1　法令、通達等の引用については、省略している部分があります。
　2　本書の内容は平成24年5月末日現在の法令、通達によっています。

第 1 章
外国法人の納税義務

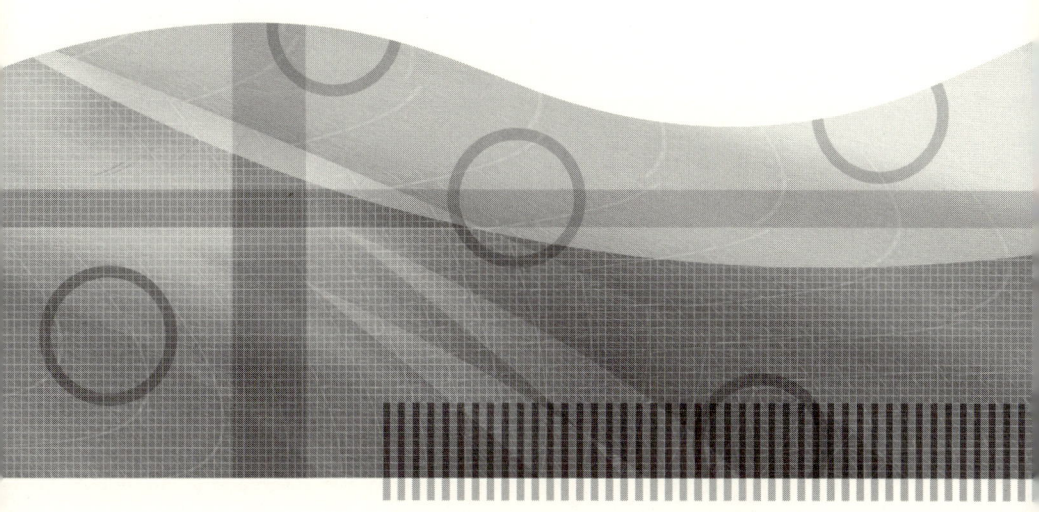

第1節 外国法人の納税義務と内国法人の納税義務の相違点

① 内国法人と外国法人の区分

　「内国法人」とは、国内に本店または主たる事務所を有する法人を指しますが、「外国法人」は、内国法人以外の法人をいうと定義づけられています（法法2三・四）。言い換えれば、国内に本店または主たる事務所を持たない法人が外国法人です。

> **実務上の留意点**　**外国法人の納税義務は登記の有無にかかわらず認定される**
>
> 　わが国の会社法では、外国の法令に準拠して設立された会社を「外国会社」とすると規定されています（会2二）。そして、外国会社は「外国会社」として登記所に登記すべきこととされています（会933、民36、商登129。巻末 参考資料1参照）。登記所に行けば外国法人であるか否かがわかるわけですが、登記をせずに日本国内で事業を行っている外国法人もありますので、納税義務のある「外国法人」＝「登記されている外国会社」というわけではないようです。

　わが国では、本店または主たる事務所の所在する地をもって内国法人であるか外国法人であるかの判断を行っていますが（「本店所在地主義」）、国によっては、その法人の業務の管理及び支配がどの国において行われているかにより納税義務者としての法人の居住性を決定する「管理支配地主義」を採用している国もあります。例えば、1988年まで英国は管理支配地主義を採ってい

ましたが、1988年に管理支配地主義と本店所在地主義を併用する方式に変更しました。

> **実務上の留意点** 　**双方居住法人の居住性判定は租税条約で**
>
> 　「居住性」の判断は、内国法人として課税を受けるのか、外国法人として課税を受けるのかという極めて大きな取扱いの違いを生じさせます。居住性の判断基準が国によって異なると、租税条約の適用に当たり、両締約国にとって内国法人であるといういわゆる「双方居住法人」の問題も発生します。このようなケースを想定して、二国間租税条約では、「双方居住法人」とされる場合に、どのように租税条約を適用するかを次のように規定しています。
> 　（注）国名の後の括弧内の数字は、日本と当該国間の租税条約の条数を示します。
> イ　本店の所在地国等を居住地国とすると規定した条約例
> 　　アイルランド（4③）、イスラエル（4③）、ヴェトナム（4③）、オランダ（4③）、韓国（4③）、サウジアラビア（4③）、ザンビア（3③）、スイス（4③）、スウェーデン（4③）、スロバキア（4③）、チェコ（4③）、中国（4③）、デンマーク（4③）、ハンガリー（4③）、フィンランド（4③）、ブルガリア（4④）、ポーランド（4③）、ルーマニア（4③）、ルクセンブルク（4③）
> ロ　両国間の協議によりどちらかの居住地国に振り分けることとしている条約例
> 　　米国（4④）、英国（4③）、イタリア（4②）、インド（4②）、インドネシア（4②）、オーストラリア（4③）、カザフスタン（4③）、カナダ（4②）、旧ソ連（1③）、クウェート（4②(d)）、シンガポール（4③）、スペイン（4③）、タイ（4②）、ドイツ（4②）、トルコ（4③）、ノルウェー（4③）、パキスタン（4③）、バングラディシュ（4②）、フィリピン（4②）、ブラジル（3②）、フランス（4③）、ブルネイ（4③）、ベルギー（4②）、香港（4③）、マレーシア（4③）、南アフリカ（4③）、メキシコ（4③）
> ハ　居住地国の振り分けの規定がない条約例
> 　　エジプト、オーストリア、スリランカ、ニュージーランド

② 外国法人の納税義務

　外国法人は、国内源泉所得を有するとき、法人課税信託の引受けを行うときまたは退職年金業務等を行うときは、法人税を納める義務があると規定されています（法法4③）。

　内国法人については、国内源泉所得のみならず国外源泉所得も課税対象となりますので、この点が大きな違いといえます（法法4①）。

　外国法人の課税所得の範囲については、法人税法141条に規定する外国法人の区分に応じて、課税対象となる国内源泉所得について、各事業年度の所得（Q12参照）に対する法人税が課されると規定されています（法法9①）。また、人格のない社団等に該当する外国法人については、国内源泉所得に係る所得のうち収益事業から生じた所得についてのみ法人税が課されると規定されています（法法9②）。

> **実務上の留意点　内国法人は全世界所得課税、外国法人は国内源泉所得に課税**
>
> 　わが国の所得課税では、居住者と内国法人は無制限納税義務者として全世界所得に対して課税する方式を採用しています。これに対して、非居住者と外国法人については、国内源泉所得（本章3節参照）についてのみ課税を行う制限納税義務者としています。このような課税原則は、租税高権を持った国家が選択できる最も重要な制度上のポリシーといえます。
>
> 　ここで留意すべきことは、「全世界所得課税方式」は世界共通の方式ではない、ということです。居住者や内国法人に対して「国外所得免除方式」を採用する国や地域もあります。

③ 外国法人の納税地

外国法人の納税地は、次の区分に応じて規定されています(法法17、法令16)。

① 国内に**恒久的施設**（以下、PE）を有する外国法人（本章2節❷参照）

　その外国法人が、国内において行う事業に係る事務所、事業所その他これらに準ずるものの所在地（これらが2以上ある場合には、主たるものの所在地）

② 国内にPEを有さない外国法人で、不動産の貸付け等の対価（船舶または航空機の貸付けによるものを除く）を受けるもの

　当該対価に係る資産の所在地（その資産が2以上ある場合には、主たる資産の所在地）

③ ①及び②以外の外国法人

　イ　①及び②の外国法人が、これらの取扱いに該当しなくなった場合

　　その該当しないこととなった時の直前において納税地であった場所

　ロ　イの場合を除き、外国法人が国に対して法人税に関する法律の規定に基づく申告、請求その他の行為をする場合

　　その外国法人が選択した場所（これらの行為が2以上ある場合には、最初にその行為をした際選択した場所）

　ハ　イ及びロ以外の場合

　　麹町税務署の管轄区域内の場所

③に該当する外国法人には、「株式等の買集めによる譲渡等」（事業譲渡類似株式の譲渡、法令187①三）を行った日本国内にPEを有しない外国法人などが含まれます。

国内源泉所得に係る所得金額の計算

　外国法人の課税標準となる国内源泉所得の金額の計算については、法人税法142条に包括的な規定が置かれており、基本的には、政令（法令188）で定めるところにより、内国法人の計算規定が準用されています。その規定を次に示すこととします。

■ 準用する規定

　一部の規定を除き、法人税法2編1章1節2款から9款及び11款まで（内国法人の各事業年度の所得の金額の計算）が、準用されます。除かれる規定とともに示したものが次の図表です。

準用される規定(法人税法2編1章1節)	
2款	各事業年度の所得の金額の計算の通則
3款	益金の額の計算
4款	損金の額の計算

除かれる規定		
3款	23条の2	外国子会社から受ける配当等の益金不算入
	25条の2	受贈益の益金不算入
4款	33条5項	資産の評価損の損金不算入等
	37条2項	寄附金の損金不算入
	39条の2	外国子会社から受ける配当等に係る外国源泉税等の損金不算入
	46条	非出資組合が賦課金で取得した

					固定資産等の圧縮額の損金算入
				57条2項	青色申告書を提出した事業年度の欠損金の繰越し
				58条2項	青色申告書を提出しなかった事業年度の災害による損失金の繰越し
				60条の2	協同組合等の事業分量配当等の損金算入
5款	利益の額又は損失の額の計算		5款	61条の2 16項	有価証券の譲渡益又は譲渡損の益金又は損金算入
				5款5目	連結納税の開始等に伴う資産の時価評価損益
				5款6目	完全支配関係がある法人の間の取引の損益
6款	組織再編成に係る所得の金額の計算				
7款	収益及び費用の帰属事業年度の特例				
8款	リース取引				
9款	法人課税信託に係る所得の金額の計算				
11款	各事業年度の所得の金額の計算の細目				

⑤ 外国で導管として扱われる事業体の納税義務（事業体の性質決定）

　法人税法には、外国法人の納税義務に係る規定が設けられていますが、いわゆる「導管事業体」（英語では「pass through entity」）の納税義務について直接規定した条文はありません。

　導管事業体とは、日本であれば民法上の組合や商法上の匿名組合、米国であれば「General partnership」や「Limited partnership」等を指します。このほかにも信託や「Limited liability company」等、わが国における税務上の位置づけが難しい事業体もあります。

１ わが国で組成された導管事業体の税務上の取扱い

　資産の流動化やレバレッジドリースなどの金融取引のビークルとして多用されている組合契約の組合と組合員の課税関係について、わが国の租税法は明文規定を置いていません。実務においては、法人税基本通達14－1－1から14－1－3に示されている解釈指針に従って、組合自体は納税義務者にならず、組合員等がそれぞれに帰属する分配損益について組合員自らの所得と合算して申告する方式（いわゆる「パススルー課税方式」（Q6参照））が行われ、課税上の弊害がない限り税務当局はこれを認めてきたといえます。

２ 外国で導管として扱われる事業体の税務上の取扱い

　上記の法人税基本通達14－1－1（注）では、「任意組合等とは、民法第667条第１項に規定する組合契約、投資事業有限責任組合契約に関する法律第３条第１項に規定する投資事業有限責任組合契約及び有限責任事業組合契約に関する法律第３条第１項に規定する有限責任事業組合契約により成立する組合並びに**外国におけるこれらに類するもの**をいう。以下14－1－2まで

において同じ。」(太字は筆者による) とされています。

「外国におけるこれらに類するもの」がどのようなものかについては、個人課税に関する情報として平成18年1月27日に国税庁が公表した「平成17年度税制改正及び有限責任事業組合契約に関する法律の施行に伴う任意組合等の組合事業に係る利益等の課税の取扱いについて(情報)」(個人課税課情報第2号)があります。同情報のⅢ「質疑応答」1(1)の「問2」において、次のとおり解説しています(太字は筆者による)。

「「外国におけるこれらに類するもの」(契約)とは、例えば、米国におけるゼネラル・パートナーシップ(構成員であるすべてのパートナーが経営を担い、事業から生じた損失について、それぞれが無限責任を負うゼネラル・パートナーから成るパートナーシップ)契約やリミテッド・パートナーシップ(事業の経営を担い、無限の責任を負う1人以上のゼネラル・パートナーと、事業の経営には参加しないで、出資の範囲内で有限責任を負う1人以上のリミテッド・パートナーから成るパートナーシップ)契約等で**共同事業性及び財産の共同所有性を有するもの**が該当する。ただし、パートナーシップ契約であっても、その事業体の個々の実態等により外国法人と認定されるものは、「外国におけるこれらに類するもの」から除かれる。」

したがって、外国において税務上導管として取り扱われる事業体については、「共同事業性及び財産の共同所有性を有するもの」か否かのテストを行って、パススルー課税の取扱いによるか、法人として申告するかを性質決定する必要があります。

実務上の留意点 事業所得はPEなければ課税なし

わが国の導管事業体である民法上の組合及び匿名組合の組合員として、外国人または外国法人が出資している場合に、組合が日本国内で行う事業から生じた所得について、組合員たる外国人及び外国法人に、納税義務があるかという問題があります。

PEを有しない外国人または外国法人にも納税義務があり（本章2節❷参照）、特定の所得について源泉徴収または申告納税が行われます。一方、事業所得については、PEの有無が課税されるか否かを左右します。

　パートナーシップに出資する非居住パートナーの納税義務については、東京大学の中里実教授が、「日税研論集」44号（日本税務研究センター）において「パートナーシップ課税の国際的側面」と題する論文を発表されています。そこでは、Arvid A. Skaar氏の"Permanent Establishment 159"(1991)を引用され、非居住パートナーがいるニュージーランドのパートナーシップが固定的施設を保有する場合、当該固定的施設は非居住パートナーを含む各パートナーの保有する固定的施設として取り扱われることや、パートナーシップがニュージーランド源泉の所得を得た場合、在ニュージーランドのパートナーは、非居住パートナーの「代理人」であるとみなされて、申告義務を負うとする解釈を紹介しておられます。

　さらに、匿名組合及びそれに類似の取決めにおいて、外国のパートナーが自らは活動を行わず、事業の場所で遂行されている活動に何ら影響を及ぼさない場合であっても、純利益ないし収益の一部を受け取る権利を有していれば、当該非居住パートナーは、事業の場所を使用する権利を有しているとみなされてきたと述べておられます。

　欧米のパートナーシップ税制において、パススルー課税を認める場合には、非居住パートナーについては、パートナーとしての出資とその見返りとしての利益の分配を受ける権利の存在をもって、国内でパートナーシップ事業を行う拠点を1号PE（本章2節❷参照）とし、または、居住パートナーを3号PE（本章2節❷参照）と認定して、納税義務を課してきたものと推測できます。

　わが国の組合に非居住組合員がいる場合や日本国内で事業を行う外国の導管事業体に非居住メンバーがいる場合に、組合等の事務所が非居住組合員等のPEに該当するか、あるいは、居住組合員が非居住組合員等の代理人PEに該当するかといった論点について、税務当局から公表された見解は見当たりません。したがって、納税者サイドから、論理的な解釈と事実関係を立論し、取扱いの合法性を主張する必要がありそうです。

3 組合の事務所は組合員の事務所か

　外国で組成された導管事業体、ここではゼネラル・パートナーシップ（以下、GPS）を例にとります。GPS が日本国内に事務所を設置して、健康食品の販売事業を行い、国内源泉所得を稼得したとします。当該国内源泉所得については、納税義務者の居住地国での課税と所得源泉地国である日本での課税が関係します。

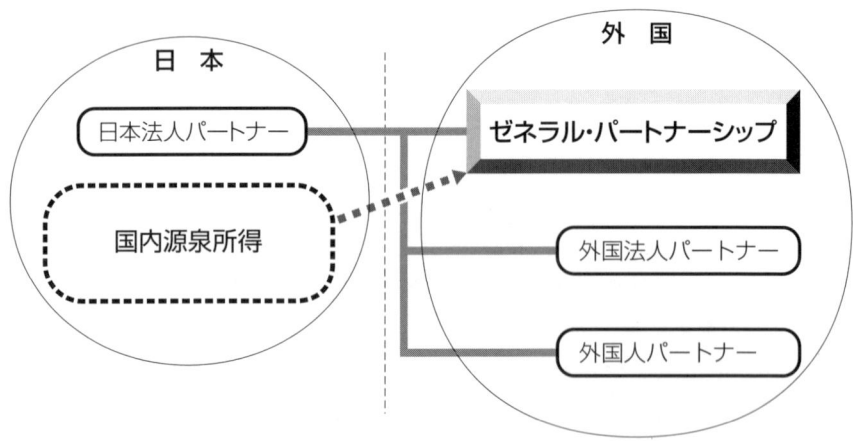

＊　本書において、図表の各要素の意味は次のようになります。
　　　　　　　所得など、事業体・個人以外のもの
　　　　➡　　取引、出資
　　　┅┅➡　配当、分配、対価の支払

　GPS が組成された国とそのパートナーの居住地が同一であり、当該国における税制上 GPS に対してはパススルー課税が行われるとした場合、居住地国課税に関しては、当該国内源泉所得は GPS のパートナーに帰属します。
　日本の税制上当該 GPS には「共同事業性及び財産の共同所有性」があると仮定すると「組合」と同様の課税が行われます。パートナーが外国法人である場合、理論上は、GPS の事務所はパートナーの事務所であるとの認定

を受けて、パートナーは健康食品販売に係る日本国内源泉所得について日本において申告する義務が生ずると考えられます。

ここで次の図表を用いながら、応用問題を検討したいと思います。

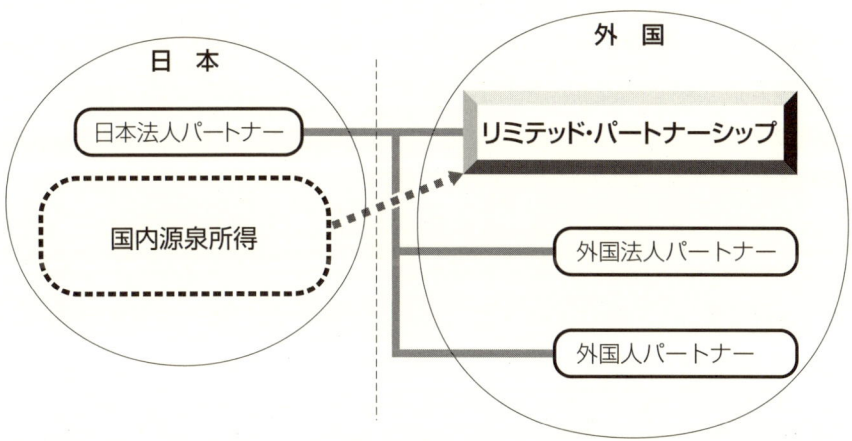

　導管事業体がリミテッド・パートナーシップ（以下、LPS）である場合、前出と同様の事例について、LPSの事務所はリミテッド・パートナーの事務所と認定され、リミテッド・パートナーに日本における納税義務が生ずるかという問題です。
　前項の❷で示した個人課税課情報第２号は、「……契約等で**共同事業性及び財産の共同所有性を有するものが該当する**」としていますが（太字は筆者による）、リミテッド・パートナーの中には、LPSの事業にはほとんど参画せず、利益の分配のみを享受する者も多いといわれます。このような場合には共同事業性等を有しないと思われ「外国におけるこれらに類するもの」（法基通14－１－１（注））に該当しないので構成員課税は受けず、LPSの事務所はリミテッド・パートナーの事務所ではないとの主張も成立しうるわけです。
　上記情報（❺❷）の文脈からは、共同事業性と財産の共同所有性を判断基準に、パートナーがパススルー課税に基づく申告を行うか、または、LPSが

法人として課税される方式により法人税の申告を行うかを選択するように解釈されます。つまり、共同事業性等がなければパススルー課税に基づく申告を行う必要はありません。果たして、LPSの日本事務所は共同事業を遂行するゼネラル・パートナーの事務所には当たるが共同事業に参画しないリミテッド・パートナーの事務所ではないので、リミテッド・パートナーに申告義務はないとの解釈が成り立ち、ゼネラル・パートナーは申告義務があるが同時にLPSには法人として申告する義務がないという解釈がありうるのか、疑問が生じるところです（リミテッド・パートナーを国内にPEを有しない非居住者または外国法人とする特例についてはQ6参照）。

　私見としては、10頁の**実務上の留意点**で紹介した中里教授が論文中で引用されているSkaar教授の論文にあるようなグローバルスタンダードの解釈により、課税関係を明確化し、取扱いの統一を図るべきであると考えます。

外国法人の設置に伴う諸手続に関する Q&A

Q1 外国法人所得課税の構成要素

外国法人所得課税のポイントについて教えてください。

A 納税義務の判定、納税地、事業年度等の届出、課税所得の範囲、所得の計算が要点となります。各項目が課税要件に関係します。

解説

本書では、次に示す項目ごとに制度の解説及びQ&Aを構成しています。この図表に従って、どの項目に関係する問題かを確認してください。

項 目	解説内容	本 文	Q&A
納税義務者	① 事業体の性質決定 ⇒ 法人 or 個人 or 組合	1章1節5	
	② 内国法人なのか 外国法人なのか？	1章1節1	
	③ 恒久的施設（PE）の有無	1章2節	
	1号PE ⇒ 支店、工場その他事業を行う場所		
	2号PE ⇒ 建設、据付、組立等		
	3号PE ⇒ 代理人		
	4号PE ⇒ PEがない外国法人		
	★ PEに関するQ&A		Q7〜Q11
届出項目	① 納税地	1章1節3	
	② 事業年度		Q2〜Q4
	③ その他の届出事項		Q5
国内源泉所得	① 所得の種類	2章1節	
	⇒ 納税方式 イ 源泉徴収		
	ロ 申告納税		
	② 所得の内外区分	2章3節	
	③ 国内法と租税条約		Q14

		★	国内源泉所得と源泉性の判断に関するQ&A		Q12～Q32
		★	新ビジネスモデルへの課税の検討に関するQ&A		Q33～Q40
		★	国際金融取引実務に関するQ&A		Q41～Q43
課税所得の計算	①	国内外にわたり事業を行う外国法人の所得計算		Q43
	②	外国法人（PE）に対する移転価格課税		Q57
	③	外国法人（PE）に対する過少資本税制の適用		Q58
	④	過大支払利子税制		Q59
	★	本店配賦経費の損金性に関するQ&A		Q63～Q64
	★	各種国内源泉所得と課税方式に関するQ&A		Q65～Q85
諸手続	①	法人税の申告	3章1節	
	②	地方税の申告	3章2節	
	③	その他の手続き		
	★	申告・納税・諸手続に関するQ&A		Q86～Q93
	★	金融機関の税務調査に関するQ&A		Q94～Q96

Q2 外国法人の事業年度

会計期間の定めのない外国法人の事業年度は、どのように取り扱われるのでしょうか。

A 納税義務者が届け出た会計期間または税務署長が指定した会計期間が事業年度となります。納税義務者が届出をしなければなりません。

解説

事業年度については内国法人及び外国法人につき法人税法13条に規定があります。

まず「事業年度」とは、法人の財産及び損益の計算の単位となる期間（会計期間）で、法令で定めるものまたは法人の定款、寄付行為、規則、規約その他これらに準ずるものに定めるものをいいます。

法令または定款等に会計期間の定めがない場合には、納税者が所轄税務署長に届け出た会計期間または納税地の所轄税務署長が指定した会計期間等を

指します。これらの期間が1年を超える場合は、その期間を開始の日以後1年ごとに区分した各期間をいいます。

　法令または定款等に会計期間の定めがない外国法人については、次に示す日以後2月以内に、会計期間を定めてこれを納税地の所轄税務署長に届け出なければなりません（法法13②二）。

　イ　法人税法141条1号から3号（支店、建設現場、代理人等のPEを有する外国法人）のいずれかに該当することとなった日
　ロ　国内にPEを持たない外国法人が、人的役務の提供事業（法法138二）を国内において開始した日
　ハ　国内にPEを持たない外国法人が、国内にある資産の運用もしくは保有または国内にある不動産等の譲渡により生ずるものその他政令で定めるもの（法令177・187）、あるいは国内にある不動産等の貸付けによる対価を有することとなった日

　上記の届出を行うべき法人がその届出をしない場合には、納税地の所轄税務署長が会計期間を指定し、納税者に書面により通知することとされています（法法13③。「外国普通法人となった旨の届出書」については3章3節参照）。

Q3 みなし事業年度

　外国法人のみなし事業年度とは、どのようなものでしょうか。

A　PEの態様が変わったときなどにみなし事業年度が認定されます。例えば、3号PEを有する外国法人が1号PEを有する外国法人になった場合などに、「みなし事業年度」が認定されます。

> **解説**

　外国法人のみなし事業年度については法人税法14条1項23号から25号に規定があります。
　外国法人は、国内にあるPEの区分（1号PE、2号PE、3号PE、PEのない外国法人（それぞれ本章2節❷参照））により、課税対象となる国内源泉所得の範囲（Q14参照）が異なります。そのため、例えば、3号PEの外国法人が事業年度の途中において1号PEの外国法人となった場合には、その事業年度開始の日からその該当することとなった日の前日までの期間及びその該当することとなった日からその事業年度終了の日までの期間を別の事業年度として申告を行わなければなりません（法法14①二十三）。

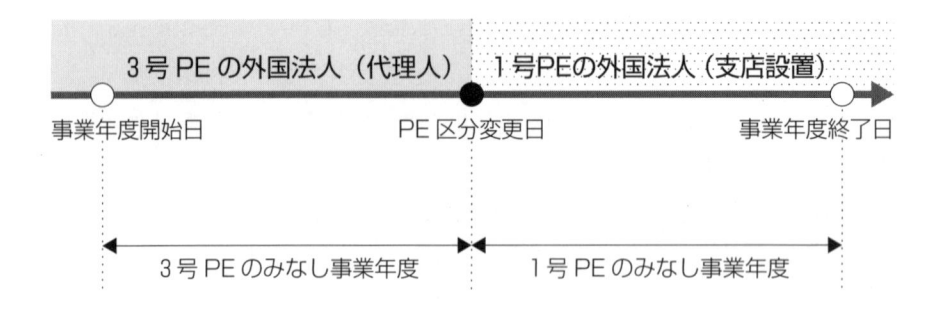

```
     3号PEの外国法人（代理人）    1号PEの外国法人（支店設置）
  ○─────────────────●─────────────────▶
事業年度開始日              PE区分変更日              事業年度終了日

     3号PEのみなし事業年度         1号PEのみなし事業年度
```

Q4 本店で組織再編があった場合のみなし事業年度

　外国法人Ａの本店が外国法人Ｂに吸収合併され解散しました。外国法人Ａの日本支店は、引き続き外国法人Ｂの日本支店として同じ業務を継続しますので、事業年度は従前のままでよいでしょうか。

第1章 外国法人の納税義務 | 19

A 外国法人Aの日本支店については合併の日の前日までの期間が「みなし事業年度」とされます。外国法人Bの日本支店については、合併の日から事業年度終了の日までが「みなし事業年度」とされます。

解説

　外国法人Aの日本支店については、法人が事業年度の中途において合併により解散した場合の取扱い（法法14①二）が適用されます。

　法人が事業年度の中途において合併により解散した場合には、その事業年度開始の日から合併の日の前日までの期間をみなし事業年度として申告を行います。したがって、外国法人A日本支店は、事業年度開始の日から外国法人Bが外国法人Aを吸収合併した日の前日（解散の日）までを最終事業年度として、法人税の申告を行います。

　外国法人Bは新たに日本支店を開設したことになり、合併の日から日本支店で業務を行いますので、PEを有しない外国法人が年の中途においてPEを有する外国法人となった場合の取扱い（法法14①二十三）が適用されます。合併の日から事業年度終了の日までの期間を最初の事業年度（みなし事業年度）として法人税の申告を行います。

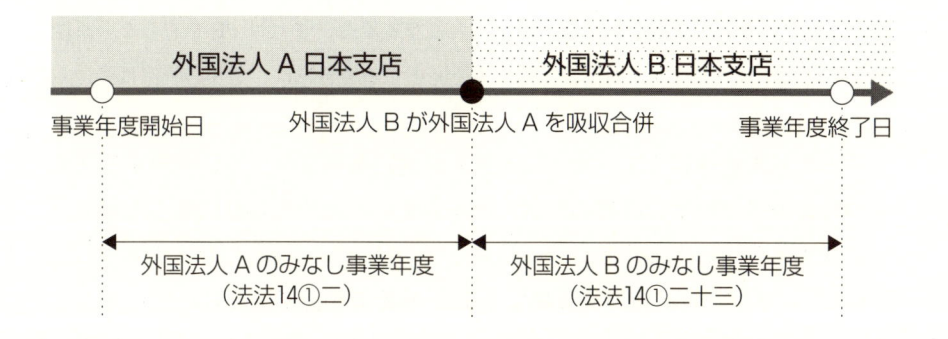

外国法人A日本支店	外国法人B日本支店
事業年度開始日 → 外国法人Bが外国法人Aを吸収合併	→ 事業年度終了日
外国法人Aのみなし事業年度（法法14①二）	外国法人Bのみなし事業年度（法法14①二十三）

Q5 外国法人特有の事情から認められている申告期限の延長

外国法人本店の決算の確定手続と日本支店への本店配賦経費の額の計算等に時間がかかり、法定の申告期限までに申告書の提出ができません。どのように対応したらよいですか。

A 事業年度終了後2月以内に決算が確定しないなど、確定申告書を提出期限までに提出できない常況にあると認められる場合には、税務署長が指定する月数延長が可能です。

解説

会計監査人の監査を受けなければならないことその他これに類する理由により決算が確定しないため、当該事業年度以後の各事業年度の当該申告書を申告書の提出期限までに提出できない常況にあると認められる場合には、納税地の税務署長は、申請に基づき、各事業年度の申告書の提出期限を1月間(特別の事情により各事業年度終了の日の翌日から3月以内に当該各事業年度の決算についての定時総会が招集されないことその他やむを得ない事情があると認められる場合には、税務署長が指定する月数の期間) 延長することができるとされています (法法75の2。なお法法145①②で外国法人について準用・読替規定があり、納税管理人を定めないでPEを有しない外国法人となる場合、またはPEを有しない外国法人が国内において行う人的役務提供事業を廃止する場合には、延長の特例は受けられません)。

法人税基本通達17-1-4では、法人税法75条の2第1項に規定する「確定申告書の提出期限の延長の特例」に規定する「その他これに類する理由」により決算が当該事業年度終了の日から2か月以内に確定しない法人として「外国法人で、その本社の決算確定手続が事業年度終了後2月以内に完了しないもの」が例示されていますので、ご質問のようなケースでは申告期限延長の特例の申請書を所轄税務署長に提出することにより申告期限の延長が認められるものと思われます。

巻末に示す申請書の様式は国税庁のホームページから入手可能です。この申請書は、事業年度終了の日までに、所要事項を記入して、所轄税務署長に提出します（申請書の様式は3章3節❸参照）。

Q6 投資事業有限責任組合の事務所は、外国法人組合員のPEか

当社は、共同で日本株式・債券等に投資することを目的に組成された投資事業有限責任組合の東京事務所です。組合員には、英国人と英国法人があります。組合が稼得した所得について、英国人及び英国法人の組合員は日本における納税義務はありますか。

A 有限責任組合員であることなど、一定の要件を満たす外国法人組合員は国内にPEを有しないものと取り扱われ、PEを有しない非居住者または外国法人として日本において課税を受けます（要件については❹参照（24頁））。

解説

いわゆる投資組合契約を締結している非居住者または外国法人である組合員（以下、外国組合員）については、日本への投資の促進という政策的な要請もあり、特別な取扱いが設けられています。

投資組合契約に基づいて行う事業（以下、投資組合事業）につき、国内にPEを有する非居住者または外国法人に該当するもののうち、一定の要件を満たす者は、国内にPEを有しないものとみなして、所得税及び法人税に関する法令の規定が適用されます（措法41の21①・67の16①）。

無限責任組合員である場合などはこの特例が適用されませんのでPEを有する非居住者または外国法人として納税義務があります。

❶ 組合に出資する外国組合員は日本に PE を有するものとされる

　まず、原則的な取扱いを説明します。

　わが国には、民法組合（任意組合）、投資事業有限責任組合、有限責任事業組合などの組合が存在します。組合は、組合員間の契約関係ですから組合自体は納税義務者とされず、組合の事業から生ずる所得は、各組合員が稼得した所得として、各組合員の所得に対する持分相当額が各組合員に配分され、これを各組員固有の所得と合算して申告することとされています。いわゆるパススルー課税方式です（構成員課税方式ともいいます）。

　仮に、投資事業有限責任組合に外国組合員がおり、組合の東京事務所において所得が生じた場合には、組合は共同で事業を営むものであることから（投3）、次の❷以下で説明する特例がないものとすると、東京事務所は外国組合員の PE であるとして課税関係が整理されるものと思われます（次頁図表参照）。外国組合員が組合の国内における事業から生ずる利益の配分を受ける場合、組合は配分する金額の20％相当額を源泉徴収しなければなりません（所法161一の二・212・213）。このことは、租税特別措置法41の21条1項（67の16①）の規定ぶりからうかがえます。つまり同法は「**当該投資組合契約に基づいて行う事業につき国内に恒久的施設を有する非居住者又は国内に恒久的施設を有する外国法人に該当するもの**のうち次に掲げる要件を満たすものは……所得税法第164条第1項第4号に掲げる非居住者に該当する者又は法人税法第141条第4号に掲げる外国法人に該当する法人とみなして、所得税法その他所得税に関する法令の規定を適用する」と規定していますから（太字は筆者による）、法は外国組合員はこの組合契約により PE を有することになることを前提にしており、PE を有しない非居住者あるいは外国法人とみなすということは、とりもなおさず、組合事業につき PE を有する非居住者あるいは外国法人であるということです。それ故、組合事業から生ずる利益の配分に課税しないためには特例を定めて PE を有しないとみなす必要があるわけです。

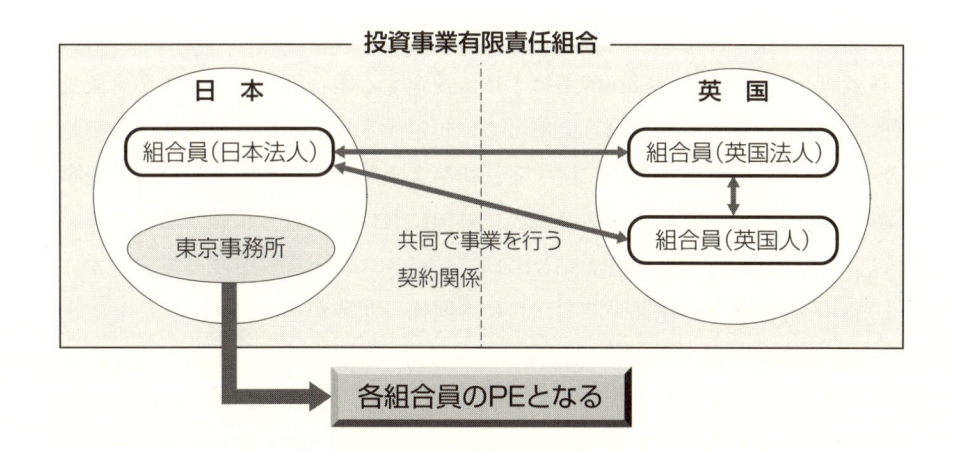

```
┌─────────────── 投資事業有限責任組合 ───────────────┐
│    ╱─── 日 本 ───╲           ╱─── 英 国 ───╲    │
│   │ ┌──────────┐ │          │ ┌──────────┐ │   │
│   │ │組合員(日本法人)│◄────────┼─┤組合員(英国法人)│ │   │
│   │ └──────────┘ │     ╲    │ └──────────┘ │   │
│   │  ┌──────┐    │ 共同で事業を行う│     ▲      │   │
│   │  │東京事務所│    │  契約関係  │     ▼      │   │
│   │  └──┬───┘    │          │ ┌──────────┐ │   │
│   │     │       │          │ │組合員(英国人) │ │   │
│   │     │       │          │ └──────────┘ │   │
│    ╲────┼───────╱           ╲─────────────╱    │
│         ▼                                       │
│    ┌─────────────┐                              │
│    │各組合員のPEとなる│                              │
│    └─────────────┘                              │
└─────────────────────────────────────────────────┘
```

2 投資組合の実態を勘案して、特例が設けられた

　投資組合には、業務の執行を行う無限責任を負う組合員と、金銭出資を行うのみで組合の業務を執行しない有限責任の組合員がいます。有限責任組合員の多くは、共同で組合の事業を行う事業者というよりも組合の事業に対して投資を行う投資家に近いといえます。

　投資家に相当する組合員について、共同で組合の事業を行う事業者としての課税関係を適用することは実態に合わないとの見方があり、一定の要件を満たす組合員については国内にPEを有しない非居住者または外国法人とする特例が設けられました。

3 投資組合契約とは

　投資組合契約とは、投資事業有限責任組合契約に関する法律3条1項に規定する契約及び外国組合契約をいいます（措法41の21②一）。具体的には、各当事者が出資を行い、共同で株式・債券等の取得及び保有に関する事業等を営むことを約する契約です。

　外国組合契約とは、外国における投資事業有限責任組合契約に類する契約

をさしています(措法41の21②六)。法人税基本通達14－1－1の注書きには、「任意組合等とは、民法第667条第1項に規定する組合契約、投資事業有限責任組合契約に関する法律第3条第1項に規定する投資事業有限責任組合契約及び有限責任事業組合契約に関する法律第3条第1項に規定する有限責任事業組合契約により成立する組合並びに**外国におけるこれらに類するものをいう**。」と記載されおり（太字は筆者による）、パススルー課税を認めています。また、所得税基本通達36・37共－19にも同様の記載があります。

本節❺❷で引用した個人課税課情報第2号（10頁）では、米国ゼネラル・パートナーシップやリミテッド・パートナーシップで、共同事業性があり財産の共同所有性を有するものは投資事業有限責任組合契約等に類する契約としています。

❹ PEなしとする特例の適用を受けることができる外国組合員の要件

上記特例の適用に関しては、次の①から⑤までのすべての要件を満たす組合員が適用対象です（措法41の21①一～五、措令26の30）。
① 投資組合契約によって成立する投資組合の有限責任組合員であること
② 投資組合契約に基づいて行う事業に係る業務の執行等を行わないこと
③ 投資組合契約に係る組合財産に対する持分割合が25％に満たないこと
④ 投資組合の無限責任組合員と特殊の関係のある者でないこと
⑤ 投資組合契約に基づいて、国内において事業を行っていないとしたならば、国内にPEを有する非居住者または外国法人に該当しないこと

❺ 適用要件の判定の時期

適用要件は、適用しようとする投資組合契約の締結の日から継続して満たしている必要があります（措法41の21③）。

外国で組成された導管事業体及び構成員の日本における納税義務の問題

は、事業体の性質決定の段階からPEの有無の認定に至るまで事実認定に係る領域といえます。したがって、スキーム構築の段階で、所轄の税務当局の窓口に事前相談されることをお勧めします。

第2節 外国法人の恒久的施設

　外国法人所得課税というと「日本国が外国法人に課税する」という連想が頭に浮かびます。言葉をそのまま受け止めると、外国に本店がある企業が稼いだ所得に日本国が法人税を課すという誤解を招きかねませんが、前節で解説したとおり、外国法人所得課税という場合、その対象となるのは「外国法人の日本支店等や支店等を持たない一定の外国法人」を指していることがおわかりいただけたと思います。

　日本政府は無条件に「外国法人」の所得に課税を行っているわけではありません。本節で取り上げる「恒久的施設（Permanent Establishment、以下 PE）」の有無、PE の有無による外国法人の類型、そして次節で取り上げる所得の種類に基づく所得源泉地の判定に従って、外国法人の国内源泉所得について課税を行っているのです。

① 事業所得と PE

　日本政府が外国法人の事業所得という中核的な所得に課税を行う場合、次のような条件が整っている必要があります。まず、納税義務者が特定できること。次に、所得が把握でき、担税力があること。課税対象の所得は国内源泉所得ですから、納税義務者は基本的に日本国内で経済行為を行っていることが想定されます。

　事業所得の場合、現在でこそ電子商取引というネット上の商取引が広がりつつありますが、伝統的な取引は、事務所や工場、建設現場等の拠点を設け

て、そこで納税義務者の関係者が経済行為によって所得を得ています。経済活動で受け取った資金が日本国内に保管されていれば、税の徴収も可能であるわけです。

このような課税手続の実行可能性を勘案すると、日本国内にPEがあることを事業所得の課税要件とする必然性が理解できます。

② PE（恒久的施設）

「PE（恒久的施設）」の定義と区分、PEの区分に応じた外国法人ごとの課税対象所得については、法人税法141条に規定があります。

❶ 1号PE

1号PEは、「国内に支店、工場その他事業を行なう一定の場所で政令で定めるものを有する外国法人」と規定されており（法法141一。Q8参照）、法人税法施行令185条で、より具体的な取扱いが示されています。
政令で定める場所は、次に掲げる場所とされています。

- イ 支店、出張所その他の事業所もしくは事務所、工場または倉庫（倉庫業者がその事業の用に供するものに限る）
- ロ 鉱山、採石場その他の天然資源を採取する場所
- ハ その他事業を行う一定の場所でイ、ロに掲げる場所に準ずるもの

> 法人税基本通達20－2－1（支店、出張所等に準ずるもの）　令第185条第1項第3号《支店その他事業を行う一定の場所》の「前二号に掲げる場所に準ずるもの」には、農園、養殖場、植林地、貸ビル等のほか、外国法人が国内においてその事業活動の拠点としているホテルの一室、展示即売場その他これらに類する場所が含まれる。

＊　上記法文等の網掛けは筆者による

また、次に掲げる場所は、1号PEに含まれないものとされています（法令185②。Q7参照）。

イ　外国法人がその資産を購入する業務のためにのみ使用する一定の場所
ロ　外国法人がその資産を保管するためにのみ使用する一定の場所
ハ　外国法人が広告、宣伝、情報の提供、市場調査、基礎的研究その他その事業の遂行にとって補助的な機能を有する事業上の活動を行うためにのみ使用する一定の場所

> **実務上の留意点　課税所得の範囲**
>
> 　1号PEを有する外国法人はすべての国内源泉所得について課税されますが、2号PEと3号PEを有する外国法人ならびにPEを有しない外国法人の課税所得の範囲は、1号PEを有する法人の課税所得の範囲よりも狭くなっています（本章3節参照）。

2　2号PE

　2号PEは、「国内において建設、据付け、組立てその他の作業又はその作業の指揮監督の役務の提供（以下この号において「建設作業等」という。）を1年を超えて行う外国法人（前号に該当する外国法人を除く。）」と規定されています（法法141二）。

> 法人税基本通達20－2－2（1年を超える建設作業等）　外国法人が国内において行う法第141条第2号《国内において長期建設作業等を行う外国法人》に規定する建設作業等が次に掲げる場合に該当する場合には、同号の規定の適用上、当該建設作業等は1年を超えて行われているものとする。

(1) その建設作業等に要する期間が1年を超えることが契約等からみて明らかである場合
(2) 一の契約に基づく建設作業等に要する期間が1年以下である場合であっても、これに引き続いて他の契約等に基づく建設作業等を行い、これらの建設作業等に要する期間が通算して1年を超えるとき

＊ 上記法文等の網掛けは筆者による

実務上の留意点　課税所得の範囲

2号PEを有する外国法人が課税される国内源泉所得は次のとおりです（本章3節参照。網掛けは筆者による）。

イ　法人税法138条1号から3号までに掲げる国内源泉所得
ロ　法人税法138条4号から11号までに掲げる国内源泉所得のうち、その外国法人が国内において行う建設作業等に係る事業に帰せられるもの

法人税基本通達20－2－3（機械設備等の販売に伴う据付工事等）　法第141条第2号《国内において長期建設作業等を行う外国法人》に規定する建設作業等は、その建設作業等を独立した事業として行うものに限られないのであるから、例えば外国法人が機械設備等を販売したことに伴いその据付工事等を国内において行う場合において、その据付工事等に通常要する期間が1年を超えるときは、当該外国法人は同号に掲げる外国法人に該当することに留意する。

法人税基本通達20－2－4（建設作業等に係る事業に帰せられる所得）　法第141条第2号ロ《国内において長期建設作業等を行う外国法人》の「国内において行なう建設作業等に係る事業に帰せられる所得」には、例えば次に掲げるような所得が該当する。
(1) 当該事業に係る資金の運用として国内において行う有価証券の保有、

> 　　　預貯金の預入れ又は金銭の貸付けにより生ずる所得
> (2) 当該事業の遂行に関連して国内において下請業者等に工業所有権等を提供し、又は機械装置等を貸し付けることにより生ずる所得

❸ 3号PE

　3号PEは、「国内に自己のために契約を締結する権限のある者その他これに準ずる者で政令で定めるもの(以下この号において「代理人等」という。)を置く外国法人(第１号に該当する外国法人を除く。)」と規定されており(法法141三、網掛けは筆者による)、法人税法施行令186条に、より具体的な取扱いが示されています。

　政令で定める者の規定は、「独立代理人」を除くとしており、以下の(1)〜(3)の要件のすべてを充足する代理人を「独立代理人に該当する者」という解釈を示しています。

> 法人税基本通達20−２−５（独立代理人に該当する者）　令第186条《外国法人の置く代理人等》の「その者が、その事業に係る業務を、当該各号に規定する外国法人に対し独立して行い、かつ、通常の方法により行う場合における当該者」とは、次に掲げる要件のいずれも満たす者をいうことに留意する。
> (1) 代理人として当該業務を行う上で、詳細な指示や包括的な支配を受けず、十分な裁量権を有するなど本人である外国法人から法的に独立していること。
> (2) 当該業務に係る技能と知識の利用を通じてリスクを負担し、報酬を受領するなど本人である外国法人から経済的に独立していること。
> (3) 代理人として当該業務を行う際に、代理人自らが通常行う業務の方法又は過程において行うこと。

独立代理人に当たらない代理人、つまり、代理人PEに該当する代理人には、次の類型があります（法令186一・二・三）。

❶ 常習代理人
　外国法人のために、その事業に関し契約（その外国法人が資産を購入するための契約を除く。以下❶、❷、❸において同じ）を締結する権限を有し、かつ、これを常習的に行使する者（その外国法人の事業と同一または類似の事業を営み、かつ、その事業の性質上欠くことができない必要に基づきその外国法人のために当該契約の締結に係る業務を行う者を除く）が、常習代理人です。
　「常習代理人の範囲」については次のような解釈指針があります。

> 法人税基本通達20－2－5の2（常習代理人の範囲）　令第186条第1号《常習代理人》の「外国法人のために、……契約を締結する権限を有し、かつ、これを常習的に行使する者」（常習代理人）には、契約書に調印する権限は与えられていないが、契約内容につき実質的に合意する権限を与えられている者が含まれる。
> （注）　常習代理人は、特定の外国法人のためにのみ同号に規定する権限を行使する者に限られないことに留意する。

　また、「契約締結権限を常習的に行使する」ことについての解釈指針は次のとおりです。

> 法人税基本通達20－2－6（常習的に行使することの意義）　令第186条第1号《常習代理人》の常習代理人には、長期の代理契約に基づいて外国法人のために同号に規定する権限を行使する者のほか、個々の代理契約は短期的であるが、2以上の代理契約に基づいて反復又は継続して一の外国法人のために当該権限を行使する者が含まれる。

法人税基本通達には、常習代理人から除かれる者についての解釈指針も示されています（代理人PEに該当しない代理人のことです）。

> 法人税基本通達20－2－7（常習代理人から除かれる者）　令第186条第1号《常習代理人》かっこ書の「その外国法人の事業と同一又は類似の事業を営み、かつ、その事業の性質上欠くことができない必要に基づきその外国法人のために当該契約の締結に係る業務を行なう者」には、国際運輸業を営む航空会社が国際航空運送協会（IATA）に加盟するなど国際的運航協約により相互に他の加盟航空会社の代理店として運送契約の締結を行っている場合における当該航空会社が該当する。
> 〔つまり、常習代理人には該当しないということをいっています（筆者注）〕
> （注）　主として国内において運送業（運送取扱業を含む。）を営む者が国際運輸業を営む特定の外国法人との契約に基づき当該外国法人のために同号に規定する権限を行使する場合には、当該者は同号かっこ書に規定する者には該当しないことに留意する。
> 〔(注)の場合は、常習代理人に該当することになります（筆者注）〕

❷　在庫代理人

外国法人のために、顧客の通常の要求に応ずる程度の数量の資産を保管し、かつ、当該資産を顧客の要求に応じて引き渡す者が、在庫代理人です。

> 法人税基本通達20－2－8（在庫代理人の範囲）　令第186条第2号《在庫代理人》の「外国法人のために、……資産を保管し、……顧客の要求に応じて引き渡す者」には、例えば、石油販売業を営む外国法人のために常時国内の空港において航空燃料を保管し、当該外国法人との間で燃料の供給契約を締結している航空会社に対し、その要求に応じて随時給油を行う者が該当する。

＊　網掛けは筆者による

❸ 注文取得代理人

専らまたは主として一の外国法人（その外国法人の主要な株主等その他その外国法人と特殊の関係のある者を含む）のために、常習的に、その事業に関し契約を締結するための注文の取得、協議その他の行為のうちの重要な部分をする者が、注文取得代理人です。

実務上の留意点 **課税所得の範囲**

3号PEの外国法人が課税される国内源泉所得は次のとおりです（本章3節参照）。

イ　法人税法138条1号から3号までに掲げる国内源泉所得
ロ　法人税法138条4号から11号までに掲げる国内源泉所得のうち、その外国法人が国内においてその代理人等を通じて行う事業に帰せられるもの

法人税基本通達20－2－9　「20－2－4」を準用。
20－2－4　法第141条第2号ロ《国内において長期建設作業等を行う外国法人》の「国内において行なう建設作業等に係る事業に帰せられる所得」には、例えば次に掲げるような所得が該当する。
(1) 当該事業（筆者注：代理人PEの場合は代理人を通じて行う事業）に係る資金の運用として国内において行う有価証券の保有、預貯金の預入れ又は金銭の貸付けにより生ずる所得
(2) 当該事業の遂行に関連して国内において下請業者等に工業所有権等を提供し、又は機械装置等を貸し付けることにより生ずる所得

＊　網掛け及び括弧内は筆者による

4 4号PE

　法人税法141条4号は、「前3号に掲げる外国法人以外の外国法人」と規定しており、4号PEとはPEを有しない外国法人を指します。

> **実務上の留意点**　**課税所得の範囲**
>
> 　4号PEの外国法人は、次に掲げる国内源泉所得について課税されます（本章3節参照）。
> イ　法人税法138条1号に掲げる国内源泉所得のうち、国内にある資産の運用もしくは保有または国内にある不動産の譲渡により生ずるものその他政令で定めるもの（Q19参照）
> ロ　法人税法138条2号及び3号に掲げる国内源泉所得
> 　　＊　2号所得は「人的役務提供事業の対価」、3号所得は「不動産賃貸料等」です。

③ 導管事業体等への租税条約の適用上の留意点

　国際課税における居住性の問題の中で最も注目される領域が導管事業体等への二国間租税条約の適用の問題であると思われます。導管事業体は、条約締結相手国において構成員課税が行われる場合（英国やカナダ等）や、選択制で構成員課税と事業体課税のいずれかを納税者自身が選択できる場合（米国のチェック・ザ・ボックス規則）があります。事業体課税にともなう二重課税の問題を、配当課税を例に検討してみます。

　事業体課税を受けた外国法人から配当所得を得た個人に対して居住地国で課税が行われると、同じ所得について2段階で所得課税が行われ、いわゆる二重課税が発生します。二重課税の排除のために各国が制度的な対応をして

いますが、完全な排除が難しい一面もあり、金融ビジネスにおいては事業体課税と受益者課税の２段階課税は投資スキームの構築上非常に重要なポイントとなっています。

このような背景もあり、事業体課税を回避できる方法として導管事業体は歴史的に、節税目的のビークルとして活用されてきた一面があります。そのような意味からも、租税条約の特典の付与に当たり、各二国間租税条約は取扱いに慎重を期しています。

近年改正された二国間租税条約は、OECD租税委員会における導管事業体への租税条約の適用に関する議論を反映し、「居住者条項」の中に取扱いの明確化を図った条項を設けています。本稿では、外国での課税上の取扱いと日本での課税上の取扱いが異なる事業体についてわが国が初めて取扱いを規定した日米租税条約を例にとって、その取扱いの概要を検討します。

なお、同様の規定として、日蘭租税条約４条５、日スイス租税条約４条５、日英租税条約４条５、日豪租税条約４条５があります。

❶ 日米租税条約４条（居住者）６の解釈のための工夫

本条は、「この条約の適用上、(a)一方の締約国において取得される所得であって、……」といった文面が随所に見られます。両締約国である日本の納税者と米国の納税者とが、互いに「一方の締約国」または「他方の締約国」の納税者（居住者）の立場で条文を読みますので、どちらの国の納税者の立場で読んでも読み取れる規定ぶりになっているわけです。

条文の趣旨はよくわかりますが、「読みにくい」。図解でもしないと理解できません。そこで、われわれ日本の納税者が直面する具体的な事例を想定し、「一方の締約国」と「他方の締約国」を、日本と米国と読み替えるとともに、「団体」をパートナーシップ等または有限会社や組合と読み替えて、条文の解釈を行うこととしました。両締約国以外の国については適宜読み替えました。

2 日米租税条約 4 条（居住者）6 の内容

　日米租税条約 4 条は居住者（"resident of a Contracting State"）を定義づけています。本条の 6 では、わが国の「組合」や米国の「パートナーシップ」等の多様な事業体が取引当事者である場合に、当該事業体が租税条約の適用対象となるのか、あるいは当該事業体の構成員たる受益者等が適用対象となるのかについて、場合分けして規定しています。それでは、条文に即して取扱いを見てみます。

❶　米国パートナーシップが日本の国内源泉所得を稼得する場合

日米租税条約 4 条（1～5略）
6　この条約の適用上、
　(a)　日本において取得される所得（国内源泉所得）であって、
　　(i)　米国において組織されたパートナーシップを通じて取得され、かつ、
　　(ii)　米国の租税に関する法令に基づき当該パートナーシップの受益者、構成員又は参加者の所得として取り扱われるもの
　に対しては、日本の租税に関する法令に基づき当該受益者、構成員又は参加者の所得として取り扱われるか否かにかかわらず、米国の居住者である当該受益者、構成員又は参加者（この条約に別に定める要件を満たすものに限る。）の所得として取り扱われる部分についてのみ、この条約の特典（当該受益者、構成員又は参加者が直接に取得したものとした場合に認められる特典に限る。）が与えられる。

＊　一部括弧内は筆者による。下線は読み替えた部分を表す。

【解説】
　米国内国歳入法典上、米国で組成されたパートナーシップは、チェック・ザ・ボックス規則[注]に従って、事業体課税と構成員課税のいずれかを選択す

第1章　外国法人の納税義務　｜　37

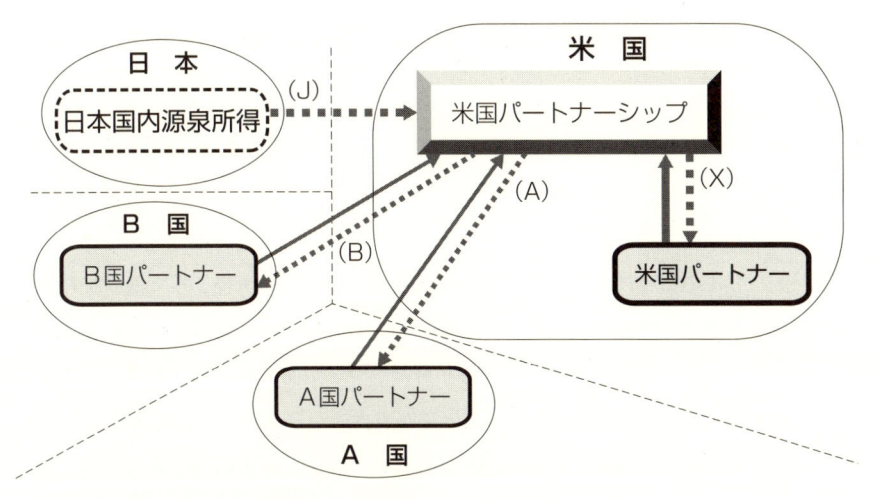

```
         日　本              │        米　国
    ┌─────────────┐      (J)    │   ┌────────────────────┐
    │ 日本国内源泉所得 │ ┄┄┄┄┄▶  │   │ 米国パートナーシップ │
    └─────────────┘             │   └────────────────────┘
                                │         ▲        ▲
                                │      (A)│        │(X)
         B　国                  │         │        │
    ┌─────────────┐             │         │   ┌──────────┐
    │ B国パートナー │─────────────┘         │   │米国パートナー│
    └─────────────┘     (B)                │   └──────────┘
                                           │
                       ┌──────────┐
                       │A国パートナー│
                       └──────────┘
                          A　国
```

＊　上記図表の各要素の意味は12頁参照

ることができます。本件では、構成員課税を選択したケースを想定します。米国パートナーシップが日本の国内源泉所得（J）を稼得しこれを各パートナーに配分（allocation）したとした場合、米国居住者であるパートナーに帰属する所得（X）についてのみ日米租税条約上の特典が付与され、（A）及び（B）には適用されないと解されます。

（注）チェック・ザ・ボックス規則（Check-the-box Classification Regulations）は、1996年に制定され、1997年1月1日から施行されたアメリカ合衆国の財務省の規則（Treas.Reg.§301.7701-1(b)）で、連邦税に関して、コーポレーション以外の事業体の所得について、事業体が税務申告を行うか、それとも構成員が税務申告を行うかの選択権を与える制度です。コーポレーションまたはコーポレーションとみなされる例外的な企業以外の事業体（eligible entity）は、Form 8832という届出をすることによって、事業体課税または構成員課税のいずれかを選択することができます。なお、日本の株式会社はコーポレーションとされています。

❷　日本の有限会社が米国の国内源泉所得を稼得する場合

日米租税条約4条
6　（略）
　(b) 米国において取得される所得（国内源泉所得）であって、
　　(i) 日本において設立された有限会社を通じて取得され、かつ、
　　(ii) 日本の租税に関する法令に基づき当該有限会社の所得として取り扱われるもの
　に対しては、米国の租税に関する法令に基づき当該有限会社の所得として取り扱われるか否かにかかわらず、当該有限会社が日本の居住者であり、かつ、この条約に別に定める要件を満たす場合にのみ、この条約の特典（日本の有限会社が取得したものとした場合に認められる特典に限る。）が与えられる。

＊　一部括弧内は筆者による。下線は読み替えた部分を表す。

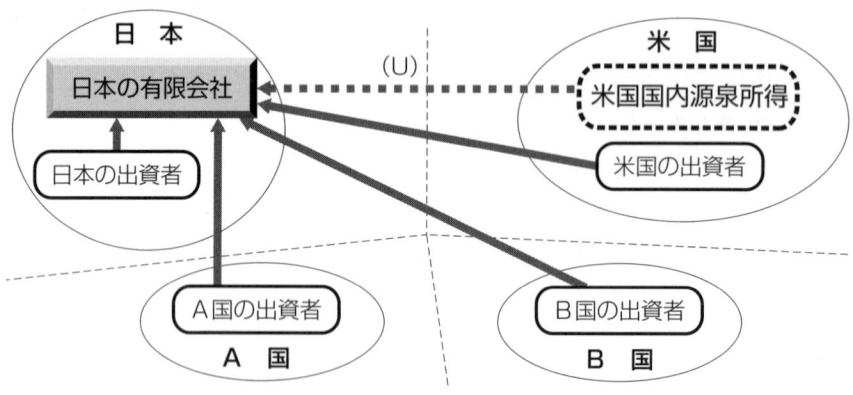

＊　上記図表の各要素の意味は12頁参照

【解説】
　米国内国歳入法典上、日本の有限会社はチェック・ザ・ボックス規則に基づき構成員課税と事業体課税のいずれかを選択することが可能ですが、日本の税制上有限会社は事業体課税を受けます。この場合、日本の有限会社が稼

得する米国国内源泉所得（U）については、日本居住者以外の出資者に配当する場合であっても、当該有限会社が日本において課税される所得の範囲で、日米租税条約上の特典が与えられると解されます。

❸ 英国LLPが日本の国内源泉所得を稼得する場合

> 日米租税条約4条
> 6（略）
> 　(c) 日本において取得される所得（国内源泉所得）であって、
> 　　(i) 英国において組織されたリミテッド・ライアビリティ・パートナーシップ（LLP）を通じて取得され、かつ、
> 　　(ii) 米国の租税に関する法令に基づき当該LLPの受益者、構成員又は参加者の所得として取扱われるもの
> 　　に対しては、日本又は英国の租税に関する法令に基づき当該受益者、構成員又は参加者の所得として取り扱われるか否かにかかわらず、米国の居住者である当該受益者、構成員又は参加者（この条約に別に定める要件を満たすものに限る。）の所得として取り扱われる部分についてのみ、この条約の特典（当該受益者、構成員又は参加者が直接に取得したものとした場合に認められる特典に限る。）が与えられる。

＊　一部括弧内は筆者による。下線は読み替えた部分を表す。

【解説】
　米国内国歳入法典上、英国のLLPはチェック・ザ・ボックス規則に基づき構成員課税と事業体課税のいずれかを選択することが可能です。日本の税制上は英国LLPについて共同事業性と財産の共同所有性の要件の検討が行われ、これを充足している場合は構成員課税を受けますが、共同事業性要件等を充足しない場合には、外国法人として取り扱われる場合もあります。

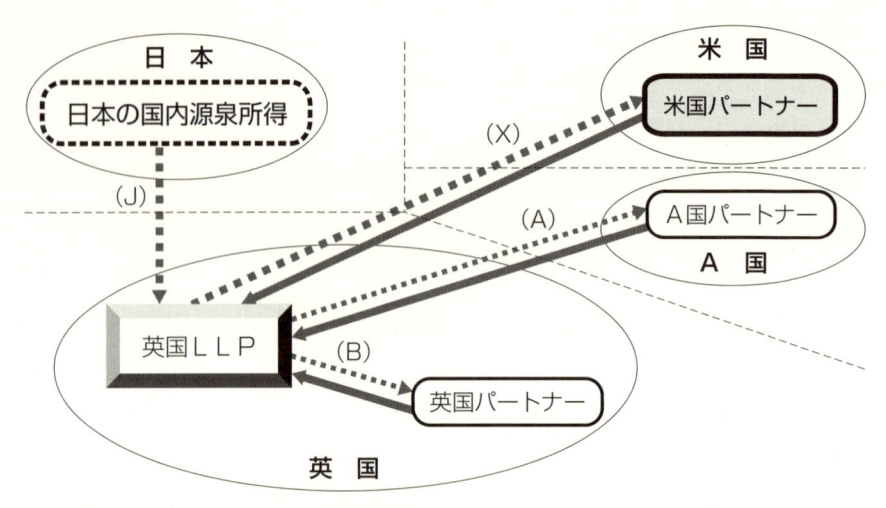

* 上記図表の各要素の意味は12頁参照

　いずれにしても、英国のLLPが稼得する日本国内源泉所得（J）のうち、当該LLPの米国居住パートナーが米国において課税される所得（X）についてのみ、日米租税条約上の特典が与えられ、（A）及び（B）については特典が与えられないと解されます。

❹　英国LLPが日本の国内源泉所得を稼得し、事業体課税が選択される場合

日米租税条約4条

6　（略）

　(d) <u>日本</u>において取得される所得（国内源泉所得）であって、

　　(ⅰ) <u>英国</u>において組織された<u>LLP</u>を通じて取得され、かつ、

　　(ⅱ) <u>米国</u>の租税に関する法令に基づき当該<u>LLP</u>の所得として取り扱われるものに対しては、この条約の特典は与えられない。

＊　一部括弧内は筆者による。下線は読み替えた部分を表す。

第 1 章 外国法人の納税義務 | 41

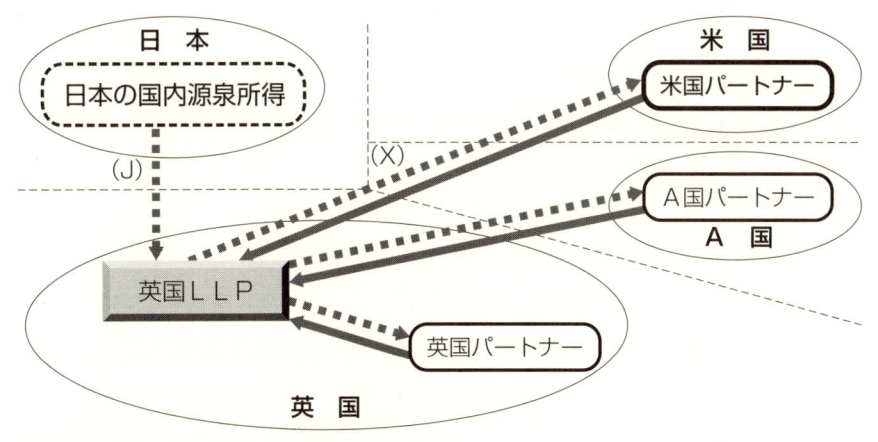

```
     日  本                          米  国
  ┌─────────────┐                  ┌──────────┐
  │日本の国内源泉所得│                  │米国パートナー│
  └─────────────┘                  └──────────┘
         (J)           (X)
                                   ┌───────────┐
                                   │A国パートナー│
                                   └───────────┘
                                      A  国
  ┌─────┐
  │英国LLP│  ←  ┌───────────┐
  └─────┘     │英国パートナー│
              └───────────┘
     英  国
```

＊　上記図表の各要素の意味は12頁参照

【解説】

　米国内国歳入法典上、英国のLLPはチェック・ザ・ボックス規則に基づき構成員課税と事業体課税のいずれかを選択することが可能です。英国LLPの米国パートナーが米国税制上事業体課税を選択した場合を想定します。日本の税制上は英国LLPは共同事業性と財産の共同所有性の要件の検討が行われてこれを充足していると想定すると構成員課税を受けます。この場合、日本の国内法の解釈では、日本の国内源泉所得の納税義務者は各パートナーということになりますが、一方、米国での課税関係は、英国LLPの米国パートナーが米国税制における事業体課税を選択した結果、当該英国LLPが稼得する日本の国内源泉所得については、当該日本の国内源泉所得が発生した時点において米国パートナーに帰属する所得がないため、米国では課税されないと解されます。

　英国LLPが米国居住のパートナーに利益の分配を行った場合、所得の種類も含めて、英国と米国の租税条約に基づく判断が行われるものと思われます。本項では、米国において英国LLPの米国パートナーが事業体課税を選択する場合には、英国LLPが稼得する日本の国内源泉所得について、日米租税条約の特典は付与されないことを明らかにしています。

なお、日本の税制上、英国LLPが共同事業性要件等を充足していない場合や外国法人と取り扱われる場合は、日本で構成員課税は行われませんので、(ii)により米国でも構成員課税が行われないときは、日米租税条約の適用がないことは言うまでもありません。

❺ 米国LLCが米国の国内源泉所得を稼得する場合

> 日米租税条約4条
> 6 (略)
>   (e) 米国において取得される所得（国内源泉所得）であって、
>   (i) 米国において組織されたリミテッド・ライアビリティ・カンパニー(LLC)を通じて取得され、かつ、
>   (ii) 日本の租税に関する法令に基づき当該LLCの所得として取り扱われるものについては、この条約の特典は与えられない。

＊ 一部括弧内は筆者による。下線は読み替えた部分を表す。

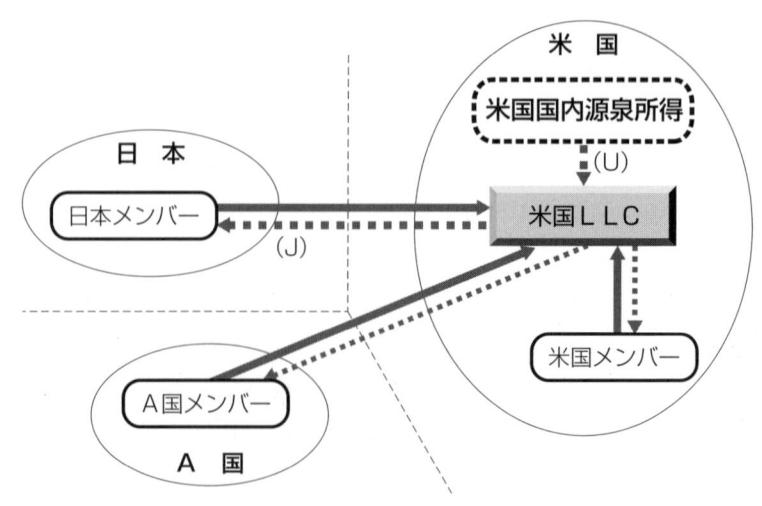

＊ 上記図表の各要素の意味は12頁参照

【解説】

　まず米国国内源泉所得（U）について米国LLCに日本メンバーが出資している場合、米国LLCの事業年度末の時点で、LLC契約に基づく損益配分額が日本メンバーに配分（allocate）されます。企業会計上は配分があった時点で損益の認識を行う必要がありそうです。しかしながら、日本の税務当局は、LLCを原則として外国法人として取り扱う解釈を採用しています[注]。米国歳入法典上、当該米国LLCが、チェック・ザ・ボックス規則に基づき構成員課税を選択したとしても、日本メンバーへの配分利益について、日米租税条約の特典は与えられないと解されます。一方当該LLCが事業体課税を選択している場合は、本件米国国内源泉所得に関する米国における課税関係では、米国LLCが唯一の納税義務者となりますから、日米租税条約の適用はないとの結論になるものと解されます。

　米国国内源泉所得（U）に係る日米租税条約の特典の適用については以上のとおりですが、米国LLCから日本メンバーに対する利益の分配（J）（dividend）については、日米租税条約4条6の対象外であり、他の条項により、日米租税条約の特典が適用されるか否かについては米国法人から日本株主への配当と同じとも考えられ、特典の適用があるとの考え方も可能ですので、税務当局に事前に相談することをお勧めします。

（注）当該解釈については、国税庁が平成13年に下記の質疑応答事例を、ホームページで公開しています。
　　　【米国LLCに係る税務上の取扱い】
　　　・照会要旨
　　　　米国のリミテッド・ライアビリティー・カンパニー（LLC：Limited Liability Company）は、米国各州が制定するLLC法（Limited Liability Company Act）に基づいて設立される事業体です。LLC法は、1977年に米国ワイオミング州で制定されたのを皮切りに、現在では全米の各州（50州）及びコロンビア特別区において制定されています。

LLC は法人（Corporation）に似かよった性質を有していますが、米国の税務上は、事業体（LLC）ごとに、法人課税を受けるか又はその出資者（メンバー）を納税主体とするいわゆるパス・スルー課税を受けるかの選択が認められています。

米国の税務上、法人課税を選択した LLC 又はパス・スルー課税を選択した LLC は、我が国の税務上、外国法人に該当するものとして課税関係を考えることになるのでしょうか。

・回答要旨

ある事業体を我が国の税務上、外国法人として取り扱うか否かは、当該事業体が我が国の私法上、外国法人に該当するか否かで判断することになります。

LLC 法に準拠して設立された米国 LLC については、以下の理由等から、原則的には我が国の私法上、外国法人に該当するものと考えられます。

① LLC は、商行為をなす目的で米国の各州の LLC 法に準拠して設立された事業体であり、外国の商事会社であると認められること。
② 事業体の設立に伴いその商号等の登録（登記）等が行われること。
③ 事業体自らが訴訟の当事者等になれるといった法的主体となることが認められていること。
④ 統一 LLC 法においては、「LLC は構成員（member）と別個の法的主体（a legal entity）である。」、「LLC は事業活動を行うための必要かつ十分な、個人と同等の権利能力を有する。」と規定されていること。

したがって、LLC が米国の税務上、法人課税又はパス・スルー課税のいずれの選択を行ったかにかかわらず、原則的には我が国の税務上、「外国法人（内国法人以外の法人）」として取り扱うのが相当です。

ただし、米国の LLC 法は個別の州において独自に制定され、その規定振りは個々に異なることから、個々の LLC が外国法人に該当するか

否かの判断は、個々のLLC法(設立準拠法)の規定等に照らして、個別に判断する必要があります。

〈この質疑事例は、平成23年7月1日現在の法令・通達等によっています〉

恒久的施設(PE)に関する Q&A

　二国間租税条約の解釈、適用に当たっては、OECDモデル租税条約のコメンタリーが参照されます。事業所得課税の重要な要件であるPEの解釈について、川端康之教授監訳の『OECDモデル租税条約 2010年版』（日本租税研究協会、2011年）と、川田剛教授・徳永匡子税理士共著による『OECDモデル租税条約コメンタリー逐条解説＜2008年改正版＞』（税務研究会、2009年）を参考に検討を行いました。

Q7　1号PEに含まれない場所

　「1号PEに含まれない場所」の国内法と租税条約の取扱いは、どのように異なりますか。

A　租税条約の規定と国内法の規定の異同については、個別の二国間租税条約に当たる必要があります。ここでは、OECDモデル租税条約を例に異同を検討します。

解説

　両規定を比較したものが次頁の図表です。

法人税法施行令185条2項	OECDモデル租税条約5条4
一　外国法人がその<u>資産を購入する業務</u>のためにのみ使用する一定の場所	d)　企業のために<u>物品若しくは商品を購入し、又は情報を収集すること</u>のみを目的として、事業を行う一定の場所を保有すること。
二　外国法人がその<u>資産を保管するため</u>にのみ使用する一定の場所	a)　企業に属する物品又は商品の保管、展示又は引渡しのためにのみ施設を使用すること。 b)　企業に属する<u>物品又は商品の在庫を保管、展示又は引渡しのため</u>にのみ保有すること。 c)　企業に属する<u>物品又は商品の在庫を他の企業による加工のため</u>にのみ保有すること。
三　外国法人が広告、宣伝、情報の提供、市場調査、基礎的研究その他その事業の遂行にとって<u>補助的な機能を有する事業上の活動を行なうためにのみ使用する一定の場所</u>	e)　企業のためにその他の<u>準備的又は補助的な性格の活動を行うこと</u>のみを目的として、事業を行う一定の場所を保有すること。
	f)　a)からe)までに掲げる活動を組み合わせた活動を行うことのみを目的として、事業を行う一定の場所を保有すること。ただし、当該一定の場所におけるこのような組合せによる活動の全体が準備的又は補助的な性格のものである場合に限る。

＊　下線は筆者による

　OECDモデル租税条約では複数の準備的補助的機能の組合わせもPEに当たらないとしている点が特徴的です。

　上記OECDモデル租税条約5条4と同趣旨の規定が、日中租税協定5条

4ならびに日米租税条約5条4等にあります。

Q8 1号PEの租税条約における解釈

「1号PE」について、OECDモデル租税条約5条に関するコメンタリーはどのような解釈指針を示していますか。

A OECDモデル租税条約5条のコメンタリーでは、次のようなポイントで解釈指針を示しています。

解説

1 期間の要件

事業を行う一定の場所は、ごく短期間のみ存在する場合でも、PEとなる場合があると解されています。OECD加盟国の解釈は、必ずしも一貫しているものではないようですが、事業の場所が6か月以上維持されている場合にPEが存在するとされた事例が多いと述べています。一方、事業活動が反復される事例については、「期間」と「回数」を組み合わせて考慮される必要があるとしています（OECDモデル租税条約5条に関するコメンタリーのパラ6要約）。

2 自動設備

企業の事業が、主として自動設備を通じて行われており、企業の社員の活動が設備を設置し、操作し、これを維持、管理することである場合にも、PEが存在するとされる場合があると述べられています。一方の国の企業によって他方の国に設置されるゲーム機、自動販売機その他これらに類似するもの

がPEとなるか否かについては、企業が、当該施設を設置した後にこれらを用いて事業活動を行う場合はPEとされ、当該施設が他の企業にリースされる場合などはPEとはならないとの解釈を示しています（OECDモデル租税条約5条に関するコメンタリーのパラ10要約）。

❸ 「準備的又は補助的な性格」の判断基準

準備的または補助的な性格を有する活動とそうでない活動とを区別する決定的な基準は、事業を行う一定の場所での当該活動が、企業全体としての活動の本質的及び重要な部分を形成するか否かという点です（OECDモデル租税条約5条に関するコメンタリーのパラ24要約）。

❶ 例示1

企業が顧客に機械を販売し、当該機械のメンテナンス、サポートのために、事業を行う一定の場所を設置して、補修部品の供給を行う場合は、PEが存在すると解されます（OECDモデル租税条約5条に関するコメンタリーのパラ25要約）。

❷ 例示2

ある国の領土を横切って設置されたケーブルまたはパイプラインが、OECDモデル租税条約5条4の「恒久的施設に該当しない場合」に該当するかどうかについて解釈指針を示しています。

企業がケーブルまたはパイプラインを通じて財産（自己の石油）を（他国に所在する自己の精製所に）輸送するためだけに所有し、使用しており当該企業の主たる事業（石油精製業）に附随的なものである場合は、「企業に属する物品又は商品の保管、展示又は引渡しのためにのみ施設を使用すること」に該当するとしています。

ケーブルまたはパイプラインを他の企業の財産（データや電力等）を輸送

するために使用している場合に、当該ケーブルまたはパイプラインが当該他の企業のPEとされるかという問題が検討されています。当該他の企業は、単に当該ケーブルやパイプラインの所有者が提供する伝送や輸送という役務の提供を受けているにすぎないため、当該企業のPEであるとは考えないとしています（OECDモデル租税条約5条に関するコメンタリーのパラ26.1要約）。

Q9　2号PEの租税条約における解釈

「2号PE」について、OECDモデル租税条約5条3項に関するコメンタリーはどのような解釈指針を示していますか。

A　建設工事現場等の設置期間は「12箇月を超える期間」とする二国間租税条約以外に「6箇月を超える期間」「3箇月を超える期間」とする二国間租税条約があります。

解説

わが国が締結している租税条約のうち、次の条約では、建設工事現場等の設置期間を「6箇月を超える期間」としています。
　⇒　インド、インドネシア、エジプト、韓国、シンガポール、スリランカ（183日超）、中国、トルコ、バングラディシュ、パキスタン、フィリピン、ブラジル、ブルガリア、ベトナム、マレーシア、メキシコ。

また、日タイ租税条約では「3箇月を超える期間」、クウェートでは「9箇月を超える期間」とされています。

「建設工事現場等」の範囲について、OECDモデル租税条約5条に関するコメンタリーでは、次のようなポイントで解釈指針が示されています。

❶「建築工事現場又は建設若しくは据付けの工事」

建物の建設に限らず、道路、橋または運河の建設ならびに建物、道路、橋または運河の修繕、パイプラインの施設ならびに掘削や浚渫等を含みます。「据付けの工事」には、既存の建築物内あるいは建築物の屋外に取り付けられる設備の据付けも意味します。

建設現場での工事計画及び監督については、OECDモデル租税条約では規定を設けていないため、二国間租税条約において規定すべき場合は規定すべきであるとしています（OECDモデル租税条約5条に関するコメンタリーのパラ17要約）。

❷ 同一グループ内の別法人による工事契約

大陸棚で探査や開発工事の請負作業を行う下請企業の事例が取り上げられています。ある元請企業が、工事契約を、12か月を超えない工事期間となるようにいくつかの工事に分割して、同一の企業グループに属する下請業者と契約した場合、事実関係次第では、租税回避否認規定の適用対象とする議論が生じますが、これとは別に、PEの認定の問題として条約の締結当事国である二国間の交渉で解決策を探るべきであるとしています（OECDモデル租税条約5条に関するコメンタリーのパラ18要約）。

❸ 建設工事現場等の設置期間の計算

建設工事現場等の設置期間の計算について、コメンタリーは、次のような解釈指針を示しています（OECDモデル租税条約5条に関するコメンタリーのパラ19及び同19.1要約）。

① 外国法人（請負企業）が、当該建設等が行われる国において作業（設計事務所の設置といった準備作業を含む）を開始した日から起算する。下請

企業が費やす期間も請負企業の期間とされる。
② 悪天候や原材料の未達、運送手段の不具合等の要因で作業が中断した場合でも、当該期間を含めて計算する。
③ パートナーシップ形態（JV形態）で建設工事等を行う場合、当該パートナーシップのパートナーであるA社の社員が建設現場で作業を行った場合でも、パートナーであるB社のPE判定に当たり、設置期間に算入する。すなわち、パートナーシップレベルで設置期間を計算する。

Q10 3号PEの租税条約における解釈

「3号PE」について、OECDモデル租税条約5条5項に関するコメンタリーはどのような解釈指針を示していますか。

A 従属代理人は、日本国内に事業を行う場所（a place of business）を有しない非居住者や外国法人でも認定されます。なお、従属代理人は国内法の常習代理人、在庫代理人、注文取得代理人を含めた概念です。

解説

1 従属代理人

OECDモデル租税条約5条5項は、「企業に代わって行動する者（6の規定が適用される独立の地位を有する代理人を除く。）が、一方の締約国内で、当該企業の名において契約を締結する権限を有し、かつ、この権限を反復して行使する場合には、当該企業は、その者が当該企業のために行うすべての活動について、当該一方の締約国内に恒久的施設を有するものとされる。」と規定しています。

代理人が一方の締約国の居住者でなければならない、あるいは、事業を行

う場所を有しなければならないとは規定していません。したがって、代理人が条約に規定する従属代理人の要件を充足すれば、事業を行う場所を有しない非居住者や外国法人がこれに該当するケースも想定されることとなります。従属代理人は、個人または法人のいずれでもよいと解されます（OECDモデル租税条約5条に関するコメンタリーのパラ32要約）。

2 「当該企業の名において契約を締結する権限」

契約締結権限の行使についての解釈では、文理どおり企業の名において契約を締結していなければ従属代理人にならないということではありません。取引において、企業が積極的に関与していないことが、企業が代理人に対して契約締結権限を付与していることを示していると解しています。

事例として、ある代理人が、外国企業の商品が保管され顧客宛に出荷される外国企業により取引が認証されている倉庫において、顧客の注文を勧誘する行為を行っている場合には、契約を締結する権限を当該代理人が有していると解される場合があるとしています（OECDモデル租税条約5条に関するコメンタリーのパラ32.1要約）。

3 独立代理人

コメンタリーが示している「独立代理人」を判定する基準は次のとおりです（国内法の解釈については本書30頁参照）。

① 代理人の行為の結果については、代理人は依頼人に対して責任を負うが、依頼者から職務の遂行に関して詳細な指示は受けない。
② 依頼人が代理人の専門的な能力や知識を頼みにしていること自体が独立性を示している。
③ 代理権の範囲は依頼人の意思によるが、代理権の範囲の制限自体は従属性とは無関係で、依頼された代理権の範囲内で、代理人が依頼人に代

わって職務を遂行する自由裁量の範囲により独立性の有無を判定する。
④ 代理人が職務を遂行にするに当たり、依頼人に報告を行い情報を提供することは通常行われることである。報告が、職務を遂行する方法について依頼人の指示を受けるためのものでない限り、従属性の判断要素にはならない。
⑤ 代理人が、事業の全期間あるいは長期間にわたって、専ら当該依頼人に代わって職務を遂行することだけを根拠に、従属代理人であることを判定することは出来ない（OECDモデル租税条約5条に関するコメンタリーのパラ37～38.6要約）。

Q11 電子商取引とPE

電子商取引のPEについて、OECDモデル租税条約のコメンタリーはどのような解釈指針を示していますか。

A 企業が本質的かつ中核的な活動を行うサーバーはPEとなりうるとしています。

解説

ウェブサイト（website）は、World Wide Web（WWW）上にあり、一般に特定のドメイン名の下にある複数のウェブページの集まりのことですが、コメンタリーでは、ソフトウェアと電子データの組合わせと位置づけています。一方、サーバー（server）は、ユーザー（クライアント）からの要求に対して何らかのサービスを提供するシステムのことです。コメンタリーでは、ウェブサイトが格納されている「事業の場所」となりうる機器と位置づけています。

コメンタリーでは、コンピューター機器を通じて行われている活動が、企業の事業活動の本質的または中核的な部分を構成する場合、その活動は「準

備的又は補助的活動」には当たらず、PE が存在するものとされると解しています。

　ここで、「本質的かつ中核的な活動」をどのような基準で判断するかが実務において重要ですが、コメンタリーでは、次のようなケースを例示しています。

① 　インターネット・サービス・プロバイダー（ISP）が、他の企業のためにウェブサイト等のホスティングを目的として、自社のサーバーを運営管理する事業を行っている場合は、ISP にとって本質的かつ中核的な活動を行っていると判断されます。

② 　インターネットを通じて商品の販売事業を行ういわゆる e-commerce 事業者が、顧客との契約の締結、商品の配送、代金の決済等の中核的な業務を、サーバーを利用したウェブサイトで自動的に行っている場合、当該事業者の PE が存在すると判断されると解しています。

　一方、他の企業のウェブサイトを自社のサーバーに搭載させることを事業としている ISP は、顧客である企業に代わって、契約締結権限を常習的に行使しているわけではないので、代理人PEとはならないと解しています（OECD モデル租税条約5条に関するコメンタリーのパラ42.1～42.10要約）。

第3節 所得の源泉性──国内源泉所得

　これまでに、納税義務者としての外国法人は、PEの類型ごとに、課税対象となる国内源泉所得が異なることを説明しました。次に、外国法人所得課税の核心部分である「国内源泉所得」の判定の問題、すなわち所得の「源泉性」の判断基準について説明します。

　法人税法138条のタイトルは「国内源泉所得」です。同条の個別規定は、所得の種類ごとに国内源泉所得であるか否かの判断基準を示しています。そのポイントを要約することとします。

● 1号所得（事業）（Q15～Q19 参照）
　「国内において行う事業」から生ずる所得、「国内にある資産」の運用・保有もしくは譲渡により生ずる所得、その他「その源泉が国内にある所得として政令で定めるもの」が1号所得です。
● 2号所得（人的役務提供事業の対価）（Q20～Q22 参照）
　〔国内において人的役務の提供を主たる内容とする事業で政令で定めるものを行う法人が受ける当該人的役務の提供に係る対価〕が2号所得です。
● 3号所得（不動産賃貸料等）（Q23、Q24 参照）
　〔国内にある不動産、国内にある不動産の上に存する権利もしくは採石法の規定による採石権の貸付け（地上権または採石権の設定その他他人に不動産、不動産の上に存する権利または採石権を使用させる一切の行為を含む。）、鉱業法の規定による租鉱権の設定または居住者もしくは内国法人に対する船舶もしくは航空機の貸付けによる対価〕が3号所得です。

- 4号所得（預金利子等）（Q25 参照）

　〔所得税法23条1項に規定する利子等のうち、日本国の国債・地方債・内国法人の発行する債券の利子、外国法人の発行する債券の利子のうち国内事業に帰せられるものその他の政令で定めるもの、国内営業所等に預け入れられた預貯金利子、国内営業所に信託された合同運用信託等の収益の分配〕が4号所得とされています。

- 5号所得（配当等）

　〔所得税法第24条第1項に規定する配当等のうち、内国法人から受ける剰余金の配当、利益の配当、剰余金の分配または基金利息、国内にある営業所に信託された投資信託等の収益の分配〕が5号所得とされています。

- 6号所得（貸付金の利子等）（Q26～Q28 参照）

　〔国内において業務を行う者に対する貸付金で、業務に係るものの利子〕が6号所得です。

- 7号所得（使用料等）（Q29～Q31 参照）

　〔国内において業務を行う者から受ける使用料等、具体的には工業所有権等の権利等の使用料または譲渡の対価、著作権等の使用料または譲渡の対価、機械・装置等の使用料〕が7号所得です。

- 8号所得（広告宣伝のための賞金）

　〔国内において行う事業の広告宣伝のための賞金として政令で定めるもの〕が8号所得です。

- 9号所得（生命保険契約等に基づく年金等）

　〔国内にある営業所等を通じて締結した生命保険契約等に基づいて受ける年金等〕が9号所得です。

- 10号所得（定期積金に係る給付補てん金等）

　〔国内にある営業所が受け入れた定期積金に係る給付補てん金等〕が10号所得です。

- 11号所得（匿名組合契約の利益分配額）（Q32 参照）

　〔国内において事業を行う者に対する出資につき、匿名組合契約に基づ

いて受ける利益の分配〕が11号所得です。

　実務においては、「国内において」と解釈できるか否かが重要な事実認定となります。その点、法人税法施行令が、その具体的な判断基準を示しています。所得の種類ごとに当局との間で議論が生じやすい事例について、次頁以降で検討することとします。

国内源泉所得と源泉性の判断に関するQ&A

Q12 国内源泉所得の区分

国内源泉所得の所得区分はどのようになっていますか。

A 非居住者及び外国法人が日本において課税を受ける国内源泉所得の種類は、おおむねOECDモデル租税条約に準拠した内容で法令に規定されています。

解説

国内源泉所得とは、国内に所得の源泉がある所得という意味ですが、外国法人が日本で経済活動を行って所得を得た場合に日本において法人税を納付する義務があるか否かという局面において、大変重要な概念であるといえます。

国内源泉所得には、次の図表に示した所得の種類があり、所得税法161条と法人税法138条に規定されています。

所得税		法人税	
所法161		法法138	
1号	事業、資産の運用・保有・譲渡、政令で定める所得	1号	事業、資産の運用・保有・譲渡、政令で定める所得
1号の2	民法組合等の事業の利益の分配金		明文規定はないが1号に含まれる
1号の3	土地等の譲渡対価		1号に含まれる
2号	人的役務提供事業の対価	2号	人的役務提供事業の対価
3号	不動産等の賃貸料等	3号	不動産等の賃貸料等

4号	預金利子等	4号	預金利子等
5号	配当等	5号	配当等
6号	貸付金利子等	6号	貸付金利子等
7号	使用料等	7号	使用料等
8号	給与等		
9号	事業の広告宣伝の賞金	8号	事業の広告宣伝の賞金
10号	生命保険契約等の年金等	9号	生命保険契約等の年金等
11号	定期積金等の給付補てん金等	10号	定期積金等の給付補てん金等
12号	匿名組合契約に基づく利益分配金	11号	匿名組合契約に基づく利益分配金

　所得税法では「給与所得」が規定されていますが、給与所得を稼得するのは個人（自然人）に限られるため、法人税法にはこの規定がない点が特徴的です。また、所得税法においては源泉徴収の観点から1号の2として民法組合等の事業の利益の分配金、1号の3として土地等の譲渡対価を別掲しています。これら以外は、所得税法と法人税法の規定は同一です。

Q13 国内源泉所得の納税方式
　外国法人が国内源泉所得を有する場合、各所得をどのように納税するのでしょうか。

A　外国法人が稼得する国内源泉所得については、PEの類型と所得の種類に応じて、申告納税を要するもの、源泉徴収のうえ申告納税を要するもの、源泉徴収のみで納税が完結するものがあります。

解説

外国法人が、国内源泉所得を有する場合には、国内に支店等のPEを有するか否かによって課税方式が異なります。PEには、①支店・工場等、②1年を超える建設作業等、③自己のために契約を締結する代理人、④前記①〜③以外の場合（PEを有しない場合）、の4つの区分があります。

各PEの区分に従い、それぞれの所得がどのような方式で課税されるかを整理したものが次の図表です。網掛け部分は法人税の申告（申告納税）が必要で、「源泉徴収」の欄に税率が記入されている所得は源泉徴収が行われた上で申告納税が必要です。「源泉徴収」の欄に「無」と記入されている所得は、源泉徴収されることなく、申告納税を行います。

なお、これらの図表は、国内法に基づく課税関係の概要を示すもので、PEの要件や国内源泉所得の範囲について租税条約にこれと異なる定めがある場合には注意する必要があります。この点については別途説明します。

外国法人に対する課税関係の概要（網掛け部分が法人税の課税範囲）

外国法人の区分（法法141）＼所得の種類（法法138）	国内にPEを有する法人 ①支店その他事業を行う一定の場所を有する法人（法法141一）	②1年を超える建設作業等を行いまたは③一定の要件を備える代理人等を有する法人（法法141二、三）	④国内にPEを有しない法人（法法141四）	源泉徴収（所法212①、213①）
事業の所得（法法138一）			【非課税】	無（注1）
資産の運用又は保有による所得（法法138一）				無（注2）

資産の譲渡による所得 （法法138一）			不動産の譲渡による所得及び法令187①一〜五に掲げる所得	無 （注3）
その他の国内源泉所得 （法法138一）				無
人的役務の提供事業の対価　（法法138二）				20%
不動産の賃貸料等 （法法138三）				20%
利子等　（法法138四）		国内事業に帰せられるもの	【源泉分離課税】	15%
配当等　（法法138五）				20%
貸付金利子（法法138六）				20%
使用料等　（法法138七）				20%
事業の広告宣伝のための賞金　（法法138八）				20%
生命保険契約に基づく年金等　（法法138九）				20%
定期積金の給付補塡金等 （法法138十）				15%
匿名組合契約等に基づく利益の分配(法法138十一)				20%

注1　事業の所得のうち、組合契約事業から生ずる利益の配分については、所得税の源泉徴収が行われます（所法212①）
　2　租税特別措置法第41条の12の規定により、割引債（特定短期公社債等一定のものを除きます。）の償還差益については、18%（一部のものは16%）の税率で源

泉徴収が行われます
3　資産の譲渡による所得のうち、国内にある土地もしくは土地の上に存する権利または建物及びその附属設備もしくは構築物の譲渡による対価（所令281の3に規定するもの、つまり、対価の額が1億円以下で当該土地等を自己またはその親族の居住の用に供するために譲り受けた個人から支払われるものを除きます）については、所得税の源泉徴収が行われます（所法212①）
4　国税庁『平成24年版　源泉徴収のあらまし』（210～211頁）を参考に作成

Q14 PEの区分と課税所得の範囲

PEの区分ごとに課税される国内源泉所得の範囲が異なるそうですが、どのように違うのですか。

A　法人税法141条に〔外国法人に係る各事業年度の所得に対する法人税の課税標準〕として1号PEから4号PEの4形態に区分して規定されています。PEを有しない外国法人にも納税義務があることに留意が必要です。

解説

この条文では1号PEを有する外国法人から4号PE（PEを有しない外国法人）まで、次頁のように課税所得の範囲を規定しています。

PEの区分	課税される国内源泉所得の範囲
1号PE 支店・工場等	全ての国内源泉所得（法法138一〜十一）
2号PE 建設、据付け、 組立て、その他	1号所得（事業所得、国内にある資産の運用保有、国内にある資産の譲渡、その源泉が国内にある所得） 2号（人的役務提供事業の対価） 3号（不動産等の貸付けの対価） 次の所得で2号PEの事業に帰せられるもの 　4号（利子）、5号（配当）、6号（国内において業務を行う者に対する貸付金の利子）、7号（使用料）、8号（広告宣伝のための賞金）、9号（国内の営業所等を通じて締結した保険契約の年金）10号（定期積金等の給付補てん金等）、11号（匿名組合の利益の分配）
3号PE 代理人	1号（事業所得、国内にある資産の運用保有、国内にある資産の譲渡、その源泉が国内にある所得） 2号（人的役務提供事業の対価） 3号（不動産等の貸付けの対価） 4号〜11号で、3号PEを通じて行う事業に帰せられるもの
4号PE PEなし	1号（国内にある資産の運用保有、国内にある資産の譲渡、その他政令で定める所得（Q13参照）） 2号（人的役務提供事業の対価） 3号（不動産等の貸付けの対価）

Tea break　実務に役立つ豆知識

　日本における外国法人の課税関係を整理する場合、日本の法人税法が出発点となるのは当然ですが、日本国内で完結する取引の課税関係と大きく異なるポイントは、租税条約が課税関係を左右するということです。

　租税を課す権限は、各国が有する独自の高権であり、自国民の選択により制度化されたもので他国からの干渉を受けるものではありません。しかしながら、円滑に国際的な経済活動を行うためには、課税権の調整が必要です。各国独自の国内法の規定を「互譲の精神」に基づき調整して作り上げられてきた国際ルールが租税条約といえます。

　日本国憲法は、98条2項で条約の遵守義務を規定しており、法人税法でもこれを受けて139条で租税条約に異なる定めがある場合の国内源泉所得は、その定めるところにより国内法を適用することとしています（所得税法162条にも同意の規定があります）。

　実務において現実に発生した取引の課税関係を正しく処理するためには、まず国内法の規定を検討し、次いで租税条約の規定との関連でその課税関係を分析、検討すべきものと思われます。具体的な手順としては、まず、租税条約の規定と国内法の規定が同じであるか、異なっているかを確認し、その上で、租税条約の規定を適用すべき場合に、租税条約の規定に基づく課税関係を導き出す手順を踏みます。租税条約上の規定が、国内法上の規定の確認のためのものであるのか、あるいは、租税条約のポリシーに基づくものなのかといった検討、解釈が必要です。

Q15 事業所得（1号所得）

事業所得とはどのような所得を指しているのですか。

A 外国法人が、定款等において規定する事業目的に当たる業務を行うことにより稼得する所得及び付随業務による所得が事業所得で、いわば法人の活動から生じる所得はすべて事業所得といえます。

解説

　国内法は法人税法138条1号で、「国内において行う事業から生じ、又は国内にある資産の運用、保有（詳細は本書Q16参照、以下同）若しくは譲渡により生ずる所得（Q17参照）（次号から第11号までに該当するものを除く。）その他その源泉が国内にある所得（Q18参照）として政令で定めるもの」は国内源泉所得であると規定しています（一部括弧内は筆者による）が、ここで事業から生じる所得の範囲は広く法人の活動から生じる所得はすべて事業所得と考えられます。

　製造業、卸売業、小売業、サービス業等各種の事業を行う場合、これらの事業から生ずる所得が「事業所得」となることはもちろんのこと、主たる事業の一環として生ずる預金の利子や使用料、貸付金の利子等の所得も事業所得の中に含まれるわけですが、「（次号から第11号までに該当するものを除く。）」としているのは源泉徴収という課税方式を採用するため、別掲しているものと思われます。

　また、事業から生ずる所得（事業所得）はPEを有しない外国法人には課税されませんが（法法141四イ）、これが事業所得に対する課税原則「PEなければ課税なし」を表しています。つまり法人税法138条1号後段の所得は広い意味では事業所得といえますが、事業所得の課税原則が適用される事業所得には当たりません。

　次に、OECDモデル租税条約を検討します。

　7条に「事業利得」（条文見出し、Business profits）として、「PEなければ課

国内源泉所得のイメージ図

```
事業所得 ──→ PEなければ課税なし

国内において行う事業から生じる所得（法法138一前段）
製造業、卸売業、小売業、サービス業等主たる業務に係る所得を指します。

┌─────────────────────────────────────────┐
│ 1号後段所得 ──→ PEを有しない外国法人も申告義務あり │
│                                         │
│ ① 国内にある資産の運用・保有から生ずる所得（法令177①） │
│   国債・地方債・社債等の運用保有、公社債を国内において貸し付けた │
│ 場合の貸付料等（法基通20－1－11）         │
│                                         │
│ ② 国内にある資産の譲渡により生ずる所得（法令177②） │
│   鉱業権や漁業権の譲渡、有価証券・ゴルフ会員権・預貯金・貸付金等 │
│ の譲渡                                   │
│                                         │
│ ③ その源泉が国内にある所得（法令178）      │
│   国内の業務・資産に関して受ける保険金、補償金、損害賠償金等 │
└─────────────────────────────────────────┘

④ 2号から11号までに該当する所得
         ──→ 源泉徴収される所得
```

税なし」の大原則が規定されていますが、4項で「他の条で別個に取り扱われている種類の所得が企業の利得に含まれる場合には、当該他の条の規定は、この条の規定によって影響されることはない」と規定されています。

　すなわち、他の条で規定されている利子、配当、使用料等の所得が企業の利得に含まれる可能性を前提にした規定となっており、企業の利得の範囲は広いものであることがわかります。ただし、課税関係は他の条の規定が優先

されます。

　なお、条文見出しの「事業利得」と本文中の「企業の利得」とは同じ概念と考えられます。

　二国間租税条約の日中租税協定はどうでしょう。

　7条に「事業所得」があり、OECDモデル租税条約と同じく「PEなければ課税なし」の大原則が規定されていますが、7項で「他の条で別個に取り扱われている種類の所得が企業の利得に含まれる場合には、当該他の条の規定は、この条の規定によって影響されることはない」とOECDモデル租税条約と同様に規定されています。

　ちなみに、日米租税条約7条「企業の利得」(The profits of an enterprise) でも7項にOECDモデル租税条約、日中租税協定と同じ規定が含まれています。

事業所得に係る法人税法と租税条約の用語法

法人税法	租税条約
事業所得	Business profits　　　　（事業利得） The profits of an enterprise（企業の利得）

＊　上記「Business profits」はOECDモデル租税条約の条文見出しの用語法で、「The profits of an enterprise」は、OECDモデル租税条約、日米租税条約、日中租税協定の本文で使用されている用語法です

Q16 資産の運用または保有による所得（1号所得）

　事業所得とともに1号所得として規定されている「資産の運用又は保有による所得」とはどのような所得ですか。

Ⓐ　国債、社債などの運用・保有による所得です。

解説

「事業所得」については、「PE なければ課税なし」の大原則どおり、PE がなければ申告納税の義務は生じませんが、事業所得と同じく法人税法138条1号に規定されている「資産の運用又は保有による所得」については、PE がある場合はもちろん PE がない場合にも申告納税が必要です。具体的には、次の資産の運用・保有による所得を指しています（法令177①）。

① （所法2①九に規定する）公社債のうち日本国の国債もしくは地方債もしくは内国法人の発行する債券または（金商法2①十五に掲げる）約束手形
② （所法2①三に規定する）居住者に対する貸付金に係る債権で当該居住者の行う業務に係るもの以外のもの（居住者に対する貸付金で居住者の行う事業に係るものは「貸付金の利子」（6号所得）となります）
　　例えば、居住者に対する住宅ローン等の事業に関連しない貸付金がこれに当たります。
③ 国内にある営業所、事務所その他これらに準ずるものまたは国内において契約締結の代理をする者を通じて締結した生命保険契約その他これらに類する契約に基づく保険金の支払または剰余金の分配を受ける権利

さらに法人税基本通達20-1-11に具体的な例を見ることができます。

イ　公社債を国内において貸し付けた場合の貸付料及び法人税法施行令177条1項1号《国内にある資産の所得》に掲げる国債、地方債、債券もしくは資金調達のために発行する約束手形に係る償還差益または発行差金
ロ　法人税法施行令177条1項2号に掲げる債権の利子及び当該債権または法人税法138条6号に規定する貸付金に係る債権をその債権金額に満たない価額で取得した場合におけるその満たない部分の金額
ハ　国内にある供託金について受ける利子
ニ　個人から受ける動産（当該個人が国内において生活の用に供するものに限る）の使用料

Q17 資産の譲渡により生ずる所得（1号所得）

事業所得とともに1号所得として規定されている「資産の譲渡により生ずる所得」とはどのような所得ですか。

A 1号所得となる「資産の譲渡により生ずる所得」には不動産の譲渡のほか、鉱業権や漁業権の譲渡による所得、有価証券の譲渡による所得などがあります（法令177②）。

解説

「資産の譲渡により生ずる所得」を具体的に検討します。

① 日本国の法令に基づく免許、許可その他これらに類する処分により設定された権利 ⇒ 鉱業権や漁業権等が想定されます。

② （金商法2①に規定する）有価証券または（法令11一・二もしくは四に掲げる有価証券に準ずる）権利で次に掲げるもの
　イ　取引所金融市場において譲渡されるもの
　ロ　国内にある営業所を通じて譲渡されるもの
　ハ　契約その他に基づく引渡しの義務が生じた時の直前において証券もしくは証書または当該権利を証する書面が国内にあるもの

③ 社債、株式等の振替に関する法律に規定する振替口座簿に記載または記録されている同法に規定する社債等、国債に関する法律の規定により登録されている国債及び内国法人に係る法人税法施行令11条3号に掲げる持分（筆者注：持分とは具体的に、合名会社、合資会社または合同会社の社員の持分、協同組合等の組合員または会員の持分等を指しています）

④ 法人税法施行令187条1項3号に規定する株式等で、その譲渡による所得が同号イまたはロに該当するもの（株式等の買集めによる譲渡等。Q19参照）

⑤ 法人税法施行令187条1項4号に規定する株式で、その譲渡による所得が同号に該当するもの（不動産関連法人株式の譲渡。Q19参照）

⑥　国内にあるゴルフ場の所有または経営に係る法人の株式または出資を所有することがそのゴルフ場を一般の利用者に比して有利な条件で継続的に利用する権利を有する者となるための要件とされている場合における当該株式または出資
⑦　国内にある営業所が受け入れた預貯金、定期積金もしくは掛金に関する権利または国内にある営業所に信託された合同運用信託に関する権利
⑧　法人税法138条6号または法人税法施行令177条1項2号に規定する（Q16参照）貸付金に係る債権
⑨　法人税法138条9号に規定する年金の支払を受ける権利または法人税法施行令177条1項3号に掲げる権利（Q16参照）
⑩　法人税法138条10号ハに規定する契約に係る債権（抵当証券）
⑪　法人税法138条11号に規定する利益の分配を受ける権利（匿名組合契約に基づく利益の分配）
⑫　国内において行われる事業に係る営業権
⑬　国内にあるゴルフ場その他の施設の利用に関する権利
⑭　上記①～⑬に掲げる資産のほか、その譲渡につき契約その他に基づく引渡しの義務が生じた時の直前において国内にある資産（たな卸資産である動産を除く）

Q18 その源泉が国内にある所得（1号所得）

事業所得とともに1号所得として規定されている「その源泉が国内にある所得」とはどのような所得ですか。

A 次頁に示す保険金、損害賠償金等も「その源泉が国内にある所得」に当たり、申告納税が必要です（法令178）。

解説

「その源泉が国内にある所得」を具体的に検討します。

① 国内において行う業務または国内にある資産に関し受ける保険金、補償金または損害賠償金に係る所得
② 国内にある資産の贈与を受けたことによる所得
③ 国内において発見された埋蔵物または国内において拾得された遺失物に係る所得
④ 国内において行う懸賞募集に基づいて懸賞として受ける金品その他の経済的な利益に係る所得
⑤ 上記①～④に掲げるもののほか、国内において行う業務または国内にある資産に関し供与を受ける経済的な利益に係る所得

Q19 PEを有しない外国法人の申告納税対象所得

PEを有しない外国法人が申告しなければならない所得にはどのような所得があるのですか。

A 国内にある資産の運用・保有、国内にある不動産の譲渡によるものなど、さらに人的役務の提供によるもの、国内にある不動産等の貸付けによる所得を申告しなければなりません。

解説

法人税法141条4号では、日本国内にPEのない外国法人に対する法人税の課税標準は、法人税法138条1号に掲げる国内源泉所得のうち、「国内にある資産の運用若しくは保有」または「国内にある不動産の譲渡により生ずるものその他政令で定める国内源泉所得」、国内において行う「人的役務の提

供に係る対価」「国内にある不動産等の貸付けによる対価」に係る所得金額と規定されています。

資産の運用・保有による所得の詳細についてはQ16を参照してください。

資産の譲渡に関しては不動産の譲渡によるもの及びその他政令で定めるものが対象となりますが、政令で定めるものとして、次のような所得にも課税されることが規定されています（法令187）。

① 国内にある不動産の上に存する権利、鉱業法の規定による鉱業権または採石法の規定による採石権の譲渡による所得
② 国内にある山林の伐採または譲渡による所得
③ 内国法人の発行する株式その他内国法人の出資者の持分の譲渡による所得で次に掲げるもの
　　イ　同一銘柄の内国法人の株式等の買集めをし、その所有者である地位を利用して、当該株式等をその内国法人もしくはその特殊関係者に対し、またはこれらの者もしくはその依頼する者の斡旋により譲渡することによる所得
　　ロ　内国法人の特殊関係株主等である外国法人が行うその内国法人の株式等の譲渡による所得
④ 不動産関連法人の株式の譲渡による所得
⑤ 法人税法施行令177条2項6号または13号に掲げる株式もしくは出資または権利（ゴルフ会員権等）の譲渡による所得
⑥ 法人税法178条に規定する所得（保険金、損害賠償金等）

なお、③に関して用語の内容は次のとおりです。

　　株式等の買集め……金融商品取引所または金融商品取引業協会がその会員に対し特定の銘柄の株式につき価格の変動その他売買状況等に異常な動きをもたらす基因となると認められる相当数の株式の買集めがあり、またはその疑いがあるものとしてその売買内容等について報告または資料の提出を求めた場合における買集めその他これに類する買集めをいいます（法令187②）。

特殊関係者‥‥‥‥‥内国法人の役員または主要な株主等、これらの者の親族、これらの者の支配する法人、その内国法人の主要な取引先その他その内国法人とこれらに準ずる特殊の関係のある者をいいます（法令187③）。

特殊関係株主等‥‥‥内国法人の一の株主等、当該一の株主等と（同族関係者の範囲に規定する）特殊の関係その他これに準ずる関係のある者、当該一の株主等が締結している組合契約に係る組合財産である内国法人の株式等につき、その株主等に該当することとなる者をいいます（法令187④）。ここで「組合契約」とは、民法667条の組合契約、投資事業有限責任組合契約に関する法律3条1項の組合契約、有限責任事業組合契約に関する法律3条1項の組合契約、外国におけるこれらに類する契約を指します（法令187⑤）。

さらに、「人的役務提供事業の対価」（2号所得）と「不動産等の貸付の対価」（3号所得）にも課税されます。詳しくはQ20〜Q24を参照してください。

Q20 人的役務提供事業の対価（2号所得）

人的役務の提供事業の対価（2号所得）か否かを判定するに当たって留意すべき事項は何ですか。

A 実演等の対価とともに支払を受ける録音、録画放送等の対価は、人的役務提供の対価に含まれ、機械設備の販売等に付随して行う技術役務の提供は含まれません。

解説

　法人税法施行令179条には、人的役務の提供を主たる内容とする事業の具体的な例として、次のようなものが示されています。

① 映画もしくは演劇の俳優、音楽家その他の芸能人または職業運動家の役務の提供を主たる内容とする事業（芸能法人等）
② 弁護士、公認会計士、建築士その他の自由職業者の役務の提供を主たる内容とする事業（監査法人等）
③ 科学技術、経営管理その他の分野に関する専門的知識または特別の技能を有する者のその知識または技能を活用して行う役務の提供を主たる内容とする事業（コンサルタント会社等）

　①の芸能人等の役務提供に係る対価の範囲には、実演または実技の録音や録画等の対価が含まれます。

法人税基本通達20－1－13（芸能人等の役務の提供に係る対価の範囲）　令第179条第1号《人的役務の提供を主たる内容とする事業の範囲》に掲げる芸能人又は職業運動家の役務の提供を主たる内容とする事業に係る法第138条第2号《人的役務提供事業の所得》に掲げる対価には、国内において当該事業を行う外国法人が当該芸能人又は職業運動家の実演又は実技、当該実演又は実技の録音、録画につき放送、放映その他これらに類するものの対価として支払を受けるもので、当該実演又は実技に係る役務の提供に対する対価とともに支払を受けるものが含まれる。

　また、③に含まれる「機械設備の販売その他事業を行なう者」の役務提供の対価については、主たる業務に附随して行われる場合における当該事業及び法人税法141条2号に規定する建設、据付け、組立てその他の作業の指揮

監督の役務の提供を主たる内容とする事業を除くとされています。
具体的には、法人税基本通達に次のような解釈指針が示されています。

法人税基本通達20－1－14（機械設備の販売等に付随して行う技術役務の提供）
　　令第179条第3号《人的役務の提供を主たる内容とする事業の範囲》に規定する「機械設備の販売その他事業を行なう者の主たる業務に付随して行なわれる場合における当該事業」とは、次に掲げるような行為に係る事業をいう。
　(1)　機械設備の販売業者が機械設備の販売に伴いその販売先に対し当該機械設備の据付け、組立て、試運転等のために技術者等を派遣する行為
　(2)　工業所有権、ノーハウ等の権利者がその権利の提供を主たる内容とする業務を行うことに伴いその提供先に対しその権利の実施のために技術者等を派遣する行為
　(注)　本文に掲げるような行為で国内において行われるものから生ずる所得は、法第138条第1号《国内において行う事業の所得等》に規定する国内において行う事業から生ずる所得に含まれる。

人的役務の提供事業を行う場合に発生する旅費や滞在費が対価の中に含まれている場合の取扱いについても解釈指針が示されています。

法人税基本通達20－1－12（旅費、滞在費等）　法第138条第2号《人的役務提供事業の所得》に掲げる対価には、外国法人が同号に規定する人的役務の提供をするために要する往復の旅費、国内滞在費等の全部又は一部を当該対価の支払者が負担する場合におけるその負担する金額が含まれることに留意する。

Tea break 中国への技術者派遣には留意が必要です

　中国に製造拠点を設立した日本企業は、中国の子会社に技術者を派遣して、製造ノウハウを供与したり、機械設備の運転やメンテナンスを指導するケースが多く発生しています。

　このような日本企業の親会社に所属する社員の中国現法における役務提供について、中国現法が日本の親会社に役務提供の対価を支払うケースに対して、中国税務当局が、中国現法が役務提供の対価を支払う際に源泉徴収を行うよう指導するケースが散見されるそうです。日本の国内法の解釈指針は、20－１－14のとおり、主たる事業に付随して行う技術役務の提供の対価を「人的役務の提供事業の対価」から除いて国内において行う事業から生ずる所得としていますが、中国税務当局には別な解釈があるようです。

　また、中国税務当局は、上記と同様のケースについて、中国現法を日本の親会社のPEと認定して、日本の親会社に対して現地における国内源泉所得の申告を求めてくるケースがあるそうです。

　中国税務当局が中国現法を１号PEと認定しているのか、２号PEあるいは３号PEと認定しているのか、個別事例に当たらないと分かりませんが、条約の解釈が議論となる事例であるといえます。

「日中租税協定
　第５条（恒久的施設）
　５　一方の締約国の企業が他方の締約国内において使用人その他の職員
　　（７の規定が適用される独立の地位を有する代理人を除く。）を通じて
　　コンサルタントの役務を提供する場合には、このような活動が単一の
　　工事又は複数の関連工事について12箇月の間に合計６箇月を超える期
　　間行われるときに限り、当該企業は、当該他方の締約国内に「恒久的
　　施設」を有するものとされる。」

Q21 租税条約における人的役務提供事業の対価

租税条約では、「人的役務提供事業の対価」（2号所得）をどのように扱っていますか。

A 国内法では「人的役務提供事業の対価」（2号所得）ですが、租税条約では、「企業の利得」（事業所得）として位置づけられている例も多く、PEの有無に留意する必要があります。

解説

租税条約の多くは、「企業の利得」（事業所得）等の一部ととらえており、国内にあるPEを通じて人的役務提供事業を行わない限り、原則として課税されない取扱いとなっています。一方、人的役務提供である芸能人等の役務提供については、役務提供地で課税するとした租税条約が多く日中租税協定17条2項は、「芸能人」について次のとおり規定しています（括弧内は筆者による）。

日中租税協定

第17条（芸能人）

2　一方の締約国内で行う芸能人又は運動家としての個人的活動に関する所得が当該芸能人又は運動家以外の他方の締約国の居住者である者に帰属する場合には、当該所得に対しては、第7条（事業所得）、第14条（自由職業所得）及び第15条（給与所得）の規定にかかわらず、当該一方の締約国において租税を課することができる。

　もっとも、そのような活動が両締約国の政府間で合意された文化交流のための特別の計画に基づいて行われる場合には、当該所得については、そのような活動が行われた締約国において租税を免除する。

ここでは、PEの有無にかかわらず、所得源泉地国に課税権を認める取扱いとなっています。芸能人や運動家が個人的活動で対価を受け取る場合、当該芸能人や運動家を使って事業として行う所得の帰属者について、国内源泉所得として課税を行うにあたりPEの存在を要件とすべきか否かが議論され、日中租税協定17条2項のように、事業所得条項の規定にかかわらず所得源泉地国において課税することができるとしたものと思われます。

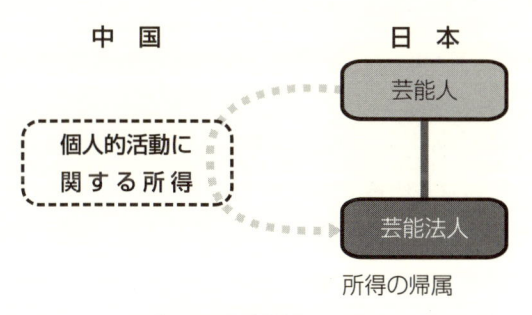

```
    中　国              日　本
                      ┌─────┐
                      │ 芸能人 │
  ┌ ─ ─ ─ ─ ┐         └──┬──┘
  │ 個人的活動に│            │
  │ 関する所得 │         ┌──┴──┐
  └ ─ ─ ─ ─ ┘         │ 芸能法人│
                      └─────┘
                       所得の帰属
```

中国に課税権あり！

　すなわち、日本の芸能人（例えばSMAP）が、中国国内で公演を行い、芸能法人（例えばジャニーズ事務所）に、中国の興行主から報酬が支払われる場合、ジャニーズ事務所の中国国内源泉所得として中国国内法に基づき課税を受け、税引後の報酬を興行主から受け取ることとなるものと思われます。ジャニーズ事務所が中国で課された所得税は、日本で法人税の申告を行う際に外国税額控除の対象となります。

　同様の規定は、OECDモデル租税条約17条、日米租税条約16条などにもあります。

　また、日アイルランド租税条約6条（恒久的施設）4、日デンマーク租税条約5条（恒久的施設）3（b）のように企業が芸能人の役務提供を行う場合は、役務提供地にPEを有するものとしている例もあります。

Q22 免税芸能法人等に対する源泉徴収と還付手続

免税芸能法人等が支払を受ける芸能人等の役務提供事業の対価に係る源泉徴収と還付手続について教えてください。

A 租税条約には一定の条件で免税としているものもあります。「免税芸能法人等に関する届出書」を提出した場合には源泉徴収税率が15%となり、手続きを踏むことによって還付されます。

解説

租税特別措置法42条には、「免税芸能法人等」の取扱いが規定されています。国内において、2号所得を稼得する非居住者または外国法人で、租税条約の規定により日本における所得税が免除される者（「免税芸能法人等」）が、支払を受ける役務提供の対価の額については、支払者が20%の税率で源泉徴収（①）を行い、税務署に納付しなければなりません。なお、「免税芸能法人等に関する届出書」を提出した場合には源泉徴収税率が15%となります。

この源泉徴収された所得税については、免税芸能法人等が芸能人等に対して支払う役務提供報酬から源泉徴収（②）をして、その所得税を税務署に納付した後に、「租税条約に関する芸能人等の役務提供事業の対価に係る源泉徴収税額の還付請求書（様式12）」を提出することにより、①の税額が還付されます（実施特例法3、実施特例省令1の3）。

「人的役務の提供事業の対価」（2号所得）について、OECDモデル租税条約は17条（芸能人）は、次のとおり規定しています（括弧内は筆者による）。

「1．第7条（事業所得）及び第15条（給与所得）の規定にかかわらず、一方の締約国の居住者が演劇、映画、ラジオ若しくはテレビの俳優、音楽家その他の芸能人又は運動家として他方の締約国内で行う個人的活動によって取得する所得に対しては、当該他方の締約国において租税を課することができる。

2．芸能人又は運動家としての個人的活動に関する所得が当該芸能人又は

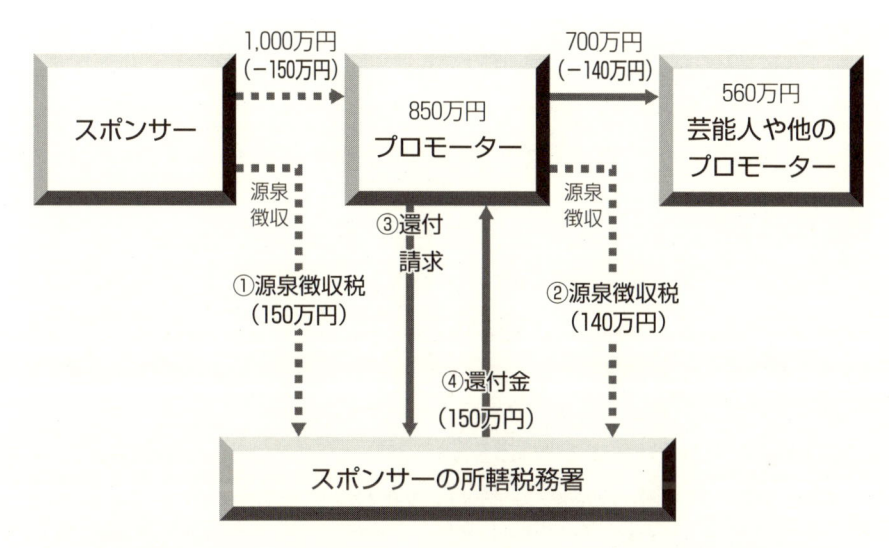

```
スポンサー ──1,000万円(-150万円)──→ プロモーター ──700万円(-140万円)──→ 芸能人や他のプロモーター
                                      850万円                              560万円
```

図中:
- ①源泉徴収税（150万円）
- ②源泉徴収税（140万円）
- ③還付請求
- ④還付金（150万円）
- スポンサーの所轄税務署

* 1　上記のプロモーターは、芸能人への報酬の支払に対する源泉徴収税額の納付に税務署からの還付金の一部を充てることができます。

　2　上記のプロモーターは、「免税芸能法人等に関する届出書」を提出していることから、スポンサーからプロモーターへ支払われる対価については、15％の源泉徴収率が適用されます（措法42③、措令27③、措規19の14）。

　3　国税庁『平成20年6月 源泉徴収のあらまし』（220頁）を参考に作成

運動家以外の者に帰属する場合には、当該所得に対しては、第7条及び第15条の規定にかかわらず、当該芸能人又は運動家の活動が行われる締約国において租税を課することができる。」

　免税とした租税条約の例として、日米租税条約では、課税年度中の対価の額が1万ドルまでは免税としています。

　国内法では、次の①または②を要件として所得税が免除されるものを「免税芸能法人等」とし（措法42）、一定の手続きにより免税の取扱いをしています（国税庁『平成24年版 源泉徴収のあらまし』（225頁）より）。

　①　国内にPEを有しないこと
　②　その対価がその国内に有するPEに帰せられないこと

> ### *Tea break* 猿回しと猿の譬え
>
> 「人的役務提供事業の対価」（2号所得）と「給与所得」（8号所得）の違いを説明するに当たって、筆者の税務大学校の恩師（K教授）は、「猿回しと猿」の関係を例にとって、国際税務の"いろは"も分からない研修生にも理解できる"名講義"をしてくださいました。
>
> 猿回しは、猿を使って観客から見物料をもらいます。猿回しの2号所得事業の所得です。猿回しは、稼いだ見物料で猿の好物のバナナを買い求めてこれを与え、猿が気持ちよくパフォーマンスをできるよう機嫌をとります。バナナは、猿にとっての給与に当たります。
>
> 「猿回し」が受け取る見物料は2号所得ですが、「猿回し」に雇用される「猿」が受け取るバナナは、さしずめ8号所得といえます。
>
> "猿回し"と聞いて、よもや家で待つ"奥さん"の顔を思い浮かべた方はいないと思いますが……。

Q23 租税条約における不動産等の賃貸料

不動産等の賃貸料（3号所得）について、租税条約ではどのように取り扱われていますか。

A 多くの租税条約では、不動産の所在地国（源泉地国）の課税を認めています。

解説

日本国内に不動産等を所有している外国法人等が、この資産を他に賃貸し、その対価を得ている場合には、その賃貸料は、わが国における国内源泉所得として課税の対象とされます。

❶ 不動産等の所在地国（源泉地国）での課税を認めている

　租税条約でも、不動産等の賃貸料による所得については、その不動産等の所在地国にも課税権を認めているのが一般的です。また、わが国の締結した租税条約の多くは、「事業所得」条項に優先して、不動産所得に関する条項を適用することとしており、PEの有無やその所得がPEに帰属するかどうかにかかわらず、その不動産の所在地国でも課税することとされています。

　不動産の賃貸事業を行っていれば事業所得となります。この場合、原則的にはPEなければ課税なしなのですが、租税条約では、不動産の賃貸料について、PEがなくても源泉地国において課税を行うことを認める規定を置いている例が多いようです。

❷「船舶若しくは航空機の貸付けによる対価」は使用料所得または事業所得

　国内法では、不動産等の賃貸料（3号所得）に含まれる「船舶若しくは航空機の貸付けによる対価」は、多くの租税条約では、不動産所得条項で船舶及び航空機は不動産とはみなされないと規定し、使用料条項（国内法の7号所得に相当）において「設備の使用料若しくは使用の権利の対価」または「船舶又は航空機の裸用船（機）料」と規定されている例があります。また、使用料条項にこれらの規定がない場合には、通常、「事業所得」条項（国内法の1号所得に相当）が適用されると解されます（国税庁『平成24年版 源泉徴収のあらまし』(233頁) より）。

使用料条項中の文言	租税条約例
設備の使用若しくは使用の権利の対価	中　国
船舶又は航空機の裸用船契約に基づいて受領する料金	イスラエル、韓国、シンガポール、スウェーデンほか
規定なし	OECDモデル、アメリカ、イギリス、フランス、オランダ

国内法では、源泉徴収の対象とされる3号所得として「船舶若しくは航空機の貸付けによる対価」が規定されていても、租税条約において使用料条項等に明示の規定がない場合には、事業所得（1号所得）と解され、PEなければ課税なしの取扱いになることを示しているものと思われます。

Q24 船舶もしくは航空機の貸付けによる対価（3号所得）

　国内源泉所得となる「船舶若しくは航空機の貸付けによる対価」にはどのようなものがあるのですか。

A　船舶や航空機の貸付けでも、契約形態により3号所得となるものとならないものがあります。裸用船（機）契約によるものが3号所得となり、定期用船（機）契約または航海用船（機）契約によるものは運送の事業による所得となります。

解説

　裸用船（機）契約、定期または航海用船（機）契約、それぞれの契約に基づく対価の扱いについては次のとおり、解釈指針が示されています。

法人税基本通達20－1－15(船舶又は航空機の貸付け)　法第138条第3号《船舶等の貸付けによる所得》に掲げる船舶又は航空機の貸付けによる対価とは、船体又は機体の賃貸借であるいわゆる裸用船（機）契約に基づいて支払を受ける対価をいい、乗組員とともに船体又は機体を利用させるいわゆる定期用船（機）契約又は航海用船(機)契約に基づいて支払を受ける対価は、これに該当しない。
　(注)　1　いわゆる定期用船（機）契約又は航海用船（機）契約に基づいて支払を受ける用船料は、運送の事業により生ずる所得に該当するものと

し、当該用船料に係る所得のうち国内業務について生ずべき所得の区分は、令第176条第1項第4号《国際運輸業の所得の源泉地》の規定による。
2　外国法人が居住者又は内国法人に対する船舶又は航空機の貸付け（いわゆる裸用船（機）契約によるものに限る。）に基づいて支払を受ける対価は、たとえ当該居住者又は内国法人がその貸付けを受けた船舶又は航空機を専ら国外において事業の用に供する場合であっても、法第138条第3号に掲げる国内源泉所得に該当することに留意する。

Tea break　裸用船（機）契約と聞いて何か連想しませんか？

　タックスヘイブン対策税制の適用除外基準に事業基準があります。この基準に該当する業種を主たる業種としている特定外国子会社等は、他の適用除外基準（実体、管理支配、所在地国、非関連者）を充足していても、適用除外とならないという厳しい基準です。

　その業種のひとつとして挙げられている船舶や航空機の貸付事業も、やはり、裸用船を指しています。定期用船（機）の場合には、船員の配乗や燃料、船用品等の手配、運行管理等、人の手をかなり使います。一方、裸用船（機）の場合は、契約の締結が行われると、あまり人の手を煩わせない取引となります。

　タックスヘイブン対策税制の平成22年改正では、資産性所得の部分合算制度が導入されましたが、そこで挙げられている資産性所得のひとつにも裸用船（機）契約に基づく船舶等の貸付業があります。

Q25 租税条約における利子所得

利子所得について、国内法と租税条約の規定に違いはありますか。

A 多くの条約では、国内法における「利子等」（4号所得）も「貸付金の利子」（6号所得）も利子条項で取り扱っています。

解説

法人税法では、138条4号で、所得税法23条1項に規定する利子等、つまり公社債の利子、預貯金の利子ならびに合同運用信託、公社債投資信託及び公募公社債等運用投資信託の収益の分配のうち特定のものについて「利子等（4号所得）」と規定し、「貸付金の利子（6号所得）」とは区別して規定しています。

一方租税条約では、「利子条項」で取り扱っている例が多いようです。

1 貸付金の利子を利子等に含める租税条約

国内法の規定上は「利子等」と異なる「貸付金の利子」であっても、二国間租税条約では多くの場合、公社債の利子等と貸付金の利子とを同一のカテゴリーに属するものとして包括的に規定しています（Q28参照）。この場合には、所得源泉地の判定を租税条約に基づいて行うとともに、源泉地国課税の源泉徴収税率も租税条約に基づく制限税率を適用します。

2 割引債の償還差益を利子等とする租税条約

国内法上、資産の運用または保有による所得（1号所得）とされる割引債の償還差益については、利子等として取り扱っている条約と特段の規定を設けていない条約とがあります。

割引債の償還差益を利子等として扱っている条約締結国等	アイルランド、アメリカ、イギリス、イスラエル、イタリア、インド、インドネシア、オーストラリア、オランダ、カザフスタン、カナダ、クウェート、サウジアラビア、ザンビア、シンガポール、スイス、スロバキア、スウェーデン、タイ、大韓民国、チェコ、中華人民共和国、デンマーク、トルコ、ノルウェー、パキスタン、ハンガリー、バングラディシュ、フィリピン、フランス、ブルガリア、ブルネイ、ベトナム、ポーランド、香港、マレーシア、南アフリカ、メキシコ、ルクセンブルク、ルーマニア、ロシア（旧ソ連邦）
明示なき所得に該当し国内法適用	エジプト、オーストリア、スリランカ、ニュージーランド、フィジー、ブラジル
明示なき所得に該当し居住地国課税	スペイン、ドイツ、フィンランド、ベルギー

＊　国税庁『平成24年版 源泉徴収のあらまし（235頁）』より一部加筆して転載

　租税条約の規定の区分に応じて課税関係を整理すると、次のとおりとなります。

❶　利子等として取り扱っている国の場合

　利子等として取り扱っている場合は「割増金及び賞金」や「償還された金額のうち融通された金額を超える部分」と表現されています。

　割引債の発行時に18％（特定のものは16％）の税率で源泉徴収し（措法41の12）、償還時に所定の手続きを経た後、租税条約上の限度税率との差額について還付することとなります。

❷　わが国の国内法を適用する場合

　利子等として取り扱うと明示されておらず、源泉地国の課税が制限されていない場合または源泉地国での課税を認めている場合には国内法を適用することになります。

　資産の運用または保有による所得（１号所得）として、割引債の発行時に18％（特定のものは16％）の税率で源泉徴収する必要があります。

❸ 明示なき所得に該当し、居住地国課税となる場合

　利子等として取り扱うと明示されておらず、租税条約の適用上その他所得とされ、その他所得条項で、条約に規定のないものは居住地国課税と規定されている場合は、国内法で課税することはできません。

　割引債の発行時に18％（特定のものは16％）の税率でいったん源泉徴収し、償還時に前頁❶と同様の還付手続により、源泉徴収した所得税の全額を還付することにより、最終的に免税となります。

Q26 国内において業務を行う者に対する貸付金の利子（6号所得）

　国内源泉所得とされる「国内において業務を行う者に対する貸付金で、その業務に関し貸し付けられたものの利子」の具体的な判断にあたり留意すべき事項は何ですか。

A　国内で行われる業務に関して貸し付けられたものか否かは、現実問題として外見上すぐに判断できるものではありませんから、解釈指針により判断します。

解説

　そこで、次のような解釈指針が示されています。

法人税基本通達20－1－18（国内業務に係る貸付金の利子）　次に掲げる貸付金の利子は、その貸付けを受けた者の国外において行う業務に係るものであることが明らかなものを除き、原則として法第138条第6号《貸付金利子の所得》に規定する貸付金の利子に該当するものとして取り扱う。

(1)　居住者又は内国法人の国内にある事業所等に対して提供された貸付金の利子

(2) 国内において業務を行う非居住者又は外国法人に対して提供された貸付金の利子で、次のいずれかに該当するもの
　イ　国内にある事業所等を通じて提供された貸付金の利子
　ロ　当該非居住者又は外国法人の国内源泉所得に係る所得の金額の計算上必要経費又は損金の額に算入されるもの
　(注)　本文の取扱いによっては同号に規定する貸付金の利子に該当しない利子であっても、令第176条第5項《国際投資業の所得の源泉地》に規定する所得に該当するものは、国内源泉所得となることに留意する。

Q27 貸付金に準ずるもの

貸付金に準ずるものにはどのような取引がありますか。

A 預け金、保証金、敷金、前途金などがあります。

解説

法人税法138条6号では、貸付金について、これに準ずるものを含むとしています。

これに準ずるものとは何を指しているのかについて、次のような解釈指針があります。

法人税基本通達20-1-19（貸付金に準ずるもの）　国内において業務を行う者に対する債権で次に掲げるようなものは、法第138条第6号かっこ書《貸付金利子の所得》に規定する「これに準ずるもの」に該当することに留意する。
(1)　預け金のうち同条第4号ハ《預貯金の利子等の所得》に掲げる預貯金以外のもの

(2) 保証金、敷金その他これらに類する債権
(3) 前渡金その他これに類する債権
(4) 他人のために立替払をした場合の立替金
(5) 取引の対価に係る延払債権
(6) 保証債務を履行したことに伴って取得した求償権
(7) 損害賠償金に係る延払債権
(8) 当座貸越に係る債権

Q28 租税条約における貸付金の利子

「貸付金の利子」（6号所得）について、国内法と租税条約上の取扱いの違いを教えてください。

A 法人税法上、利子所得（4号所得）と別に規定されている貸付金の利子（6号所得）も租税条約では、一般的に、「利子所得」条項で取り扱っています。

解説

以下に条約の規定例を示します（一部括弧内は筆者による）。

OECDモデル租税条約11条3	この条において、「利子」とは、すべての種類の信用に係る債権（担保の有無及び債務者の利得の分配を受ける権利の有無を問わない。）から生じた所得、特に、公債、債券又は社債から生じた所得（公債、債券又は社債の割増金及び賞金を含む。）をいう。支払の遅延に対する延滞金は、この条の適用上、利子とはされない。

日中租税協定 11条4	この条において、「利子」とは、すべての種類の信用に係る債権（担保の有無及び債務者の利得の分配を受ける権利の有無を問わない。）から生じた所得、特に、公債、債券又は社債から生じた所得（公債、債券又は社債の割増金及び賞金を含む。）をいう。
日米租税条約 11条5	この条において、「利子」とは、すべての種類の信用に係る債権（担保の有無及び債務者の利得の分配を受ける権利の有無を問わない。）から生じた所得、特に、公債、債券又は社債から生じた所得（公債、債券又は社債の割増金及び賞金を含む。）及びその他の所得で当該所得が生じた締約国の租税に関する法令上貸付金から生じた所得と同様に取り扱われるものをいう。前条（配当）で取扱われる所得は、この条約の適用上利子には該当しない。

　このように条約は「すべての種類の信用に係る債権から生じた所得」を利子としていますので、法人税法138条6号で規定している貸付金の利子も条約上は利子条項の対象となります。

　なお、貸付金の利子を含めて「利子所得」の源泉性の判断基準には、債務者主義と使用地主義があります。債務者主義とは、債務者の居住地国において利子所得が発生したとする考え方です。また、使用地主義とは、貸付金が使用される場所の所在地国で利子所得が発生したとする考え方です。

　「貸付金の利子」の所得源泉地についてわが国は、「国内において業務を行う者に対する貸付金で当該業務（国内業務）に係るものの利子」と規定し国内業務に係る貸付金の利子を国内源泉所得としていることからわかるように、使用地主義を採用していますが、わが国が締結した租税条約においては、下記条約例のように貸付金の利子以外の利子と同様に「支払者が一方の締約国の居住者である場合は、当該一方の締約国において生じたものとされる」として債務者主義が採用されている例が多いようです。

　次頁の条約例は債務者主義の例です。

OECDモデル租税条約11条5	利子は、その支払者が一方の締約国の居住者である場合には、当該一方の締約国内において生じたものとされる。ただし、利子の支払者（いずれかの締約国の居住者であるか否かを問わない。）が一方の締約国内に恒久的施設を有する場合において、当該利子の支払の基因となった債務が当該恒久的施設について生じ、かつ、当該利子が当該恒久的施設によって負担されるものであるときは、当該利子は、当該恒久的施設の存在する当該一方の締約国内において生じたものとされる。
日中租税協定11条6	利子は、その支払者が一方の締約国の政府、当該一方の締約国の地方公共団体又は当該一方の締約国の居住者である場合には、当該一方の締約国内において生じたものとされる。ただし、利子の支払者（締約国の居住者であるかないかを問わない。）が一方の締約国内に恒久的施設又は固定的施設を有する場合において、当該利子の支払の基因となった債務が当該恒久的施設又は固定的施設について生じ、かつ、当該利子が当該恒久的施設又は固定的施設によって負担されるものであるときは、当該利子は、当該恒久的施設又は固定的施設の存在する当該一方の締約国において生じたものとされる。
日米租税条約11条7	利子は、その支払者が一方の締約国の居住者である場合には、当該一方の締約国内において生じたものとされる。ただし、利子の支払者（いずれかの締約国の居住者であるか否かを問わない。）が、その者が居住者とされる国以外の国に恒久的施設を有する場合において、当該利子の支払の基因となった債務が当該恒久的施設について生じ、かつ、当該利子が当該恒久的施設によって負担されるものであるときは、次に定めるところによる。 (a)当該恒久的施設が一方の締約国内にある場合には、当該利子は、当該一方の締約国内において生じたものとされる。 (b)当該恒久的施設が両締約国以外の国にある場合には、当該利子は、いずれの締約国内においても生じなかったものとされる。

このように多くの条約は、利子の所得源泉地について債務者主義を採用しています。債務者主義によって所得源泉地を判断しつつも、利子条項そのものの適用に関して特別の扱いをしている例もあります。

　例えば、OECDモデル租税条約11条4は「1及び2の規定は、一方の締約国の居住者である利子の受益者が、当該利子の生じた他方の締約国内において当該他方の締約国内にある恒久的施設を通じて事業を行う場合において、当該利子の支払の基因となった債権が当該恒久的施設と実質的な関連を有するものであるときは、適用しない。この場合には、第7条の規定を適用する」と規定し、利子の受け手が債務者主義による所得源泉地にPEを有しPEを通じて事業を行う場合、その利子の基となる債権がPEと実質的な関連を有するときは利子条項を適用せず、事業所得条項を適用するとしています。この場合、PEが債務者の居住する所得源泉地国に所在することから所得源泉地国に課税権があることに変わりはありませんが、事業所得条項が適用される結果、貸付金等の利子であっても利子条項による税率の制限を受けないことになります。日米租税条約、日中租税協定にも同様の規定があります。

Q29 使用料等（7号所得）

　法人税法138条7号の「使用料又は対価」はどのような支払を指しているのですか。

A　法人税法138条7号所得は、「国内において業務を行う者から受ける使用料又は対価で当該業務に係るもの」とされています。国内業務に係る使用料には、居住者・内国法人の国内事業所等に係るものだけでなく、非居住者・外国法人の国内業務に係るものも該当します。

解説

　ここでは、支払者（債務者）が日本国内で業務を行う者である場合に国内源泉所得となることを明示しています。

　具体的な取引対象の権利、資産としては、工業所有権等（イ）、著作権等（ロ）、機械、装置等（ハ）を挙げています。また、次に示す法令解釈通達では、「居住者又は内国法人の国内にある事業所」に対して提供された資産であること、または「国内において業務を行う非居住者又は外国法人」に対して提供された資産であることを国内源泉所得であることの判断基準としています。

法人税基本通達20－1－20（国内業務に係る使用料等）　次に掲げる資産の使用料又は対価は、その提供を受けた者の国外において行う業務に係るものであることが明らかなものを除き、原則として法第138条第7号《使用料等の所得》に規定する使用料又は対価に該当するものとして取り扱う。

(1) 居住者又は内国法人の国内にある事業所等に対して提供された同号イからハまでに掲げる資産の使用料又は対価

(2) 国内において業務を行う非居住者又は外国法人に対して提供された当該資産の使用料又は対価で、次のいずれかに該当するもの

　イ　国内にある事業所等を通じて提供された資産の使用料又は対価

　ロ　当該非居住者又は外国法人の国内源泉所得に係る所得の金額の計算上必要経費又は損金の額に算入されるもの

　　（注）　例えば、外国法人が居住者又は内国法人に提供した工業所有権が国外において業務を行う他の者（「再実施権者」）の当該国外における業務の用に提供されることにより当該外国法人が当該居住者又は内国法人から支払を受ける使用料の額のうち、再実施権者の使用に係る部分の使用料の額（その支払を受ける使用料の額が当該居住者又は内国法

人が再実施権者から受領する使用料の額を超える場合には、その居住者又は内国法人が受領する使用料の額に達するまでの部分の金額に限る。）は、本文の「国外において行う業務に係るものであることが明らかなもの」に該当する。

Q30 権利の譲渡対価・権利金と使用料等所得の関係

使用料の支払には、権利の譲渡の対価や権利金なども含まれるのですか。

A 頭金、権利金、費用負担の対価等、名目のいかんを問わず、広く権利や資産の使用許諾や譲渡の対価について含めます。

解説

使用料の具体的な支払の形態については、法令解釈通達で解釈指針が示されています。頭金、権利金、費用負担の対価等、名目のいかんを問わず、広く権利や資産の使用許諾や譲渡の対価について含める解釈となっています。

法人税基本通達20－1－22（使用料の意義）　法第138条第7号イ《使用料等の所得》の工業所有権等の使用料とは、工業所有権等の実施、使用、採用、提供若しくは伝授又は工業所有権等に係る実施権若しくは使用権の設定、許諾若しくはその譲渡の承諾につき支払を受ける対価の一切をいい、同号ロの著作権の使用料とは、著作物（著作権法第2条第1項第1号《定義》に規定する著作物をいう。）の複製、上演、演奏、放送、展示、上映、翻訳、編曲、脚色、映画化その他著作物の利用又は出版権の設定につき支払を受ける対価の一切をいうのであるから、これらの使用料には、契約を締結するに当たって支払を受けるいわゆる頭金、権利金等のほか、これらのものを提供し、又は伝授するために要する費用に充てるものとして支払を受けるものも含まれることに留意する。

Q31 人的役務提供の対価と使用料等の複合する取引

人的役務提供の対価と使用料等が複合して支払われる場合には、どのような基準で、所得の区分を行えばよいのですか。

A 生産高等に応じて算定されるものなどの使用料等に当たる部分と実費に一定の利潤を加算して算定される役務提供の対価に当たる部分に区分することになります。

解説

実務においては、資産の譲渡対価や役務提供の対価とともに、工業所有権の対価や特許権、ノウハウの対価が支払われることが多いようです。契約上、所得の種類として7号所得（使用料等）に含まれる所得の対価が明確に明示されている場合は、税務処理もやりやすいわけですが、資産の譲渡対価の額や役務提供の対価の額と工業所有権の対価の額や特許権、ノウハウの対価の額が区分されて明示されていない場合には、事実認定として何らかの判断をしなればなりません。

法令解釈通達に、次のような解釈指針があり、参考になります。

法人税基本通達20－1－23（人的役務等の提供の対価と使用料との区分）　工業所有権等を提供し又は伝授するために図面、型紙、見本等の物又は人的役務を提供し、かつ、その提供又は伝授の対価のすべてをその提供した物又は人的役務の提供の対価として支払を受ける場合には、当該対価として支払を受けるもののうち、次のいずれかに該当するものは法第138条第7号イ《使用料等の所得》に掲げる使用料に該当するものとし、その他のものは当該物又は人的役務の提供の対価に該当するものとする。

(1) 当該対価として支払を受ける金額が、その提供し又は伝授した工業所有権等を使用した回数、期間、生産高又はその使用による利益の額に応じて算定

されるもの

(2) (1)に掲げるもののほか、当該対価として支払を受ける金額が、当該図面その他の物の作成又は当該人的役務の提供のために要した経費の額に通常の利潤の額を加算した金額に相当する金額を超えるもの

(注) 本文により物又は人的役務の提供の対価に該当するものは、通常その図面等が作成され、又は人的役務の提供が行われた場所に源泉がある所得となる。

なお、これらの所得のうち国内源泉所得となるものは、同条第1号又は第2号に掲げる所得に該当する。

Q32 匿名組合契約に基づく利益分配所得（11号所得）

匿名組合契約に基づく利益分配（11号所得）の国内取引における課税関係を教えてください。

A 国内において利益の分配が行われる場合及び国外で利益の分配が行われる場合であっても支払を行う者が国内に住所や事務所を有している場合には、20％の源泉徴収が行われます。

解説

「匿名組合契約」とは〔当事者の一方が、相手方の営業のために出資をし、相手方がその営業から生じる利益を分配することを約する〕契約です（商535）。匿名組合は営業者と匿名組合員との契約関係であり、法人格はなく、法人とみなされる人格のない社団等でもありません。したがって、法人税の納税義務者ではなく、次に説明する構成員課税の対象とされています（法基通14−1−3）。

1 事業体課税と構成員課税

　事業体に対する課税の方式には、事業体それ自体を納税義務者とする事業体課税と、事業体の構成員を納税義務者にする構成員課税があります。

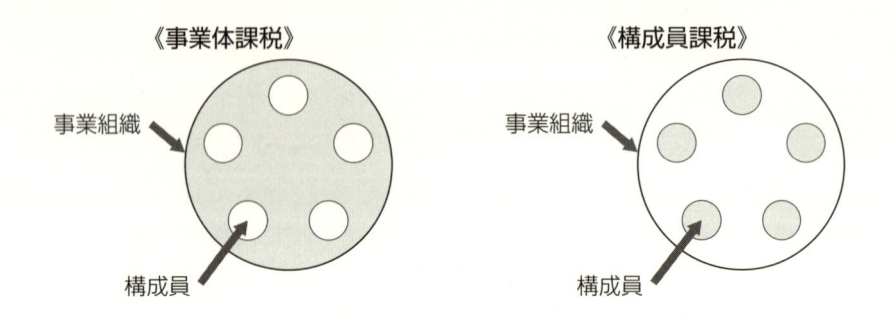

《事業体課税》　　　　　　《構成員課税》

事業組織　　　　　　　　　事業組織

構成員　　　　　　　　　　構成員

　事業体課税……ある事業体そのものを1個の納税義務者として法人税や個人所得税を課税する方式で、日本における内国法人や外国法人に対する課税方式がこれに当たります。

　構成員課税……ある事業体が複数の構成員により組成されている場合、当該事業体が稼得する所得について、当該事業体を納税義務者とせず、その構成員を納税義務者ととらえて、各構成員に帰属する所得について法人税や個人所得税を課税する方式で、日本における任意組合や匿名組合に対する課税、外国におけるパートナーシップ課税の取扱いがこれに当たります。

❷ 匿名組合の特徴

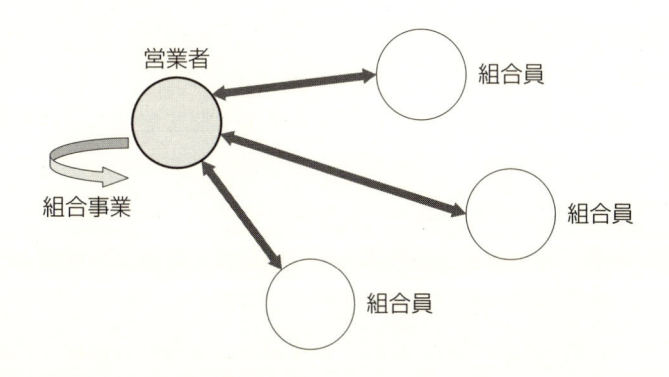

【特徴】
① 営業者と組合員の2者間の契約です。
② 組合員は営業者の事業に出資する必要があり、金銭その他の財産の出資のみが許されています。組合員が出資した財産は、法的には営業者の単独財産とされます（商536①）。
③ 組合事業に必要な不動産は営業者の名義で取得し不動産登記を行います。
④ 匿名組合事業は営利目的であり継続性があるものです。
⑤ 匿名組合事業は外形的には営業者の単独事業で、組合員には営業監視権が与えられています（商539）。
⑥ 組合損益の損益分配割合は契約により定められますが、契約上に定めがない場合は任意組合の規定が類推適用され各組合員の出資割合によります。
⑦ 匿名組合員は営業者の営業につき、外部の第三者に対して何らの責任を負わないため、原則としてその責任は出資金額に限られることとなります。

❸ 税務上の取扱い

❶ 法人税法上の取扱い

法人税基本通達14－1－3の取扱いを要約すると次のとおりになります。

① この通達では、匿名組合に法人が営業者として参加している場合と匿名組合員として参加している場合について、営業者の課税上の取扱いと組合員の課税上の取扱いを示しています。

② 法人が組合員である場合の匿名組合損益は、組合員の損益として認識すべきことが表明されています。

③ たとえ組合が組合事業から生じた損益を、各組合員に現金で分配したり、損失の負担を求めたりしていなくても、組合の計算期間の末日時点で各組合員に帰属する損益の額を計算し、各組合員はこれを益金の額または損金の額に算入すべきことを表明しています。

④ 組合員たる法人が損益を認識すべき時期は、組合の計算期間終了日の属する、当該法人（組合員）の事業年度であることが表明されています。

法人税基本通達14－1－3（匿名組合契約に係る損益）　法人が匿名組合員である場合におけるその匿名組合営業について生じた利益の額又は損失の額については、現実に利益の分配を受け、又は損失の負担をしていない場合であっても、匿名組合契約によりその分配を受け又は負担をすべき部分の金額をその計算期間の末日の属する事業年度の益金の額又は損金の額に算入し、法人が営業者である場合における当該法人の当該事業年度の所得金額の計算に当たっては、匿名組合契約により匿名組合員に分配すべき利益の額又は負担させるべき損失の額を損金の額又は益金の額に算入する。

---

❷ 源泉所得税の取扱い

居住者に対し国内で匿名組合契約に基づく利益の分配を行う者は、当該支

払額の20％について所得税を源泉徴収する必要があります（所法210・211）。

非居住者及び外国法人が匿名組合員である場合には、国内において利益の分配が行われる場合及び国外で利益の分配が行われる場合であっても支払を行う者が国内に住所や事務所を有している場合には、20％の所得税が源泉徴収されます（所法212①②・213①）。

なお、二国間租税条約に国内法と異なる規定がある場合には、条約の規定に従うことになります。

Tea break 匿名組合は大陸法の法制度を輸入した概念か

匿名組合契約は、日本の商法535条に規定されていますが、起源をたどると、わが国がヨーロッパの民法、商法を倣って法律を作り上げたころに導入された概念のようです。

ちなみに、ドイツ語では、stille Gesellschaft、フランス語ではsociété en participation、英語では silent partnership と表示するそうです。この分野の研究者として第一人者である谷口勢津男教授の著書によれば、ドイツの匿名組合には、典型的な匿名組合と非典型の匿名組合があると述べておられます。読んで字のごとく、「組合員が名前を秘して、事業に参加しない投資家としての立場を守る組合」が典型ですが、「組合員が名前を出して、事業にも参加しているような組合」も存在するそうです。契約自由の世界ですから、私的契約関係と実態としての行為のバリエーションは当事者の合意で成立するわけです。

しかしながら、当該組合に対して、どのように課税を行うかについては、課税上の問題が生じないよう、実態に応じた租税法の適用をドイツでは行っていると谷口教授は述べておられます。「匿名組合」というタイトルを掲げれば、すべて同じ取扱いを行うという安易な判断はしていないということのようです。

構成員課税が認められる事業体についての国際税務は、今後、きめ細かい取扱いが整備されていくものと予想します。

新しいビジネスモデルへの課税の検討に関する Q&A

Q33 匿名組合の非居住組合員の納税義務

わが国の商法に基づき組成された匿名組合の組合員である外国法人の日本における納税義務について教えてください。

A PEの有無、所得の種類・源泉性（国内源泉所得か否か）について、とりわけ租税条約の規定が重要となります。新日蘭租税条約では日本の課税権が認められていますので組合員がオランダ法人の場合は20％の源泉徴収を行うことになります。

解説

「国内において事業を行う者に対する出資につき、匿名組合契約に基づいて受ける利益の分配」は、11号所得として国内源泉所得とされ（法法138十一）、利益分配金の支払者が支払額の20％相当額を源泉徴収することとされています（所法212・213）。

国内法では、源泉徴収義務が規定されていますが、二国間租税条約において日本国の課税権が明示されていない締約国の居住外国法人に対する匿名組合分配金については、源泉徴収は行われないと解されます。

改正前の日蘭租税条約では、匿名組合分配金についていずれの国に課税権があるかが明示されていませんでした（なお、平成23年12月29日に発効した新日蘭租税条約では議定書9において「条約のいかなる規定も、日本国が、匿名組合契約又はこれに類する契約に基づいて取得される所得及び収益に対して、日本国の法令に従って源泉課税することを妨げるものではない」と規定されました）。そのため、オランダ法人が非居住組合員として受け取る匿名組合分配金は「その他所得」

と解する説を採用して、米国で製造した医療用具の販売を日本国内で行うに当たり、次のようなビジネスモデルを構築して事業を行った事例がありました。これに対して課税庁は、オランダ法人のPEが、製品の輸入販売を行っている匿名組合の営業者である内国法人の事務所にあると認定し、事業所得（あるいは匿名組合分配金）の決定処分行ったところ、納税者が不服申立手続を行い、最終的には最高裁まで争われ、課税庁が敗訴した判例があります。

取引の概要

```
                              米 国
                        ┌──────────┐
                        │  米国法人  │
              出資      └──────────┘
         ┌──────────────┘  │
         │  製品仕入れ      │ 出資
         ▼                  ▼
  ┌──────────┐       ┌──────────┐
国内販売│ 内国法人  │◄──────│ オランダ法人│
  └──────────┘ 匿名組合出資└──────────┘
       日 本      利益分配      オランダ
```

＊　上記図表の各要素の意味は12頁参照

　この事例の争点は、日本独特の医療保険制度の下で、内国法人は高収益を上げていますが、その利益のほとんどが匿名組合分配金として損金計上され（法基通14－1－3）、さらに日蘭租税条約の23条「その他所得」条項（所得が帰属する者の居住地国のみに課税権あり）を適用することで、日本国内で稼得した利益が国外に流出していた点です。

　課税庁は、親会社である米国法人と内国法人の事業上の密接な関係に着目し、米国法人のオランダ法人への影響力を加味して、オランダ法人のPEを内国法人の所在地に認定したものと解されます。

　「匿名」であったか否かも含め、事業に参加しないはずの匿名組合員（オ

ランダ法人）に内国法人が稼得した国内源泉所得のほとんどが支払われ、しかもその支払については、日本でもオランダでも課税が行われなかったといわれます。パートナーシップに出資する者はパートナーシップの事業拠点にPEを有するという解釈が欧米では採用されているともいわれており（本章1節❺参照）、この分野の税制、司法判断、研究が、いずれも当時はいまだ途上にあったといえるのかもしれません。

　匿名組合契約については、そもそもわが国の商法が手本とした欧州の大陸法では、典型的な匿名組合契約と非典型の匿名組合契約があり、その類型に応じた税法の適用が行われるとする研究成果もあります。本件事例では契約関係が、日本の民法上の任意組合であるか商法上の匿名組合であるかが主要な争点となり、匿名組合である以上所得の種類は11号所得であるという直線的な議論となったように思えます。当時の改正前日蘭租税条約では、匿名組合分配利益について明文の規定を設けていませんでしたので、納税者が主張する「その他所得」であるとの主張が採用され、その他所得は居住地国でのみ課税できるという条約上の規定が採用されました。

　内国法人の主たる事業の利益が原資となっている匿名組合分配金が、条約上明示するに足る所得でない「その他所得」であると位置づけられた点に、違和感を覚えます。

　組合における国際課税については、外国の事業体の取扱いも含めて、法令に明確な規定を設けるのが第一段階と思われます。事業体の性質決定については、ここで取り上げた事例のように親子関係の企業間で締結される契約も多いことから、法形式面を前提に、事業の実態と居住地国ならびに所得源泉地国での課税関係を総合的に勘案して事実認定すべきものと考えます。

　ポイントは、居住性と所得の種類、そして所得の源泉性の検討です。

第1章　外国法人の納税義務 | 105

Q34 インターネットによる物品販売事業

インターネットによる物品販売事業に係る国内源泉所得の課税関係について留意点を教えてください。

A PE認定や所得の種類の判定が課題となります。

解説

　クロスボーダーの電子商取引に関する税務は、1990年代後半からOECD租税委会を中心に議論が重ねられており、国内法の適用に当たっても、国際的な動きに整合的な執行を行う姿勢であることがうかがえますが、明確な指針は示されていません。

1 電子商取引とは

　「電子商取引」の定義としては、平成10年以来経済産業省が毎年実施している「電子商取引実態調査」において次のとおり定めています。

　「「コンピューター・ネットワーク・システムを介して商取引が行われ、かつその成約金額が捕捉されるもの」ここで商取引行為とは、「経済主体間での財の商業的移転に関わる、受発注者間の物品、サービス、情報、金銭の交換」をさす。狭義のECに加え、VAN・専用線等、TCP/IPプロトコルを利用していない従来型EDI（例. 全銀手順、EIAJ手順などを用いたもの）が含まれる。」

　電子商取引には、（消費者レベルも含めた）不特定多数の参加者による企業対消費者間取引（B2CもしくはB to CまたはBusiness to Consumer）、インターネットオークションのような消費者間取引（C2CもしくはC to CまたはConsumer to Consumer）、企業間取引（B2BもしくはB to BまたはBusiness to Business）があります。

2 電子商取引の市場規模

　経済産業省は、越境電子商取引を、「消費者と、当該消費者が居住している国以外に国籍を持つ事業者との電子商取引（購買）」と定義して、日本、米国、中国について取引規模の実態調査を行っています。次の図表は、平成22年1月～12月までの企業間及び消費者向けの電子商取引の市場規模を表したものです。

越境電子商取引（対消費者）の市場規模　　　　　　　　　　（単位：億円）

国（消費者）	日本からの購入額	米国からの購入額	中国からの購入額	合計
日本	—	322	24	346
米国	613	—	653	1,266
中国	968	1,209	—	2,177
合計	1,581	1,531	677	3,789

＊　経済産業省「平成22年度我が国情報経済社会における基盤整備（電子商取引に関する市場調査）報告書」（平成23年2月）より

3 新聞報道された電子商取引の課税事例

　平成20年に、著名なインターネット利用の物品販売会社（米国法人E社）が、東京国税局の税務調査を受けて、国内源泉所得について、平成17年12月期までの3年間で1億1900万ドル（当時の為替レートで140億円前後）の追徴課税処分を受けていたことが報道されました。

　E社は、日本国内に物流業務を行う子会社（J社）を有していました。E社は、J社に委託している販売・物流業務を除く中枢機能を米国に集中させており、E社のPEは日本国内にはないと主張しました。日米租税条約では国内に支店などの「恒久的施設」を持たない米国企業は、「企業の利得」について日本で申告・納税をする必要はないとされています。

> 日米租税条約7条……企業の利得（The profits of an enterprise）
> → PE を通じて事業を行わない限り居住地国でのみ課税

　一方、国税局は流通などを委託されたJ社が、実質的に支店機能を果たしていたものと判断し、日本で発生した所得の相当額を日本に申告すべきだと指摘したと報道されています。「支店機能を果たしていた」根拠としては、J社内に置かれていたE社関連の事業用の機器の存在、E社からJ社への指示、交信記録、E社とJ社の人的関係等が示されたといわれています。

　電子商取引におけるPE認定について、大変興味深い論点が争われています。E社は、この課税処分について不服申立を行ったようですが、日米間の租税条約に基づく相互協議も申請し、相互協議を優先して進めているといわれています。

4 電子商取引の税務

　財務省は、2001年2月、ホームページにOECD租税委員会が公表した「電子商取引の課税上の取扱いに関するOECD報告書」を掲載し、次のようなOECDの「今後の検討課題と検討体制」を示しました。

❶ 直接税

　典型的な電子商取引28類型を取り上げ、それぞれについて租税条約上のどの所得分類が適用となるかを検討しています。例えば、デジタル商品をオンラインによりダウンロードする取引の対価は、顧客が当該デジタル商品を自ら使用する場合には事業所得として分類され、著作権の商業的利用を目的とするような場合には使用料として分類されます。

❷ 消費税

　クロスボーダーのサービス・無形財産取引に係る消費地の定義を、BtoB（事業者間）取引については消費側事業者の事業拠点、BtoC（事業者対消費者）取引については消費者の通常の居住地とするガイドライン案を提示しています。徴収の仕組みに関しては、BtoB 取引については自己申告制が最も実現可能なオプションであるとしています。BtoC 取引については、中期的には技術を活用したオプションが潜在的に有力であると指摘しつつ、暫定的には、簡素な登録制が必要とされる場合がありうるとしています。同報告書は、いくつかの課題につき更なる検討作業が必要であるとし、この作業は引き続きビジネスとの協力の下で行っていくことを提案しています。

❸ 2001年から2003年にかけての作業計画における主な検討課題

１〕 直接課税

　サーバー PE への利得の帰属に関する問題、課税上の居住地の決定に際しての「実質的管理地」概念の精緻化、電子商取引の文脈における現行の条約ルールの適格性について、現行ルールに代替しうるルールの可能性及び現行ルールの明確化または修正の可能性を考慮しつつ、さらに検討を行うとしています。

２〕 消費課税

　技術をベースとする徴収の仕組みの実現可能性、制度の簡素化のための方策、執行上の効果的な国際協力を促進するための手段を検討するとしています。

３〕 税務行政

　適正な納税を確保するための手段、税務当局間の「ベスト・プラクティス」の共有、納税者サービスの更なる向上を図るとしています。

5 課税関係についての留意点

　ご質問は、物品販売業という前提ですので、事業所得についての課税関係

がまず気になるところです。新聞報道事例にあるように、「PE なければ課税なし」が事業所得に対する課税の基本原則ですので、PE 認定リスクを検討しておく必要があります。

PE の有無の判定に当たっては、まずは国内法の適用を検討し、さらに、適用される二国間租税条約の規定を検討して、最終的なリスク判断を行います。

消費税については、消費者の居住地ならびに消費される場所に基づいて判断されると考えて良いでしょう。

Q15 で検討しているように、主たる事業が「物品販売業」であっても、当該事業の一環として様々な所得が発生するケースもあります。そのような所得については、それぞれ源泉徴収や申告納税の方式が規定されていますので、検討しておく必要があります。

新聞報道の事例では、E 社と J 社とのビジネスモデルが「問屋契約(commissionaire agreement)」の形態で行われていたともいわれます。そのようなビジネスモデルについては、PE 課税の問題とともに、E 社と J 社との間の移転価格課税問題も検討する必要があります。

すなわち、E 社は、J 社に「販売、物流」業務を委託し、委託手数料を支払っていたものと推測されます。この場合の役務提供取引は、国外関連取引(関係会社間の取引)と位置づけられ、移転価格税制の適用対象となるのです。

課税庁は、移転価格を問題とするアプローチは採らず、J 社を E 社の PE であると認定して、E 社の所得のうち PE に帰属する日本国内源泉所得を認定課税するアプローチを採ったものと推測されます。

Q35 放送事業・出版事業等の広告料

クロスボーダーの放送事業や出版事業等で広告料を稼得する外国法人の課税関係について教えてください。

A 所得源泉地の判定が課題となります。

解説

広告取引は、次のような基本的な取引関係で、広告料の授受が行われています。媒体社（テレビ、新聞、雑誌等）、広告会社、広告主のいずれかが外国法人である場合、外国法人課税の問題を検討しておく必要があります。

1 広告料取引の実態

```
                媒体枠の販売           媒体枠の販売
   媒体社  ─────────→  広告会社  ─────────→  広告主
```

広告業界における取引は、広告会社、媒体社及び広告主（広告を行いたい事業者）の3者を中心に行われています。広告会社は、媒体社の媒体枠を広告主に販売するほか、広告制作、市場調査、広告効果の測定等の様々な業務を行っています。媒体社は、テレビ局、新聞社、雑誌社など、広告を放送、掲載等する媒体の放送、発行等を行う事業者です。

広告は、媒体によって、テレビ（地上波・衛星・有線テレビジョン）・ラジオ・新聞・雑誌による広告、ダイレクトメール広告（DM）、新聞折込広告、屋外広告（看板等）、交通広告（電車、バス、タクシー等の車内外広告）、POP広告（Point of Purchase Advertisingの略。消費者が商品を購入する時点で目にする店頭に掲示された広告）、電話帳広告、インターネット広告等に分類されます。

2 外資系企業・外国法人の事業参入

広告市場の内訳を見ると、従来から4大メディアと呼ばれてきたテレビ(地上波)、ラジオ、新聞、雑誌の市場規模は減少傾向にある一方、インターネット広告市場は、顕著な伸びを維持しているといわれています。

3 広告会社(外国法人)が日本国内及び国外にわたって事業を行っている場合の国内源泉所得

国内法では外国法人が受け取る広告料で、日本国内において行われる広告に係る収入に基因する所得は、国内源泉所得とされます（法法138一、法令176①六）。広告媒体により広告が行われる場所に所得の源泉があるという考え方です。

日本国内だけでなく海外での広告も行う契約で広告料が支払われる場合は、国内で行われる事業に対応する収益の額とこれに対応する費用の額を個別対応関係で把握して国内源泉所得の金額を計算することが困難なケースが多いようです。この場合には、取引の実態を勘案して、最も合理的であると認められる計算方法で、収益の額と費用・損失の額を按分計算する必要があります。

Q36 不良債権の買取り、債権回収・処分ビジネス

不良債権のバルクセールという言葉をバブル崩壊後の不良債権処理でよく耳にしましたが、そのような債権を買い取り、債権の回収や担保物の処分等により利益を得た日本にPEのない外国法人は課税されたのですか。

A PEを有しない外国法人も、貸付債権の運用・保有による所得は課税されます。

解説

不良債権処理の対象資産である「貸付金」に焦点を当てて検討してみます。

法人税法138条6号に規定する「貸付金に係る債権」の譲渡は、法人税法施行令177条2項8号で、「国内にある資産の譲渡により生ずる所得」とされます。6号の「貸付金の利子」は、日本国内において業務を行う者に対する貸付金とされています。事業を行う債務者に対する貸付金がこれに当たりますが、住宅ローンのような個人向けの貸付債権の譲渡が「国内にある資産の譲渡により生ずる所得」とされるかどうかが気になります。

法人税法施行令177条1項2号により居住者に対する貸付金に係る債権で当該居住者の業務に係るもの以外のものの運用・保有により生ずる所得は国内源泉所得とされ、同令177条2項8号により、上記同令177条1項2号に規定する貸付金に係る債権の譲渡による所得は国内にある資産の譲渡により生ずる所得とされていますので、個人向け住宅ローンの譲渡は国内にある資産の譲渡により生ずる所得となります。

したがって、国内において業務を行う者に対する貸付債権ならびに個人向けの貸付債権を外国法人が取得し、債権の回収や処分により利益を得た場合には、国内にある資産の運用または保有もしくは譲渡により生ずる所得として、国内にPEを有する外国法人は申告納税する義務があります。ただし、4号PEは、貸付債権の譲渡による所得は課税標準とされていませんが（法法141四、法令187①）、運用・保有による所得は課税標準とされ（法法141四）、個人向住宅ローンの運用・保有による所得は、国内にある資産の運用・保有による所得とされます（法令177①二）。

問題は、国内源泉所得の計算にあると思われます。不良債権の処理については、債権の資産価値の査定、原債権者との取引条件の交渉、法的手続、契約締結、債権の回収、担保物件の法的手続、処分といった様々な業務が継続

的に行われます。

　仮に、不良債権の買取りを行う外国法人が、ケイマン諸島に設立されたペーパー・カンパニーであったとします。実質上の意思決定を行う機能はケイマン法人の株主であり、当該株主がデューデリジェンスやサービサー業務の委託指示等を行っているものと推測されます。この場合、不良債権の処理に伴う収益から控除される費用や損失が適正に会計処理されていなければなりません。税務上は、独立企業原則に基づき、益金の額、損金の額が検証されることとなります。

Q37 デット・アサンプション

　デット・アサンプション契約により、国内金融機関のケイマン支店が事務取扱い上支払った社債利子相当額は国外源泉所得と考えていいですか。

A 海外支店の取引でも実態により国内源泉所得と判断されることがあります。

解説

　デット・アサンプション契約は、支払期限が未到来である元利金支払債務（社債、銀行借入等）を有する企業が、その債務の現在価値に相当する金額を銀行に預託する代わりに、金融機関が債務を肩代わりする取引のことです。契約締結により、法的に債権者に対して債務者の有する債務が消滅するわけではありませんが、金融機関により債務の履行が引受けされることから、社債発行会社においては金利負担を削減することができます。

　会計上は償還がされたものとしてオフバランス処理をすることが認められ（ただし、脚注に偶発債務として注記することが必要とされます）、実質的に繰上償還と同じ経済効果があります。

デット・アサンプション契約に基づき、金融機関から支払われる金員が「利子所得」に該当するかという点と、金融機関のケイマン支店が行ったとした金員の支払が国外源泉所得に当たるか、あるいは国内源泉所得に当たるかについて争われた事例で、最高裁判所が国内源泉所得たる「利子所得」であると認定した判例があります（平成19年8月23日最高裁判決（平成18年（行ツ）292号）。ただし、この最高裁判決は上告不受理で実質審理を行っていません。実質的な判断については、平成18年8月17日東京高裁判決（平成18年（行コ）65号）（裁判所HP 行政事件判例集に掲載）を参照）。

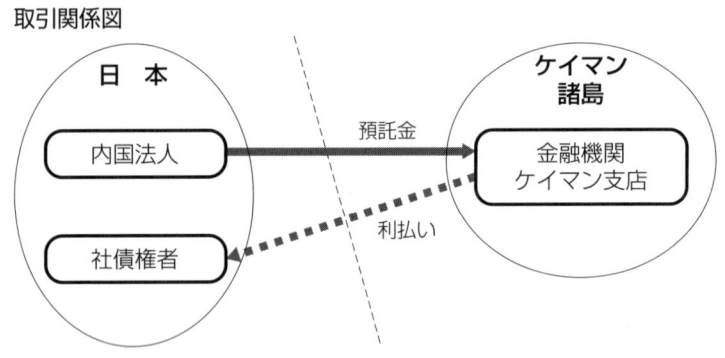

取引関係図

```
        日本              |        ケイマン諸島
   ┌─────────┐   預託金    ┌─────────┐
   │ 内国法人 │──────────→│ 金融機関  │
   └─────────┘            │ ケイマン支店│
                          └─────────┘
   ┌─────────┐    利払い        ↑
   │ 社債権者 │←┈┈┈┈┈┈┈┈┈┈
   └─────────┘
```

　＊　上記図表の各要素の意味は12頁参照

　裁判所は、デット・アサンプション契約に基づく金融機関による利子相当額の支払について、金銭消費寄託契約に基づく対価の支払を幅広く「利子」と認定し、金融機関に預託された金員は所得税法に規定する「預金」であり、金融機関から支払われた金員は「利子」に該当すると判断しました。
　また、支払業務を行っていたとするケイマン支店には職員が存在せず、実質的な事務管理が国内で行われていた事実を認めて、支払は「国内において」行われたもので、国内源泉所得に該当し課税庁の課税処分は適法であると判断しました（この判断については、上記高裁判決の原審である、平成18年1月24日東京地裁判決（平成16年（行ウ）1号）参照）。

Q38 ローン・パーティシペーション

外国銀行の在日Ａ支店は、内国法人Ｂ社に対して貸付けを実行していましたが、この度、その貸出債権につき外国法人Ｃ社（国内にPEは有しません）とローン・パーティシペーション契約を締結することとなり、参加対価の支払を受けました。以後、Ａ支店は、その貸出債権に係る元利金の一定割合（参加割合）をＣ社に支払うこととなりますが、その元利金について源泉徴収は要しないと考えますがどうでしょうか。

なお、Ａ支店とＣ社とのローン・パーティシペーション契約は、会計処理上、債権譲渡と取り扱われる要件のいずれをも満たしています。

Ａ 利子部分について源泉徴収を要します。

解説

ローン・パーティシペーション契約とは、金融機関（原債権者）と借入者（原債務者）との権利義務を移転させずに、貸出債権の全部または一部に係る利益（原債務者から元利金として支払われた金銭等を受け取る利益）とリスクの全部または一部を原債権者から参加者に移転させ、参加者からローン・パーティシペーションの対象となった原貸出債権の金額のうち参加割合に相当する金額（時価相当額）を参加対価として受け取るものです。

ローン・パーティシペーションについては、一定の要件を満たす場合、原債権者である金融機関が原貸出債権のうち参加割合に相当する部分を参加者に売却したものとして会計処理することとされており、この会計処理は法人税の課税上も是認されています。

また、一定の要件を満たさない場合のローン・パーティシペーション契約は、参加者から原債権者への貸付取引として会計処理することとされています。

取引関係図

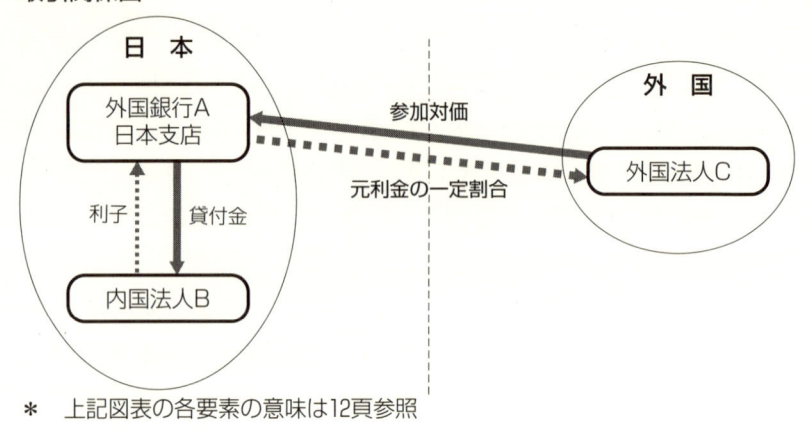

```
         日　本                              外　国
   ┌──────────────┐                    ┌──────────┐
   │  外国銀行A    │──────参加対価─────▶│          │
   │  日本支店    │                    │ 外国法人C │
   │              │◀─ ─ 元利金の一定割合 ─ ─│          │
   └──────────────┘                    └──────────┘
      ▲    │
    利子  貸付金
      │    ▼
   ┌──────────┐
   │ 内国法人B │
   └──────────┘
```

\＊　上記図表の各要素の意味は12頁参照

　本件質疑事例は、国税庁から質疑事例の回答として公表されているもので、その回答要旨を示すこととします。

【回答要旨】

　A支店は、C社に支払う参加割合に係る元利金のうち、利子部分について源泉徴収を要します。

　ローン・パーティシペーション契約が一定の要件を満たさない場合には、参加者から原債権者への貸付取引として会計処理することになるので、その利子等が外国法人に支払われたときは源泉徴収が必要なことは明らかですが、一定の要件も満たし、売却して会計処理（参加利益の売却価額と貸出債権の帳簿価額との差額は損益に計上）された場合にどのように取り扱うかが問題となります。

　この点については、次の理由により貸付金の利子（6号所得）に該当し、原債権者が源泉徴収義務者として源泉徴収しなければなりません。
（所得区分の問題について）
　① ローン・パーティシペーションの参加者の会計処理は、「貸出債権の参加元本金額のうち参加割合に相当する部分を原債務者に対する貸出債

権として計上する」旨明らかにされているとおり、参加対価は貸出債権であって、その債権より生じる所得は貸付金の利子（6号所得）以外の何ものでもないこと。

（源泉徴収義務者の問題について）

② 外国法人に対し国内において貸付金の利子の支払をする者は源泉徴収しなければならないこととされています（所得税法第212条）。参加者の会計処理は「原債務者に対する貸出債権」として計上されているので、原債務者が源泉徴収義務者であるとも考えられますが、原債務者はローン・パーティシペーション契約の当事者とはなっておらず（債権自体は移転していないので）、当該契約の有無や参加者が誰かを知り得ない状態にあり源泉徴収義務を履行することは不可能であることから、契約当事者である原債権者（当該契約に基づいて一定割合の利子の支払をなすべき者）が源泉徴収義務者たりうるべきであること。

③ 参加者は、対象とされている原貸出債権について、原債務者に対し直接権利行使することはできず、更に、原債権者に支払不能の事態が生じた場合には、参加者は原債権者に対する一般債権者としての地位をもつにすぎないことからすれば、（会計処理の如何にかかわらず）源泉徴収義務者は原債権者以外にはいないと解されること。

【関係法令通達】

所得税法第161条第6号、平7.6.1付日本公認会計士協会「会計制度委員会報告第3号」

（注記）　平成23年7月1日現在の法令・通達等に基づいて作成しています。

Q39 オプション取引

内国法人A社は、国内向けの自動販売機の製造を行っています。今般、新製品の開発に当たり、ドイツ法人B社から技術導入を予定していますが、その技術の良否を検討するため次のような条件でその技術の開示を受け、オプションフィ（選択権料）として4万ユーロを支払うこととしました。

このオプションフィ（選択権料）について、源泉徴収の必要がありますか。

① B社は、自社所有の技術等をA社に開示します。
② A社は、開示されたB社の技術等について、秘密を保持しなければなりません。
③ A社は、技術導入の選択権を1年間行使できます。
④ オプションフィ（選択権料）はいかなる場合でも返還されず、また、技術導入をした場合には使用料に充当されることとなっています。

A 使用料として源泉徴収が必要となります。

解説

オプションとは、ある目的物（原資産という）を一定期間後の特定日の時点で権利を行使し、特定の価格で買い付ける（または売り付ける）ことのできる権利をいいます。原資産を買う権利についてのオプションを「コール」、売る権利についてのオプションを「プット」と呼びます。

オプション取引とは、このオプションという権利を売り・買いする取引のことを指し、オプションを取得する買い手はオプション料（プレミアム）をオプションの設定者（売り手）に支払い権利を取得します。

この事例は、国税庁の質疑事例として、回答が公表されているものです。回答要旨を次に示すこととします。

【回答要旨】

照会のオプションフィ（選択権料）は、使用料として所得税の源泉徴収が必要です。

本件の技術情報開示のオプションフィ（選択権料）は、①その技術情報の対価が日独租税協定上の使用料に該当すること、②その技術情報の開示により支払われる金額はその技術情報の活用のための対価にほかならないこと、③その技術情報がＡ社の国内業務のために使用されるものと認められることから、所得税法第161条第7号及び日独租税協定第12条第3項に規定する使用料に該当するものと考えられます。

【関係法令通達】

所得税法第161条第7号、所得税基本通達161－23、日独租税協定第12条

（注記）　平成23年7月1日現在の法令・通達等に基づいて作成しています。

Q40 クロスライセンス契約のロイヤリティ

電子機器製造技術に関して、当社は外国法人との間でクロスライセンス契約を締結していますが、ロイヤリティは相殺して残額を授受しています。源泉徴収は決済金額について行えばよいでしょうか。

A　クロスライセンス契約の対価の授受に係る源泉徴収税額の問題は、明確な解釈指針が示されていません。

解説

「クロスライセンス契約」とは、工業所有権等の権利者が他の工業所有権等の権利者との間で、互いに相手の権利を利用することを許諾した契約形態を指します。

通常のライセンス契約では、工業所有権等の使用許諾を受けてこれを使用

した者が、契約で取り決められた使用料を支払いますが、クロスライセンス契約を締結している場合には、支払使用料の額と受取使用料の差額を支払えばよいことになります。支払使用料の額と受取使用料の額が同額の場合は差額決済が必要ないことにもなります。

クロスライセンス契約には、単に交換条件的に互いの権利を使用することができるという意味だけでなく、お互いの権利を用いて開発を推進し、技術の応用・向上に資するというシナジー効果も期待されています。加えて、それぞれの技術の有用性を広げることで、無形資産及び企業価値を高める効果も期待できます。

源泉所得税の課税関係については、税務当局から取扱いを明示する指針はいまだ示されていないようです。実務では差額決済ベースで、当該差額を課税標準として税額計算を行っている例が見られますが、別々の使用料の授受と考えて、源泉所得税額を計算すべきではないかとの考え方もあるようです。

所得源泉地については、国内法は使用地主義を採用しており、支払者の**国内業務に係る使用料**については国内源泉所得とされます。また、二国間租税条約では日米租税条約や日英租税条約のように使用料を源泉地国免税としている例もありますので、留意が必要です。

国際金融取引実務に関する Q&A

Q41 本店等に支払う外部調達金利の損金性

日本国内において金銭の貸付けや投資を行う外国法人の日本支店が、本店あるいは他の海外支店から資金を調達し、これを貸付金や投資に運用する場合、本店あるいは他の海外支店に支払う調達金利（支払利子）は、国内源泉所得の計算上損金の額に算入してよいでしょうか。

A 本支店間の内部利子、内部使用料は損金として認められませんが本店等に支払う外部調達金利は本店からの配賦経費と同様損金性ありと解されます。

解説

本件の場合、外国法人日本支店が本店あるいは他の海外支店から調達した資金を運用した場合、資金の運用から得られる利子や配当、キャピタルゲインは益金の額に算入されるものと思われます。

これに対して、本店あるいは他の海外支店に支払われる利子相当額が外国法人日本支店の課税所得の計算上損金となるか否かについては、法人税法施行令176条3項2号が関係します。同号では、国内及び国外の双方にわたって事業を行う外国法人が、国内または国外において行う事業に属する金銭、工業所有権その他の資産を、それぞれその法人が国外または国内において行う事業の用に供する行為からは所得が生じないと規定されています。

すなわち、同一法人内の本支店間、支店相互間の資金の融通からは所得は生じず（法基通20－1－5）、課税は行わないとしています。課税を行わないということは、益金を認識しないということですが、損金も認識されないことになります。すなわち、次頁図表のとおり内部利子は損金不算入というこ

とです（法基通20－1－5）。

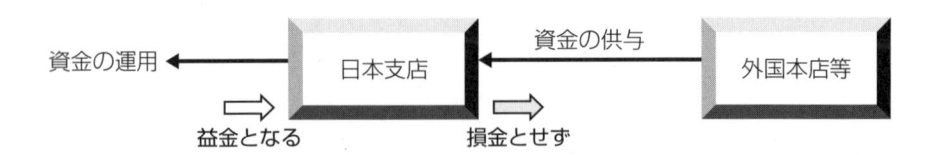

```
資金の運用 ← 日本支店 ← 資金の供与 ← 外国本店等
            → 益金となる      損金とせず
```

　一方、資金調達先である本店あるいは他の海外支店が、当該資金を企業の外部から調達し、支払利子が外国本店等において現実に発生している場合には、外国法人日本支店が負担すべき費用として、日本支店に配賦することとなります。この本店配賦経費等については、日本支店において損金算入ができるものと解されます（法基通20－3－4）。

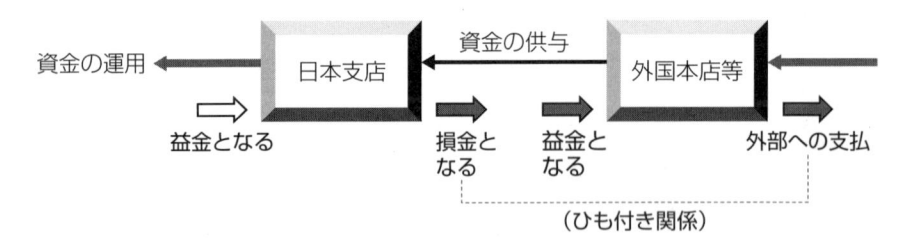

```
資金の運用 ← 日本支店 ← 資金の供与 ← 外国本店等 ←
            → 益金となる  損金と  益金と      外部への支払
                         なる    なる
                         （ひも付き関係）
```

　銀行業務に係る資金コストを国内源泉所得の計算上損金に算入するとの取扱いを認めた裁決事例があります（平成2.2.5東裁。次頁参照）。
　海外の本店または他の支店が日本支店のために調達した資金を回金し、日本支店がこれを日本における事業に使った場合、資金の流れがひも付き関係で説明可能であれば、上記通達の取扱いが可能ですが、個別ひも付き関係が不明確である場合は悩ましい状況が生じます。税務調査において議論が生じる取引ですが、私見では、日本支店が国外の本店または他の支店から取り入れた資金取引の１本ごとに、LIBORのクロージングレート等を適用するなどして合理的な計算方法により調達金利を計算し、これを損金の額に算入する場合には、収益と費用の対応関係から、当該税務処理を認める余地があるものと考えます。

【裁決事例】

銀行業における貸付金の調達原価の損金算入
（平成2年2月5日東京国税不服審判所裁決）

① 請求人は、X国に本店を有する外国法人（J）で、日本で銀行業を営む者
② 事実関係

　J日本支店は、昭和60年1月1日開始12月31日終了事業年度の法人税の課税所得計算にあたり、Jケイマン支店から調達した資金についてJケイマン支店に支払った利子を、資金調達原価として損金に算入し日本における国内源泉所得の申告を行った。

　税務調査において、資金調達原価の額の計算の基礎としているJケイマン支店の資金調達利率について、その根拠が不明確であり、資金調達原価の額を立証する資料の提出がないとの認定を受けて、当該資金調達原価の額の一部の損金算入を否認する課税処分を受けた。

③ 主たる争点と判断

　銀行業における貸付資金の調達原価の額は、法人税法22条3項に規定する原価の額に相当すると解されるから、当該原価の額を損金の額に算入すべきであるところ、当該原価の額の算定方法につき法令上明文の規定がないとしても、法人税法施行令176条3項2号は、いわゆる内部取引からは所得は生じないものとし、資金取入店に対する内部利益相当額の支払を認めないこととしているものと解されるので、海外資金の取入店における資金調達原価の額を限度とすべきである。

　実際の調達原価とは、貸付資金の源泉が第三者までトレースされ第三者の資料によって明らかにされたものをいい、仮定計算上の調達原価とは、貸付資金の源泉が第三者から借入金、受入預金、自己資金等が渾然一体となっており、個別的にトレースすることはできないという認識の下で、いわば仮計算上の原価として、①自己資本等を資金源泉としていないと仮定し、②外国銀行と課税当局とがともに客観的にかつ合理的と認められる公表金利指標のロイターレートを適用して算

定した調達原価をいうものと理解してこれを認める。
　しかしながら、仮計算上の原価の額の計算に当たり、請求人は、日本支店と全ての資金取入店との間の日々の取引を各資金取入店及び各取引ごとに分け、各取引毎に日本支店が計上している内部利子の額がロイター通信社が発表している米ドルに係る市場毎のインターバンク・オファー・レートを基準として算出された額を超える場合の超過額と、当該内部利子の額がロイターレートによる資金調達原価の額に満たない場合の満たない額とを通算し、当該通算後の超過額を所得金額に加算して、法人税の申告を行っていたが、この処理については、不足額が生じた資金取入店の実際調達原価の額に、内部利益相当額を加算した利子の額をJ日本支店の国内源泉所得に係る課税所得計算上の損金の額として認める結果となるので、現行の法解釈としては認められないと判断した。

Q42 米国（所得源泉地）において香港本店法人がCFC課税（被支配外国法人課税）を受けている場合の所得の内外区分

　米国法人U社の子会社で香港に所在するH社は、米国においてタックスヘイブン対策税制（CFC税制）の適用対象とされています。H社の日本支店は、投資資金の運用として、米国国債を保有しています。H社が米国国債の利子を受け取るに当たり、源泉税は課されません。また、H社の香港における課税関係では、米国国債の利子はオフショア所得として免税となっています。H社日本支店は、日本において本件米国国債の利子について課税を受けるでしょうか。

A 　本件米国国債の利子を国外源泉所得であるとする解釈も可能です。

解説

1 米国のCFC税制

　米国のCFC税制は、欧州諸国との貿易戦争という要因と深く結びついて制度設計と運用が変遷してきたといわれています。現在の米国におけるCFC税制の概要は次のとおりです（本庄資『アメリカ法人税制』（日本租税研究協会、2010年、295～311頁より））。

　「一定の要件を定めて、当該事業年度に連続30日以上、被支配外国法人(Controlled Foreign Corporation)である外国法人については、その米国株主について一定の所得を合算する制度です。」

　ここで合算される「サブパートF所得」は、保険所得、外国基地会社所得、国際的ボイコット所得等の特定の「汚れた所得」(tainted income)とされています。

2 香港でのオフショア免税

　香港における事業所得税の課税対象所得は、香港で事業が営まれ、香港での事業から生じた所得で、所得源泉地が香港とされるものと取り扱われています。いわゆるオフショア所得を免税とする取扱いです。

3 国内法の検討

　法人税法138条4号に国内源泉所得とされる「利子所得」の範囲が示されています。すなわち、所得税法23条1項（利子所得）に規定する利子等のうち、日本国の国債もしくは地方債または内国法人の発行する債券の利子、外国法人の発行する債券の利子のうち当該外国法人が国内において行う事業に帰せられるものその他の政令で定めるもの等とされていますから、これらに

当たらない米国国債の利子は、利子所得としては国外源泉所得に当たります。

　一方、H社が国内及び国外の双方にわたって事業を行う外国法人に該当する場合、H社日本支店を通じて行う米国国債への投資により生ずる所得で、H社日本支店に帰せられるものは、法人税法施行令176条5項に基づき国内源泉所得とされます。

　しかしながら、ただし書きにおいて、米国国債への投資が行われた米国において、わが国の外国税額控除の対象となる「外国法人税」が課された場合または課されるべき場合には、その旨を証する書面を確定申告書に添付することにより、国内源泉所得としないこととされています。

　本規定は所得の内外区分の判断基準を示したものと思われます。その判断基準として、米国国債の利子所得について、米国において外国法人税が課税されるか否かという事実を示しています。

　事実関係を整理すると、納税義務者であるH社は、米国において「米国国債利子」について課税は受けていませんが、H社の受動的所得（この中に米国国債利子が含まれるか否かについては、事例が発生した時点で適用される米国内国歳入法典の検討を要します）は、CFC税制の適用により合算課税されています。

　CFC税制の適用は、所得の内外区分とは異なる米国国内法上の政策的な選択であるといえます。しかしながら、わが国の法人税法施行令176条5項ただし書きが、当該所得が課税を受けているのか否かという点に重点を置いた取扱いであるとするなら、本件米国国債の利子を国外源泉所得であるとする解釈も可能です。

　事実関係と関連法令（外国の法令も含む）を示して、税務当局者に相談することをお勧めします。

Q43 グローバルトレーディングに係る国内源泉所得の計算

国際金融取引におけるグローバルトレーディングの国内源泉所得は、どのような方法で計算するのでしょうか。

A 実務においては、移転価格税制における独立企業間価格の算定方法を用いて適正な所得配分を行っています。

解説

1 グローバルトレーディング

1980年代以降、全世界規模で営業活動を行う金融機関は、顧客に対して金融商品を販売、仲介するに当たり、全世界ベースで、世界各国に点在する在外拠点の各機能を活用して、24時間眠らない事業展開を行うようになりました。このような取引形態をグローバルトレーディングと呼んでいます。

2 税務問題への取組み

全世界ベースで事業展開が行われ、取引に参加する営業主体が各国に点在すると、各拠点における納税義務が発生します。全世界ベースで稼得された事業収益をどの拠点にどれだけ配分して、各拠点の所在国における納税義務を履行するかという問題について、OECD租税委員会は移転価格税制の問題ととらえて、1998年に"The Taxation of Global Trading of Financial Instruments"という報告書を発表しました。さらに、2003年には、国際金融取引の発達や、OECDで進行中の恒久的施設に対する帰属所得の議論を反映した"Discussion Draft on the Attribution of Profits to Permanent Establishments (PES : PARTⅢ (Enterprises Carrying on Global Trading of Financial Instruments)"が公表されました。

米国においては、1998年に、グローバルトレーディングに関する規則案(Allocation and Sourcing of Income and Deductions Among Taxpayers Engaged in a Global Dealing Operation）が公表されています。

3 わが国における取扱い

　わが国の税務当局から、グローバルトレーディングについての税務上の取扱いを解説した情報等は現在のところ出ていません。実務においては、外国法人課税の一般原則がよりどころとされています。

　外国法人日本支店が、国内及び国外の双方にわたって事業を行う外国法人に該当する場合で、たな卸資産の製造、販売（法令176①一・二）、建設、据付け等の業務（法令176①三）、船舶または航空機による運送の事業（法令176①四）、損害保険または生命保険の事業（法令176①五）、出版または放送の事業（法令176①六）に該当しない事業を行う場合、当該事業から生ずる所得を、国内業務と国外業務とに区分し、**独立企業原則に基づき計算した所得配分額をもって国内源泉所得とする**としています。なお、独立企業原則に基づく計算方法については、139頁でも解説しています。

　具体的には、収入金額もしくは経費について、これらの業務をそれぞれ独立の事業者が行い、かつ、これらの事業者の間において通常の取引の条件に従って取引が行われたものとした場合に、その国内業務につき生ずべき所得またはその国内業務に係る収入金額もしくは経費、その国内業務の用に供する固定資産の価額、その他その国内業務が当該事業に係る所得の発生に寄与した程度を推測するに足りる要因を勘案して判定したその国内業務につき生ずべき所得がこれに当たります（法令176①七）。

4 所得配分の合理性の検討の実務

　わが国の国際金融取引の税務調査では、グローバルトレーディングの所得配分額の妥当性に関して、**OECD租税委員会の報告書、議論を尊重して**、

移転価格税制の適用問題として検討が進められています。典型的な調査プロセスは次のようなものです。

❶ 検証対象取引の絞込み

　国際金融取引を取引類型で区分すると、対顧客の取引と自社のポジションでの取引に区分できます。これらの取引の具体的内容として、株式、債券、デリバティブといった様々な金融商品取引があるわけですが、それらの取引のうちのどの取引を重点的に検証するか、すなわち国外関連取引を特定する作業が第一段階といえます。

❷ 機能、リスク分析

　所得配分の妥当性を判定するためには、関係する国外関連者が、それぞれどのような機能を果たし、どれだけのコストを支出して、いかなる取引上のリスクを負担しているかを分析しなければなりません。利益を生み出すために果たした機能が大きく、負担したリスクが大きいほど、帰属すべき利益は大きいという大原則があります。

❸ 独立企業間価格の算定手法

　移転価格税制の核心部分が独立企業間価格の算定です。市場に検証対象取引と比較可能な独立企業間の取引がある場合は、これを比較対象取引として取引価格や利益率の比較を行うわけですが、各金融機関は、独自の経営ノウハウと人材を駆使し、企業独自のビジネスモデルに基づいて厳しい競争を繰り広げており、その多様性と特殊性から、市場から比較可能な取引を見出すことはできない場合が多いといわれます。

　その結果、事業利益への貢献度を顕著に示す指標としてフロント社員の人件費等を利益分割ファクターとする貢献度利益分割法や、一定の利益を一定の貢献を行う機能に優先配分した上で残余利益について、貢献度利益分割法等を適用する残余利益分割法に準ずる方法などが活用されています。

利益分割法を適用する場合、企業グループの基幹法人の多額な資本が企業グループの信用の源となっているわけですが、この資本をどのように利益の分割計算に反映させるかが大きな議論となります。金融機関からは、資本金の存在が信用の裏づけであり、取引のリスクを担っているのであると主張されます。一方、税務当局からは、リスクが顕在化して費用や損失として実現している場合、これを利益分割計算に反映させることができるとの考え方が主張されます。国際金融取引の主役は未だ欧米の一部先進国です。新興国も含めたグローバルスタンダードの移転価格の議論の下で出口を見出すべき問題かもしれません。

第2章
課税方式と所得計算

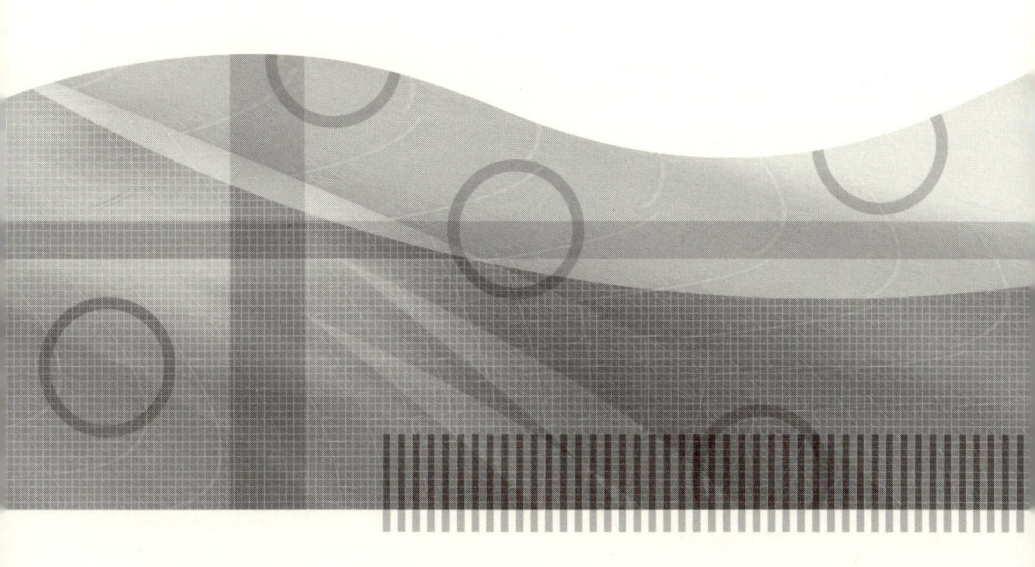

第1節 申告を要する所得と源泉徴収される所得

① 外国法人の国内源泉所得に係る法人税の申告と源泉徴収

　外国法人に対して課される法人税の課税標準は、法人税法141条に、外国法人の区分ごとに規定されています。外国法人の区分とは、1章2節で説明した「PE」の区分を指しています。

　1号PE、2号PEそして3号PEとされるPEを有する外国法人及び4号PEであるPEを有しない外国法人が、法人税の申告をしなければならない国内源泉所得の種類についてはQ14～Q19の回答で説明していますが、所得の種類ごとに申告納税（各種の所得をまとめて所得金額、法人税額を計算し、法人税の申告書を提出して納税する方式）となる所得と源泉徴収（支払者が支払額から所得税額を差し引いて納税する方式）される所得とがあります。事業所得等を有する外国法人は、源泉徴収を要する所得を有する場合、源泉徴収された上で申告納税を行います（Q13参照）。

② 外国法人の法人税の課税所得金額の計算

　内国法人の法人税の課税所得金額は、法人の確定した決算に基づき、損益計算書に表示された当期利益（または損失）の額を、税務上の損益計算書と位置づけられる法人税申告書別表4に移記し、これに税務上の申告調整項目を加算、減算して計算します。外国法人の課税標準となる国内源泉所得の金

額の計算については、法人税法142条に包括的な規定が置かれています。基本的には、政令で定めるところにより内国法人の所得計算規定が準用されています。準用される規定と適用が除かれる規定がありますので、次に示します。

準用される規定(法人税法2編1章1節)	
2款	各事業年度の所得の金額の計算の通則
3款	益金の額の計算
4款	損金の額の計算

除かれる規定		
3款	23条の2	外国子会社から受ける配当等の益金不算入
	25条の2	受贈益の益金不算入
4款	33条5項	資産の評価損の損金不算入等
	37条2項	寄附金の損金不算入
	39条の2	外国子会社から受ける配当等に係る外国源泉税等の損金不算入
	46条	非出資組合が賦課金で取得した固定資産等の圧縮額の損金算入
	57条2項	青色申告書を提出した事業年度の欠損金の繰越し
	58条2項	青色申告書を提出しなかった事業年度の災害による損失金の繰越し

5款	利益の額又は損失の額の計算	5款	60条の2	協同組合等の事業分量配当等の損金算入
			61条の2 16項	有価証券の譲渡益又は譲渡損の益金又は損金算入
			5款5目	連結納税の開始等に伴う資産の時価評価損益
			5款6目	完全支配関係がある法人の間の取引の損益
6款	組織再編成に係る所得の金額の計算			
7款	収益及び費用の帰属事業年度の特例			
8款	リース取引			
9款	法人課税信託に係る所得の金額の計算			
11款	各事業年度の所得の金額の計算の細目			

　外国法人への課税については、外国法人の区分と所得種類別に課税方法が定められている点に留意が必要です（法法141）。

1 所得税の源泉徴収の対象とならず法人税の確定申告を要する所得

　次の所得は法人税の課税対象ですが所得税の課税対象にはなっていません。
- 事業の所得、資産の運用または保有による所得、資産の譲渡による所得、その他の国内源泉所得（法法138一、所法161・178）。

2 源泉徴収の上、申告納税する所得

次の所得は所得税の課税対象であると同時に、法人税の課税対象です（所法161・178・212、法法141）。
- 人的役務の提供事業の対価（法法138二）
- 不動産の賃貸料等（法法138三）
- 外国法人が国内にPEを有する場合の次の所得（以下、W）

> 「W」とは、利子、配当、貸付金の利子、使用料等、事業の広告宣伝のための賞金、生命保険契約に基づく年金等、定期積金の給付補てん金等、匿名組合契約等に基づく利益の分配（法法138四〜十一）。なお、外国法人が1号PEを有する場合は、「W」に該当するすべての所得が対象となりますが、外国法人が2号PEと3号PEを有する場合は、「W」に示す所得のうち国内事業に帰せられるものに限られます。

3 源泉分離課税の対象所得

次の所得は、所得税の課税対象ですが法人税の課税対象ではありません。
- 上記2の「W」のうち、建設作業等PE（2号PE）または代理人PE（3号PE）を有する外国法人の所得で、国内事業に帰せられないもの
- 「W」のうちPEのない外国法人に係る国内源泉所得（Q19参照）

③ 本店からの配賦経費

前項「外国法人の課税所得金額の計算」で説明しましたが、外国法人の課税所得金額の計算は、当該外国法人の確定した決算に基づき、課税対象となる国内源泉所得に係る損益計算書の当期利益（損失）を出発点として、税務

上の申告調整を行い、課税標準である所得金額を計算します。

申告調整に当たっては、基本的には内国法人の所得計算規定が準用されますが、一部に準用されない規定があります。

内国法人の場合、外国支店がある場合には、外国支店の損益計算書を本店の損益計算書に合算して、内国法人全体の損益計算書が作成されます。外国法人についても、当該外国法人が日本支店を有する場合には、日本支店の損益計算書を本店の損益計算書に合算するプロセスをたどります。

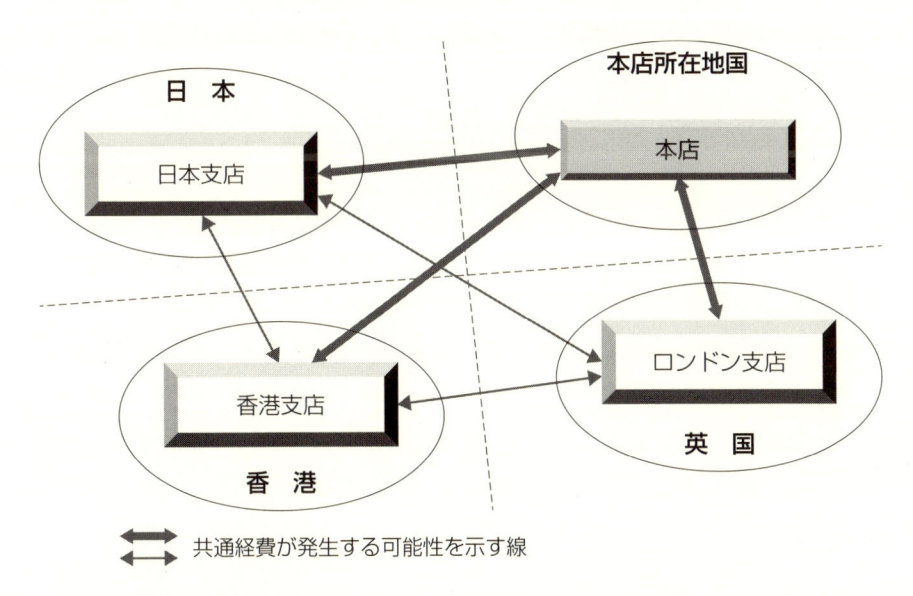

⇔ 共通経費が発生する可能性を示す線

ここで日本支店の損益計算書（国内源泉所得の計算）の作成に当たり留意すべき手続きがあります。それが、本店配賦経費の計算と税務処理です。

1 本店配賦経費とは

外国法人は、必ずしも本店の業務は本店の所在国の中で完結しているわけではなく、同様に、日本支店の業務も日本国内だけで完結しているわけではありません。法人税法施行令176条に規定があるように、「国内外にわたり事

業を行う法人」が多いのです。

　国内及び国外にわたって事業を行う外国法人の所得については、財務会計上各本支店において会計処理される収益及び費用等について、国内源泉所得に相当する金額と国外源泉所得に相当する金額に区分する作業が必要です。

　ここに外国本店において国内業務のために発生した費用の国内業務への配分の問題が生じます。

　まず国内及び国外の双方にわたって事業を行う法人について国内源泉所得の計算の通則をもう一度整理してみましょう。いわゆる収入概念としての所得の帰属については次のとおりです。

- たな卸資産取引に係る国内源泉所得

　　法人税法施行令176条1項2号では、外国法人が国外または国内において製造等をし、かつ、当該製造等により取得したたな卸資産をそれぞれ国内または国外において譲渡する場合には、当該譲渡により生ずる所得のうち、その法人が行う当該譲渡または製造等に係る業務を国内において行う業務と国外において行う業務とに区分すべきことを規定しています。

　　計算方法としては、いわゆる独立企業原則により国内源泉所得に相当する金額を計算すべきことが明示されています。

- その他の取引に係る国内源泉所得（法令176①三〜七）

　　3号　建設、据付け、組立、その他の作業
　　4号　船舶または航空機による運送事業
　　5号　損害保険または生命保険事業
　　6号　出版または放送事業

　　各号で、それぞれの事業形態に基づく国内源泉所得の判断基準が示されています。

　　そのうえで、前各号に該当しない事業を行う場合について、当該事業により生ずる所得のうち、当該事業に係る業務を国内業務と国外業務とに区分すべきことを規定しています（法令176①七）。

計算方法としては、これらの業務をそれぞれ独立の事業者が行い、かつ、これらの事業者の間において通常の取引の条件に従って取引が行われたものとした場合に、その国内業務につき生ずべき所得またはその国内業務に係る収入金額もしくは経費、その国内業務の用に供する固定資産の価額その他その国内業務が当該事業に係る所得の発生に寄与した程度を推測するに足りる要因を勘案して計算するとしています。すなわち、独立企業原則により計算するという意味です。

　このように、国内、国外にわたり事業が行われるビジネス形態に係る国内源泉所得の計算に当たっては、収入概念としての所得計算は独立企業原則に基づくことが求められているわけですが（法令176）、具体的な計算と税務処理に目を向けてみると、次のような作業が必要になることが分かります。

❶　収益（利益）の額の内外区分
　国内業務に係る収益（利益）の額が個別対応（ひも付き）で把握可能な場合は、個別取引に係る証憑書類を用意して内外区分を行います。
　個別対応していない場合、すなわち、契約や取引実態として、どの分が国内分の収益でどの分が国外分の収益であるかが明示されていない場合は、独立企業原則に基づく合理的な計算方法で按分計算を行わなければなりません。

❷　費用（損失）の額の内外区分
　費用（損失）の額が国内業務と個別対応（ひも付き）で把握可能な場合は、個別取引に係る証憑書類を用意して内外区分を行います。
　個別対応していない場合、すなわち、契約や費用等の発生の実態として、どの分が国内分の費用等でどの分が国外分の費用等であるかが判別できない場合は、法人税法施行令188条、ならびに法人税基本通達20−3−4、20−3−5等によって計算することになります。このとき、国内業務に関連して生じたものである限り、国内・国外のいずれにおいて支出されたものである

かを問わない（法基通20－3－4）とされていますから、ここに本（支）店経費の配賦の問題が出てきます。

　費用収益対応の原則に従い、本店配賦経費の金額を確定する作業が必要となるわけです。このように、所得計算に当たっての内外区分の作業において、本店からの配賦経費が発生します。法人税法施行令188条（外国法人の国内源泉所得の金額の計算）の規定から解釈すると、論理的には、**支店相互間の配賦経費**もありうると解されます。

2 配賦計算の実際

　外国法人の当該事業年度の販売費及び一般管理費、その他の費用については、国内業務のために国内で支出した費用は配賦計算をするまでもなく損金の額に算入されますが、国内業務とその他の業務との双方に関連して生じたものの額は、法人税法施行令188条1項1号《外国法人の販売費、一般管理費等の配分》の規定により、当該国内業務とその他の業務とに配分することとされています。その計算基準としては、「国内源泉所得に係る収入金額若しくは経費又は固定資産の価額その他の合理的な基準を用いてその国内において行う業務に配分されるものに限るものとし、当該事業年度の損失は、外国法人の国内において行う業務又は国内にある資産につき生じた当該損失に限るものとする」とされています。

　また、法人税基本通達20－3－5において、「個々の費目ごとにその計算をすることが困難であると認められるときは、原則として16－3－12及び16－3－13《販売費、一般管理費等の配賦等》の取扱いに準じてその計算をするものとする」との解釈指針もあります。

法人税基本通達20－3－5（販売費、一般管理費等の配賦）　外国法人の当該事
　業年度の販売費、一般管理費その他の費用のうち国内業務とその他の業務との

双方に関連して生じたものの額を令第188条第１項第１号《外国法人の販売費、一般管理費等の配分》の規定により当該国内業務とその他の業務とに配分する場合において、個々の費目ごとにその計算をすることが困難であると認められるときは、原則として16－３－12及び16－３－13《販売費、一般管理費等の配賦等》の取扱いに準じてその計算をするものとする。

法人税基本通達16－３－12及び16－３－13は内国法人が外国税額控除の適用を受ける場合に国外所得を計算するに当たって販売費、一般管理費等あるいは負債利子の配賦計算をするときの取扱いですが、以下に具体的な計算方法を説明します。

❶ 販売費および一般管理費の配賦

法人税基本通達16－３－12は、外国税額控除の控除限度額の計算に当たり、国外源泉所得の金額を計算する場合の共通費用を、国内源泉所得に係る所得を生ずべき業務と国外源泉所得に係る所得を生ずべき業務とに配分する計算方法を示しています。

$$共通費用の額 \times \frac{国外業務に係る売上総利益の額}{当該法人の売上総利益の額}$$

この計算式の売上総利益について、利子、配当等及び使用料については、その収入金額とするものとしています。

この取扱いを準用する場合には、分子の「国外業務」を「国内業務」と置き換えることにより、国内源泉所得に係る販売費及び一般管理費の額が計算されることになります。

法人税基本通達16－3－12では、国内源泉所得に係る所得を生ずべき業務と国外源泉所得に係る所得を生ずべき業務とに共通経費を配分するに当たり、個々の費目ごとにその計算をすることが困難であると認められるときは、原則として、すべての共通費用を一括して、当該事業年度の売上総利益の額

（利子、配当等及び使用料については、その収入金額とする）のうちに国外業務に係る売上総利益の額の占める割合を用いて国外業務に係る損金の額として配分すべき金額を計算する方法を示しています。

　また、負債利子の配賦計算については、法人税基本通達16－3－13に解釈指針があります。

❷　負債利子の配賦

　法人税基本通達16－3－13も❶と同様、外国税額控除の控除限度額の計算に当たり、国外源泉所得の金額を計算する場合の負債利子の額の配賦方法を示したものです。ここでの負債利子とは、当該事業年度において生じた負債の利子で、金銭債務に係る債務者の償還差損の額、手形の割引料、貿易商社における輸入決済手形借入金の利息等を含むとされています。

①　卸売業及び製造業

　次の算式により計算した金額を国外業務に係る損金の額とします。

$$当該事業年度において生じた共通利子の額の合計額 \times \frac{分母の各事業年度終了の時における国外業務に係る資産（国外事業所等を有しない法人にあっては、国外源泉所得の発生の源泉となる貸付金、有価証券等とする。）の帳簿価額（直接利子の元本たる負債の額に相当する金額を除く。）の合計額}{当該事業年度終了の時及び当該事業年度の直前事業年度終了の時における総資産の帳簿価額（直接利子の元本たる負債の額に相当する金額を除く。）の合計額}$$

② 銀行業
　次の算式により計算した金額を国外業務に係る損金の額とします。

$$\text{国外源泉所得の発生の源泉となる貸付金、有価証券等（国外事業所等に属するものを除く。）の当該事業年度中の平均残高} \times \dfrac{\text{当該事業年度において生じた共通利子の額の合計額}}{\left[\begin{array}{l}\text{預金、借入金等（直接利子の元本たる負債を除く。）の当該事業年度中の平均残高}\end{array}+\begin{array}{l}\text{当該事業年度終了の時及び当該事業年度の直前事業年度終了の時における自己資本の額の合計額}\end{array}-\begin{array}{l}\text{左の各事業年度の終了の時における固定資産の帳簿価額の合計額}\end{array}\right]} \times \dfrac{1}{2}$$

③ その他の事業
　その事業の性質に応じ、❶または❷に掲げる方法に準ずる方法により計算した金額を国外業務に係る損金の額とします。
　この計算方法を準用するに当たっては、「国外源泉所得」を「国内源泉所得」に置き換えることにより、国内源泉所得に係る負債利子の金額が計算できることになります。

3 租税条約における本店配賦経費

　以上、国内法に規定された本店配賦経費の取扱いを述べてきましたが、次に租税条約において、本店配賦経費がどのように規定されているかを見てみます。
　日米租税条約7条3には、次のような規定があります。
　「恒久的施設の利得を決定するに当たっては、経営費及び一般管理費を含む費用で当該恒久的施設のために生じたものは、当該恒久的施設が存在する締約国内において生じたものであるか他の場所において生じたものであるか

を問わず、控除することを認められる。」

〔英　文〕

3. In determining the profits of a permanent establishment, there shall be allowed as deductions expenses which are incurred for the purposes of the permanent establishment, including executive and general administrative expenses so incurred, whether in the Contracting State in which the permanent establishment is situated or elsewhere.

日中租税協定7条3、日英租税条約7条3、日蘭租税条約7条3など、他の条約にも同様の規定があり租税条約においても本店経費の配賦を認めています。

❹ 各事業年度の所得に対する法人税の税率

　外国法人の国内源泉所得に対する法人税の税率は、内国法人の法人税に対する税率と同じく、資本金1億円超の法人については25.5％、資本金1億円以下の法人については、所得金額のうち年800万円以下の部分に対しては19％としています（法法66・143）。なお、中小企業者等の法人税率の特例として、平成24年4月1日から平成27年3月31日までに終了する事業年度については、税率の軽減措置が図られています（措法42の3の2）。

　また、平成22年4月1日以後に開始する事業年度から中小法人に対する軽減税率等の特例は、資本金の額または出資金の額が5億円以上である法人等との間にその法人による完全支配関係がある普通法人等（法法66⑥・143⑤各号に掲げるもの）については、適用しないこととされました（措法42の3の2、法法66⑥・143⑤）。

　参考までに、旧法令下での情報は、146頁の図表に掲載しています。

① 基本税率（平成24年4月1日以後開始事業年度から25.5％。法法143①）

法法141に規定する国内源泉所得に係る所得の金額

25.5/100の税率

② 普通法人のうち各事業年度終了の時において、資本金の額もしくは出資金の額が1億円以下であるものもしくは資本・出資を有しないものまたは人格のない社団等に対する軽減税率（平成27年4月1日以後開始事業年度から19％。法法143②）

法法141に規定する国内源泉所得に係る所得金額

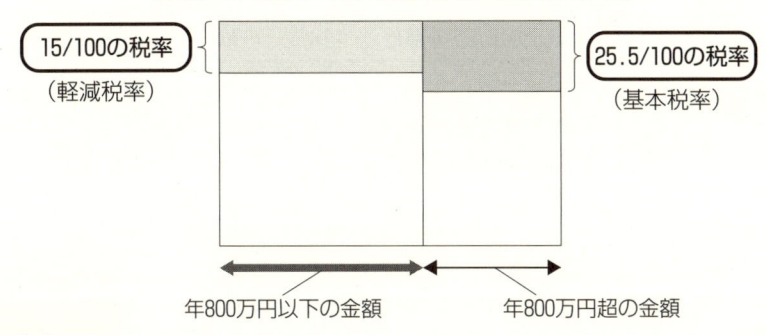

15/100の税率
（軽減税率）

25.5/100の税率
（基本税率）

年800万円以下の金額　　年800万円超の金額

計算例　事業年度が1年に満たない場合の軽減税率適用所得金額

事業年度が1年に満たない外国法人の場合（例えば6か月間）、軽減税率が適用される「年800万円」は次のように計算します（法法143③）。

800万円×6／12＝400万円　　400万円以下は15％

その他留意すべき事項が法人税法143条4項、5項にあります。

税率は、法人の種類別と所得金額の区分に従い、次のとおりです。

区分		改正前	改正後
適用関係		平24.4.1前開始事業年度	平24.4.1から平27.3.31までの間に開始する事業年度
普通法人・人格のない社団等	中小法人*1又は人格のない社団等 年800万円以下の部分	18%	15%
	中小法人*1又は人格のない社団等 年800万円超の部分	30%	25.5%
	中小法人以外の法人	30%	25.5%
一般社団法人等*2及び公益法人等とみなされているもの*3	年800万円以下の部分	18%	15%
	年800万円超の部分	30%	25.5%
公益法人等*4	年800万円以下の部分	18%	15%
	年800万円超の部分	22%	19%
協同組合等*5	年800万円以下の部分	18%（19%）	15%（16%）
	年800万円超の部分	22%（23%）	19%（20%）
	特定の協同組合等*6の年10億円超の部分	26%	22%
特定医療法人*7	年800万円以下の部分	18%（19%）	15%（16%）
	年800万円超の部分	22%（23%）	19%（20%）

注1　表中の括弧書は、協同組合等または特定医療法人が連結親法人である場合の税率を表します。
　2　復興財源確保法により、平成24年4月1日から平成27年3月31日までの期間内に最初に開始する事業年度開始の日から同日以後3年を経過する日までの期間内の日の属する事業年度については、各事業年度の所得の金額に対する法人税の額に10%の税率を乗じて計算した復興特別法人税を、法人税と同じ時期に申告・納付する必要があります。
　3　出典：国税庁『平成23年度　法人税関係法令の改正の概要（経済社会の構造の変化に対応した税制の構築を図るための所得税法等の一部を改正する法律関係）』（1頁）
＊1　普通法人のうち、各事業年度終了の時において資本金の額もしくは出資金の額が1

億円以下であるものまたは資本もしくは出資を有しないものをいいます。ただし、各事業年度終了の時において次の法人に該当するものについては中小法人から除かれます。
　イ　保険業法に規定する相互会社（同法2条10項に規定する外国相互会社を含み、ロ㈹において「相互会社等」といいます）
　ロ　大法人（次に掲げる法人をいい、以下ハまでにおいて同じです）との間に当該大法人による完全支配関係がある普通法人
　　㈦　資本金の額または出資金の額が5億円以上である法人
　　㈹　相互会社等
　　㈧　法4条の7に規定する受託法人（以下「受託法人」といいます）
　ハ　普通法人との間に完全支配関係があるすべての大法人が有する株式及び出資の全部を当該すべての大法人のうちいずれか一の法人が有するものとみなした場合において当該いずれか一の法人と当該普通法人との間に当該いずれか一の法人による完全支配関係があることとなるときの当該普通法人
　ニ　受託法人
2　法別表第二に掲げる非営利型法人である一般社団法人及び一般財団法人ならびに公益社団法人及び公益財団法人をいいます。
3　認可地縁団体、管理組合法人及び団地管理組合法人、法人である政党等、防災街区整備事業組合、特定非営利活動法人ならびにマンション建替組合をいいます（措令27の3の2）。
4　法別表第二に掲げる法人（一般社団法人等を除きます）をいいます。
5　法別表第三に掲げる法人をいいます。
6　当該事業年度における物品供給事業のうち店舗において行われるものに係る収入金額が、1,000億円にその事業年度の月数を乗じてこれを12で除して計算した金額以上であるなど一定の要件を満たす協同組合等をいいます（措法68、68の108、措令39の34、39の127）。
7　措令67条の2第1項に規定する承認を受けた医療法人をいいます。

実務上の留意点　**復興特別法人税制度**

　平成23年12月2日に公布された「東日本大震災からの復興のための施策を実施するために必要な財源の確保に関する特別措置法」において、復興特別法人税制度が創設され、平成24年4月1日に施行されました。
　この制度は、法人の各事業年度の所得の金額に対する法人税の額に10％の税率を乗じて計算した復興特別法人税を、法人税と同じ時期に申告・納付することとされているものであり、利子など一定の所得に課された復興特別所得税の額など

がある場合には、所定の金額を控除した後の金額を納付することとされています。また、復興特別法人税の額の計算上控除しきれない復興特別所得税の額がある場合には、その還付を受けるための申告書を提出することができることとされています。

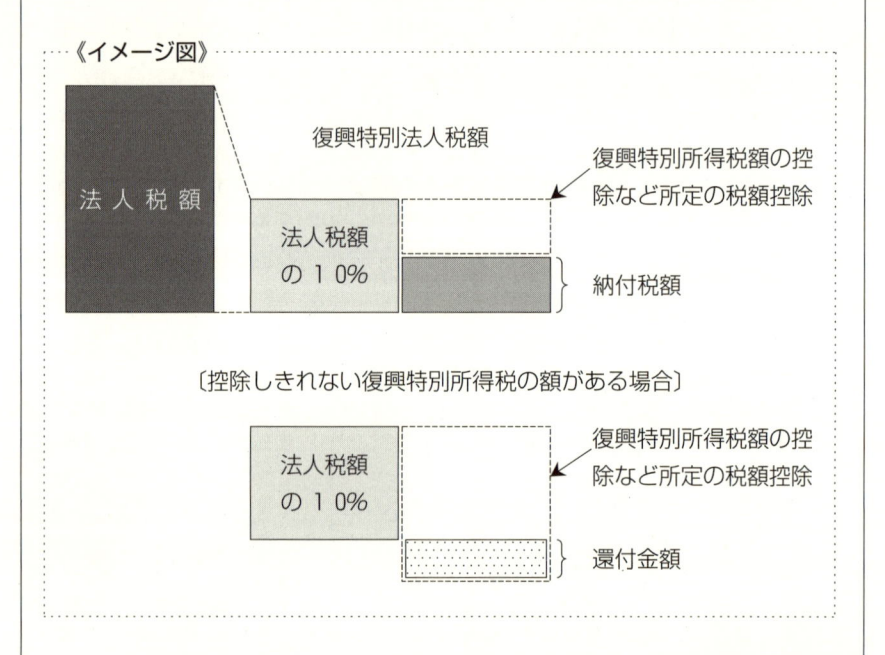

《イメージ図》

```
┌─────────┐
│法人税額  │──┐ 復興特別法人税額
│         │  │            ← 復興特別所得税額の控
│         │  │ 法人税額     除など所定の税額控除
│         │  │ の10％
│         │  │         } 納付税額
└─────────┘
```

〔控除しきれない復興特別所得税の額がある場合〕

```
          法人税額        ← 復興特別所得税額の控
          の10％           除など所定の税額控除
                      } 還付金額
```

　なお、復興特別法人税の課税の対象となる事業年度は、一定の場合を除き、法人の平成24年4月1日から平成27年3月31日までの期間内に最初に開始する事業年度開始の日から同日以後3年を経過する日までの期間内の日の属する事業年度とされています（復興財源確保法40十、45①）。

　＊　国税庁『復興特別法人税のあらまし（平成24年3月）』から一部転載しました

国内源泉所得の金額の計算に関する Q&A

Q44 無形資産の移転を前提とする外国法人株式の取得

内国法人（J）が、第三者である米国法人（A）が100％出資するシンガポール所在のペーパーカンパニー（C）から無形資産を取得しました。本件取引に当たり、AはJにまずCの全株式を買い取るよう求め、その後、Cから無形資産を取得するよう求めてきました。事前検討すべき事項には、どのようなものがありますか。

A どのような税務リスクがあるか、検討が必要です。関係国のどの条約が適用されるか、移転価格税制が適用されるリスクなどを検討する必要があります。

解説

はじめに、取引関係図を作成して、法人所得税の納税義務がどの取引で生ずる可能性があるかを検討します。

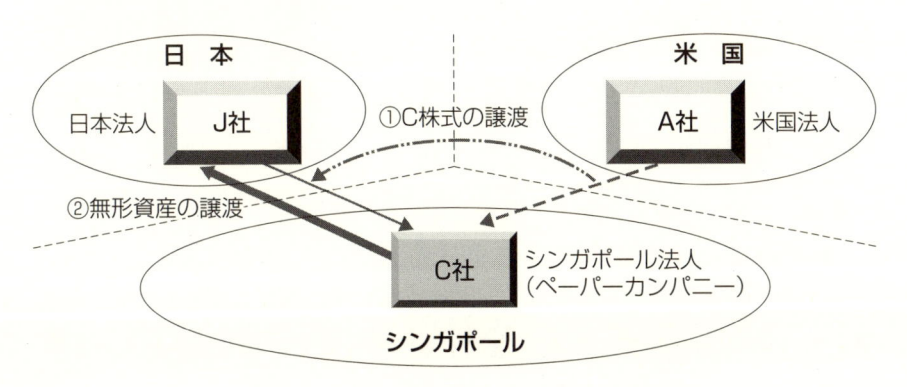

```
         日 本                                    米 国
  日本法人  [J社] ──①C株式の譲渡──→  [A社]  米国法人
              │                              ╲
    ②無形資産の譲渡                            ╲
              ↑                                ↓
              └──────[C社] シンガポール法人
                          （ペーパーカンパニー）
                       シンガポール
```

1 所得が発生する取引

①の株式の譲渡取引によりAには株式の譲渡損益が発生します。

JとAは第三者ですから、非上場と思われるC株式の譲渡対価の額は時価との差額が生じない限り問題はないものと思われます。無形資産を保有するCの株式の時価評価は慎重に行う必要があります。

②の無形資産の譲渡取引によりCには無形資産の譲渡損益が発生します。

無形資産の譲渡の段階では、CはJの100％子会社です。したがって、本件取引は国外関連取引に当たります（措法66の4①）。よって、独立企業間価格で取引を行わない場合には、Jには日本の移転価格課税リスク、Cにはシンガポールの移転価格課税リスクが生じます。

次に、それぞれの立場において、発生する可能性のある課税関係を整理します。

2 源泉所得税の検討

②の無形資産の譲渡取引については、JがCに譲渡対価を支払うに当たり、日本において源泉税を徴収し納付すべきか否かを検討しなければなりません。

日シンガポール租税協定12条では、使用料所得について10％の源泉税を所得源泉地国である日本で課すことができますので、Jは源泉徴収を行い90％相当額をCに送金します。

3 税務調査対応

Aは、なぜ、①の取引をまず行うことをJに求めたのでしょうか。

「無形資産の独立企業間価格の算定が難しいから」、これもあるでしょう。それから「Cはペーパーカンパニーであるから、Cが保有するとされる無形資産の管理運用はAまたはAが指示する者が行っている可能性があります。その場合、米国国内法の問題になりますが、Cの経済取引はAの取引であ

るとの認定を受けるリスクがあります。少なくともCがAの子会社である以上、Cに発生する無形資産譲渡に係る所得は米国のタックスヘイブン税制（米国内国歳入法典951条に規定されておりCFC税制とも呼ばれます）の適用対象となるリスクも想定されます。また、株式の譲渡取引の場合（①）には日本において源泉徴収が行われないというメリットもあります（日米租税条約13条7）。」

Aが、周到なタックスプランニングを行っている以上、Jにおいても、予想外の課税問題（例えば、無形資産の譲渡対価の額を、Jが判断しなければならないという問題）を持ち込まないよう検討しておく必要があります。

二国間租税条約の適用については、一義的には、定義規定にある居住法人の定義の文理解釈により適用関係（ペーパーカンパニーCが適用対象法人であるか、実質的な権利・義務の帰属者が適用対象であるか）が整理されますが、実質的な受益者が別に存在する場合の条約の適用については、課税上の弊害等を勘案して課税庁が判断することになるものと思われます。

Q45 事業所得及び資産運用等の所得とその他の所得の関係

国内法に規定する「事業所得及び資産運用等の所得」（1号所得）とその他の所得（2号から11号）の関係と租税条約に規定する「企業の利得」あるいは「産業上、商業上の利得」とその他の所得の関係についてご教示ください。

A 国内法上も租税条約でも、その他の所得（2号から11号）であっても、事業に関連して生ずるものは事業所得に含まれます。

解説

時々、「「貸付金の利子」は「事業所得」には含まれないので、日本国内にPEがない法人は、申告の必要がない」といった説明を耳にすることがあります。この説明は、法人税法の規定をそのまま解釈したひとつの考え方です。

例えば、医療機器の輸入販売業を行う外国法人が事業の一環として資金の貸付けを行っている場合、この資金の貸付けから生ずる利子は事業所得に該当しないのでしょうか。この疑問について検討します。

1 法人税法138条に規定する所得の種類

　法人税法138条1項1号は、「国内において行う事業から生じ、又は国内にある資産の運用、保有若しくは譲渡により生ずる所得（次号から第11号までに該当するものを除く。）その他その源泉が国内にある所得として政令で定めるもの」を国内源泉所得としています。

　この規定で注目すべき部分は、「（次号から第11号までに該当するものを除く。）」という規定です。2号は「人的役務提供事業の対価」を規定していますが、この所得は、租税条約で規定する「企業の利得」に当たると解されます。すなわち、外国法人が事業として行う所得の一領域を意味しています。3号も「不動産等の賃貸料等」であり、外国法人が事業として行う所得の一領域を意味しています。4号の「利子所得」から11号の「匿名組合契約に基づく利益の分配金」は、外国法人が行う事業の一環として生ずる附随的な所得が含まれていると解されます。

　このように個別所得の発生の実態を勘案すると、次のイメージ図となります。

課税所得計算に当たってのイメージ図

　1号所得
　- 利子所得
　- 使用料所得
　- 配当所得
　- 貸付金の利子所得
　- 不動産の賃貸料等
　- 人的役務提供事業の対価

それでは、なぜ、2号から11号所得までを除くとされたかというと、これらの所得はいわゆる資金の動きが速く徴収面で課税権の確保が難しい一面を持っている所得であるので、源泉徴収の対象とするという政策面の要請、すなわち課税方式を別にするために「除く」として別掲したものと思われます。つまり、「事業所得」に当たらないとしているわけではなく、「事業所得」に当たるものの課税技術上の要請から別掲しているために「除く」としただけであって、国内法でも「事業所得」に当たり、Q28において検討しているとおり利子の支払の基因となった債権がPEと実質的な関連を有するときは「事業利得」条項が適用されることからわかるように、本質的に「貸付金の利子」は企業の利得に含まれるとするのがOECDモデル租税条約における解釈です。

　概括的にまとめると、国内法上も、租税条約上も、事業所得はその他の所得を含んだ概念ですが、課税技術上の要請から、その他の所得が切り離されて別途特別な扱いとなる場合があります。

2 「事業及び資産運用等の所得」の課税要件

　法人税法141条4号に、日本にPEを持たない外国法人の各事業年度の所得に対する法人税（総合課税の対象）の課税標準が規定されています。
「前3号に掲げる外国法人以外の外国法人　次に掲げる国内源泉所得
イ　第138条第1号に掲げる国内源泉所得のうち、国内にある資産の運用若しくは保有又は国内にある不動産の譲渡により生ずるものその他政令で定めるもの
ロ　第138条第2号及び第3号に掲げる国内源泉所得」

　このように、4号PEの課税標準に事業所得は入っていませんので、事業所得についてはPEがなければ課税されませんが、資産の運用・保有等による所得はPEがなくても課税されます。

また、2号から11号所得については、国内源泉所得についてはPEのない外国法人についても源泉徴収が行われます（所法161・178・212）。

3 国内法上の所得区分と租税条約上の所得区分の関係

多くの条約にみられる所得には、事業所得（利得）、不動産所得、国際運輸業所得、配当、利子、使用料、譲渡収益、芸能人、その他所得があります。

国内法で規定する「事業及び資産運用等の所得」は、租税条約では「産業上、商業上の利得」（旧日米租税条約等）あるいは「企業の利得」（日米租税条約、OECDモデル租税条約等）という用語法で表現されています。「企業の利得」については、「PEなければ課税なし」という原則を採用している租税条約がほとんどであるといえます。

次に、国内法が2号所得「人的役務提供事業の対価」として規定する所得については、租税条約では特掲されていませんが「企業の利得」等に含まれると解されます。

ここで、「企業」とは、あらゆる事業の遂行について用いられる概念であることから（OECDモデル租税条約3条1(c)）、企業の利得とは、あらゆる事業の遂行から生ずる利得が含まれることとなります。したがって、「人的役務提供事業の対価」も事業の遂行から生ずる所得であるから企業の利得と解されます。

3号所得である「不動産の賃貸料等」は、わが国が締結した租税条約の多くにおいて、「企業の利得」等とは別に、PEの有無やその所得がPEに帰属するか否かにかかわらず、その不動産の所在地国に課税権を認める規定を置いています。

4号「利子所得」から11号「匿名組合契約に基づく利益の分配金」については、条約上もこれらの所得が「企業の利得」であったとしても、利子、配当、使用料、譲渡所得などの個別規定を優先して適用することとしています。

課税所得計算に当たってのイメージ図

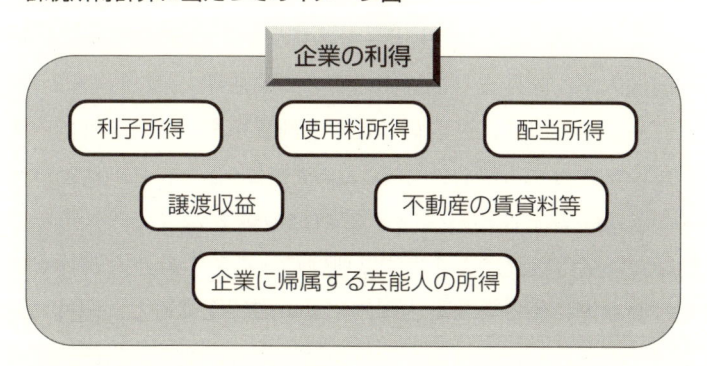

```
┌─────────────────────────────────────┐
│           企業の利得                  │
│  ┌────────┐ ┌────────┐ ┌────────┐  │
│  │ 利子所得 │ │使用料所得│ │ 配当所得 │  │
│  └────────┘ └────────┘ └────────┘  │
│     ┌────────┐  ┌──────────────┐   │
│     │ 譲渡収益 │  │ 不動産の賃貸料等 │   │
│     └────────┘  └──────────────┘   │
│       ┌──────────────────────┐     │
│       │ 企業に帰属する芸能人の所得 │     │
│       └──────────────────────┘     │
└─────────────────────────────────────┘
```

Q46 国内及び国外の双方にわたって事業を行う外国法人の国内源泉所得の計算

国内及び国外の双方にわたって事業を行う外国法人の国内源泉所得の金額はどのように計算すべきかについて、基本的な考え方をご教示ください。

A キーワードは独立企業原則です。

解説

■国内及び国外の双方にわたって事業を行う法人の国内源泉所得

国内及び国外の双方にわたって事業を行う法人の国内源泉所得については、法人税法施行令176条1項に次のような取扱いが規定されています。

① 外国法人（日本のPE）が、国外において譲渡を受けたたな卸資産（動産に限ります）につき、国外において製造、加工、育成その他の価値を増加させるための行為（「製造等」といいます）をしないで、これを日本国内において譲渡する場合（当該たな卸資産につき国内において製造等をし

て、その製造等により取得したたな卸資産を譲渡する場合を含みます）

　　たな卸資産の譲渡により生ずるすべての所得が国内源泉所得となります。
② 外国法人が、国外または国内において製造等（採取を含みます）をし、かつ、当該製造等により取得したたな卸資産を、それぞれ国内または国外において譲渡する場合（当該たな卸資産につきそれぞれ国内または国外において更に製造等をした後、譲渡する場合を含みます）

　　たな卸資産の譲渡により生ずる所得のうち、その法人が行う当該譲渡または製造等に係る業務を、国内において行う業務と、国外において行う業務とに区分し、他の者が国外業務を行い、かつ、当該他の者とその法人との間において通常の取引の条件に従って当該資産の譲渡が行われたものとした場合に、その国内業務につき生ずべき所得が国内源泉所得になります。

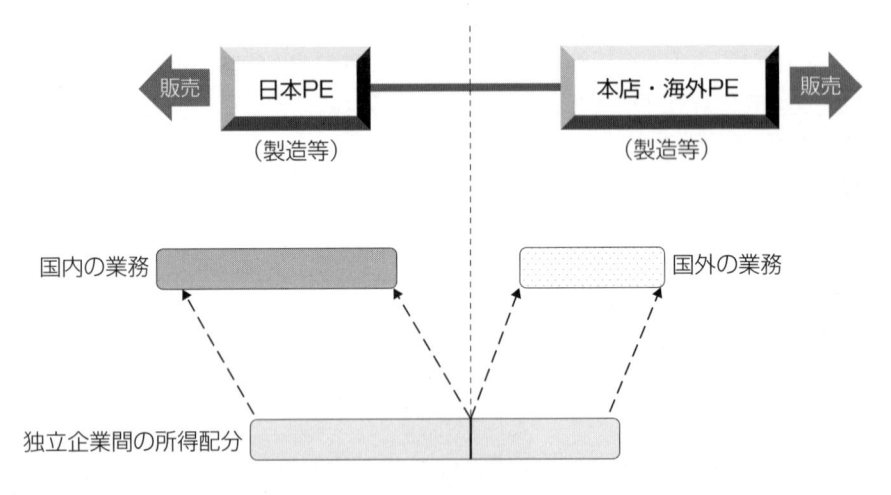

```
← 販売  [日本PE]  ——  [本店・海外PE]  販売 →
         （製造等）        （製造等）

国内の業務  [          ]         [      ]  国外の業務

独立企業間の所得配分  [            ][        ]
```

③ 外国法人が、国外において建設、据付け、組立てその他の作業につき契約の締結または当該作業に必要な人員もしくは資材の調達を行い、かつ、日本国内において当該作業を施行する場合

　　当該作業により生ずるすべての所得が国内源泉所得になります。
④ 外国法人が、日本国内及び国外にわたって船舶または航空機による運

送の事業を行う場合

　当該事業により生ずる所得のうち、船舶による運送の事業にあっては、日本国内において乗船または船積みをした旅客または貨物に係る収入金額を基準とし、航空機による運送の事業にあっては、その国内業務に係る収入金額または経費、その国内業務の用に供する固定資産の価額その他その国内業務が当該運送の事業に係る所得の発生に寄与した程度を推測するに足りる要因を基準として判定したその法人の国内業務につき生ずべき所得が国内源泉所得になります。

⑤　外国法人が、日本国内及び国外にわたって、損害保険または生命保険の事業を行う場合

　当該事業により生ずる所得のうち、日本国内にある当該事業に係る営業所またはこれらの保険の契約の締結の代理をする者を通じて締結したこれらの保険の契約に基因する所得が国内源泉所得になります。

⑥　外国法人が、出版または放送の事業を行う法人である場合において、日本国内及び国外にわたって他の者のために広告に係る事業を行う場合

　当該広告に係る事業により生ずる所得のうち、日本国内において行われる広告に係る収入金額に基因する所得が国内源泉所得になります(Q35参照)。

⑦　外国法人が、日本国内及び国外にわたって①から⑥に該当しない事業を行う場合

　当該事業により生ずる所得のうち、当該事業に係る業務を日本国内業務と国外業務とに区分し、これらの業務をそれぞれ独立の事業者が行い、かつ、これらの事業者の間において通常の取引の条件に従って取引が行われたものとした場合に、その日本国内業務につき生ずべき所得またはその日本国内業務に係る収入金額、もしくは経費、その国内業務の用に供する固定資産の価額その他その国内業務が当該事業に係る所得の発生に寄与した程度を推測するに足りる要因を勘案して判定したその国内業務につき生ずべき所得が国内源泉所得になります（次頁図表参照）。

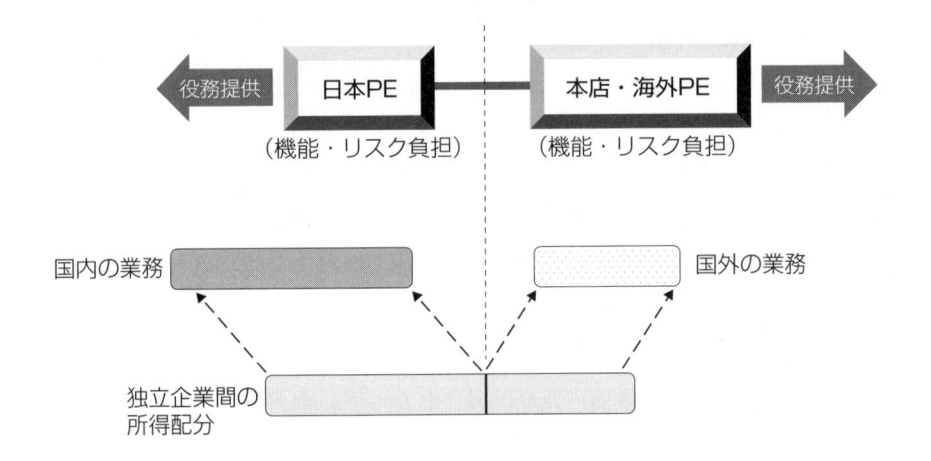

```
                    ┌─────────┐     ┌──────────────┐
        役務提供 ←──│ 日本PE  │─────│ 本店・海外PE │──→ 役務提供
                    └─────────┘     └──────────────┘
                  （機能・リスク負担）（機能・リスク負担）


    国内の業務  ▭▭▭▭▭▭▭▭▭▭      ▭▭▭▭   国外の業務
                    ↖    ↑         ↑   ↗
    独立企業間の     ▭▭▭▭▭▭▭▭
    所得配分
```

　政令で示されている所得配分金額の計算手法は、移転価格税制における利益分割法に相当するものと思われます。

　譲渡の場所及び契約締結の場所の判断に当たり注意すべきことがあります。日本PEが、自社の本店や自社の外国PE以外の法人格の異なる外国関係会社等に輸出する場合は、法人税法施行令176条4項の次の規定により、国内源泉所得となるということです。

「4　第1項第1号若しくは第2号又は第2項に規定するたな卸資産について次に掲げる事実のいずれかがある場合には、国内において当該資産の譲渡があったものとして、これらの規定を適用する。

一　譲受人に対する引渡しの時の直前において、その引渡しに係るたな卸資産が国内にあり、又は譲渡人である法人の国内において行なう事業（その法人の法第141条第1号（国内に恒久的施設を有する外国法人）に規定する事業を行なう一定の場所を通じて国内において行なう事業又は同条第2号若しくは第3号に規定する事業をいう。）を通じて管理されていたこと。

二　譲渡に関する契約が国内において締結されたこと。

三　譲渡に関する契約を締結するための注文の取得、協議その他の行為の

うちの重要な部分が国内においてされたこと。」

Q47 国内において譲渡を受けたたな卸資産を、国内において製造等をしないで、国外で譲渡する場合の国内源泉所得の金額

外国法人が、国内において譲渡を受けたたな卸資産につき、国内において製造等をしないで、これを国外において譲渡する場合に、国内源泉所得の金額はどのように計算すべきかについて、基本的な考え方をご教示ください。

A 国内において製造等をしないで国外において譲渡する場合は、国内源泉所得はありません。

解説

外国法人が、日本国内で仕入れたたな卸資産について、日本国内において製造等の加工をしないで、これを国外において譲渡する場合すなわち輸出して販売する場合の国内源泉所得の金額の計算方法です。

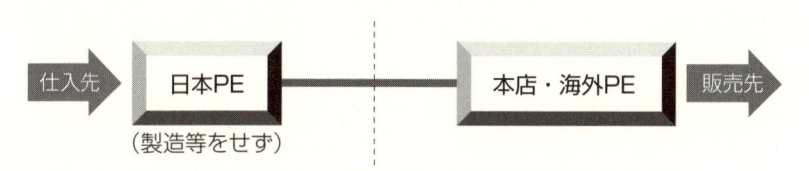

仕入先 → 日本PE（製造等をせず） → 本店・海外PE → 販売先

このようなケースについては、法人税法施行令176条2項において、法人税法138条1号に規定する国内において行う事業から生ずる所得に含まれないものとすると規定されています。

「単純購入」取引からは、国内源泉所得は生じないわけです。

Q48 広告、宣伝のみを行う外国法人の国内源泉所得

外国法人が、日本国内において、広告、宣伝のみを行う場合にも、国内源泉所得が生ずるのでしょうか。

A 広告、宣伝、情報の提供、市場調査、基礎的研究その他当該事業の遂行にとって補助的な機能を有する行為からは所得は生じません。

解説

法人税法施行令176条3項1号では、外国法人が日本国においていわゆる「補助的な機能」のみを行う場合には、国内源泉所得は生じないものとしています。「補助的な機能」として政令は、国内または国外において行う事業のためにそれぞれ国外または国内において行う広告、宣伝、情報の提供、市場調査、基礎的研究その他当該事業の遂行にとって補助的な機能を有する行為と規定しています。

また、同項2号では、外国法人が、国内または国外において行う事業に属する金銭、工業所有権その他の資産を、それぞれその外国法人が国外または国内において行う事業の用に供する行為からは国内源泉所得は生じないと規定しています。

Q49 外国法人が日本支店を通じて、国外の企業や個人に金銭の貸付けを行う場合の納税義務

外国法人が、国内の1号PE（日本支店）を通じて、国外の企業や個人に金銭を貸し付けた場合、日本において納税義務が生じるでしょうか。

A 納税義務が生じますが、金銭貸付または投資等が行われた外国において、そこで生ずる所得に対し外国税務当局が外国法人税を課す場合には、国

内源泉所得としません。

解説

　国内及び国外の双方にわたって事業を行う法人が、国内に有する1号PEを通じて、国外にある者に対して金銭の貸付けを行う場合、ならびに、投資その他これらに準ずる行為を行った場合に生ずる所得で、当該1号PEに帰せられるものは、国内源泉所得とされます（法令176⑤）。

　ただし、金銭貸付または投資等が行われた外国において、そこで生ずる所得に対し外国税務当局が外国法人税を課す場合には、国内源泉所得とはしません。この場合には、外国法人税が課されたことを証する書面または外国法人税が課されるべき旨を証する書面を、確定申告書に添付しなければなりません。ここでいう外国とは、当該外国法人の本店所在地国以外の国を指します。

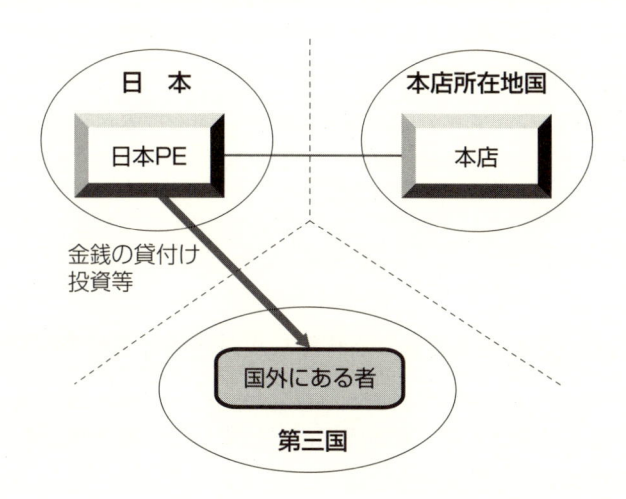

```
    日本              本店所在地国
   ┌─────┐         ┌─────┐
   │日本PE│─────────│本店 │
   └──┬──┘         └─────┘
      │
 金銭の貸付け
 投資等
      │
      ▼
   ┌─────────┐
   │国外にある者│
   └─────────┘
      第三国
```

Q50 日本支店に移送されたたな卸資産の帳簿価額

　外国の本店が取得したたな卸資産を日本支店に移送した場合、外国本店が第三者に卸売りする場合のマージンをのせて、日本支店の帳簿価額としていますが、問題はないですか。

A 本店から取得した時点の価額で資産計上します。

解説

　外国法人の本店が取得したたな卸資産を日本支店に搬送して販売する場合、貿易取引の引渡基準に従って、本店在庫から日本支店在庫に管理替えを行うことになります。

　この会計処理に当たっては、法人税法に定める取得価額を付して会計処理しなければなりません。日本支店は、当該たな卸資産を本店から移送した時に取得したものとして資産計上します（法令188⑧・28①）。日本支店に管理替えされる前の時点で、国外において当該外国法人による製造等の過程を経ていない場合には、その購入価額に運賃、荷役費用、保険料、関税等の実費を加算した金額とされています（法法142、法令32①一）。

　したがって、ご質問のように本店が第三者に卸売りを行う場合の売買益相当額を当該たな卸資産の購入価額に加算することは、認められないものと解されます。当該たな卸資産の売買益は全額が、国内源泉所得として日本支店において課税対象となります。

Q51 日本支店が台湾支店から移管した減価償却資産の税務処理

　A社日本支店は、A社台湾支店に設置されていたコンピュータシステムを事業年度の途中で受け入れ、事業の用に供しました。減価償却費の計上はどのようにすればよいでしょうか。

A 移管された時点で取得したものとしてその後の償却費の計算を行います。

解説

　A社日本支店（外国法人）が損金として計上できる減価償却費の額は、その保有する減価償却資産のうち国内にあるものに限られます（法令188①四）。

　外国法人の減価償却資産のうち国外に設置していたものを国内に移して、事業の用に供した場合には、その移管された時点で取得したものとしてその後の償却費の計算を行い損金に算入します（法令188⑧・59「事業年度の中途で事業の用に供した減価償却資産の償却限度額の特例」）。

　移管された減価償却資産が、従来から国内において事業の用に供されていた減価償却資産と区分を異にしているときは、新たに減価償却の方法を選択して届け出なければなりません（法法142、法令51②四）。

　当該減価償却資産の取得価額は、移管時点における再調達価額に事業の用に供するために直接要した費用の額を加算した金額とします（法令188⑧・54①六）。

Q52 損金不算入役員給与等

　本店所在地国では役員に対する給与は損金となりますが、日本の税法では損金にならない給与があると聞きました。概要を教えてください。

A　いわゆる役員賞与を含めた役員給与で一定の要件に該当しない場合や、該当しても過大役員報酬は損金不算入となります。

解説

　内国法人がその役員に対して支給する給与のうち、次に掲げる給与のいずれにも該当しないものの額は、その内国法人の各事業年度の所得の金額の計算上、損金の額に算入されません（法法34①）。外国法人についても法人税法142条によりこの取扱いが準用されます。

🔳 定期同額給与

　定期同額給与とは、支給時期が１月以下の一定の期間ごとであり、かつ、その事業年度内の各支給時期における支給額が同額である給与をいいます（法法34①一）。

　なお、役員に対する給与を定時株主総会の時に合わせて改定する等、その改定が当該事業年度開始の日の属する会計期間開始の日から３月を経過する日までに行われている場合のその改定前の各支給時期における支給額が同額である給与と、改定以後の各支給時期における支給額が同額である給与は、それぞれ定期同額給与に該当します（法令69①）。

🔳 事前確定届出給与

　事前確定届出給与とは、その役員の職務につき所定の時期に確定額を支給する旨の定めに基づいて支給する給与で、その給与に係る職務執行を開始する日とその事業年度開始の日の属する会計期間の開始の日から３月を経過する日とのいずれか早い日までに、納税地の所轄税務署長にその定めの内容に関する事項を記載した届出をしている場合のその給与に限られます（法法34①二、法令69②）。

🔳 利益連動給与

　利益連動給与とは、同族会社に該当しない法人が、業務を執行する役員に対して支給する利益に関する指標を基礎として算定される給与をいいます。

　なお、その算定方法が報酬委員会での決定等の適正な手続きを経ており、かつ、有価証券報告書への記載等によりその内容が開示されていることその他の一定の要件を満たしている場合に限られます（法法34①三）。

4 損金不算入となる役員給与等

　上記❶、❷及び❸に該当する給与であっても、不相当に高額な部分の金額（法法34②）及び事実を隠ぺいしまたは仮装して経理することにより支給するもの（法法34③）については、損金の額に算入されません。

　また、使用人兼務役員の給与についても注意が必要です。

　まず、使用人兼務役員の役員給与相当額については法人税法34条1項（役員給与の損金不算入）の取扱いが適用されますから、上記❶～❸に該当する給与以外は損金不算入とされますし、役員給与相当額はもちろん使用人としての職務に対する給与であっても不相当に高額な部分については損金不算入とされます（法法34②）。

　使用人兼務役員の使用人としての職務に対する賞与については、他の使用人に対する賞与の支給時期と異なる時期に支給したものは、法法34②の不相当に高額な部分の金額として損金不算入とされます（法令70三）。

　以上を踏まえて、使用人兼務役員の賞与の支給については特に次の点に注意すべきであると考えます。

①　他の使用人と同じ時期に支給すること。
②　その事業年度に支給したものとして損金算入するには、損金経理や使用人に対して通知をしていることなどを要件とされる場合があること（法令72の3）。損金経理とは確定した決算において費用または損失として経理することをいいます（法法2二十五）。
③　他の使用人の賞与の額と比べて適正であること（法基通9-2-23（使用人給与分の適正額））。

　実務上、同じ業務やポストに就いている使用人の最高額までが限度と思われます。

　なお、外国法人の使用人兼務役員については、使用人のうちその外国法人

が国内において行う事業のために、国内において常時勤務する者に限られます（法令188①七）。

Q53 寄附金の損金不算入額

外国法人が支出した寄附金の税務上の取扱いについて教えてください。

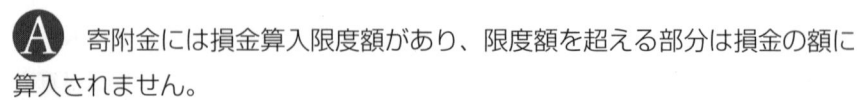

A 寄附金には損金算入限度額があり、限度額を超える部分は損金の額に算入されません。

解説

外国法人の課税所得金額の計算に当たっては、法人税法37条が準用されています（法法142）。寄附金の損金算入については、寄附金の区分により次のような取扱いとなっています。

1 法人税法上の寄附金の区分

法人税法上、寄附金は次の4区分に分類されます。
① 国または地方公共団体に対する寄附金（法法37③一）
② 財務大臣が指定した寄附金（法法37③二）
③ 特定公益増進法人に対する寄附金（法法37④）
④ 一般の寄附金（法法37①）

②の財務大臣が指定した寄附金は、公益を目的とする事業を行う法人・団体に対する寄附金のうち、広く一般に募集され、教育または科学の振興、文化の向上、社会福祉への貢献その他公益の増進に寄与するための支出で緊急を要するものに充てられることが確実であることを要件に、財務大臣が指定

したもので「指定寄附金」といわれています。

③の特定公益増進法人に対する寄附金は、公共法人、公益法人等のうち、教育または科学の振興、文化の向上、社会福祉への貢献その他公益の増進に著しく寄与するものとして指定されている法人に対する寄附金です。

④の一般の寄附金は、上記①から③以外の寄附金で、神社のお祭りに当たり支出する寄附金や学校への寄付等があります。また、対価性のない経済的な利益の供与である無利息貸付や債権放棄、さらに資産の低廉譲渡など、事業者間の取引で発生する寄附金もこの区分に入ります。

2 寄附金の損金算入限度額

外国法人が支出した寄附金の内、次の寄附金については、全額損金算入が認められます。

① 国または地方公共団体に対する寄附金
② 財務大臣が指定した寄附金

次の寄附金については、寄附金の損金算入限度額があります。

③ 特定公益増進法人に対する寄附金
④ 一般の寄附金

計算例　一般の寄附金の損金算入限度額

一般の寄附金の損金算入限度額は、以下のように計算します。

損金算入限度額＝（資本基準額（Ⓐ）＋所得基準額（Ⓑ））×$\frac{1}{4}$＊1

＊1　平成24年4月1日以後に開始する事業年度から適用。改正前は$\frac{1}{2}$

$$Ⓐ = \text{本店の期末資本金の額} \times \frac{\text{分母の金額のうち国内にある総資産の価額}}{\text{外国法人の総資産の価額}}_{*2} \times \frac{\text{事業年度の月数}}{12} \times \frac{2.5}{1,000}$$

（外国法人に係る資本基準額の計算　法令188①八）

＊2　外国法人の総資産の額は、当該事業年度の決算に基づく貸借対照表に計上されている外国通貨で表示された金額を、事業年度終了の日の対顧客電信売買相場の仲値により換算した金額によります。ただし、確定申告の期限までに、本店の決算が確定しないことが常態として存在するなどの特別な事情がある場合には、当該事業年度の直前の事業年度の貸借対照表上に記載されている金額を、当該事業年度の金額として計算することも認められています（法基通20－3－7）。

$$Ⓑ = \begin{pmatrix} 国内源泉所得に係る所得の金額 \\ （外国法人に係る所得基準額の \\ 計算、法令188①ハ） \end{pmatrix} \times \frac{2.5}{100}$$

計算例　特定公益増進法人等の寄附金の損金算入限度額

③の特定公益増進法人に対する寄附金についても、④の一般の寄附金とは別枠で、下記の算式で求めた金額まで損金算入できます。

平成24年4月1日以後に開始する事業年度の計算式は次のとおりです。なお、括弧内は改正前の率を示しています。

$$損金算入限度額 = (資本基準額（Ⓐ）+ 所得基準額（Ⓑ）) \times \frac{1}{2}$$

(1) 資本金等を有するもの

$$Ⓐ資本基準額 = 資本金等の額 \times \frac{当期の月数}{12} \times \frac{3.75}{1000} \left(\frac{2.5}{1000}\right)$$

$$Ⓑ所得基準額 = 所得の金額 \times \frac{6.25}{100} \left(\frac{5}{100}\right)$$

(2) 資本金等を有しないもの

$$Ⓑ所得基準額 = 所得の金額 \times \frac{6.25}{100} \left(\frac{5}{100}\right)$$

Q54 交際費等の損金不算入額

外国法人が支出した交際費の税務上の取扱いについて教えてください。

A 交際費等は原則全額損金不算入ですが、資本金の額等が1億円以下の場合は、一定の金額の損金算入が認められます。

解説

外国法人の課税所得金額の計算においても、交際費等の損金不算入（措法61の4）の規定が適用されます。交際費であるのかその他の費用であるのかについての判断基準は、内国法人であっても外国法人であっても変わりません。

注意が必要なのは、損金算入限度額の計算です。交際費の額は、原則として全額が損金不算入とされていますが、期末の資本金（出資金）の額が1億円以下の法人については、一定額を損金の額に算入できる取扱いとなっています。

なお、期末の資本金（出資金）の額が1億円以下であっても、100％親会社の資本金の額または出資金の額が5億円以上である場合は、この取扱いはできません（措法61の4①、法法66⑥）。

計算例　基本的な「定額控除限度額」

期末資本金(出資金)の額	損金算入限度額	
1億円以下の法人	支出交際費等の額が600万円[*1]以下の場合	支出交際費等の額×90%
	支出交際費等の額が600万円[*1]超の場合	600万円[*1]×90%
1億円超の法人	支出交際費等の全額が損金不算入	

[*1]　事業年度が12か月に満たない場合は「600万円×事業年度の月数／12」となります。事業年度の月数は、1か月に満たない端数は繰り上げて1か月と計算します。
　　　平成15年4月1日以後に開始し平成21年3月31日以前に終了した事業年度に

ついては、「600万円」は「400万円」とされていました。
2 100％親会社の資本金が5億円以上等の場合は1億円以下の法人の計算は適用されず、1億円超の法人の計算になります（措法61の4、法法66⑥。平成22年4月1日以後開始事業年度から適用）。

計算例　外国法人の期末資本金の額または出資金の額の計算（措令37の4四・五）

	区　分	期末資本金等の額とする金額の計算
資本または出資を有する	①人格のない社団等	期末資本金又は出資の金額 × (分母のうち日本国内にある資産で収益事業に係る資産の価額 / 期末総資産価額)
	②①以外	期末資本金又は出資の金額 × (分母のうち日本国内にある資産の価額 / 期末総資産価額)
資本または出資を有しない	①	(総資産の帳簿価額−総負債の帳簿価額(−当期利益＋当期欠損金))×60／100 × (分母のうち日本国内にある資産で収益事業に係る資産の価額 / 期末総資産価額)
	②	上記の金額 × (分母のうち日本国内にある資産の価額 / 期末総資産価額)

外国法人が関係する企業組織再編への課税に関する Q&A

　個別のQ&Aを検討する前に、外国において、関係会社が組織再編を行った場合の、わが国における組織再編税制の取扱いについて、興味深い検討結果が公表されましたので、紹介します。

　平成24年4月9日に、公益社団法人日本租税研究協会の国際的組織再編等課税問題検討会は、「外国における組織再編成に係る我が国租税法上の取扱いについて」を公表しました。この報告書では、内国法人の外国子会社が外国において組織再編成を行った場合に、株主である内国法人に係るわが国における課税関係（適格組織再編として課税繰延が認められるか）が、主要国の事例を個別検討する方法で、分析され、結論づけられています。

　なお、報告書に登載された内容の目次を巻末の参考資料に掲載しました（314頁）。

Q55 三角合併における課税の繰延の可否

　いわゆる三角合併により、合併の対価として被合併法人の株主である外国法人が外国親会社の株式の交付を受けた場合、課税の繰延は出来ますか。

A 課税の繰延を認める取扱いが設けられました。

> **解説**

❶ 合併等対価の柔軟化

　平成17年に制定された会社法の中で、未施行であった一部の規定が平成19年に施行され、会社が合併等を行う場合に、被合併会社の株主に対して交付する財産（対価）の種類が柔軟に認められるようになりました。従来、会社が吸収合併等を行う場合に、合併存続会社が被合併会社（合併によって消滅する会社）等の株主に対して交付される財産（対価）は、原則として存続会社等の株式に限定されていました。会社法の施行により、存続会社等の株式の他に、現金や親会社の株式等を交付することも認められました。これを、合併等対価の柔軟化と呼びます。

❷ 外国親法人株式の交付を受けた場合の課税の繰延

　被合併法人の株主等に、合併親法人株式（合併法人との間に当該合併法人の発行済株式等の全部を保有する関係として政令で定める関係がある法人の株式または出資）を交付する場合も、適格合併とすることが規定されました（法法２十二の八、法令４の３①）。

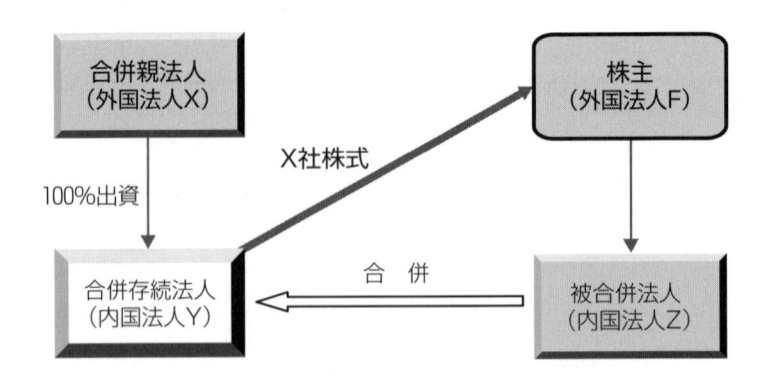

合併による資産の移転について譲渡損益を認識せず、被合併法人の株主Ｆは株式の譲渡損益を認識しない取扱いが認められ、課税が繰り延べられます。この取扱いは、適格合併（法法２十二の八）、適格分割型分割（法法２十二の十二・十二の十一）、適格株式交換（法法２十二の十六）について適用されます（法法61の２②④⑧、法令119の７の２）。

❸ PEを有しない外国法人が被合併法人の株主である場合の不適用

　三角合併を、被合併法人（Ｚ）の株主（Ｆ）の視点から見ると、Ｚ株を譲渡して代わりにＸ株を取得する取引と、同じ効果の取引とみることができます。

　この場合、Ｆが保有していたＺ株の譲渡が「事業譲渡類似株式」（法令187①三ロに規定する「株式等の譲渡」）の譲渡に該当する場合、次のような課税上の問題が発生します。

　すなわち、Ｆが日本にPEを有しない外国法人である場合であっても、Ｚ社株式の譲渡は「事業譲渡類似株式」に該当するため申告を行わなければならないことになりますが（法令187①三ロ）合併という法形式を採用することで、課税を免れることができるという問題が生じます。

　PEを有しない外国法人であっても「事業譲渡類似株式」の譲渡については、申告義務を課している法の趣旨が形骸化しないよう、PEを有しない外国法人が「事業譲渡類似株式」に該当する株式を合併等の組織再編において手放す場合、課税の繰延を認めないこととしました（法令188①十八）。

Q56 三角合併で交付される国内事業管理親法人株式と課税繰延

　PEを有する外国法人株主が三角合併で交付を受ける株式が、国内事業で管理する親法人の株式である場合には、課税の繰延が認められるのですか。

A PEを有する外国法人に限って認められる課税繰延の特例です。

解説

PEを有する外国法人に対する企業組織再編税制の適用については、内国法人と同様の取扱いを行うという基本方針が貫かれています。

1 国内事業管理親法人株式の交付について課税繰延可

法人税法施行令188条1項18号は、「法第141条第1号から第3号までに掲げる外国法人が交付を受けた国内事業管理親法人株式を除く」として、法人税法61条の2に規定する課税繰延の対象となる外国法人の「株式」の例外を規定して、PEを有する外国法人の課税繰延を認める取扱いを示しています。

2 国内事業管理親法人株式とは

1号PEから3号PEまでのPEを有する外国法人が、国内において行う事業に係る資産として管理し、かつ、国内のPEにおいて管理する株式を有する場合において、法人税法61条の2に規定する「**合併**」(2項)、「**金銭等不交付分割型分割**」(4項)、「**株式交換**」(8項)(いずれも内国法人が行うものに限られます)により、当該国内事業管理株式に対応して交付を受けた合併親法人株式等をいいます(法令188⑦)。

3 合併親法人株式等とは

①　法人税法61条の2第2項に規定する「政令で定める関係」がある株式。合併の直前に、合併法人の発行済株式または出資の全部を保有する関係がある法人の株式を指しています(法令119条の7の2①)。

② 法人税法61条の2第4項に規定する「政令で定める関係」がある株式。分割型分割の直前に分割承継法人の発行済株式等の全部を保有する関係がある法人の株式を指しています（法令119条の7の2②）。

③ 法人税法61条の2第8項に規定する「政令で定める関係」がある株式。株式交換の直前に、株式交換完全親法人の発行済株式等の全部を保有する関係がある法人の株式を指しています（法令119条の7の2③）。

実務上の留意点	国内のPEによる管理の事実は、「書類」「物」「お金」に留意する

　「国内のPEにおいて管理する株式」について、税務調査においてどのような事実をもって「国内のPEにおいて管理している」との事実認定が行われるかがポイントです。現在のところ税務当局の判断基準は示されていませんので、経験則から準備すべき事項を考察する以外に方法はありません。
　具体的には、「書類」「物」そして「お金」という要素を念頭に「管理」の事実を説明できるようにしておくべきであると考えます。財務諸表、PEで作成する帳簿、書類に記載があること。株式の現物の保管がどうなっているか。株式の管理に伴い発生するお金の動きがあれば、これもチェックしておく必要があります。

Q57 国内事業管理親法人株式の管理替えを行った場合の「みなし譲渡」

　PEを有する外国法人が、国内事業管理親法人株式の管理替えを行った場合の「みなし譲渡」について説明してください。

A 当該株式を時価で譲渡したものとして課税が行われます。

解説

PEを有する外国法人が、交付を受けて管理している国内事業管理親法人株式の全部または一部を、国内において行う事業に係る資産でないこととなる行為等を行ったときには、当該株式を時価で譲渡したものとして課税が行われます（法令188②）。

すなわち、繰り延べられたわが国の法人税が課税されることを意味します。

1 「みなし譲渡」が認定される行為

「みなし譲渡」については、次のような判断基準が示されています（法令188③）。

1号PE、2号PE、3号PEの外国法人が、国内事業管理親法人株式の全部または一部の交付を受けた時に、

① 国内において行う事業に係る資産として管理しない場合
② 国内のPEにおいて管理しない場合

その管理しない部分については、その交付の時に国内において事業に係る資産として管理し、かつ、国内のPEで管理した後、直ちに譲渡があったものとみなされます。

2 国内及び国外の双方にわたって事業を行う法人の所得

国内及び国外の双方にわたって事業を行う法人が、国内または国外において行う事業に属する金銭、工業所有権その他の資産を、それぞれその法人が国外または国内において行う事業の用に供する行為からは所得が生じないこととされています（法令176③二）。

PEを有する外国法人が、交付を受けて管理している国内事業管理親法人株式の全部または一部を、国外において行う事業の用に供することからは所

得が生じないと解されます。しかしながら、企業組織再編税制の適用により課税繰延の取扱いを受けた国内事業管理親法人株式について、法人税法施行令188条2項に規定する行為（みなし譲渡）を行った場合に法人税法176条3項2号に基づき、所得が生じないとすると、日本が課税権を失う懸念が生じます。そこで法人税法施行令176条7項で、「所得が生じる行為である」と明示しているものと思われます。

Q58 国内事業管理親法人株式の交付に伴う手続き

PEを有する外国法人が、国内事業管理親法人株式の交付を受けた場合の手続きについて説明してください。

A 所定の書類を納税地の税務署長に提出する必要があります。

解説

PEを有する外国法人が、国内事業管理親法人株式の交付を受けた場合には、その交付を受けた日の属する事業年度終了の日の翌日から2月以内に、その交付を受けた日の属する事業年度終了の時に有する国内管理親法人株式について、次に示す項目を記載した書類を、納税地の所轄税務署長に提出しなければなりません（法令188⑤、法規60の4①）。

① 当該交付を受けた外国法人の名称、納税地及び代表者の氏名ならびに国内において行う事業または国内にある資産の経営または管理の責任者の氏名
② 当該交付の基因となった合併、分割型分割または株式交換の別
③ 当該交付を受けた年月日
④ 当該交付を受けた国内事業管理親法人株式の銘柄及び数（出資にあっては金額）

⑤ 当該交付を受けた日の属する事業年度終了の時に有する国内事業管理親法人株式の銘柄及び数（出資にあっては、金額）
⑥ その他参考となるべき事項

国内事業管理親法人株式の数（出資にあっては、金額）について増加、あるいは減少が生じた場合には、当該事実があった日の属する事業年度終了の日の翌日から2月以内に、所要の事項を記載した書類を、納税地の所轄税務署長に提出しなければなりません（法令188⑥、法規60の4②）。

Q59 外国法人日本支店が行う現物出資

外国法人日本支店が内国法人に対して現物出資を行う場合の課税関係を教えてください。

A 外国法人が内国法人に対して適格現物出資を行った場合についても、課税の繰延が認められています。なお、適格現物出資の要件について、平成23年度税制改正において、事業継続要件と株式管理要件が、外されました。

解説

現物出資を行った場合、原則として、資産の出し手はその資産を時価で譲渡したものとして譲渡益課税が行われます。一方、適格現物出資については、資産の出し手は簿価で資産を譲渡したものとして、課税の繰延が認められています（法法62の4①）。

外国法人が内国法人に対して現物出資を行った場合についても、課税の繰延が認められています（法法142・2十二の十四・62の4①）。平成23年6月30日前に行われた現物出資については、㋑1号PEを有する外国法人が内国法人に資産等の移転を行うものであり、㋺現物出資した時点の資産及び負債の

時価が現物出資直前の簿価を超える場合には、出資外国法人がその現物出資の日からその現物出資の日の属する事業年度終了の日までの間継続して次の要件を満たしており、かつ、その後において次の要件を満たすときは、適格現物出資とするとの取扱いでした（旧法令188①十八）。
(1) 事業継続要件……法人税法141条1号に掲げる外国法人に該当すること
(2) 株式管理要件……出資外国法人の国内における代表者が、その適格現物出資により取得した株式をその国内における事業に係る資産として管理していること

外国法人が、適格現物出資事業年度後の事業年度において事業継続要件または株式管理要件を満たさなくなった場合の処理も規定されていました（旧法令188⑧）。

* 適格現物出資とは
① 現物出資法人と被現物出資法人との間に100％の持分関係がある場合の現物出資
② 現物出資法人と被現物出資法人との間に50％超100％未満の持分関係がある場合の現物出資のうち、一定の要件に該当するもの
③ 現物出資法人と被現物出資法人とが共同で事業を営むための現物出資で、一定の要件に該当する現物出資

平成23年度の税制改正により、外国法人の国外事業所に属する資産等を内国法人に移転する現物出資を適格現物出資から除外することとされ（法法2二十二の十四）、適格現物出資に係る課税繰延の要件であった事業継続要件と株式管理要件が削除されました。この改正は、平成23年6月30日以後に行われる現物出資について適用されます。

現物出資後に、事業継続要件または株式管理要件を満たさないこととなった場合に、繰り延べた譲渡益に対して課税を行う取戻し課税は廃止され（旧法令188⑧）、外国法人が内国法人に対して国外にある資産等の移転を行う現物出資を適格現物出資に該当しない旨を明示し、取扱いの明確化が図られました。

租税回避否認規定の外国法人への適用に関するQ&A

　内国法人の所得計算に関して、租税回避を防止するための規定がいくつか設けられています。それらの規定が外国法人にも適用されるか否かが個別問題として発生します。移転価格税制、過少資本税制、外国子会社合算税制、同族会社の行為計算否認規定、組織再編成に係る行為計算否認規定について検討することとします。

Q60 米国法人日本支店と香港法人との移転価格問題

　当社は輸入雑貨のインターネット販売を行う米国法人の東京支店です。当社は同じ企業グループの香港法人から中国で製造される雑貨品を輸入して消費者向けに販売しています。移転価格税制は、米国法人と香港法人間の問題であると考えていましたが、認識が違うのでしょうか。

A 外国法人日本支店にも移転価格税制の適用があります。

解説

　租税特別措置法66条の4第1項は次のように規定しています（一部省略、太字は筆者による）。

　「**法人が**、昭和61年4月1日以後に開始する各事業年度において、当該法人に係る国外関連者との間で資産の販売、資産の購入、役務の提供その他の取引を行った場合に、当該取引（当該国外関連者が**法人税法第141条第1号**

から**第3号**までに掲げる**外国法人**のいずれに該当するかに応じ、当該国外関連者のこれらの号に掲げる**国内源泉所得**に係る取引のうち政令で定めるものを除く。以下この条において「国外関連取引」という。）につき、当該法人が当該国外関連者から支払を受ける対価の額が独立企業間価格に満たないとき、又は当該法人が当該国外関連者に支払う対価の額が独立企業間価格を超えるときは、当該法人の当該事業年度の所得に係る**同法**その他法人税に関する法令の規定の適用については、当該国外関連取引は、独立企業間価格で行われたものとみなす。」

　法人税法の定義において外国法人とは内国法人以外の法人とされていますので、租税特別措置法に規定する「法人」には外国法人も含まれます。したがって、外国法人にも移転価格税制の適用があります。具体的には次のような取引に移転価格税制が適用されています。

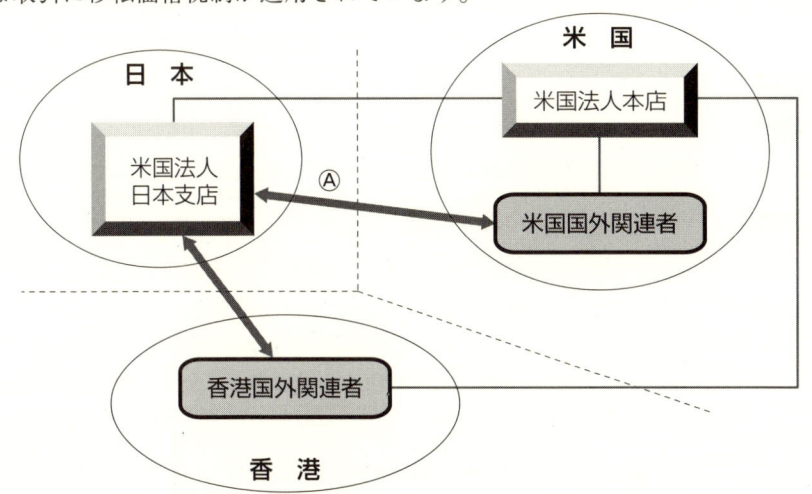

　香港法人が国外関連者である場合には、香港法人からの雑貨品の輸入取引は国外関連取引となり、移転価格税制の適用があります。

　また、米国内に国外関連者があり、当該法人と米国法人日本支店との取引がある場合（Ⓐ）にも、移転価格税制が適用される点に注意しましょう。

　ここで、国外関連者とは、外国法人で、当該法人との間にいずれか一方の

法人が、他方の法人の発行済株式または出資の総数または総額の100分の50以上の数または金額の株式または出資を直接または間接に保有する関係など、特殊の関係にあるものをいいます（措法66の4①）。

Q61 過少資本税制の課税リスク

課税済みの剰余金から配当するよりも、借入金の利子として損金算入する方が節税になると思いますので、親会社から受け入れる資金はできるだけ借入金としたいのですが問題はありませんか。

A 海外の親会社からの借入金利子には損金算入の限度額があります。

解説

国外支配株主等からの借入金の利子について、損金に算入できる支払利子の額を制限する税制が過少資本税制です。この税制は、国外支配株主等を有する内国法人と外国法人（日本支店のこと）に適用されます（措法66の5⑨）。

外国法人に適用されるケースを図解すると次のような取引になります。

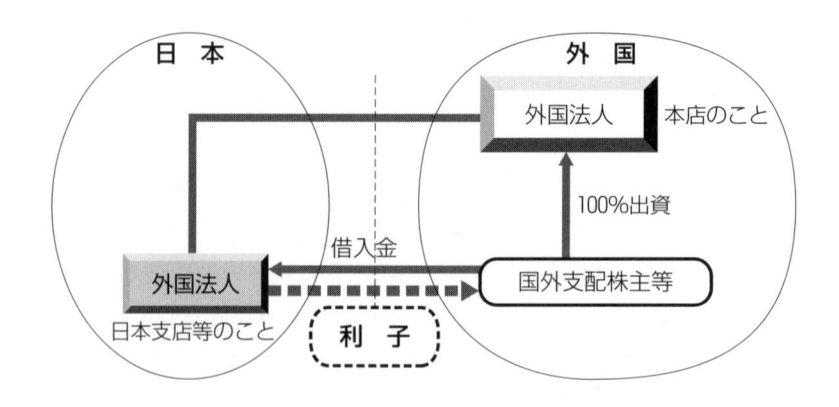

1 どのような制度か

　適用対象法人の各事業年度の国外支配株主等及び資金供与者等に対する利付負債の平均残高が、国外支配株主等の当該適用対象法人に対する自己資本持分の3倍を超える場合に、その事業年度において国外支配株主等及び資金供与者等に支払う負債の利子等の額のうち、その超過額に対応する部分の金額を損金不算入とする制度です（措法66の5①）。

2 国外支配株主等とは

　法人の発行済株式等の50％以上を直接または間接に保有する関係等の特殊の関係を有する非居住者または外国法人のことです（措法66の5④一、措令39の13⑪）。50％以上の判断については、移転価格税制における国外関連者の判定と同様、直接にしろ間接にしろ50％以上の保有関係が連鎖的に継続するか否かで判断します。

　ここで留意すべきことは、持株割合だけでなく「取引、資金、人事等によるつながりが存在することで、その法人の事業の方針の全部または一部につき実質的に決定できる関係」（実質支配関係）がある場合も含まれていることです。

　実質支配関係については、
① 法人が非居住者または外国法人から提供される事業活動の基本となる工業所有権、ノウハウ等に依存してその事業活動を行っていること
② 法人の役員の2分の1以上または代表する権限を有する役員が非居住者または外国法人によって実質的に決定されていると認められる事実があること

が具体的に示されています（措通66の5-4）。

3 資金供与者等とは

　適用対象法人に資金を供与する者及び当該資金の供与に関係のある者のことです（措法66の5④二、措令39の13⑭）。具体的には、
① 国外支配株主等が第三者を通じて適用対象法人に対して資金を供与したと認められる場合の第三者
② 国外支配株主等が第三者に対して**債務の保証**をすることにより、第三者が適用対象法人に対して資金を供与したと認められる場合の第三者
③ 国外支配株主等から適用対象法人に貸し付けられた債券が、他の第三者に担保として提供され、**債券現先取引**で譲渡され、または現金担保付債券貸借取引で貸し付けられることにより、他の第三者が適用対象法人に対して資金を供与したと認められる場合の第三者及び他の第三者

が示されています。

4 負債が自己資本持分の3倍を超える場合とは

　具体的には、次の①の比率と②の比率がいずれも3倍を超える場合を指します（次頁図表参照）。

① 国外支配株主等及び資金供与者等に係る利付負債・自己資本持分比率 $= \dfrac{\text{その事業年度の国外支配株主等及び資金供与者等に対する利付負債(x)に係る平均負債残高}}{\text{その事業年度の国外支配株主等のその適用対象法人に係る資本持分 (y)}}$

② 総利付負債・自己資本比率 $= \dfrac{\text{その事業年度の総利付負債(a)に係る平均負債残高}}{\text{その事業年度の自己資本の額(b)}}$

適用対象の貸借対照表

（貸借対照表）

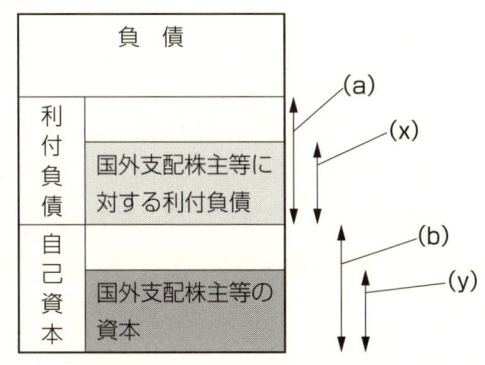

資産	負債
	利付負債　国外支配株主等に対する利付負債
	自己資本　国外支配株主等の資本

(a) (x)
(b) (y)

5 平均負債残高とは

　その事業年度の負債の帳簿価額の平均的な残高として合理的な方法により計算した金額とされます。例えば、負債の帳簿価額の日々の平均残高または各月末の平均残高等、その事業年度を通じた負債の帳簿価額の平均的な残高をいうものとされています（措法66の5④五、措令39の13⑱、措通66の5－13）。

　しかし、その事業年度開始の時及び終了の時における帳簿価額の平均額は、合理的な方法により計算した金額に該当しないとされています（措通66の5－13（注））。

6 総資産の帳簿価額の平均的な残高及び総負債の帳簿価額の平均的な残高

　4の算式中、「国外支配株主等の資本持分」とは、各事業年度の国外支配株主等の内国法人の純資産に対する持分として政令で定めるところにより計算した金額とされており（措法65の5④六）、「自己資本の額」を基に計算されます（措令39の13⑲）。「自己資本の額」とは、各事業年度の純資産の額として政令で定めるところにより計算した金額とされていますが（措法65の5

④七)、「純資産の額」とは、「総資産の帳簿価額の平均的な残高」から「総負債の帳簿価額の平均的な残高」を控除した金額です（措令39の13㉒)。

この場合の、「総資産の帳簿価額の平均的な残高」とは、例えば、総資産の帳簿価額の日々の平均残高等、その事業年度を通じた総資産の帳簿価額の平均的な残高をいうものとされ、総負債についてもこの考え方が準用されます（措通66の5－17)。

平均負債残高の計算と同様、期首期末の額の平均額は合理的な方法により計算した金額に該当しないとされています（措通66の5－17（注))。

7 損金不算入額

次の基準平均負債残高が国外支配株主等の資本持分の3倍（措法66の5③の適用を受ける場合は同項規定の倍率）以下であるか、3倍超であるかに応じて、それぞれ次の計算による金額とされます(措法66の5①、措令39の13①一・二)。

基準平均負債残高 ＝ 国外支配株主等及び資金提供者等に対する負債に係る平均負債残高 － 資金提供者等に対する負債に係る平均負債残高*

* その負債の利子が支払を受ける者の法人税の課税対象所得に含まれるものに限ります。

❶ 基準平均負債残高が国外支配株主等の資本持分の
3倍以下である場合の支払利子の損金不算入額（措令39の13①一）

$$\text{損金不算入額} = \text{課税対象所得に係る保証料等の金額}^{*1} \times \frac{\text{平均負債残高超過額}^{*2,3}}{\text{資金供与者等に対する負債}^{*4}\text{に係る平均負債残高}}$$

*1 その事業年度において国外支配株主等及び資金供与者等に支払う費用を指します。その負債の利子が、その利子の支払を受ける者の法人税の課税対象所得に含まれるものに限ります。
2 平均負債残高超過額は、次の算式により計算します。
　　㋑ － ㋺ × 3

　　　　　㋑　その事業年度の国外支配株主等及び資金提供者等に対する負債
　　　　　　に係る平均負債残高
　　　　　㋺　対象法人のその事業年度に係る国外支配株主等の資本持分
　　3　対象法人のその事業年度の総負債に係る平均負債残高から自己資本の額に
　　　3を乗じて得た金額を控除した残額が平均負債残高超過額よりも少ない場合
　　　には、その控除した残額とします（措令39の13②）。
　　4　その負債の利子が、その利子の支払を受ける者の法人税の課税対象所得に
　　　含まれるものに係るものに限られます。

❷　基準平均負債残高が国外支配株主等の資本持分の
　　3倍を超える場合の支払利子の損金不算入額（措令39の13①二）

損金不算入額 ＝ ① × ② ＋ ③

①
　　その事業年度において国外支配株主等及び
　　資金提供者等に支払う負債の利子等の額　　－　課税対象所得に係る保証料等の額

②
　　平均負債残高超過額 － 資金供与者等に対する負債に係る平均負債残高超過額
　　────────────────────────────────────
　　その事業年度の国外支配株主等及び資金供与　　資金供与者等に対する負債に
　　者等に対する負債に係る平均負債残高　　　　　係る平均負債残高

③　課税対象所得に係る保証料等の金額

8 適用対象が外国法人である場合の特例

　外国法人については、その国外支配株主等に対する利付負債及び国外支配株主等に支払う負債利子等は、外国法人の国内における事業に係るものに限られます（措法66の5⑨、措令39の13㉙）。

　外国法人の自己資本の額は、資本金等の額に事業年度終了の日における総資産の帳簿価額のうちに占める国内事業に係る資産の帳簿価額の割合を乗じて計算します（措令39の13㉙㉒）。

Q62 過大支払利子税制

平成24年度税制改正で、新たに設けられる「過大支払利子税制」とはどのような税制ですか。

A 「関連者等」からの借入金利子が対象であり、「調整所得金額の50%」を超えた金額が損金不算入になります。平成25年4月1日以後に開始する事業年度から適用されます。

解説

法人税の課税所得計算上、支払利子が損金に算入されることを利用して、関連企業間の借入れを恣意的に設定し、過大な支払利子を計上することで、税負担を圧縮する租税回避行為を防止する目的で導入される税制です。

過大支払利子に対する租税回避否認規定としては、利率が過大である場合には移転価格税制が適用されます。出資に対して借入金が過大な場合には過少資本税制が適用されます。一方、利払い前の所得金額に対して支払利子の額が過大な場合については、従来、直接適用される税制がありませんでした。先進諸国の税制の動向を勘案して、平成24年度税制改正で次のような制度が導入されました。

1 制度の概要

「関連者純支払利子等の額」が「調整所得金額の50%」を超えるときは、その超える部分の金額を損金不算入とする制度です（新措法66の5の2①）。

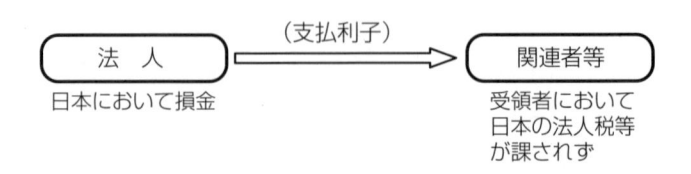

```
                  （支払利子）
  ┌─────┐  ──────────→  ┌─────┐
  │ 法 人 │                 │関連者等│
  └─────┘                 └─────┘
  日本において損金           受領者において
                            日本の法人税等
                            が課されず
```

2 関連者等

関連者等とは、次に掲げる者とされます（新措法66の5の2②一、二）。

① 当該法人との間にいずれか一方の法人が他方の法人の発行済株式もしくは出資の総数もしくは総額の100分の50以上の数もしくは金額の株式もしくは出資を直接もしくは間接に保有する関係その他の政令で定める特殊の関係または、個人が当該法人の発行済株式等の総数もしくは総額の100分の50以上の数もしくは金額の株式もしくは出資を直接もしくは間接に保有する関係その他の政令で定める特殊の関係のあるもの

② 当該法人に資金を供与する者及びその資金の供与に関係のある者として政令で定める者（①の者による債務保証を受けた第三者等）

3 関連者純支払利子等の額

関連者純支払利子等の額とは、関連者支払利子等の額❶の合計額から控除対象受取利子等合計額❷を控除した残額をいいます（新措法66の5の2①）。

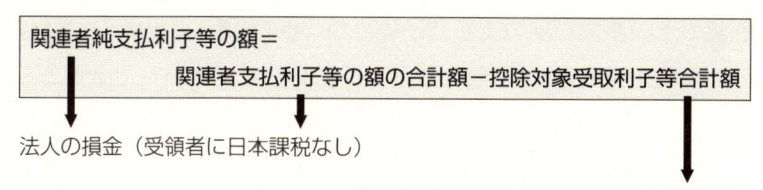

```
関連者純支払利子等の額＝
    関連者支払利子等の額の合計額－控除対象受取利子等合計額
```

法人の損金（受領者に日本課税なし）

支払者が国外のため日本課税外の支払利子

❶ 関連者支払利子等の額

法人の関連者等に対する支払利子等の額（その法人との間に連結完全支配関係がある連結法人に対する支払利子等の額を除く）で、その支払を受ける関連者等の課税対象所得（その関連者等が個人または法人のいずれに該当するかに応じ、それぞれその関連者等の所得税または法人税の課税標準となるべき所得として一定の

ものをいう)に含まれないもののうち、特定債券現先取引等(新措法66の5⑤八)に係るものとして一定の金額以外の金額をいいます(新措法66の5の2②)。

ここで、支払利子等の額とは、負債利子及びこれに準ずるものとして政令で定めるもの及び政令で定める費用または損失を指しています。負債利子に準ずるものとは、手形割引料やリース取引によるリース資産の引渡しを行ったことにより受け取るべき対価の額に含まれる利息相当額等を含むとしています(新措令39の13の2②)。また、政令で定める費用または損失には、関連者に支払う債務保証料、債券の使用料等、償還有価証券に係る調整差損が含まれます(新措令39の13の2③)。

また、ここでいう課税対象所得とは、その利子の支払を受けた関連者等が法人であれば、法人税の課税対象とされる所得を、利子の支払を受けた関連者等が個人であれば、所得税の課税対象とされる所得をいいます(新措令39の13の2④)。

❷ 控除対象受取利子等合計額

関連者支払利子等の額から控除される控除対象受取利子等合計額は、その事業年度の受取利子等の額の合計額をその事業年度の関連者支払利子等の額の合計額のその事業年度の支払利子等の額(❶に記載の特定債券現先取引等に係るもので一定の金額を除く)の合計額に対する割合で按分した金額とされています(新措法66の5の2③、新措令39の13の2⑯)。

ここで、受取利子等の額とは、支払を受ける利子と、これに準ずるものとして政令で定めるものを含むとされています。受取利子に準ずるものには、支払を受ける手形の割引料、リース取引によるリース資産の引渡しを行ったことにより受けるべき対価の額に含まれる利息相当額、償還有価証券に係る調整差益等があります(新措令39の13の2⑮)。

4 調整所得金額

　調整所得金額とは、関連者純支払利子等の額と比較するための基準とすべき次の算式で計算される所得の金額を指しています（新措法66の5の2①）。

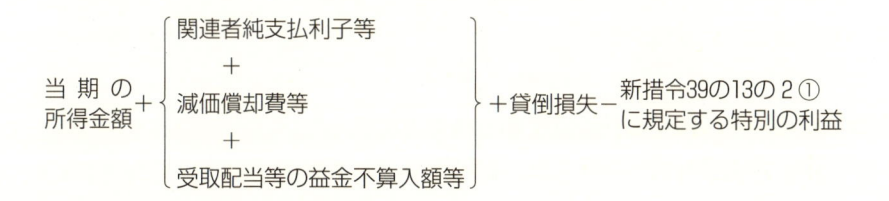

$$\text{当期の所得金額} + \left\{ \begin{array}{c} \text{関連者純支払利子等} \\ + \\ \text{減価償却費等} \\ + \\ \text{受取配当等の益金不算入額等} \end{array} \right\} + \text{貸倒損失} - \text{新措令39の13の2①に規定する特別の利益}$$

5 超過利子額の損金算入

　当該超過利子額に相当する金額は、法人の各事業年度開始の日前7年以内に開始した事業年度において損金不算入とされた関連者等に係る支払利子等の金額があるときは、当該事業年度の調整所得金額の50％相当額から関連者純支払利子等の額を控除した残額に相当する金額を限度として、当該事業年度の損金の額に算入する措置が規定されています（新措法66の5の3①）。

6 適用除外基準

　次のいずれかに該当する場合には、本規定は適用されません（新措法66の5の2④）。

① 当該法人の当該事業年度の関連者純支払利子等の額が1,000万円以下であるとき

② 当該法人の当該事業年度の関連者支払利子等の額の合計額が支払利子等の額（その法人との間に連結完全支配関係がある連結法人に対する支払利子等の額及びその法人に係る関連者等に対する支払利子等でその支払を受ける関連者等の課税対象所得に含まれるものを除く）の合計額の50％以下であるとき

7 他の制度との関係

イ　本税制と過少資本税制との適用関係

　本制度と過少資本税制の双方が適用となる場合には、計算された損金不算入額のうちいずれか多い金額が損金不算入額となります（新措法66の5④・66の5の2⑦）。

ロ　本税制と外国子会社合算税制との適用関係

　内国法人が外国子会社合算税制の対象となる外国子会社に支払利子を支払った場合には、過大支払利子税制により損金不算入とされ、その支払を受けた外国子会社の所得相当額が外国子会社合算税制による合算課税の対象となります。

　なお、両税制の損金不算入額の調整のしかたについては、二重課税調整のための規定が設けられています（新措法66の5の2⑧、新措令39の13の2⑱⑲、新措法66の5の3②、新措令39の13の3①③）。

本店配賦経費の損金性に関する Q&A

Q63 国内源泉所得に関連する本店配賦経費

外国法人本店が負担した費用の中に海外のPEのために支出した費用がある場合、これを当該PEに配賦することはできますか。

A 合理的な基準を用いて国内業務に配分されるものは損金の額に計上できますが国内業務に該当しない行為に関連して生じた費用は配賦できません。

解説

法人税法施行令188条1号は、外国法人の課税所得金額の計算に当たり、損金の額として計上する「販売費、一般管理費その他の費用」は、外国法人の当該事業年度のこれらの費用のうち、その外国法人の「国内源泉所得」に係る「収入金額」もしくは「経費」または「固定資産の価額」その他の合理的な基準を用いて、「その国内において行う業務に配分されるもの」に限るものとすると規定しています。また、損金の額として計上する「損失」は、外国法人の「国内において行う業務又は国内にある資産につき生じた当該損失」に限るものとすると規定しています。

この規定は、外国法人の〔本店または支店からの配賦経費〕の損金算入を認める規定と位置づけられます。文理上「外国法人」という用語は、日本支店等を含む外国法人全体を意味していますから（次頁図表参照）、本店のみならず外国支店からの配賦も合理的である限り認められると考えられます。

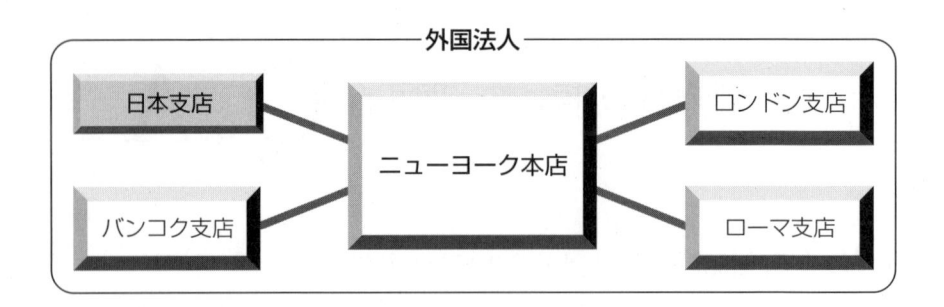

```
┌──────────────── 外国法人 ────────────────┐
│  ┌─────────┐        ┌─────────┐      │
│  │ 日本支店 │───┐  ┌──│ロンドン支店│   │
│  └─────────┘   │  │  └─────────┘    │
│              ┌─────────────┐         │
│              │ニューヨーク本店│        │
│              └─────────────┘         │
│  ┌─────────┐   │  │  ┌─────────┐    │
│  │バンコク支店│──┘  └──│ ローマ支店│   │
│  └─────────┘        └─────────┘      │
└──────────────────────────────────────┘
```

ただし、国内において支出された販売費等であっても損金算入を認めない次のような取扱いもあります。

法人税基本通達20－3－4（損金の額に算入される販売費、一般管理費等の範囲）
　外国法人の各事業年度の国内源泉所得に係る所得の金額の計算上損金の額に算入される販売費、一般管理費その他の費用の額は、当該外国法人の国内源泉所得を生ずべき業務に関連して生じたものである限り、国内又は国外のいずれにおいて支出されたものであるかを問わないのであるが、国内において支出された販売費等であっても、次に掲げるような国内業務に該当しない行為に関連して生じた費用の額は、当該外国法人の国内源泉所得に係る所得の金額の計算上損金の額に算入されないことに留意する。
(1)　専ら国外の事業所等のために国内において資産を購入し、又は保管する行為
(2)　専ら国外の事業所等のために国内において行う広告、宣伝、情報の提供、市場調査、基礎的研究その他その事業の遂行にとって補助的な機能を有するにすぎない行為

　販売費及び一般管理費の範囲については、上記のような解釈指針があります。
　また、外国法人の販売費、一般管理費その他の費用のうち国内業務とその他の業務との双方に関連して生じたものの額を国内業務とその他の業務として配分する場合の解釈指針は法人税基本通達20－3－5に示されています（140頁参照）。

Q64 本店配賦経費の計算の合理性を説明する資料

本店からの配賦経費について、その計算に関する資料等を準備していない場合は、損金算入を認められないのですか。

A 法人税申告書に明細書等の添付が必要です。督促されて一定の猶予期間を経過しても提出しない場合は、損金算入を認められない可能性があります。

解説

法人税法施行規則61条2項は、外国法人の法人税申告に当たり、次の書類を添付することを求めています。

① 1号に規定する書類

その外国法人の国内において行う事業または国内にある資産に係る当該事業年度の貸借対照表及び損益計算書（これらの書類に過年度事項（当該事業年度前の事業年度の貸借対照表または損益計算書に表示すべき事項をいう）の修正の内容の記載がない場合には、その記載をした書類を含む）ならびにこれらの書類に係る勘定科目内訳明細書

② 2号に規定する書類

その外国法人の国内において行う事業等の概況に関する書類

③ 3号に規定する書類

その外国法人の国内及び国外の双方にわたって行う事業に係る収益の額または費用もしくは損失の額を、当該事業年度の法人税法142条に規定する国内源泉所得に係る所得の金額の計算上益金の額または損金の額に算入すべき金額として配分している場合には、当該収益の額または費用もしくは損失の額及びその配分に関する計算の基礎その他参考となるべき事項を記載した明細書

基本的には、国内で発生した費用や損失に関して作成され保管されて費用・損失の発生の事実を説明する資料と同等の挙証能力のある本店からの配

賦経費に関する資料の保存、提示、添付を行うのが、課税の公平上求められるものと推測します。保管されている場所が外国本店である場合、これを税務調査時点で取寄せを求めるかどうかは、調査担当者の判断になりますが、少なくとも、配賦計算の合理性を説明する資料を申告段階で用意しておく必要はあるものと考えます。

　提示または提出しない場合の取扱いについて明文の規定はありませんが、本店経費の一部を国内業務に係る費用とする合理的な根拠を示さない以上、損金算入を認められない可能性が高いと考えます。

第2節 外国法人の所得税の源泉徴収

① 外国法人の国内源泉所得に係る源泉徴収

　外国法人に係る法人税の納税義務については、これまでみてきたように法人税法141条に、1号PEから3号PEまでのPEを有する外国法人およびPEを有しない外国法人の国内源泉所得に係る法人税の課税の範囲が規定されています。

　一方、外国法人も内国法人と同様に所得税の納税義務があり、外国法人に係る所得税の納税義務については、所得税法5条4項（外国法人の所得税の納税義務）、同法7条1項5号（外国法人の課税所得の範囲）、同法178条（外国法人に係る所得税の課税標準）として規定が設けられ、その課税標準とされる国内源泉所得の支払をする者の源泉徴収義務については、同法212条1項（非居住者または外国法人の所得に対する源泉徴収義務）に規定があります。

> **実務上の留意点　PEを有しない外国法人の課税関係**
>
> 　ここで、注意したいのは、PEを有しない外国法人については、法人税の課税対象とされていない利子や配当等の所得についても所得税の納税義務があるということです。

1 PEを有する外国法人（1号PEから3号PE）

PEを有する外国法人は所得税法7条1項5号により次の国内源泉所得について所得税が課されます。

- 組合契約に基づいて受ける利益の配分（所法161一の二）
- 国内にある土地等の譲渡（所法161一の三）
- 人的役務提供事業の対価（所法161二）
- 不動産等の貸付けの対価（所法161三）
- 利子（所法161四）
- 配当（所法161五）
- 国内において業務を行う者に対する貸付金の利子（所法161六）
- 国内において業務を行う者から受ける使用料（所法161七）
- 国内で行う事業の広告宣伝のための賞金（所法161九）
- 保険契約または年金契約に基づく年金（所法161十）
- 給付補てん金、利息、利益または差益（所法161十一）
- 匿名組合契約に基づいて受ける利益の分配（所法161十二）

2 PEを有しない外国法人（4号PE）

PEを有しない外国法人の所得税については、所得税法161条1号の3から7号まで及び9号から12号までに掲げるものに限ります（所法7①五）。**1**のPEを有する外国法人の課税範囲から、組合契約に基づいて受ける利益の配分金（所法161一の二）だけが除かれています。

実務上の留意点 — **民法上の組合と匿名組合では所得税法上の扱いが異なる**

所得税法7条では、PEを有しない外国法人が課税される国内源泉所得の範囲に「組合契約に基づいて受ける利益の配分」を含めていません。これは、わが国

の民法上の組合契約は、組合財産は組合員の共同所有、組合事業は組合員の共同事業、組合事業の利益については契約で分配割合があらかじめ決められる、各組合員は組合の債務について無限責任を負うといった契約形態の本質に鑑み、組合の組合員であることをもって、日本国内にPEを有するとの考え方を採用しているとも考えられます。

これに対して、「匿名組合契約に基づいて受ける利益の分配」は、PEを有しない外国法人であっても課税を受ける国内源泉所得としています。この取扱いから推測すると、非居住匿名組合員である外国法人は、匿名組合員であることをもって必ずしも日本国内にPEを有する外国法人であるとはみなされないということを意味します。

契約書として明示された契約形態と、民法上の組合契約と扱われるか、匿名組合契約と扱われるか、事業実態との一致が、事実認定と法令の解釈適用上、重要性が増す問題であると考えます。

② 外国法人への支払に係る源泉徴収の留意事項

外国法人に対して、人的役務の提供事業の対価（所法161二）、不動産の賃貸料（同法三）、利子（同法四）、配当（同法五）、貸付金（同法六）、使用料（同法七）、事業の広告宣伝のための賞金（同法九）、生命保険契約に基づく年金等（同法十）、定期積金の給付補てん金等（同法十一）、匿名組合契約等に基づく利益の分配（同法十二）を行う場合には、源泉徴収が必要です（所法212①）。

内国法人が海外から同様の支払を受け取る場合にも、海外の支払者が外国源泉税の源泉徴収を行うこととなり、表裏の関係にあります。国内取引における源泉徴収との大きな相違点は、租税条約の規定に基づく軽減税率の適用や免税の取扱いがあることです。

1 租税条約の規定に基づく税率の軽減や免税

　租税条約では、例えば、利子、配当、使用料等について、所得源泉地において10％を超えて課税しないといった税率の軽減や免税の取扱いを規定しています。この取扱いについては、「租税条約に関する届出書」（巻末資料（332～337頁）参照）を支払の日の前日までに、納税義務者である外国法人等（支払を受ける者）が、源泉徴収義務者を通じて、支払者の納税地の所轄税務署長に提出する必要があります（実施特例省令1の2、2～3など）。

> **実務上の留意点**　届出の提出を忘れていても税の還付は可能
>
> 　租税条約に関する届出書の提出がない場合には、国内法の規定による税率で源泉徴収が行われます。しかしながら、この届出書の有無は、租税条約に定める源泉徴収税率の軽減、免除の効力要件ではありません。そのため、たとえ源泉徴収段階では租税条約に基づく軽減免除を受けられなかった場合でも、事後的に、過納付分の税額の還付を、支払者の所轄税務署長に対して請求することができます（国税庁『平成24年版　源泉徴収のあらまし』（224頁）。本書206頁の実務上の留意点参照）。

2 国内源泉所得に係る源泉徴収

❶　国外で支払う場合でも源泉徴収されるケース

　外国法人に対して、日本国内で源泉徴収の対象となる国内源泉所得の支払をする者は、その支払の際に原則として、所得税を源泉徴収しなければなりません（所法161・212）。また、外国法人に対して、国内源泉所得を国外で支払う場合であっても、支払者が国内に住所もしくは居所を有するときは、国内での支払とみなして、源泉徴収をしなければなりません（所法212②）。

❷ 外貨建支払額の円換算

　源泉徴収税額は、国内源泉所得の支払金額に税率を乗じて算出しますが、支払が外貨によっている場合には、円に換算した上で源泉徴収を行うことになります。換算は、支払期日における電信買相場が原則ですが、その支払が著しく遅延していない場合は、現に支払った日における電信買相場によっても差し支えありません（所基通213-1〜3。本書204頁の**実務上の留意点**参照）。

❸ 源泉徴収の免除の特例

　国内にPEを有する外国法人が支払を受ける特定の国内源泉所得については、一定の要件のもとで源泉徴収が免除されます（所法180）。この取扱いを受けるためには、納税地の所轄税務署長から源泉徴収免除証明書の交付を受け、この免除証明書を国内源泉所得の支払者に提示する必要があります。

3 各種課税の特例

❶ 振替国債等の利子の課税の特例

　外国法人が、特定振替機関等または適格外国仲介業者から開設を受けている口座において特定振替機関等の国内にある営業所もしくは事務所または適格外国仲介業者の特定国外営業所等を通じて、振替記載等を受けている振替国債または振替地方債につき支払を受ける利子については、「非課税の適用申請書」及び「所有期間の明細書」の提出を要件として、その所有期間に対応する部分について所得税を課さないこととされています。

> *Tea break* 「振替国債」とは
> 　国債振替決済制度の下で保有される国債のことをいいます。売買や担保取引の際の受渡事務効率化などの要請から平成15年1月以降に発行される国債はすべて振替国債の形態になりました。振替国債は、国債振替決済制

度における振替機関である日本銀行に設けられた、各口座管理機関(銀行や証券会社等)の振替口座簿に記録されたもので、売買がされた場合の決済は口座振替により行われます。

❷ 振替社債等の利子等の課税の特例

　外国法人が、特定振替機関等または適格外国仲介業者から開設を受けている口座において特定振替機関等の国内にある営業所もしくは事務所または適格外国仲介業者の特定国外営業所等を通じて、振替記載等を受けている平成25年3月31日までに発行された特定振替社債等の利子については、一定の要件の下で所得税を課さないこととされています(措法5の3)。

Tea break 「振替社債」とは
　　証券保管振替制度とは、株券等の有価証券を、顧客の承諾を得て保管振替機関に集中保管し、その引渡しを現実の引渡しでなく、帳簿上の記帳によって行う制度です。証券保管振替制度の下で流通する社債が振替社債です。

❸ 民間国外債等の利子の非課税

　内国法人及び外国法人が平成10年4月1日(外国法人が発行するものについては平成20年5月1日)以降に発行した民間国外債については、一定の本人確認手続の下で、外国法人に対して支払う利子に対する所得税は特定のものを除き非課税とされています(措法6)。

❹ 特別国際金融取引勘定において経理された預金等の利子の非課税
　　──東京オフショア市場における「外-外取引」の円滑化

　外国為替及び外国貿易法21条3項に規定する金融機関が、平成10年4月1日以後に、外国法人から預入れを受け、または受け入れる預金または借入金で「特別国際金融取引勘定」において経理されたものにつき支払う利子につ

いては、所得税を課さないこととされています（措法7）。

❺ 外国金融機関等が支払を受ける債券現先取引に係る利子の特例

外国金融機関等が一定の債券に係る債券現先取引（債券の買戻または売戻条件付売買取引で一定の要件を満たすものをいいます）につき、特定金融機関等から支払を受ける利子については、一定の要件の下で所得税が課されません（措法42の2）。

③ 源泉徴収税率

国内源泉所得に係る源泉徴収税率は、基本的に所得税法に規定された税率が適用されますが（所法213）、二国間租税条約において適用税率の軽減が規定されている場合には、租税条約に関する届出書を提出して、軽減税率を適用します。なお、台湾やタックスヘイブン諸国で租税協定が締結されていない国の外国法人に対する支払については、国内法の適用となります。

次に、外国法人の国内源泉所得に関し、国税庁がホームページで公表している『源泉徴収のあらまし』に掲載されている国内法に規定されている源泉徴収税率の図表を掲載します。

源泉徴収の対象となる国内源泉所得と税率等

国内源泉所得の種類	税率
組合契約事業利益の配分（所法161一の二）	20%
土地等の譲渡対価（所法161一の三）	10%
人的役務の提供事業の対価（所法161二）	20%
不動産の賃貸料等（所法161三）	20%
利子等（所法161四）	15%

配当等（所法161五）	20%
私募公社債等運用投資信託等の収益の分配（措法8の2）	15%
貸付金の利子（所法161六）	20%
使用料等（所法161七）	20%
事業の広告宣伝のための賞金（所法161九）	20%
生命保険契約に基づく年金等（所法161十）	20%
定期積金の給付補塡金等（所法161十一）	15%
匿名組合契約等に基づく利益の分配（所法161十二）	20%

注1　事業の所得のうち、組合契約事業から生ずる利益の配分については、所得税の源泉徴収が行われます。

　2　租税特別措置法41条の12の規定により、割引債（特定短期公社債等一定のものを除く）の償還差益については、18％（一部のものは16％）の税率で源泉徴収が行われます。

　3　資産の譲渡による所得のうち、国内にある土地もしくは土地の上に存する権利または建物及びその附属設備もしくは構築物の譲渡による対価（所令281の3に規定するもの、つまり、譲渡対価の金額が1億円以下で、その土地等を自己またはその親族の居住の用に供するために譲り受けた個人から支払われるものを除く）については、所得税の源泉徴収が行われます。

　4　国内源泉所得の金額の中に消費税及び地方消費税相当額が含まれる場合には、消費税及び地方消費税を含めた金額が源泉徴収の対象金額となります。

　　　ただし、国内源泉所得の支払を受ける者からの請求書等において国内源泉所得の金額と消費税及び地方消費税相当額とが明確に区分されている場合には、その国内源泉所得の金額のみを源泉徴収の対象金額として差し支えありません（平元直法6-1、平9課法8-1改正）。

　5　国税庁『平成24年版　源泉徴収のあらまし』（215頁）を参考に作成。

実務上の留意点　外貨で表示されている支払額の邦貨換算

　源泉徴収の対象とされる所得の支払うべき金額が外貨で表示されている場合には、その外貨表示の支払額を邦貨に換算し、税率を乗じて税額を求めることとな

ります。この場合の邦貨への換算の方法は、それぞれ次によります（所基通213－1、213－2）。
● 外貨表示の金額を邦貨で支払う場合
　その支払に関する契約等において定められている換算方法等に従って支払うこととなる邦貨の金額によります。
● 外貨表示の金額を外貨で支払う場合
　① その支払に関する契約等においてその支払期日が定められているとき（支払うべき時期が月、週等の期間をもって定められている場合を含む）
　　外貨で表示されている額をその支払うべき日（支払うべき時期が月、週等の期間をもって定められている場合は、その期間の末日とし、同日前にその支払が行われた場合は、その支払が行われた日とする）のその支払をする者の主要取引金融機関（その支払をする者がその外貨に係る対顧客直物電信買相場（以下、電信買相場）を公表している場合には、その支払をする者）におけるその外貨に係る電信買相場により邦貨に換算した金額によります。
　　ただし、その支払が著しく遅延して行われている場合を除き、その外貨で表示されている額を現に支払った日における電信買相場により邦貨に換算した金額によることとしても差し支えありません。
　② その支払に関する契約等においてその支払期日が定められていないとき
　　外貨で表示されている額を現に支払った日における電信買相場により邦貨に換算した金額によります。
　＊ 邦貨換算の特例
　　外貨で表示されている額に相当する対外支払手段をその支払うべき日以後において外貨の売買業務を行う者から邦貨により購入して支払うときは、その支払が著しく遅延して行われる場合を除き、その支払うべき外貨で表示されている額をその対外支払手段の購入に際し適用された外国為替相場によって換算した金額を、その国内源泉所得の金額として差し支えないこととされています（所基通213－3）。

| 実務上の留意点 | 源泉徴収税額の還付請求 |

●租税条約に関する源泉徴収税額の還付請求書

「租税条約に関する届出書」の提出という手続きは、租税条約に基づく軽減または免除を受けるためのものですが、次の場合には、「届出書」とともに「租税条約に関する源泉徴収税額の還付請求書（様式11）」を提出することにより、軽減または免除の適用を受けた場合の源泉徴収税額と国内法の規定による税率により源泉徴収された税額との差額について還付を受けることができ、最終的に租税条約の適用を受けることとなります。

① 租税条約の相手国の居住者である自由職業者、芸能人もしくは運動家または短期滞在者に該当する個人が、2以上の支払者から給与または報酬の支払を受けるため、その給与または報酬につき届出書を提出することができないことに基因して源泉徴収された所得税額について還付請求をするとき

② 租税条約の相手国からの留学生、事業等の修習者または交付金等の受領者に該当する個人が、2以上の支払者から人的役務の対価としての俸給、給料、賃金その他の報酬の支払を受けるため、その報酬につき届出書を提出することができないことに基因して源泉徴収をされた所得税額について還付請求をするとき

③ 租税条約の規定が遡及して適用される場合で、その規定の適用を受ける者が、租税条約の適用開始日以後その効力発生の日までの間に支払を受けた国内源泉所得につき源泉徴収をされた所得税額のうち、その租税条約の規定に基づき軽減または免除を受けるべき金額について還付請求をするとき

④ ①または②に掲げる場合以外の場合で、その支払を受ける所得につき租税条約に関する届出をしなかったことに基因してその所得につき源泉徴収をされた所得税額のうち、租税条約の規定に基づき軽減または免除を受けるべき金額について還付請求をするとき

＊ 出典：国税庁『平成24年版 源泉徴収のあらまし』（224頁）

●割引債の償還差益に係る源泉徴収税額の還付請求書

割引債の償還差益については、国内法では原則として割引債の発行時に18％（特定のものは16％）の税率で源泉徴収が必要とされていますが、租税条約によって

はこの差益に対する課税が軽減または免除されることがあります（Q25参照）。
　この場合、「租税条約に関する割引債の償還差益に係る源泉徴収税額の還付請求書（様式13又は様式14）」を提出して、租税条約上の軽減または免税の適用を受けた場合との差額の還付を受けることにより調整されることになります（実施特例省令3の4）。
　＊　出典：国税庁『平成24年版 源泉徴収のあらまし』（225頁）

❹ 租税条約の「特典条項」の適用

　特典条項は、所得源泉地国における租税の減免（特典）を受けることができる者を特定し、制限した租税条約の条項です。
　租税条約は相互主義に基づいて条約締結国双方の居住者に対して二重課税の回避措置や国際的な投資交流の促進を目的とした租税の減免措置（特典）などを取り決めたものです。しかしながら、条約締結当事国以外の居住者が当該租税条約上の特典を受けることを目的に、当該条約上の居住者になりすまし、「特典条項」のつまみ食いを行う恐れもあります。このような行為は条約締結当事国の課税権を浸食する不当な行為であり、これを放置しては国家の権益に甚大な影響を与えます。そこで、このような不当な行為を防止するために特典を受けることができる者を特定し制限する必要があります。そこで規定されたのが、特典条項です（条約の条文見出しとしては「特典の制限」と表記され、解説としては「特典制限条項」と表記される例もあります）。

❶ 日米租税条約での導入

　わが国が締結した租税条約で、投資所得（配当、利子、使用料）に対する源泉地国課税の大幅軽減・免除を規定した日米租税条約（平成16年条約第2号）において特典条項が初めて導入されました。

以後、主要国との条約改定に当たって同様の趣旨の規定が導入され、現在、アメリカをはじめ、イギリス、フランス、オーストラリア、オランダ、スイスの計6か国の租税条約に特典条項があります。それぞれの条約の該当条文は次のとおりです。

> アメリカ（平成16年条約）22条
> イギリス（平成18年条約）22条
> フランス（平成19年条約）22条のA
> オーストラリア（平成20年条約）23条
> オランダ（平成23年条約）21条
> スイス（平成23年条約）22条のA

2 日蘭租税条約における具体的な内容

　特典条項の具体的な内容について、アメリカに次いで投資交流が多いといわれているオランダについて同国との条約（平成23年12月29日発効）でその内容を概観すると、次のようになっています。

> 21条1　条約特典に関する原則
> 21条2　適格者基準
> 21条3　派生的受益基準
> 21条4　適格要件
> 21条5　能動的事業基準
> 21条6　多国籍企業集団本拠法人基準
> 21条7　権限ある当局による認定
> 21条8　用語の定義

❶ 特典を受けることができる者
　一方の締約国の居住者であって特典制限対象所得を取得する者は、次のいずれの条件も満たす場合に限って条約の特典を受けることができます（21条1 条約特典に関する原則）。
　① 適格者に該当すること
　② 特典制限対象所得に関する各規定に定める要件を満たすこと
　　＊ ただし、適格者に該当しない場合でも特典を受けることができる例外的取扱いもあります。

❷ 特典制限対象所得と特典の内容
　特典制限対象所得と特典の内容は次のとおりです（21条1 条約特典に関する原則）。

10条3　配当（持株50％以上は免税）
　＊ 10条2（持株10％以上5％課税、その他10％課税）は特典制限対象となっていません。
11条3　利子（政府銀行等は免税）
　＊ 11条2（10％課税）は特典制限対象となっていません。
12条　使用料（免税）
13条　譲渡収益（一定のものは免税）
20条　その他の所得（免税）
---

❸ 適格者
　特典を受けることができる適格者は次のとおりです（21条2「適格者基準」といわれています）。

---
① 個人
② 一方の締約国の政府等、日本銀行、オランダ中央銀行または一方の締約国の政府等が直接・間接に所有する者
---

③　公開法人
④　一定の年金基金等
⑤　銀行、保険会社または証券会社
⑥　個人以外の者（①から⑤の適格者であるいずれかの締約国の居住者により議決権の50％以上に相当する株式等が直接または間接に所有されている場合）

❹　例外的取扱い

適格者に該当しない場合でも特典を受けることができる例外的取扱いは次のとおりです。

①　派生的受益基準該当：一方の締約国の居住者である法人が次の要件を満たすとき（21条3　派生的受益基準）

　ア　7以下の同等受益者が当該法人の議決権の75％以上に相当する株式を直接または間接に所有すること

　　＊　株式所有に関する要件の適用については別途規定があります（21条4）。

　イ　特典制限対象所得に関して各特典制限対象所得に関する規定に定める要件を満たすこと

②　能動的事業基準該当：一方の締約国の居住者である法人が次の要件を満たすとき（21条5　能動的事業基準）

　ア　その居住地国において実態として物品の販売や役務の提供等の能動的な事業を行っていること

　イ　他方の締約国において取得する所得が、当該事業に関連または付随して取得されるものであること

　ウ　特典制限対象所得に関し各特典制限対象所得に関する規定に定める要件を満たすこと

　　＊　②の適用に関して別途規定があります（21条5（b））。

③　多国籍企業集団本拠法人基準該当：一方の締約国の居住者である法人が次の要件を満たすとき（21条6　多国籍企業集団本拠法人基準）

　ア　当該居住者が多国籍企業集団の本拠である法人として機能すること

イ　当該所得が多国籍企業集団の行う事業に関連して取得されるものであること
　　　　　＊　事業に関し別途規定があります（21条6（b）(c)）。
　　ウ　特典制限対象所得に関し各特典制限対象所得に関する規定に定める要件を満たすこと
④　権限のある当局による認定：一方の居住者が適格者及び①から③の例外的取扱いに該当しない場合であっても、他方の権限のある当局が、その居住者の設立、取得または維持及びその業務の遂行の主たる目的が条約の特典を受けることではないと認定したときは、その居住者は、条約の特典を受けることができます（21条7　権限ある当局による認定）。

3 国内法による手続き

　これら特典条項の規定を適用して特典を受けるためには国内法による手続きが必要となります。この国内手続が「租税条約等の実施に伴う所得税法、法人税法及び地方税法の特例等に関する法律の施行に関する省令」（以下、「実施特例省令」）に定められています。
　源泉徴収の対象となる所得について特典を受けるための手続きについては、実施特例省令9条の5（源泉徴収に係る所得税につき特典条項に係る規定の適用を受ける者の届出等）から9条の9（特定配当等に係る所得税につき特典条項に係る規定の適用を受ける者の届出等）に規定されています。

❶　手続きの概要

　条約上の特典条項が適用される特典を受けるためには、各種所得毎に定められた要件に該当することを明らかにするために提出する「租税条約に関する届出書」（332～337頁参照）に、それぞれの条約に応じて特典条項の適格者及び例外的取扱いに該当することを明らかにする「特典条項に関する付表」を添付することが必要となります。「居住者証明書」はこの付表に添付する

ことが原則ですが、源泉徴収義務者へ原本を提示し、確認を受けるなど一定の手続きにより添付を省略することができます。そして、権限のある当局の認定を受けて例外的取扱いを受ける場合には、上記付表に認定に関する事項を記載しなければなりませんのであらかじめ「租税条約に基づく認定を受けるための申請書」を提出して認定を受けておく必要があります。

繰返しになりますが、特典ではあっても例えばオランダ条約の10条（配当）についてみると、2項の10％または5％への軽減は、21条（特典の制限）の対象となっていませんので、「特典条項に関する付表」の提出は必要がありません。10条3項の免除の規定の適用を受ける場合にのみ必要となります。

なお、オランダ条約と同様、イギリス、フランス、オーストラリア、スイスとの条約は、特典条項の対象となる所得が特定されていますので、軽減などの特典であっても対象所得以外の特典を受ける場合には「特典条項に関する付表」の提出は必要ありませんが、アメリカ条約では特典制限対象所得を特定していませんので、全ての特典を受ける場合に「特典条項に関する付表」の提出が必要となります。

❷ 両国で課税上の取扱いが異なる事業体に関する規定がある場合

条約上、相手国において課税上の取扱いが異なる事業体に関する規定がある場合には、国内法における特典を受けるための手続きもそれに応じたものが必要となります。株主等配当等、相手国団体配当等、第三国団体配当等、特定配当等に係る所得税について特典条項規定の適用を受けるための手続きが実施特例省令9条の6から9条の9に定められています。

条約の相手国において課税上の取扱いが異なる事業体に関する規定*は、源泉地国での取扱いによると条約の特典を認められない場合に、他方の国におけるその事業体に対する取扱いに応じて、その所得が他方の国において課税される範囲で条約の特典を認めるとするものです。

なお、課税上の取扱いが異なる事業体に関しては、1章2節❸を参照してください。

＊　租税条約の相手国において課税上の取扱いが異なる事業体に関する規定
アメリカ……………………… 4条（居住者）6
イギリス……………………… 4条（居住者）5
フランス……………………… 4条（居住者）5及び6
オーストラリア……………… 4条（居住者）5
オランダ……………………… 4条（居住者）5
スイス………………………… 4条（居住者）5
OECDモデル租税条約………規定はありませんが、その1条（人的範囲）の注釈（コメンタリー commentary）において言及しています

　例えば、相手国においてその株主等が納税義務者とされるものが支払を受ける所得の場合に**特典条項の適用を受けるために必要となる届出書等**は次のとおりです。
- **租税条約に関する届出書**（所得の種類に応じたもの）[*1]
- **添付書類**として
    「特典条項に関する付表（様式17）」[*2]（付表に添付する添付書類を含む）
    及び
    ①　相手国においてその株主等が課税を受けていることを明らかにする書類
    ②　外国法人の株主等の名簿
    ③　その租税条約の適用を受けることができる株主等がその外国法人の株主等であることを明らかにする書類
    ④　株主等である者の居住者証明書

　　＊1　「租税条約に関する届出書」は所得の種類毎に定められていますので、配当について特典を受ける場合は「租税条約に関する届出書（配当に対する所得税の軽減・免除）（様式1）」を使用します。
　　　2　「特典条項に関する付表（様式17）」は特典条項のある条約毎に

定められており、米国用（様式17—米）、英国用（様式17—英）、仏国用（様式17—仏）、豪国用（様式17—豪）、蘭国用（様式17—オランダ王国）、スイス用（様式17—スイス）があります。

3　国税庁長官の認定を受けて特典を受ける場合は、上記付表に「認定を受けた日」「認定を受けた所得の種類」を記載しなければなりませんので、事前に認定を受けておく必要があります。

各種国内源泉所得と課税方式に関する Q&A

Q65 課税方式検討の手順

外国法人の国内源泉所得の課税方式を考えるに当たっての検討の手順を教えてください。

A 居住性と源泉性の判断、国内法とともに租税条約の取扱いを確認するのがポイントです。

解説

居住者、内国法人の課税対象となる所得の範囲と非居住者、外国法人の課税対象となる所得の範囲の違いを示したのが次に示す図表です。

区分	課税対象となる所得		納税義務者の区分
居住者・内国法人	全世界所得		無制限納税義務者
	国内源泉所得	国外源泉所得	
非居住者・外国法人	国内源泉所得	（課税なし）	制限納税義務者

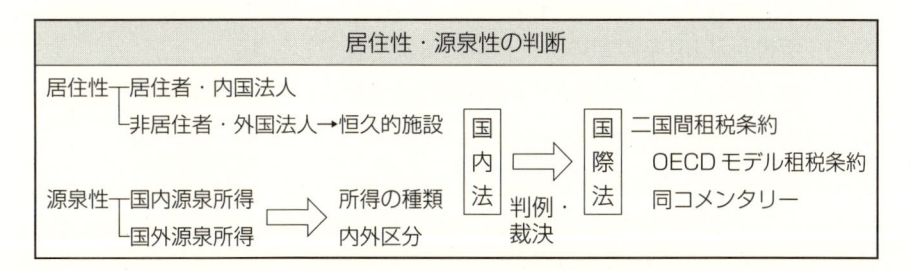

居住性・源泉性の判断

居住性 ─┬─ 居住者・内国法人
　　　　└─ 非居住者・外国法人 → 恒久的施設

源泉性 ─┬─ 国内源泉所得　→　所得の種類
　　　　└─ 国外源泉所得　　　内外区分

国内法　判例・裁決　⇒　国際法　二国間租税条約　OECDモデル租税条約　同コメンタリー

内国法人が国内取引で完結する税務問題を検討する場合には、基本的には、

国内法である法人税法や所得税法を検討すれば足ります。これに対して、外国法人の国内源泉所得への課税や国際取引の課税問題については、国内法の国際課税制度、租税条約、時には取引相手国の税制を検討する必要があります。次に、検討の手順の例を示しますので参考にしてください。

❶ 納税義務者の特定

　支払う相手が外国法人であるかどうか、外国法人である場合、どこの国の法人であるかを特定する必要があります。

　条約締結国の法人である場合は、条約の適用を検討しなければなりません。

　外国で組成された導管事業体である場合、課税上の取扱いが異なる事業体に関する規定がある条約もありますので、当該導管事業体が外国でどう取り扱われているかの判断とともに日本の税法上、法人に該当するのか、組合に該当するのかの性質決定を行わなければなりません（1章1節❺、Q6参照）。

❷ 所得の種類の検討

　外国法人が日本で課税されるのは、国内源泉所得についてです。その国内源泉所得が所得税法161条に規定するどの種類の所得に当たるかを決定しなければなりません。
　① 事実関係を整理して、取引実態に係る事実認定を行います。
　② 所得税法161条のどの所得に当たるかを特定します。
　③ ❶で特定した国と日本との租税条約に当たり、①の事実関係の場合、当該租税条約上何所得に当たるかを特定します。
　④ ③で特定した所得として国内法を適用します。
　　＊1　具体的な検討例としては、220〜221頁の組合契約事業に係る利益の分配に関する「租税条約の取扱い」を参照
　　　2　二国間租税条約において明確な規定がない場合や解釈に疑義が生じ

た場合には、OECDモデル租税条約の規定またはコメンタリーが解釈の指針となります。

Q66 外国法人の国内源泉所得に係る源泉徴収義務

外国法人の特定の国内源泉所得については、源泉徴収が行われますが、その納税義務はどこに規定されているのですか。

A 外国法人に係る所得税の納税義務については、所得税法5条4項（納税義務者）、同法7条1項5号（課税所得の範囲）、同法178条（外国法人に係る所得税の課税標準）に規定されています。

解説

所得税法は第1編第2章5条4項で外国法人の納税義務を定め、同第3章7条1項5号で外国法人の課税所得の範囲を定めています。所得税法の第3編には、「非居住者及び法人の納税義務」が規定されていますが、第3章で「法人の納税義務」が規定され、第2節で「外国法人の納税義務」が規定され、178条で課税標準が、179条で所得税の税率が規定されています。

さらに、第4編が「源泉徴収」となっており、第5章で「非居住者又は法人の所得に係る源泉徴収」が規定されています。外国法人への支払については212条に源泉徴収義務が、213条に徴収すべき所得税の税率が規定されています。

所得税法178条では、外国法人が支払を受けるべき所得税法161条1号の2から7号まで及び9号から12号までに掲げる国内源泉所得、その外国法人が国内にPEを有しない外国法人である場合には、161条1号の3から7号まで及び9号から12号までに掲げるものに限り、政令で定めるものを除いて、国内源泉所得とし、これらの国内源泉所得の金額を所得税の課税標準としています。

Q67 任意組合からの利益の配分に係る源泉徴収

組合契約事業から生ずる利益の配分については、国内法で源泉徴収が必要とされていますが、租税条約ではどのように取り扱われていますか。

A 租税条約では、事業所得条項が適用されます。

解説

1 国内法の取扱い

国内において、民法に規定する組合契約など次の❶に掲げる契約（以下、「組合契約」）に基づいて行う事業から生ずる利益で、その組合契約に基づいて配分を受けるものは国内源泉所得とされ（所法161一の二、所令281の2①）所得税の源泉徴収の対象となります。

❶ 組合契約の範囲

国内において民法667条1項に規定する組合契約に基づいて行う事業として所得税法161条1の2号に規定する、政令で定めるこれに類する契約には次のものがあります（所令281の2①）。

① 民法667条1項に規定する組合契約（任意組合といわれています）
② 投資事業有限責任組合契約
③ 有限責任事業組合契約
④ 外国における①～③に類する契約（具体的な解釈については1章1節❺参照）

❷ 組合契約事業から生ずる利益の額（所令281の2②）

次の算式により計算したもののうち、組合員がその組合契約に基づいて配分を受けるものをいいます。

$$\left[\begin{array}{c}\text{国内において組合契約に基づ}\\\text{いて行う事業から生ずる収入}\end{array}\right] - \left[\text{左の収入に係る費用（注）}\right]$$

（注）所得税法161条１号の３から12号までに掲げる国内源泉所得について同法212条１項の規定により源泉徴収された所得税を含むとされていますから、源泉徴収された所得税も費用として控除することになります。

❸ 源泉徴収

　配分を受ける外国法人が国内に PE を有する場合は組合契約に係る事業の利益の配分は源泉徴収の対象となります（所法212①）。組合事業を運営し、利益を分配する事務を行う者（組合員A）が、その利益の支払をする者とみなされ、源泉徴収義務者となり（所法212⑤）、民法上の組合やそれに類する組合の場合、全組合員が共同事業者であるため組合員全員が源泉徴収義務者であり、国税通則法９条に定める連帯納税義務を負うと解釈されています（所基通212－4）。

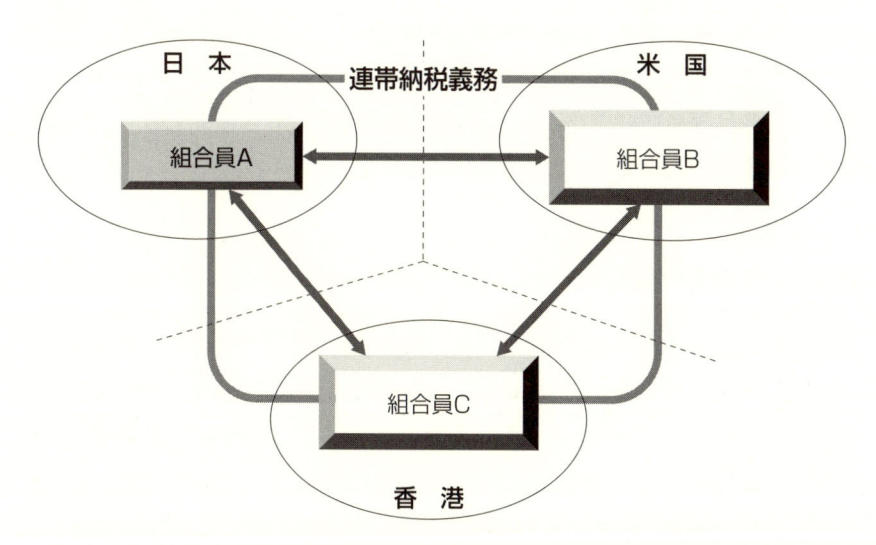

　源泉徴収を行うべき日が問題となりますが、金銭等の交付をした日に源泉徴収を行います。組合の損益計算期間の末日から２か月を経過する日までに

その利益に係る金銭等の交付がされない場合には、同日に、その金銭等の支払いがあったものとみなして源泉徴収を行わなければなりません(所法212⑤)。

❹ 源泉徴収を要しないもの

　国内に組合契約に係る事業に関するPEも、それ以外の事業についてもPEがない場合には、その組合員である非居住者等が受ける配分については源泉徴収をする必要はないとされています(所法212①)。

　この点、組合事業からの損益分配額に係る所得の種類を「事業所得」ととらえて、「PEなければ課税なし」の原則に基づいて源泉徴収義務を課していないと解されます。なお、非居住組合員が共同事業者として組合事業に参加し、組合財産を共有している事実をもって、自動的にPEを有すると解すべきかあるいは、その事実のみでPEありとはしないのかという解釈について税務当局の考え方は必ずしも明確にされていません。なお民法上の組合等の収益で事業の一環として利子、配当、使用料といった国内源泉所得が発生している場合、組合事業の所得は組合員の所得としてパススルーするという所得税基本通達36・37共－19及び20の取扱いを勘案すると、利子、配当、使用料の支払者に源泉徴収義務が生ずるとする解釈も想定されますので、税務当局に確認することをお勧めします。

2 租税条約の取扱い

　租税条約では、組合事業に係る利益の分配は、事業所得条項が適用されています。事業所得条項では、外国法人等が国内にPEを有し、PEを通じて事業を行う場合に、PEに帰せられる部分に対してのみ各締約国が課税を行うとしています。したがって、PEを有しない外国法人等や、PEを有していても、組合事業から生ずる所得が当該PEに帰属していない場合には、課税が行われないと解されています(国税庁『平成24年版 源泉徴収のあらまし』(227頁)より)。

なお、組合事業は各組合員の共同事業であることから、組合事業のための事務所等がPEに該当する場合、当該組合のすべての組合員が国内にPEを有すると解されています(国税庁『平成24年版 源泉徴収のあらまし』(227頁)より)。

つまり、租税条約を考慮に入れると、組合契約事業利益の配分には、事業所得条項が適用される結果、外国法人等が国内にPEを有し組合契約事業利益がこのPEに帰属する場合にのみ、所得税の源泉徴収の対象となります。

Q68 PEを有しない投資組合契約の組合員とされる特例

投資事業有限責任組合契約を締結している外国法人組合員で、この投資組合契約に基づいて行う事業につき当該外国法人組合員を、日本国内にPEを有しない組合員として取り扱う特例があるそうですが、どのようなものですか。

A 5つの要件のすべてを充足すれば、PE課税を受けません。

解説

この取扱いは、外国からの投資を促進する政策の一環として導入されました。租税特別措置法41条の21第1項で規定しています。

1 適用要件

投資組合契約を締結している組合員である非居住者または外国法人で、当該投資組合契約に基づいて行う事業につき、国内にPEを有する非居住者または国内にPEを有する外国法人に該当するもののうち、次に掲げるすべての要件を満たすものは、PEを有しないものとみなして、所得税法その他所得税に関する法令の規定を適用することとされています(措法41の21)。

① この投資組合契約によって成立する投資組合の有限責任組合員であること（措法41の21①一）。外国のリミテッド・パートナーシップが日本国内で投資事業を行うケースでは、パートナーがリミテッド・パートナーであれば、この要件を充足します。
② この投資組合契約に基づいて行う事業に係る業務の執行を行わないこと（措法41の2①二、措令26の30①）。
③ この投資組合の組合財産に対する持分割合が25％未満であること（措法41の2①三、措令26の30④）。
④ この投資組合の無限責任組合員と特殊の関係にある者でないこと（措法41の2①四、措令26の30⑨）。
⑤ この投資組合契約に基づいて国内において事業を行っていないとしたならば、国内にPEを有しない者に該当すること（措法41の2①五）。

2 適用手続

① 「特例適用申告書」に■の①から③の要件を満たすことを証する書類を添付したものを、投資組合の無限責任組合員で組合利益の配分の取扱いをする者を経由して、組合利益の支払事務の取扱いを行う事務所等の所在地の所轄税務署長に提出します（措法41の21③、措規19の12）。
② 原則として、その投資組合の組合契約締結の日からその提出の日まで継続して上記■の①から⑤の要件のすべてを満たしている場合に限り、その提出の日以後、国内にPEを有しないものとして取り扱われます。

Q69 土地等の譲渡対価の源泉徴収

土地等の譲渡対価について、国内法では源泉徴収が行われますが、租税条約で取扱いが異なることはありますか。

A 課税方式は各二国間租税条約で確認する必要がありますが、源泉地国課税を認めている条約例が多いといえます（OECDモデル租税条約13条、日米租税条約13条、日中租税協定13条等）。租税条約で源泉地国課税を認めている場合は国内法どおりに所得税の源泉徴収が行われます。

解説

1 国内法の取扱い

所得税法では、土地等の譲渡対価について、他の資産の譲渡による所得とは区分して、源泉徴収を要することとしています（所法161一の三・212①）。

❶ 源泉徴収義務者

「土地等の譲渡対価の支払をする者」がすべて源泉徴収義務者とされます（所法212①）。

❷ 土地等の譲渡者である外国法人

国内にPEを有する外国法人のみならず、国内にPEを有しない外国法人に対しても課税が行われます。

また、所得税法13条1項ただし書きに規定する信託で、国内にある営業所に信託されたものの信託財産に帰せられるものに係るものは「国内にPEを有する外国法人の受ける国内源泉所得に係る源泉徴収免除制度」の適用が受けられますが、それ以外のものは適用が受けられません（所法180①）。

❸ 土地等の範囲

　1）源泉徴収の対象となる「土地等」の範囲（所法212①・161一の三）

源泉徴収の対象となる「土地等」には、土地以外に次のものが含まれます。
イ　土地または土地の上に存する権利

ロ　建物及びその附属設備
ハ　構築物

　2）　源泉徴収の対象となる「土地等」に含まれない資産（所基通161−7）

「土地等」に含まれないものには、次のようなものがあります。
ニ　鉱業権（租鉱権及び採石権その他土石を採掘しまたは採取する権利を含む）
ホ　温泉を利用する権利
ヘ　借家権
ト　土石（砂）

❹　「土地等の譲渡」であっても源泉徴収を要しないもの（所令281の3）

　土地等の譲渡対価の額が1億円以下で、その土地等を個人が自己またはその親族の居住の用に供するために譲り受けたものである場合には、その個人が支払う譲受対価については、所得税の源泉徴収を行う必要はないことになっています。

実務上の留意点　**居住用の土地等を法人が購入する場合の源泉徴収**

「個人の住居用」であるのが要件ですから、購入者は個人の場合です。法人が購入者である場合は、居住用の土地等であっても源泉徴収を要します。

2　租税条約の取扱い

　わが国が締結した二国間租税条約の多くは、不動産の譲渡等について、その他の資産の譲渡とは別途に規定を設けています。一般に、土地等の譲渡については、その土地の所在地国に課税権を認めているのが通例です。例えばOECDモデル租税条約は13条（譲渡収益）1において不動産の所在地国における課税を認めています。この場合は国内法どおりに所得税の源泉徴収が行われます。

Q70 人的役務提供事業の対価の租税条約上の取扱い

「人的役務提供事業の対価」は租税条約上どのように規定されていますか。

A 租税条約では、「企業の利得」または「産業上又は商業上の利得」とされる例があるため、具体的な課税関係の判断に当たっては、個別の租税条約に当たって解釈する必要があります。

〈例〉日米租税条約……「芸能人」の取扱いは16条で明記していますが、それ以外は7条の「企業の利得」で解釈するものと思われます。

日中租税協定……「自由職業」の取扱いは14条、「芸能人」の取扱いは17条で明記していますが、それ以外は7条の「企業の利得」で解釈するものと思われます。

解説

1 国内法の取扱い

人的役務の提供を主たる内容とする事業で、その人的役務の提供が国内において行われる場合のその対価は国内源泉所得とされます（所法161二）。

次の役務提供を主たる内容とする事業に係るものは源泉徴収義務が課されています（所令282、所法212①）。

① 映画もしくは演劇の俳優、音楽家その他の芸能人または職業運動家の役務提供を主たる内容とする事業
② 弁護士、公認会計士、建築士その他の自由職業者の役務提供を主たる内容とする事業
③ 科学技術、経営管理その他の分野に関する専門的知識または特別の技能を有する者のその知識または技能を活用して行う役務提供を主たる内容とする事業

＊ 留意すべき事項として、次の事業は除かれます（所令282三）
  イ 機械設備の販売その他事業を行う者の主たる業務に附随して行われる場合における当該事業
  ロ 建設、据付け、組立てその他の作業の指揮監督の役務の提供を主たる内容とする事業

2号所得に該当するか否かの判断に当たっては、次の取扱いを念頭に事実認定する必要があります。
① ここで「人的役務の提供」とは、その役務提供事業者が雇用しあるいは支配下に置く芸能人や雇用契約等のない第三者などにより提供される役務を指しています。
② その事業が、人的役務の提供を主たる内容とする事業であるかどうかについては、その外国企業等の営む主要業種いかんにかかわらず、わが国の国内における人的役務の提供に関する契約ごとに、その契約に基づく人的役務の提供が上記①から③までの事業に該当するかどうかで判断するとの解釈指針があります（所基通161－9）。

また、「人的役務の提供を主たる内容とする事業」とは、外国法人が営む人的役務の提供を主たる内容とする事業で、所得税法施行令282条各号に掲げるものをいいます（所基通161－10）。

● 具体的な判定に当たり留意すべき事項
　1〕 著作権等の使用料と人的役務提供事業の対価の区分
　芸能人の役務提供を主たる内容とする事業の対価、その実演に係る録音物の増製または放送について支払う対価であっても、その実演についての役務提供の対価と区分して別途支払われるものは、著作隣接権の使用料（7号所得）に該当します。
　ただし、その対価が区分されていない場合やその実演の対価と併せて支払われる場合には、その全額を人的役務の提供事業の対価としてとらえること

になります（所基通161-10の2）。

2〕 人的役務提供事業の対価として扱われる対価の額

損害賠償金その他これに類するもの（和解金、解決金、遅延利息等）も、人的役務提供事業の対価に該当すると解されます（所基通161-6の2）。

人的役務を提供する者のその役務を提供するために要する往復の旅費や国内滞在費等も、人的役務提供事業の対価に該当すると解されます。ただし、その費用を、その対価の支払者が航空会社やホテル等に直接支払い、かつ、その金額が通常必要と認められる範囲内のものである場合には、その部分については、課税しなくて差し支えないこととされています（所基通161-8）。

3〕 源泉徴収を要しないケース

映画もしくは演劇の俳優、音楽家その他の芸能人または職業運動家の役務提供事業の対価のうち、不特定多数の者から支払われるものについては、源泉徴収の必要はありません（所法212①、所令328一）。

2 租税条約の取扱い

「人的役務提供事業の対価」について租税条約では、「企業の利得」または「産業上又は商業上の利得」とされる例が多いため、具体的な課税関係の判断に当たっては、個別の租税条約に当たって解釈する必要があります。

人的役務提供事業の中でも、芸能人または運動家の役務提供事業の対価については、PEの有無にかかわらず、役務提供地国において課税することとしている条約が多いといえます。一方、免税規定が設けられている租税条約もあるので、留意する必要があります。

芸能人等の役務提供に関してOECDモデル租税条約は役務提供地課税（17条）を規定しています。日中租税協定も役務提供地課税（17条）となっており日米租税条約も役務提供地課税ですが、当該芸能人または運動家がその個人的活動によって取得した総収入の額が、当該課税年度において1万米ドルまたは日本円によるその相当額を超えない場合は、免税としています。

Q71 船舶または航空機の貸付けによる対価の租税条約上の取扱い

「船舶又は航空機の貸付けによる対価」は租税条約上どのように規定されていますか。

A 租税条約では、「使用料条項」または「事業所得条項」が適用される例が多いといえます。

解説

1 国内法の取扱い

国内法では、源泉徴収の対象である「不動産の賃貸料等」の範囲を次のように規定し（所法161三）、船舶または航空機の貸付けによる対価は不動産の賃貸料等として扱われます。

① 国内にある不動産及び不動産の上に存する権利の貸付けによる対価
② 採石法の規定による採石権の貸付けによる対価
③ 鉱業法の規定による租鉱権の設定による対価
④ 居住者または内国法人に対する船舶または航空機の貸付けによる対価

❶ 上記④の「船舶または航空機の貸付けによる対価」の意義

いわゆる裸用船（機）契約（乗組員のつかない船舶そのものの賃貸借を内容とする契約のこと）に基づき支払を受ける対価をいいます。

船長その他の乗組員付きで一定の期間船舶を借り受ける定期用船（機）契約または特定の区域間の貨物輸送を目的とした航海用船（機）契約に基づき支払を受ける対価は「船舶又は航空機の貸付けによる対価」に該当せず（所基通161-12）、運送事業の所得（1号所得）に該当することになります。

船舶または航空機の貸付けに伴いその船舶または航空機の運航または整備に必要な技術指導の役務提供の対価の支払を受けた場合は、契約書において船舶または航空機の貸付けによる対価とその役務提供による対価とが明らか

に区分されている場合を除き、その総額が「船舶または航空機の貸付けによる対価」に該当します（所基通161－13）。

❷ 源泉徴収を要しない取引

不動産の賃貸料のうち、土地、家屋等を自己またはその親族の居住の用に供するために借り受けた個人が支払うものは、源泉徴収の必要はありませんが（所法212①、所令328二）、船舶または航空機の貸付けによる対価についてはこの取扱いはありません。

2 租税条約の取扱い

一般的に、不動産の賃貸料に係る所得については、その不動産の所在地国にも課税権を認めている租税条約が多いようです。わが国が締結した租税条約の多くは、事業所得条項に優先して、不動産所得に関する条項を適用することとしています。PEの有無やその所得がPEに帰属するかどうかにかかわらず、その不動産の所在地国でも課税できることとされています。

● 租税条約における「船舶又は航空機の貸付けによる対価」の取扱い

租税条約においては、船舶及び航空機の裸用船（機）契約に基づく賃貸料を不動産の賃貸料として取り扱うケースは少なく、使用料条項で「設備の使用料」または「船舶・航空機の裸用船（機）料」と規定しているケースが多いようです。

源泉地国課税を認めている租税条約の場合、使用料の支払について源泉徴収課税が行われます。租税条約に限度税率が規定されている場合には国内法と比べて軽減税率が適用されます。

使用料条項にこれらの規定が明示されていない場合は、通常、事業所得条項が適用されることとなります（国税庁『平成24年版 源泉徴収のあらまし』（233頁））。この場合はPEがなければ、課税されませんから所得税の源泉徴収の

対象となりません。

Q72 裸用船（機）契約の具体的判定

「船舶又は航空機の貸付けによる対価」は、裸用船（機）契約に基づく貸付けによる対価とされていますが、具体的にはどのように判断するのですか。

A 契約書において明確になっており、実態も伴っている必要があります。

解説

3号所得である「不動産の賃貸料等」に当たる「船舶又は航空機の貸付けによる対価」は、乗組員の配乗を行わない船舶そのものの**賃貸借**を内容とする裸用船（機）契約に基づき支払を受ける対価を指しています（所基通161－12）。船長その他の乗組員の配乗を行い、船用品の手配や一定の期間の船舶の運航管理等を伴う定期用船（機）契約または特定の区域間の貨物輸送等を目的とした航海用船（機）契約に基づき支払を受ける対価は、海運（航空機運送）事業の所得（1号所得）に該当することになります。

■調査実務に関する助言

定期用船契約と裸用船契約の契約内容について、税務調査の実務においては、まずは契約書の確認から始まります。その意味から、契約書の内容の有効性を法律の専門家に検討してもらうとともに、税務面の妥当性についても専門家に検討してもらっておくべきでしょう。

また、契約書に記載された内容が実際に実行されているか否かを、オーダーシート、インボイス等の交換文書やE-mail等の交信記録に基づいて判断さ

れますので、そのような資料にも目を通しておくべきでしょう。

Q73 利子所得について、租税条約の取扱いで留意すべき事項

「利子等」（4号所得）について、租税条約の取扱いで留意すべきことを教えてください。

A 国内法の利子の定義と租税条約上の利子の定義は異なる場合があります。

解説

1 国内法の取扱い

所得税法161条4号に規定する源泉徴収の対象となる利子等には、次に掲げるものがあります。

① 日本国の国債もしくは地方債または内国法人の発行する債券の利子
　この場合、「内国法人の発行する債券」には、振替記載等をしたため現に債券の存在しない社債等も含まれます（所基通161-14）。
② 外国法人の発行する債券の利子のうちその外国法人が国内において行う事業に帰せられるもの
③ 国内にある営業所、事務所その他これらに準ずるものに預けられた預貯金の利子
④ 国内にある営業所に信託された合同運用信託、公社債投資信託または公募公社債等運用投資信託の収益の分配

2 租税条約の取扱い

❶ 6号所得（貸付金の利子）も利子等

租税条約上は、国内法に規定する利子等に加えて、6号所得である「貸付金の利子」も同一のカテゴリーに属するものとして包括的に規定している例が多いといえます。

❷ 所得源泉地は債務者主義

わが国が締結した租税条約においては、例えば社債の利子の所得源泉地について、債務者である社債の発行法人の居住地国とするいわゆる「債務者主義」を採用している例が一般的といえます。

❸ 割引債の償還差益は租税条約によって所得の種類が異なる

国内法では1号所得となる割引債の償還差益については、利子等として取り扱っている条約と、特段の規定がない条約とがあります。国内法で源泉徴収義務を課している割引債（措法41の12）の取扱いは、租税条約との関係で次のとおりとなります。

① 利子等として取り扱っている国

割引債の発行時に18％（特定のものは16％）の税率で源泉徴収し、償還時に所定の手続きを経た後、租税条約上の限度税率との差額について還付することとなります。

② わが国の国内法を適用する場合

租税条約上の規定がないか、または租税条約のその他所得条項の適用により源泉地国課税が認められる場合には、割引債の発行時に18％（特定のものは16％）の税率で源泉徴収をする必要があります。

③ その他の所得に該当し、居住地国課税とされる場合

租税条約上のその他所得条項の適用により居住地国のみで課税となる場合には、割引債の発行時に18％（特定のものは16％）の税率でいったん

源泉徴収し、償還時に上記①と同様の還付手続により、源泉徴収した所得税の額の全額を還付することにより、最終的に免税となります。

なお、どの条約が①、②、③に該当する二国間租税条約であるかについてはQ25を参照してください。

Q74 配当所得について租税条約の適用上留意すべき事項

5号所得である配当等について、租税条約の適用に当たり留意すべき事項は何ですか。

A 配当に係る軽減税率、親子間配当の免税等に留意する必要があります。

解説

1 国内法の取扱い

源泉徴収の対象となる配当等は次に掲げる配当等を指します（所法212①・24・161五、措法9の6）。

① 内国法人から受ける所得税法24条1項に規定する剰余金の配当、利益の配当、剰余金の分配または基金利息

② 国内にある営業所に信託された投資信託（公社債投資信託及び公募公社債等運用投資信託を除く）または特定受益証券発行信託の収益の分配

③ 外国特定目的信託の利益の分配及び外国特定投資信託の収益の分配

● 上場株式等の配当等に対する源泉徴収税率の特例制度

非居住者等が平成15年4月1日以後に支払を受けるべき上場株式等の配当

等については、15％の源泉徴収税率が適用されることとされていますが、この源泉徴収税率については、平成15年4月1日から同年12月31日までの間は10％、平成16年1月1日から平成25年12月31日までの間は7％の軽減税率が適用されます。

2 租税条約の取扱い

　配当等については、多くの租税条約では源泉地国と居住地国の双方で課税できる旨を規定しています。

　また、一定の親子間の配当については、進出する企業等が支店形態で進出する場合と現地法人の形態で進出する場合とでアンバランスが生じないようにするため、別途規定している場合が多いようです。この場合の限度税率は、10％または5％が通例となっています。

　なお、日米租税条約、日英租税条約、日仏租税条約などのように、一定の居住者につき免税としているものもあります（巻末資料「租税条約に基づく限度税率一覧表」参照）。

Q75 貸付金の利子に関して、租税条約の取扱いで留意すべき事項

　「貸付金の利子」（6号所得）について、租税条約での取扱いで留意すべきことを教えてください。

A 租税条約においては「貸付金の利子」は「利子等」と同様に扱われます。

解説

1 国内法の取扱い

　所得税法161条6号では、次に掲げる貸付金の利子が国内源泉所得とされています。
　①　債務者の国内業務に関する貸付金
　②　①に準ずるもの

　準ずるものには次のようなものがあります（所基通161-16）。
　イ　勤務先に対する預け金で預貯金に該当しないもの
　ロ　取引先等に対する保証金、預け金
　ハ　売買、請負、委任の対価または物・権利の貸付けや使用の対価に係る延払債権
　ニ　ハの対価に代わる性質を有する損害賠償金に係る延払債権
　＊　国内において業務を行う者に対して有する資産の譲渡または役務の提供の対価に係る債権で履行期間が6月を越えない債権の利子は所得税法161条6号の利子に含まれないとされていますが、所得税法161条1号の事業所得とされます（所令283①②）。

● 課税の対象とならないもの
　１〕　船舶または航空機の購入資金
　非居住者等の業務の用に供される船舶または航空機の購入のために、その非居住者等に対して提供された貸付金の利子は、所得税法161条6号の貸付金以外の利子とされ（所令283③）国内源泉所得に該当しません（所基通161-20(1)）。
　なお居住者または内国法人の業務の用に供される船舶等の購入のために居住者等に提供された貸付金の利子は所得税法161条6号の利子とされていま

す（所令283③）。

　2〕　国外業務に係る貸付金の利子

　国外において業務を行う者に対して提供された貸付金で、その国外において行う業務に係るものの利子は、国内源泉所得には該当しません（所基通161－15、161－20(2)）。

　3〕　非居住者の行う業務に係るもの以外の貸付金の利子

　非居住者に対して提供された貸付金で、その非居住者の行う業務以外のものに係る貸付金の利子は、国内源泉所得には該当しないこととされます（所基通161－20(3)）。

2 租税条約の取扱い

　租税条約においては、「利子」とは、すべての種類の信用に係る債権から生じた所得とされ（OECDモデル租税条約11条）「貸付金の利子」も「利子等」として預貯金等の利子と同様に取り扱われています。

❶　所得源泉地

　国内法では、「貸付金の利子」について、「国内において業務を行う者に対する貸付金で当該業務に係るものの利子」と規定し、その使用地が所得の源泉地とされています。一方、租税条約においては、「利子」の所得源泉地について、債務者主義を採用する条約と使用地主義を採用する条約とがあります。

　　　　債務者主義……債務者の居住地国を、所得の源泉地国とする課税方式
　　　　　　　　　　（OECDモデル租税条約11条5）
　　　　使用地主義……貸付金等の使用の場所の所在地国を所得の源泉地国とする課税方式

❷　PEの有無による課税関係

　「利子」が生じた締約国においてPEまたは固定的施設を通じて独立の活

動を行う場合であって、その「利子」がそれらの施設と実質的に関連する場合には、その施設の存在する国のみが課税権を有する旨を規定した租税条約もあります。この場合、PEまたは固定的施設を有する居住者は両締約国の居住者に限定されません（OECDモデル租税条約11条5）。

Q76 使用料等所得の定義

所得税法において法人の納税義務として規定されている「使用料等」（7号所得）の定義は何ですか。

A 外国法人が国内において業務を行う者から支払を受ける次に掲げる工場所有権等、著作権等の使用料または譲渡の対価で、その支払者の国内業務に係るものです。

解説

所得税法の「非居住者及び法人の納税義務」の中で規定されている所得税法161条の7号の使用料または対価は次のとおりです。

国内において業務を行う者から支払を受ける次に掲げる使用料または譲渡の対価で当該業務に係るもの

① 工業所有権その他の技術に関する権利、特別の技術による生産方式若しくはこれらに準ずるものの使用料またはその譲渡の対価
② 著作権（出版権及び著作隣接権その他これに準ずるものを含む）の使用料またはその譲渡による対価（所基通161－23後段参照）
③ 機械、装置その他政令で定める用具の使用料」
　政令で定める用具は車輌、運搬具、工具、器具及び備品です。

Q77 「使用料等」の対象となる資産は登録された権利か

「使用料等」（7号所得）に該当する「工業所有権等」は、登録されたものを指すと考えてよいですか。

A 工業所有権の目的とまではなっていない生産その他業務に関し繰り返し使用し得るまでに形成された創作、すなわち、特別の原料、処法、機械、器具、工程によるなど独自の考案または方法を用いた生産についての方式、これに準ずる秘けつ、秘伝その他特別に技術的価値を有する知識及び意匠等も含まれます。

解説

所得税基本通達161－22（法人税基本通達20－1－21）で、工業所有権等の意義についての解釈指針が示されています。所得税法161条7号に規定する「工業所有権等」とは、特許権、実用新案権、意匠権、商標権の工業所有権及びその実施権等を指していますが、その他にノウハウや機械、設備等の設計及び図面等に化体された生産方式、デザインも含むものとし、上記の登録されていない権利等も含めています。

一方、次のようなものを除外しています。

海外における技術の動向、製品の販路、特定の品目の生産高等の情報または機会、装置、原材料等の鑑定もしくは性能調査、検査等。

■OECDモデル租税条約が規定する「工業所有権等」

OECDモデル租税条約では、工業所有権等の使用料について、「特許権、商標権、意匠、模型、図面、秘密方式若しくは秘密工程の使用若しくは使用の権利の対価として、又は産業上、商業上若しくは学術上の経験に関する情報の対価として受領されるすべての種類の支払金」と定義しており（12条2項）、国内法における工業所有権等の定義と同様の規定となっています。

わが国が締結している二国間租税条約の多くも、同様の定義を採用しています。

Q78 特別の技術による生産方式等

「特別の技術による生産方式等」とは何を指しているのですか。

A 所得税基本通達161-22の解釈指針が「特別の技術による生産方式等」として明らかにしている内容は、法人税基本通達20-1-21「工業所有権等」の後段と同じ内容で工業所有権等の権利の目的にはなっていないが、特別に技術的価値を有する知識・意匠などをいいます。

解説

　所得税法基本通達161-22は、所得税法161条7号イに規定する「特別の技術による生産方式若しくはこれらに準ずるもの」とは、「特許権、実用新案権、商標権、意匠権等の工業所有権の目的にはなっていないが、生産その他業務に関し繰り返し使用し得るまでに形成された創作、すなわち、特別の原料、処方、機械、器具、工程によるなど独自の考案又は方法を用いた生産についての方式、これに準ずる秘けつ、秘伝その他特別に技術的価値を有する知識及び意匠等をいう」という解釈を示しています。

　また、いわゆるノウハウはもちろん、機械、設備等の設計及び図面等に化体された生産方式、デザインもこれに含まれるとし、除外するものも法人税基本通達同様、「海外における技術の動向、製品の販路、特定の品目の生産高等の情報又は機会、装置、原材料等の材質等の鑑定若しくは性能の調査、検査等」と解しています。

Q79 国内において業務を行う者から支払われる使用料

「使用料等」（7号所得）について、「当該業務に係るもの」とは何を指しているのですか。

A 当該提供された資産のうち国内において行う業務の用に供されている部分に対応するものを指します。

解説

所得税基本通達161−21で、「当該業務に係るものの意義」について、国内において業務を行う者に対して提供・供与された工業所有権等のうち、その国内において行う業務の用に供されている部分に対応するものをいうとの解釈指針が示されています。

したがって、例えば、居住者または内国法人が、非居住者または外国法人から提供を受けた工業所有権等を、国外において業務を行う他の者（再実施権者）のその国外における業務の用に供することにより、当該非居住者または外国法人に対して支払う使用料のうち、再実施権者の使用に係る部分の使用料は、国内源泉所得に該当しません（次頁図表参照）。なお、当該居住者または内国法人が再実施権者から受領する使用料の額を超えて支払う場合には、その受領する使用料の額に達するまでの部分の金額に限ります。

```
  ┅┅▶ 使用料
  ───▶ 工業所有権等
```

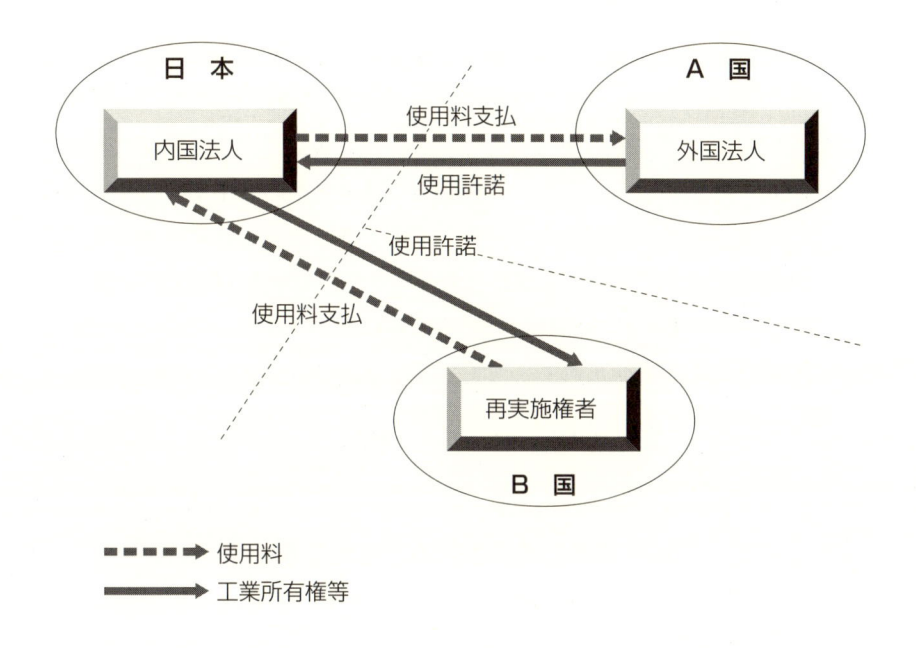

Q80 「使用料等」と権利の使用許諾取引及び権利の譲渡取引の関係

「使用料又は譲渡の対価」について、具体的にはどのような支払を指しますか。

A 所得税基本通達161-23に示された解釈指針は、工業所有権等については権利の設定、許諾、譲渡の承諾の対価の一切を、著作権については著作物の利用または出版権の設定について支払を受ける対価の一切を指すと解しています。

解説

所得税法161条7号イの技術等の使用料とは、技術等の実施、使用、採用、

提供もしくは伝授または技術等に係る実施権もしくは使用権の設定、許諾もしくはその譲渡の承諾につき支払を受ける対価の一切を指すとしています。

　また、同号ロの著作権の使用料とは、著作物の複製、上演、演奏、放送、展示、上映、翻訳、編曲、脚色、映画化その他著作物の利用または出版権の設定につき支払を受ける対価の一切をいうのであるから、これらの使用料には、契約を締結するに当たって支払を受けるいわゆる頭金、権利金等のほか、これらのものを提供し、または伝授するために要する費用に充てるものとして支払を受けるものも含まれるとしています。

Q81 図面、人的役務等の提供の対価は使用料等か

「図面、人的役務等の提供の対価」が含まれる場合、使用料に該当しますか。

A 所得税基本通達161-24が使用料とその他の支払の区分基準を示しています。

解説

　技術等を提供しまたは伝授するために、図面、型紙、見本等の物または人的役務を提供し、かつ、当該技術等の提供または伝授の対価のすべてを、当該提供した物または人的役務の対価として支払を受ける場合には、次のいずれかに該当するものは、所得税法161条7号イに掲げる使用料に該当するものとしています。

① 当該対価として支払を受ける金額が、当該提供しまたは伝授した技術等を使用した回数、期間、生産高またはその使用による利益の額に応じて算定されるもの

② ①に掲げるもののほか、当該対価として支払を受ける金額が、当該図面その他の物の作成または当該人的役務の提供のために要した経費の額

に通常の利潤の額を加算した金額に相当する金額を超えるもの

①または②に該当しない対価の額は、物の販売の対価あるいは人的役務提供の対価とされます。この場合、当該国内源泉所得は「事業所得」「人的役務提供事業の対価」等に該当し、所得源泉地は、その図面等が作成された地または人的役務が提供された地とされるとしています。

Q82 使用料とともに発生する費用の対価の源泉徴収

使用料とともに発生する費用の対価の額は契約等で明瞭に区分すれば、源泉徴収の対象にならないというのは本当ですか。

A 契約において明確に区分している場合は使用料としないという解釈指針があります。

解説

所得税基本通達161－25は、「使用料に含まれないもの」として、次の取扱いを示しています。

技術等または著作権の提供契約に基づき支払を受けるもののうち、次に掲げる費用または代金で、当該契約の目的である技術等または著作権の使用料として支払を受ける金額と明確に区分されているものは、使用料に該当しないものとされます。

① 技術等の提供契約に基づき、技術等の提供者が自らまたは技術者を派遣して国内において人的役務を提供するために要する費用（例えば、派遣技術者の給与及び通常必要と認められる渡航費、国内滞在費、国内旅費）

② 技術等の提供契約に基づき、技術等の提供者のもとに技術習得のために派遣された技術者に対し、技術の伝授をするために要する費用

③ 技術等の提供契約に基づき提供する図面、型紙、見本等の物の代金で、その作成のための実費の程度を超えないと認められるもの
④ 映画フィルム、テレビジョン放送用のフィルムまたはビデオテープの提供契約に基づき、これらの物とともに提供するスチール写真等の広告宣伝用材料の代金で、その作成のための実費の程度を超えないと認められるもの

Q83 技術等の資産の現物出資と使用料条項の関係

外国法人が内国法人に対して、技術等の資産を現物出資した場合に、出資を受けた内国法人は源泉徴収する必要がありますか。

A 「権利の譲渡」と「使用料」の取扱いを異にする租税条約については注意が必要です。使用料と取り扱われる場合は、使用料条項により免税あるいは限度税率による源泉徴収の対象となり、「権利の譲渡」となる場合は、源泉地国では課税されず従って源泉徴収の対象となりません。

解説

国内法では外国法人が、内国法人に対して、当該内国法人の国内において行う業務に係る技術等の現物出資をした場合には、その出資により取得する株式または持分は、それぞれ次により権利の譲渡の対価または使用料に該当するとの解釈指針が示されています（所基通161-26）。
① 現物出資をしたものが工業所有権またはその出願権である場合には、これらの**権利の譲渡**の対価とします。
② 現物出資したものが①以外のもの、例えば、工業所有権の実施権または工業所有権もしくはその出願権の目的となっていない**特別の技術による生産方式等**である場合には、その出資をした権利または技術の**使用料**

とします。

Q84 使用料等所得に関する租税条約上の源泉性判断基準

「使用料等」（7号所得）について、租税条約での取扱いで留意すべきことを教えてください。

A 所得源泉地について、国内法は使用地主義だが、債務者主義を採っている例が多いということです。

解説

1 国内法の取扱い

所得税法161条7号は、「国内において業務を行う者から受ける次に掲げる使用料又は対価で当該業務に係るもの」を国内源泉所得と規定しています。この規定は、「使用料」の支払の対象となった権利や技術等が国内において行われる業務で使用されることを意味していることから、「使用地主義」による所得源泉地の判断基準と解されています。この場合の「当該業務に係るもの」についてはQ79に説明があります。

所得税法212条1項では、外国法人が特定の国内源泉所得に係る支払を受ける場合の源泉徴収義務が規定されています。そして、その源泉徴収の税率については、所得税法213条に所得の種類別の税率が規定されており、「使用料」の源泉徴収税率は20％とされています。

2 租税条約の取扱い

わが国が締結した二国間租税条約の多くは、使用料について、受領者の居

住地国において課税することを前提に、所得源泉地国においても課税できるとする規定を置いています。

なお、日米租税条約、日英租税条約、日蘭租税条約、日スイス租税条約及び日仏租税条約においては、源泉地国免税とする規定が置かれていますが、その使用料の支払の基因となった権利または財産がPEと実質的な関連を有する場合には、免税とされません。日米租税条約、日英租税条約、日蘭租税条約、日仏租税条約の場合は事業所得条項、日スイス租税条約の場合は事業所得条項または自由職業条項が適用されます。

租税条約における所得源泉地の考え方は次の図表のとおりです。

租税条約における使用料の所得源泉地

区　分	条約締結国
債務者主義を採っている条約締結国	下記以外の国(注)
使用地主義を採っている条約締結国（国内法と同じ取扱い）	フィジー
特に規定を置かない条約締結国（国内法による使用地主義）	アイルランド、オーストリア、スリランカ、ニュージーランドの4か国

注1　条約発効後におけるクウェートを含みます。また、源泉地国免税となるアメリカ、イギリス、及びフランスならびに新条約発効後のオランダ及びスイスを除きます。
　2　国税庁『平成24年版 源泉徴収あらまし』（238頁）を参考に作成

「使用料」の源泉徴収税率については、各二国間租税条約で区々ですので、巻末資料「租税条約に基づく限度税率一覧表」を参照してください。

Q85 工業所有権等の譲渡益と使用料等所得

工業所有権等の譲渡益と使用料は同じ所得の種類であると考えていいですか。

A 国内法では同じ使用料所得ですが、租税条約では違う取扱いをしているものがあります。

解説

工業所有権等の譲渡益(キャピタルゲイン)については、国内法では使用料と同様に取り扱われていますが、わが国が締結した租税条約には、次のようなバリエーションがありますので留意が必要です。

使用料と同じに扱われる場合は、免税あるいは制限税率による源泉徴収の対象となり、譲渡対価と扱われる場合は居住地国課税となりますので所得税の源泉徴収の対象とはなりません。

区　分	条約締結国
譲渡収益を使用料と同様に取り扱う条約締結国	シンガポール、大韓民国、デンマーク、ベトナム等
真正(完全)な譲渡以外の譲渡対価を使用料とする条約締結国	スペイン、ドイツ、ベルギー、メキシコ
工業所有権等の譲渡対価についても他の財産(動産)の譲渡対価と同様に取り扱う条約締結国	アイルランド、アメリカ、イタリア、オーストラリア、オランダ、スイス、スウェーデン、中華人民共和国等

注1　源泉地国課税(債務者主義・使用地主義)・居住地国課税のいずれを採っているかは、租税条約の規定により異なります。
　2　国税庁『平成24年版 源泉徴収のあらまし』(240頁)を参考に作成

第3章
申告・納税・諸手続

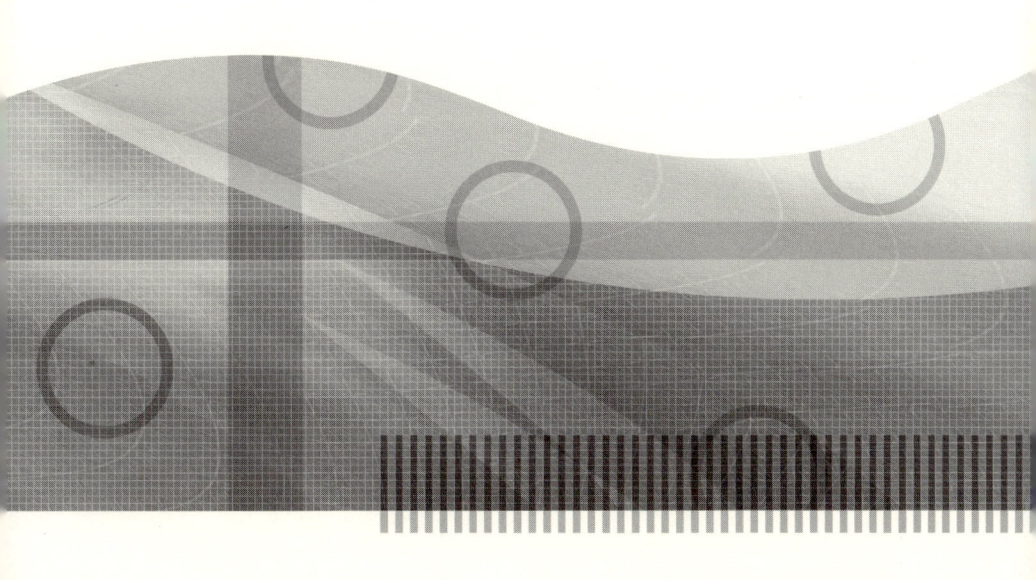

第1節 法人税の申告

　外国法人の法人税の申告、納税については、内国法人の各事業年度の所得に対する法人税の申告、納付及び還付等の規定（法法2編1章3節）が準用されています（法法145）。

　わが国の法人税の申告は、法人自体が課税標準及び税額を計算し、所定の申告書を作成して申告し納税する、申告納税制度を採用しています。

① 確定申告

　内国法人は、事業年度が終了すると確定した決算に基づき、法人税の確定申告書を事業年度終了後2月以内に所轄税務署に提出しなければなりません（法法74①）。

　本規定は、外国法人の確定申告にも準用されていますが、後に示すように次頁のような内容の読替規定が置かれています（法法145②）。

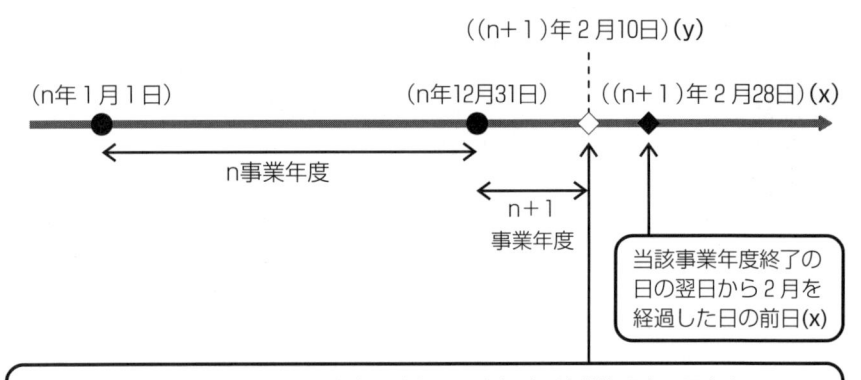

```
                                        ((n+1)年2月10日)(y)
                                               ┊
  (n年1月1日)              (n年12月31日)        ((n+1)年2月28日)(x)
──●──────────────────────●─────────────◇───────◆──────────→
     ←──── n事業年度 ────→    ←─n+1─→
                              事業年度
                                       ↑  ↑
                                       │  当該事業年度終了の
                                       │  日の翌日から2月を
                                       │  経過した日の前日(x)
```

┌───┐
│ 1号PEから3号PEを有する外国法人に該当する法人が、納税管理人の届出をしないで、│
│ これらの号に掲げる外国法人のいずれにも該当しなくなる日、または4号に該当するP│
│ Eを有しない外国法人が国内で行う人的役務提供事業を廃止する日(y)   │
└───┘

　法人税法145条2項の読替規定では、納税管理人届出をしないで1号PEから3号PEに該当しなくなる場合または4号PEに該当する法人が人的役務提供事業で国内において行うものを廃止する場合は、n事業年度の確定申告については(x)と(y)のいずれか早い日までに申告しなければならないとしています。

　該当しなくなるあるいは廃止するn+1事業年度も同様です。納税管理人を届け出た場合は(y)から2月以内ですが、納税管理人を届け出ない場合は(y)が期限となります。

② 中間申告

　普通法人で事業年度の期間が6月を超えるものは、中間申告をしなければならないと規定されています(法法71①)。ただし、次の事業年度については、中間申告を行う必要がありません。

　① 新たに設立された内国法人である普通法人のうち適格合併（被合併法人のすべてが収益事業を行っていない公益法人等であるものを除きま

す）により設立されたもの以外のものの設立後最初の事業年度
② 公益法人等（収益事業を行っていないものに限ります）が、普通法人に該当することとなった場合のその該当することとなった日の属する事業年度及び連結子法人が、連結納税の承認の取消しの規定により連結納税義務者の承認を取り消された場合のその取り消された日の前日の属する事業年度

また次の場合にも中間申告を行う必要がありません。
③ 法人税法71条1項1号の規定により予定申告書に記載すべき納付税額が10万円以下の場合またはその納付税額がない場合

本規定は、外国法人の中間申告にも準用されていますが、後に示すように次のような内容の読替規定が置かれています（法法145②）。

● **中間申告を要しない外国法人の事業年度**

次の事業年度について、外国法人は中間申告を要しません。
① 1号PEから3号PEを有する外国法人に該当することとなった日の属する事業年度
② PEを有しない外国法人が「人的役務の提供事業に係る対価」（法法138二）に規定する事業を国内において開始した日の属する事業年度またはPEを有しない外国法人が法人税法141条4号に規定する国内源泉所得のうち「人的役務提供事業の対価」以外の所得を有することとなった日の属する事業年度

また次の場合にも中間申告を要しません。
③ 予定申告書に記載すべき納付税額が10万円以下の場合もしくはその納付税額がない場合または、その事業年度開始の日以後6月を経過した日から2月以内に1号PEから3号PEを有する外国法人が納税管理人の

届出をしないで PE を有しないこととなる場合もしくは PE を有しない外国法人が人的役務の提供事業で国内において行うものを廃止する場合

外国法人の法人税に係る申告、納付及び還付等を規定した法人税法145条2項の主たる読替規定は次のとおりです。

条項	原規定	読替規定
法法71①（中間申告）	（新たに設立された内国法人である普通法人のうち適格合併（被合併法人の全てが収益事業を行っていない公益法人等であるものを除く。次項及び第3項において同じ。）により設立されたもの以外のものの設立後最初の事業年度	（第141条第1号から第3号まで（外国法人に係る法人税の課税標準）に掲げる外国法人に該当する普通法人のこれらの号に掲げる外国法人のいずれかに該当することとなった日の属する事業年度、同条第4号に掲げる外国法人に該当する普通法人の第138条第2号（人的役務の提供事業に係る対価）に規定する事業（以下「人的役務提供事業」という。）を国内において開始した日の属する事業年度又は当該普通法人の第141条第4号に掲げる国内源泉所得で第138条第2号に掲げる対価以外のものを有することとなった日の属する事業年度（筆者注：上記事業年度が6月を超える場合には、当該事業年度開始の日以後6月を経過した日から2月以内に、申告書を提出しなければなりません。ただし、中間納付額が10万円以下または0の場合は提出を要しません。）

	又は当該金額がない場合	若しくは当該金額がない場合又は当該2月以内に、第141条第1号から第3号までに掲げる外国法人に該当する普通法人が国税通則法第117条第2項（納税管理人）の規定による納税管理人の届出（以下「納税管理人の届出」という。）をしないでこれらの号に掲げる外国法人のいずれにも該当しないこととなる場合若しくは第141条第4号に掲げる外国法人に該当する普通法人が人的役務提供事業で国内において行うものを廃止する場合（筆者注：上記の場合も申告書を提出することを要しません）
法法72③（仮決算をした場合の中間申告書の記載事項等）	損失金の繰越しの要件）を除く	損失金の繰越しの要件）並びに第23条の2（外国子会社から受ける配当等の益金不算入）、及び第46条（非出資組合が賦課金で取得した固定資産等の圧縮額の損金算入）を除く
	第68条第3項（所得税額の控除）及び第69条第10項（外国税額の控除）中「確定申告書」とあるのは「中間申告書」と、同条第11項中「確定申告書、修正申告書又は更正請求書にこれら」とあるのは「中間申告書、修正申告書又は更正請求書にこれら」	第144条（外国法人に対する準用）において準用する第68条第3項（所得税額の控除）中「確定申告書」とあるのは「中間申告書」

法法74① （確定申告）	2月以内	2月以内（第141条第1号から第3号まで（外国法人に係る法人税の課税標準）に掲げる外国法人に該当する法人が納税管理人の届出をしないでこれらの号に掲げる外国法人のいずれにも該当しないこととなる場合又は同条第4号に掲げる外国法人に該当する法人が人的役務提供事業で国内において行うものを廃止する場合には、当該事業年度終了の日の翌日から2月を経過した日の前日とその該当しないこととなる日又はその廃止の日とのうちいずれか早い日まで） （筆者注：税務署長に対し、確定した決算に基づき申告書を提出しなければなりません）
	第68条及び第69条（所得税額等の控除）	第144条（外国法人に対する準用）において準用する第68条（所得税額の控除）
法法75① （確定申告書の提出期限の延長）及び法法75の2①（確定申告書の提出期限の延長の特例）	規定による申告書	規定による申告書（第141条第1号から第3号まで（外国法人に係る法人税の課税標準）に掲げる外国法人に該当する法人が納税管理人の届出をしないでこれらの号に掲げる外国法人のいずれにも該当しないこととなる場合又は同条第4号に掲げる外国法人に該当する法人が人的役務提供事業で国内において行うものを廃止する場合において提出すべきものを除く。）
法法80① （欠損金の繰戻しによる還付）	第68条から第70条の2まで（税額控除）	第144条（外国法人に対する準用）において準用する第68条（所得税額の控除）

第2節 外国法人とわが国の地方税

① 地方税の納税義務

　都道府県、市町村等は、地域住民の福祉、教育、安全、健康等の行政サービスの主体として、様々な施策を実施しています。地方税は、これらの地方団体が行政サービスを提供するための経費に充てる財源として徴収する税であるといえます。

　地方税は、地方税法により、税目や税率その他手続き等について大枠が規定されており、地方団体は地方税法の規定の枠内で税条例を制定し、地方税の賦課徴収を行っています。

　地方税は、地方団体がその地域内の税源から直接に賦課徴収する税を指しますが、道府県税と市町村税に区分され、その使途により普通税（税の使途が特定されていないもの）と目的税（使途が特定されているもの）とに区分されます。

　道府県税には、直接税である道府県民税、事業税及び自動車税と間接税である地方消費税、不動産取得税、道府県タバコ税、自動車取得税及び軽油引取税があります。また、市町村税には、市町村民税、固定資産税、市町村タバコ税、事業所税及び都市計画税があります。

② 法人住民税

　外国法人が納税義務者となる主たる地方税として法人住民税が挙げられま

す。外国法人については、その事業が行われるPEをもって、その事務所または事業所とするとされており、都道府県または市町村にPEを設けて事業を行う場合に、法人住民税が課されます（地法24①③・294①⑤）。

なお、地方税法においても、PEの定義が規定されていますが、その内容は法人税法の規定と同じです（地令46の4・7の3の5①②）。租税条約に地方税法と異なるPEの規定がある場合には、地方税法に代えて当該租税条約の規定が適用されることとされています（地令7の3の5③）。

法人住民税には均等割と法人税割があります。均等割は資本金等の額や従業員数によって定められた一定の税額で、企業の業績にかかわりなく文字どおり均等に課されます。法人税割は法人税の額を基に計算された課税標準に対して一定の税率で税額を計算しますので、その額は業績に左右されます。

③ 法人事業税

外国法人が納税義務者となるもうひとつの主たる地方税に法人事業税があります。外国法人が都道府県にPEを有する場合、当該都道府県が法人事業税を課すこととなります（地法72の2⑥、地令10の2）。

法人事業税の課税標準は、次の区分により、それぞれの課税標準が定められています。

❶ 外形標準課税の適用がある外形対象法人が営む事業の場合

平成15年から、法人事業税の非課税法人、特別法人などを除く期末資本金が1億円を超える法人については、外形標準（付加価値割、資本割、所得割）に基づく課税が行われるようになりました。

付加価値割の課税標準は、収益配分額（報酬給与の額、純利子の額、純支払賃借料）に単年度損益を加減して計算されます。外国法人の資本割の課税標

準については下記の**実務上の留意点**を参照して下さい。

❷ 上記❶以外の法人が営む事業の場合

一方、外形標準課税の適用を受けない法人については所得割により課税されます。所得割の課税標準は「各事業年度の所得」で法人税の課税標準と同じになります。

実務上の留意点　**外国法人の資本割の課税標準**

外国法人の資本割の課税標準は、その外国法人の資本金等の額から、日本の地方税法の施行地外の事業の規模等を勘案した金額を控除した額となります。

外国法人の資本割の課税標準額
＝外国法人の資本金等の額－**法施行地外の資本金等の額相当額**

$$\text{法施行地外の資本金等の額相当額} = \text{外国法人の資本金等の額} \times \frac{\text{法施行地外に有する事務所等の従業者の数 (x)}}{\text{(x)}+\text{国内の事務所等の従業者の数}}$$

① 外国法人の資本金・出資金の額(地方税法の施行に関する取扱いについて(道府県税関係) 第3章「事業税」4の6の1)

地方税法72条の12第1号ロの各事業年度の資本金等の額とは、各事業年度終了の日における法人税法2条16号に規定する資本金等の額または同条17号の2に規定する連結個別資本金等の額によるものであり、これらの具体的な算定については、法人税の例によるものであるが、外国法人の各事業年度の資本金等の額については、当該事業年度終了の日の電信売買相場の仲値により換算した円換算額によるものであること。なお、電信売買相場の仲値は、原則として、その法人の主

たる取引金融機関のものによることとするが、その法人が、同一の方法により入手等をした合理的なものを継続して使用している場合には、これによることを認めるものであること。（地法72の21①）

② 外国法人の資本金等の額の算定の順序（前同通知4の6の3）
　外国法人の資本金等の額の算定については、次に掲げる順序により行うこと。
　(1) 外国の事業以外の事業に係る資本金等の額の算定（地法72の22②、地令20の2の22）
　(2) 収入金額課税事業または非課税事業以外の事業に係る資本金等の額の算定（地令20の2の23③）
　(3) 4の6の3(1)及び(2)の計算の結果が1,000億円を超えている場合における資本金等の額の算定（地法72の21④⑤）

３ 地方法人特別税

　平成20年の税制改正で法人事業税の偏在を是正する目的で地方法人特別税が創設されました。それまでの法人事業税の税率を引き下げ地方法人特別税と合わせた税額はそれまでの法人事業税の額と同じになるよう措置されており、税負担の増減はありません。国税ですが、法人事業税と併せて都道府県に申告納付します。

第3節 諸届出

① 外国普通法人となった旨の届出書

1 PEを有する外国法人及びPEを有しない外国法人の届出義務

　外国法人が、日本国内で経済活動を開始する場合、対税務当局との関係でまず必要な手続きは、内国法人の設立届に相当する「外国普通法人となった旨の届出書」（次頁参照）を提出することです（法法149、法規64）。次の場合に該当する外国法人は、所定の期限までに届出書を提出しなければなりません。

① 　国内にPEを有する外国普通法人に該当することとなった場合
② 　人的役務の提供事業を国内において開始した場合
③ 　国内にある資産の運用、保有もしくは譲渡等により生ずる対価あるいは不動産等の貸付けにより生ずる対価を有することとなった場合
　＊ 　②及び③は、国内にPEを有しない外国普通法人が対象となります。

2 提出期限

　提出時期は次の日とされています。
　①の場合 ⇒ その該当することとなった日以後2か月以内
　②の場合 ⇒ その開始した日以後2か月以内
　③の場合 ⇒ その有することとなった日以後2か月以内

外国普通法人となった旨の届出書（様式）

税務署受付印	外国普通法人となった旨の届出書	※整理番号

（フリガナ）
法人名等

平成　年　月　日

本店又は主たる事務所の所在地　〒

納税地　〒　電話（　）－

税務署長殿

（フリガナ）
責任者氏名　　　　　　　　　　㊞

責任者住所　〒　電話（　）－

新たに外国普通法人となったので届け出ます。

国内において行う事業を開始した日又はその開始予定日	平成　年　月　日	国内において資産の運用等を行うこととなった日又は人的役務の提供を行うこととなった日	平成　年　月　日
事業年度	自　月　日　至　月　日 自　月　日　至　月　日	事業年度	自　月　日　至　月　日 自　月　日　至　月　日

国内において行う事業の目的及び種類	

国内にある資産の種類及び所在地	種類	所在地

国内にある事務所等	名称	所在地

（備考）

添付書類
1　定款等の和訳文
2　登記事項証明書（履歴事項全部証明書）又は登記簿謄本
3　貸借対照表、財産目録
4　事業の概要を記載した書類

「給与支払事務所等の開設届出書」の提出の有無　　有・無

税理士署名押印　　　　　　　　　　㊞

（規格A4）

※税務署処理欄	部門	決算期	業種番号	入力	名簿	通信日付印	年月日	確認印

19.12 改正　　　　　　　　　　　　　　（法1202）

3 主たる記載事項

「外国普通法人となった旨の届出書」に記載すべき事項は次のような事項です。
① その納税地及び国内において行う事業または国内にある資産の経営または管理の責任者の氏名
② 国内において行う事業の目的及び種類または国内にある資産の種類及び所在地
③ 国内において行う事業を開始した日もしくはその開始予定日または国内にある資産を有することとなった日

4 提出部数・添付書類

届出書は次の書類を添付して提出する必要があります（法規64）。
提出部数は2部とされています。
① 法人税法149条1項に規定するその該当することとなった時またはその開始した時もしくはその有することとなった時における貸借対照表（法令上このように表現されていますが、実務上、これらの時の属する事業年度の直前事業年度の法人全体の貸借対照表を添付すればよいと思われます）
② 定款、寄附行為、規則もしくは規約またはこれらに準ずるものの和訳文
③ 国内にある事務所、事業所その他これらに準ずるものについて登記をしている場合には、その登記事項証明書
④ 国内にある事務所、事業所その他これらに準ずるものの名称及び所在地を記載した書類（法令上添付書類とされていますが、届出書の書式上記載欄がありますので、ここに記載することにより添付は必要ありません）
⑤ 法人税法149条1項に規定するその該当することとなった時またはその開始した時もしくはその有することとなった時における国内において行う事業または国内にある資産に係る貸借対照表及び財産目録

⑥　国内において行う事業の概要を記載した書類

5 提出先

提出先は当該外国法人の納税地の所轄税務署長で、この届出書を提出する場合の納税地は次のとおりです（法法149・17、法令16。本書1章1節❸参照）。
①　国内にPEを有する外国法人（法人税法141条1号から3号までに規定するもの）にあっては、国内にある事務所、事業所その他これらに準ずるもののうちその主たるものの所在地
②　①以外の法人で不動産の貸付け等の対価（船舶または航空機の貸付けによるものを除く）を受ける法人にあっては、その貸付け等をしている資産のうち主たる資産の所在地
③　①及び②以外の法人にあっては、法人税に関する申告、請求、その他の行為をする場所として選択した場所

6 記載に当たり留意すべき事項

記載欄	留意事項
法人名等	法人税法2条29号の2に規定する法人課税信託の受託者がその法人課税信託について、国税に関する法律に基づき税務署長等に申請書等を提出する場合には、「法人名等」の欄には、受託者の法人名または氏名のほか、その法人課税信託の名称を併せて記載します。
納税地	①　国内にPEを有する外国法人（1号～3号）にあっては、国内にある事務所、事業所その他これらに準ずるもののうちその主たるものの所在地 ②　①以外の法人で不動産の貸付け等の対価（船舶または航空機の貸付けによるものを除く）を受ける法人にあっては、その貸付け等をしている資産の所在地

	③ ①及び②以外の法人にあっては、法人税に関する申告、請求、その他の行為をする場所として選択した場所
責任者氏名	国内において行う事業または国内にある資産の管理の責任者の氏名を、「責任者住所」欄には、その者の住所を記載します。
事業年度	当該外国普通法人の事業年度を記載します。
国内において行う事業の目的及び種類	国内において行う事業の目的及び種類を具体的に記載します。国税庁の示す記載要領では、事業所得を有する外国普通法人を前提に事業目的を記載するようになっていますが、事業所得を有しない外国普通法人については、国内源泉所得の種類を念頭に活動内容を記載すればよいものと思われます。
国内にある事務所等	国内における主たる事務所、事業所等以外の国内にある事務所、事業所等についてその名称（例えば、大阪支店）と所在地を記載します。
国内において資産の運用等を行うこととなった日または役務の提供を行うこととなった日	国内にPEを有し事業を行う外国法人以外で、国内にある資産を有することとなった日または人的役務の提供を行うこととなった日を記載します。
国内にある資産の種類及び所在地	国内にある資産を有することとなった外国普通法人について、その国内にある資産の種類及び所在地を記載します。
『給与支払事務所等の開設届出書』の提出の有無	『給与支払事務所等の開設届出書』の提出の有無について、該当欄に○を付します。同届出書は、給与支払事務所等を設置した日から1月以内に、所轄税務署長に提出しなければなりません。
添付書類	❹に記載した添付書類について、添付した書類の欄に○を付します。
税理士署名押印	この届出書を税理士及び税理士法人が作成した場合に、その税理士等が署名押印します。

② 必要に応じて行う届出

「外国普通法人となった旨の届出書」は、すべての該当する外国法人が届出を行わなければなりませんが、次の諸届出は必要に応じて行うこととなります。

- 申告期限の延長の特例の申請
- 青色申告書の承認の申請
- 帳簿書類の記載事項等の省略承認の申請
- 売上に関する帳簿の記載事項の省略承認の申請
- 事前確定届出給与に関する届出
- 棚卸資産の評価方法の届出
- 棚卸資産の特別な評価方法の承認の申請
- 有価証券の一単位当たりの帳簿価額の算出方法の届出
- 短期売買商品の一単位当たりの帳簿価額の算出方法の届出
- ヘッジ処理における特別な有効性判定方法等の承認の申請
- 減価償却資産の償却方法の届出
- 特別な償却方法の承認の申請
- 取替え法の採用承認の申請
- リース賃貸資産の償却方法に係る旧リース期間定額法の届出
- 特別な償却率の認定の申請
- 耐用年数の短縮の承認申請
- 増加償却の届出
- 陳腐化資産の償却限度額の特例の承認の申請
- 堅牢な建物等の残存使用可能期間の認定の申請
- 採掘権、租鉱権、採石権又は坑道の耐用年数の認定の申請
- 外貨建資産等の期末換算方法等の届出
- 特別修繕費の金額等の認定の申請

- 国税関係帳簿の電磁的記録等による保存等の承認申請
- 国税関係書類の電磁的記録等による保存の承認申請
- 国税関係書類の電磁的記録によるスキャナ保存の承認申請
- 国税関係帳簿書類に係る電磁的記録の電子計算機出力マイクロフィルムによる保存の承認申請

③ 申告期限の延長の特例の申請書

　外国法人の法人税の申告書の提出については、外国本店の決算確定のための監査手続や社内手続等内国法人の手続きとはまた違った状況があるため、申告期限の延長を申請するケースが多い現状です。そこで、「申告期限の延長の特例の申請書」（次頁参照）の作成要領について解説することとします。

　外国法人の申告、納付及び還付等については、法人税法145条において内国法人に関する規定が次のように準用されています。

　「(内国法人の各事業年度の所得に対する法人税の申告、納付及び還付等)（第74条第2項（確定申告）を除く。）の規定は、外国法人の各事業年度の所得に対する法人税についての申告、納付、還付及び国税通則法第23条第1項（更正の請求）の規定による更正の請求について準用する。」

　同条は、2項で確定申告書の提出期限の延長について269頁の図表のような読替えを行っており延長が認められないケースがありますので注意が必要です。

申告期限の延長の特例の申請書（様式）

		※整理番号	
	申告期限の延長の特例の申請書	※連結グループ整理番号	

税務署受付印

平成　年　月　日

税務署長殿

提出法人
□□ 単連
体結
法親
人法
人

（フリガナ）		
法人名等		
納税地	〒　電話（　）　―	
（フリガナ）		
代表者氏名		㊞
代表者住所	〒	
事業種目		業

自平成　年　月　日
至平成　年　月　日

□ 事業年度から法人税の確定申告書
□ 連結事業年度から法人税の連結確定申告書
の提出期限を延長したいので申請します。

記

1　申告期限延長期間

確定申告書	□ 1月だけ延長したい場合 □ 2月以上の月数の指定を受けようとする場合　その月数（　）
連結確定申告書	□ 2月だけ延長したい場合 □ 3月以上の月数の指定を受けようとする場合　その月数（　）

2　確定申告書若しくは連結確定申告書の提出期限まで（指定を受けようとする場合には事業年度終了の日の翌日から3月以内又は連結事業年度終了の日の翌日から4月以内）に決算が確定しない、又は各連結事業年度の連結所得の金額若しくは連結欠損金額及び法人税の額の計算を了することができない理由

3　その他の参考事項

税理士署名押印　　　　　　　　　㊞

※税務署処理欄

部門	決算期	業種番号	入力	名簿等	通信日付印	確認印
回付先　□ 親署→子署　・　□ 子署→調査課					年　月　日	

（規格A4）

19.12改正　　　　　　　　　　　　　　　　　　　　　　（法1344）

準用条文	用語	読替え
法法75①（確定申告書の提出期限の延長）及び法法75の2①（確定申告書の提出期限の延長の特例）	規定による申告書	規定による申告書（第141条第1号から第3号まで（外国法人に係る法人税の課税標準）に掲げる外国法人に該当する法人が納税管理人の届出をしないでこれらの号に掲げる外国法人のいずれにも該当しないこととなる場合又は同条第4号に掲げる外国法人に該当する法人が人的役務提供事業で国内において行うものを廃止する場合において提出すべきものを除く。）

＊　下線は筆者による

1 提出することができる場合（法法145で準用する法法75の2）

① 　会計監査人の監査を受けなければならないこと、その他これに類する理由により決算が確定しないため、今後、事業年度終了の日の翌日から2月以内に法人税の確定申告書を提出できない常況にある法人が、申告期限の延長の特例の申請をしようとする場合

② 　特別の事情により事業年度の終了の日の翌日から3月以内に定時総会が招集されないこと、その他やむを得ない事情により決算が確定しないため、今後、申告期限までに法人税の確定申告書を提出できない常況にある法人が、申告期限について延長期間の月数の指定を受けようとする場合

なお、これらの規定により法人税の確定申告書の提出期限の延長が認められた場合でも、平成22年10月1日以後に解散した法人の残余財産の確定の日の属する事業年度の確定申告書の提出期限については、適用がありません（法法75の2①、平成22年改正法附則10②）。

また、これらの規定は、平成22年9月30日以前に解散した法人の清算中の

各事業年度には適用がありません（平成22年改正法附則10②）。

❷ いつまでに提出するか

　最初に適用を受けようとする事業年度終了の日までに、納税地の所轄税務署長に1通提出します（法法75の2②）。なお、調査課所管法人（資本金1億円以上の会社等）にあっては2通提出します。

❸ 記載に当たり留意すべき事項

項　目	留意事項
法人名等	法人税法2条29号の2に規定する法人課税信託の受託者がその法人課税信託について、国税に関する法律に基づき税務署長等に申請書等を提出する場合には、「法人名等」の欄には、受託者の法人名または氏名のほか、その法人課税信託の名称を併せて記載します。
利子税	この申告期限の延長の特例が認められた場合には、延長された期間について利子税を納付する必要があります。
消費税の申告期限	この申請書により法人税の確定申告書の延長が認められた場合でも、消費税の確定申告書の提出期限については、適用がありません。

第4節 国際的な二重課税の排除——相互協議手続

「相互協議」は、OECDモデル租税条約の25条に規定されている租税条約の適用から生じる困難な状況を解決するための手続きです。

ある所得についての課税問題が生じた場合、日本国内で完結する取引の問題であれば、例えば法人税であれば、課税権を有する国税庁が課税関係を調整して、法的二重課税及び経済的二重課税が生じない合法的な課税関係を認定します。

一方、国際的な取引について、課税問題が発生した場合には、取引当事者の居住地国及び取引が行われた国、地域等の課税権が複雑に絡み合い、法的二重課税や経済的二重課税が発生するケースが意外に多いものです。

国際的な二重課税が発生する取引類型については、275頁以下のQ&Aにて取り上げます。

国際的な二重課税が発生した場合、納税者がアクションを起こさなければ、誰も解決してくれません。納税者は、日本の税務当局及び外国の税務当局に対して二重課税を排除するための話し合いを求める申立を行わなければなりません。この手続きを相互協議の申立といいます。相互協議とは、租税条約の締結されている国の納税者が、課税上の諸問題について、権利の救済を求める手続きであるといえます。

① 相互協議の対象

相互協議の対象となる事案であるかどうかは個別の二国間租税条約の規定

に従って解釈されますが、OECDモデル租税条約25条では次のケースが挙げられています。

❶ 条約の規定に適合しない課税を受けた場合

具体的には、移転価格課税による国際的な二重課税（9条－特殊関連企業条項）、過少資本税制による課税（9条、11条－利子条項、24条－無差別取扱条項）、居住者と認定した課税（4条－居住者条項）、PEの認定課税（5条－恒久的施設条項）、国内源泉所得の認定課税（6条－不動産所得～21条－その他の所得）などがあります。

❷ 一方または双方の締約国の措置により条約に適合しない課税を受けることとなると認められる場合

このケースは、賦課決定処分を待つことなく、相互協議の申立ができることを指しています。この場合、「課税を受けることとなる」蓋然性は納税者が説明しなければなりません。

② 相互協議の現状

国税庁が公表している「国税庁レポート2011」によると、相互協議の発生件数は年々増加傾向にあり、平成21事務年度では年間183件の発生件数がありました。そのうち176件が移転価格税制関連で、そのうちの149件が移転価格の事前確認に関するものですので、PEの認定課税や国内源泉所得の判定等に係る相互協議事案は7件程度の発生件数といえます。相互協議相手国も増加しており、「国税庁レポート2012」では10年前は15か国であったものが平成23年6月末時点では23か国となっています。

近年の特徴として、平成17年以降OECD非加盟国との相互協議の発生件

数が急増している事実があります。発生件数のうち処理件数は半数に留まっているため、未処理件数の増加要因となっているようです。

対 OECD 非加盟国の発生件数の増加

項目＼年度	平17	平18	平19	平20	平21
OECD 非加盟国・発生件数	1	13	13	11	15
同・処理件数	1	0	3	6	8

＊　出典：猪野茂「相互協議の現状について」租税研究（2011年4月号）204〜224頁

OECD 非加盟国との相互協議の未処理件数が多い原因について専門家は次のような要因を挙げています。
① 移転価格税制の精通者が OECD 非加盟国には少ないため、協議は移転価格税制の基本事項の共有から始まるケースも多く、共通の認識と理解の下で協議を行うのに時間がかかること。
② 相互協議を行う専門部局が整備されていないこと。相互協議の担当官も他の業務を兼務しているというのが現状です。
③ 対応的調整を困難にする租税条約の規定や国内法を持つ国があること。
④ OECD モデル租税条約及び移転価格ガイドラインについて留保を表明している国があること。

③ 相互協議の合意が困難な現状

国税庁相互協議室による相互協議の現状の説明では、協議が合意に達しない要因として次のような点が指摘されています（日本租税研究協会 会員懇談会 平成23年1月12日）。
① OECD モデル租税条約9条（特殊関連企業条項）に関する立場
　　タイ、ベトナム、ブラジル、ロシアは、OECD モデル租税条約9条

２項に規定する対応的調整（国際的な二重課税排除の手続き）の可否が明確化されていません。

② OECDモデル租税条約25条（相互協議）に関する立場

　タイ、フィリピン、ブラジルは、OECDモデル租税条約25条２項第２文に規定する「国内法等で規定されている更正の期間制限等に関わらず相互協議で合意した場合には減額更正等を行い、払い過ぎの税を還付する」という規定を、二国間租税条約に設けていません。

③ OECDモデル租税条約25条（相互協議）コメンタリーに関する立場

　９条２項（対応的調整）は、二国間租税条約に規定されていない場合であっても行われるべきであるとするOECDモデル租税条約25条のコメンタリーパラグラフ11、12について、タイ、フィリピン、ブラジルは、同意しないとの所見を表明しています。

④ OECDモデル租税条約９条２項（対応的調整）が規定されていないわが国の二国間租税条約には、日中租税協定、日インドネシア租税協定、日ブラジル租税条約、対ロシア租税条約があります。

⑤ OECDモデル租税条約25条２項第２文（国内法における更正の期間制限に関わらず対応的調整を行うとの規定）がないわが国の二国間租税条約は相当数にのぼります。

相互協議・情報交換に関する Q&A

Q86 国際的二重課税の発生形態

国際的な二重課税の発生形態にはどのようなものがあるのですか。

A 居住地国課税と源泉地国課税の競合にいくつかのパターンがあります。

解説

1つ具体的な例を取り上げて、国際的な二重課税の発生形態を説明したいと思います。

日本食レストランを経営する日本法人はロンドンに支店を有しています。日本にある店舗からは50の所得が生じ、ロンドンにある店舗からは30の所得が生じました。英国政府は、ロンドン支店の所得に対して法人税を課しますが、日本政府は、ロンドン支店の所得も含め日本法人が稼得したすべての所得に対して法人税を課税します。

この結果、日本法人のロンドン支店の所得30については、国際的な二重課税の状態になっています。この二重課税は企業に対して過大な税負担を強いることになり、国際的な財や、サービスの取引、資本や人的資源の移動にとって大きな阻害要因になります。国際経済の健全な発展のためには、このような国際的二重課税を排除するための調整機能が必要です。

上記の例は、英国が外国（日本）法人の英国国内源泉所得に課税（源泉地国課税）し、わが国は、内国法人について日本国内で得た所得に加えて外国で得た所得にも課税（居住地国課税——全世界所得課税）していることから発生した国際的な二重課税の例です。このような国際的二重課税は、国内法に

おいて外国税額控除制度を導入することで排除の仕組みを用意しています。

二重課税の発生する原因を分析すると、いくつかのパターンがあることがわかります。

❶ 居住地国課税と源泉地国課税との競合

ある所得についてどこの国が課税するかという問題について、納税義務者の居住地国に課税権があるとする考え方があります。この場合、納税義務者たる個人の住所がある国や法人の本店所在国は、当該納税義務者の国内源泉所得のみならず国外源泉所得についても課税を行ういわゆる全世界所得課税方式を採用するケースがあります（わが国もこの方式を採用しています）。

一方、所得が発生した所得の源泉地国では、非居住者や外国法人が稼得した国内源泉所得について課税する国内源泉所得課税方式を採用しているケースがあります（わが国もこの方式を採用しています）。

全世界所得課税を受ける居住者及び内国法人が、外国において稼得した国外源泉所得について、当該国において課税されている場合、当該国外源泉所得について二重課税が発生します。上記の例はこのケースです。

同じく、日本において日本の国内源泉所得に課税される非居住者及び外国法人が、居住地国において全世界所得課税を受けている場合には、日本において課税される所得について二重課税が発生します。

国際的な二重課税は、各国が採用する納税義務者の居住性（居住者や内国法人の定義、事実認定）の判断基準ならびに所得の発生する場所がどこかという源泉性（どのような事実をもって国内源泉所得とするか）の判断基準に違いがあることからも発生します。

❷ 居住地国課税の競合

居住性についての解釈は必ずしも全世界で統一されているものではありません。すなわち、わが国では、内国法人について法人の登記の有無を判断基

準とし、いわゆる「本店所在地主義」を採用しています。一方、ある国（E国）では、登記上の本店所在地にかかわらず、役員会、株主総会等法人の事業運営上重要な活動が行われ実質的な管理支配が行われている国の居住法人とする「管理支配地主義」を採用しています。

ある法人X社について、A国がX社の本店はA国にあることをもってX社について全世界所得課税を行っているところ、E国がX社の管理支配地はE国であるとして、X社に対して全世界所得課税を行った場合、居住性をめぐる事実認定の衝突に起因して、二重課税が発生します。

3 源泉地国課税の競合

非居住者・外国法人に対して、国内源泉所得についてのみ課税を行う方式を採用する国があります。わが国もこの方式を採用しています。所得の源泉性、すなわち、国内源泉所得であるのか国外源泉の所得であるのかの判断基準は、各国の国内法で決められています。所得の内外判定の考え方が各国で一致していれば国際的な二重課税は発生しないと考えられます。しかしながら、所得源泉地についての国内法の規定は区々であり、二国間租税条約が締結されていない国もあります。また、租税条約が締結されていても所得源泉地に関する条約の解釈に両当事国間でずれが生ずる場合もあります。このような場合に、国際的な二重課税が発生します。

更に留意すべきことは、法令や条約の解釈以前の問題として、経済取引に関する事実認定に認識の差が生じる場合があることです。事実認定に起因する源泉地国課税の競合も発生しています。

Q87 相互協議の申立窓口

相互協議の申立はどこで行えばよいですか。

A 国税庁長官官房国際業務課相互協議室に申立書類を提出します。

解説

相互協議の申立は、原則として、納税者が居住地国である締約国の権限のある当局に対して行うこととされています。この場合、申立の対象となる課税が当該居住地国によって行われたものか否かは問いません。

日本の国税庁に相互協議を申し立てる場合の手続きや申立書の様式に関する情報については、国税庁ホームページに掲載されている「相互協議の手続について（事務運営指針）」から入手できます。

Q88 相互協議申立の期限

相互協議の申立はいつまでに行えばよいですか。

A 二国間租税条約に明示されている場合（例えば3年以内）もあります。

解説

わが国の二国間租税条約では、申立の期限を明示している条約と明示していない条約があります。日シンガポール租税協定の25条では「課税に係る当該措置の最初の通知の日から3年以内に」と規定されていますが、日デンマーク租税条約の25条では「その事件について申立をすることができる」として期限を明示していません。OECDモデル租税条約の25条では「課税に係る

措置の最初の通知の日から３年以内に、しなければならない」と規定していますので、国税庁の担当部局に確認しながら手続きを進めるべきでしょう。

Q89 相互協議の申立と不服申立

相互協議と不服申立の関係を教えてください。

A 不服申立手続は合法性の判断を私法に求めるもので、相互協議は外交的な手続きで二重課税を排除するものです。

解説

外国法人所得に係る調査で更正処分を受けた場合、納税者の権利救済の方法には、国内法に規定する不服申立手続を行い課税処分の違法性を争う方法と、租税条約に基づく相互協議を申し立てて、国際的な二重課税の排除を行う方法があります。企業がそれぞれの手続きをどのような場合に活用すべきであるかについて、実務上の視点から解説することとします。

1 不服申立の位置づけ

税務署長等の課税処分に不服があるとき、納税者は国税通則法75条に基づき税務署長に対して異議申立を行うことができます。処分の通知を受けた日から２か月以内に「異議申立書」を提出すると、異議審査庁が審査を行い、異議決定を行います。当該決定になお不服があるときは、異議決定の通知を受けた日の翌日から１か月以内に、国税不服審判所長に「審査請求」を行うことができます（行政事件訴訟法14条）。審判所の審査を了すると裁決が出されますが、これに不服がある場合には、６か月以内に地方裁判所に対して処分取消訴訟を提起することができます。この一連の手続きは、国内法による

納税者の権利救済手続と位置づけられます。

2 相互協議の位置づけ

一方、相互協議は、租税条約の規定に基づく両締約国の権限ある当局による国際的な二重課税排除のための手続きです。「外交手段による紛争解決」手続きとされ、納税者自身は協議に参画しないという特徴があります。

日本の課税庁が内国法人に対して移転価格課税を行い、当該課税処分について日本と米国の間で相互協議が行われるとします。相互協議は両国の権限ある当局（日本では国税庁の国際担当審議官）によって行われますが、協議の判断基準はOECD移転価格ガイドライン等の国際的にコンセンサスを得た基準に求められるといわれます。

3 相互協議と審査請求の相違点

国税不服審判所の審査は、国内法（国税通則法）に基づく不服申立手続の一環です。したがって、審査の判断基準は租税特別措置法66条の4にほかならず、課税処分の合法性について審査されます。審査は、事実認定と法令の解釈、適用につき、第三者的行政機関である国税不服審判所の職員によって行われます。

米国法人日本支店が国外関連取引について、移転価格課税を受けた場合の事例を例にとってみます。相互協議では、たとえ日本の国内法に適合していなくても、米国の税法に適合していれば、中間点の所得配分で合意が成立する余地があります。一方、審判所の裁決では、課税処分が国内法に適合していなければ、課税処分は取り消されることになります。

相互協議においては、権限ある当局は、納税者に対して追加資料の要求や追加説明を求めることがありますが、協議そのものに納税者が関与することはありません。一方、審判所の審査においては、審査官は課税庁と納税者の双方から主張の趣旨や根拠の説明を聴取することとなります。

Q90 相互協議申立上の留意事項

相互協議の申立にあたり留意すべき事項を教えてください。

A 租税条約締結国との間でのみ選択できる手続きであることに注意が必要です。また、不服申立手続とのダブルトラック（異なる手続きを並行して進めること）を認めない国もあります。

解説

相互協議は二国間租税条約が締結されており、相互協議条項を有する締約国との間でのみ選択できる手続きです。相互協議は必ずしも合意に達するとは限りません。そのため、移転価格課税を受けた企業の多くは、異議申立を行うと同時に相互協議の申立を行っているといわれます。両手続が並行して別途進められているのか否かは不明ですが、仮に、相互協議が不調に終わり合意に達しなかった場合でも、異議手続を継続することにより国際的な二重課税の排除の道はつながれることとなります。

なお、米国などでは、米国内国歳入庁に対して不服申立を行っている企業からの相互協議の申立は受けないともいわれます。

Q91 中国子会社への技術者派遣とPE認定課税リスク

中国子会社への技術者派遣について、現地におけるPE課税リスクに備えるためにはどうすればいいですか。

A 日本の親会社のための業務を行っているのではないことを証明できるようにしましょう。

> **解説**

　技術支援のために日本の親会社から中国子会社へ技術者が派遣されるケースについて、中国税務当局がPE認定を行って、親会社の中国国内源泉所得について課税を行うケースが増加しているといわれています。

　日本からの出向者については、中国子会社と出向者との間の**雇用契約書**をきちんと用意しておく必要があります。すなわち、中国子会社の社員である事実と当該社員の業務内容を明確にし、証拠を用意しておくことが重要です。

　親会社からの出張者については、中国子会社において、どれだけの期間、何を行ったかを明確にしておく必要があります。親会社の業務を行うのではなく、中国子会社の要請で現地に滞在している事実を証明できるようにしましょう。

　中国子会社に対する現地での税務調査の段階で、十分な事実関係に関する説明を行うことが重要です。不運にも、PE認定課税を受けてしまった場合でも、相互協議において、日本側の権限ある当局の主張の根拠としても、上記の事実関係に関する情報が必要になりますので、取引事実の発生の段階から、資料、情報を整理しておく必要があります。

Q92 租税条約に基づく情報交換制度

租税条約に基づく情報交換制度とはどのような制度ですか。

> **A** 条約締結相手国の執行体制にもよりますが、外国税務当局が調査権限に基づき収集した資料、情報を日本の税務当局は入手できます。

> **解説**

　「情報交換」は、OECDモデル租税条約の26条に規定されており、一方の

締約国の権限ある当局は、両締約国の税務の執行に必要とされる相手国が入手できる情報の提供を相手国の権限ある当局に対して依頼することができることを定めています。情報の提供を依頼された権限ある当局は、たとえ、当該情報が自国の課税上必要とするものでないとしても、これを入手して相手国の権限ある当局に対して提供する努力を行う義務を規定しています。

「国税庁レポート2012」では、情報交換の現状を次のように紹介しています。

「企業や個人が行う国際的な取引については、国内で入手できる情報だけでは事実関係を十分に解明できないことがあります。そのような場合には、二国間の租税条約などの規定に基づく情報交換を実施することにより、必要な情報を入手することが可能となります。」

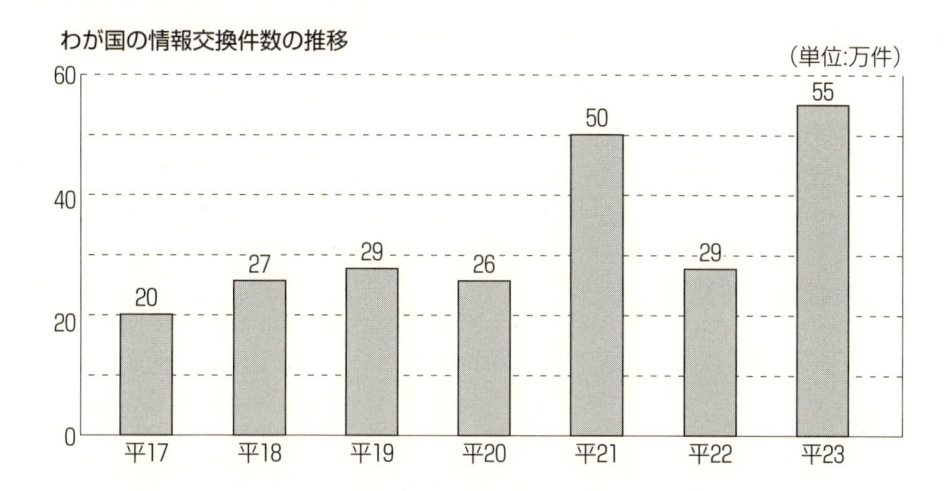

わが国の情報交換件数の推移 （単位:万件）

年	平17	平18	平19	平20	平21	平22	平23
件数	20	27	29	26	50	29	55

情報交換の類型としては次の3類型があります。

1 要請による情報交換

特定の事案に関連して、租税条約の一方の締約国から情報提供の要請があった場合に、他方の締約国が要請された情報を当該一方の締約国に提供す

ることです。OECDモデル租税条約26条では、「提供を要請された情報が銀行その他の金融機関、名義人若しくは代理人若しくは受託者が有する情報又はある者の所有に関する情報であることのみを理由として、一方の締約国が情報の提供を拒否することを認めるものと解してはならない」と規定していますので、外国における金融取引を含む取引情報のほとんどが情報交換の対象となっているものと考えるべきでしょう。

2 自発的情報交換

　租税条約の一方の締約国が、調査等の過程で入手した情報で、他方の締約国にとって課税上有効と認められるものを当該他方の締約国に自発的に提供することです。

　調査のプロの目で把握した情報の中から、相手国課税に有効と思われるものを提供するため、課税漏れ所得に直結する内容の情報が含まれるものと推測されます。

3 自動的情報交換

　外国の納税者に関する情報をその国の税務当局に自動的に、定期的に送付するものです。日本では、法令によって税務当局に提出が義務付けられている非居住者に係る資料（利子、給与、配当等）を相手国に提供しています。

Q93 タックスヘイブンの国、地域とも情報交換が可能

従来タックスヘイブンと呼ばれた国、地域との情報交換が可能になったというのは本当ですか。

A OECD 等を舞台にした国際協力の強化の動きが広がり、わが国のタックスヘイブンとの租税協定網が飛躍的に広がりました。

解説

いわゆるリーマン・ブラザーズの破綻に基因する世界的な金融危機を契機に、2009年4月に第2回金融・世界経済サミットが開催されました。そこでは、特定金融機関の顧客情報の守秘に基因する脱税事件（リヒテンシュタイン事件、スイス事件）が取り上げられ、国際基準に沿った情報交換のネットワークを整備拡充することが合意されました。

OECD 事務局は、税に関する情報交換の OECD 基準を次のとおり設定し、2009年4月にその実施状況に関する報告書を公表しました。

① 銀行機密の保護を否定して金融機関が所有する情報を交換すること
② 自国の課税恩典（domestic interest）がなくても情報を入手し、交換すること

そこでは、OECD 基準に協力的でない一部の国が名指しされ、世界的な批判を受けて、改善の意思を表明することとなりました。その流れを受けて、わが国は、次のようないわゆるタックスヘイブンと呼ばれた国、地域を含む国、地域との租税協定の締結（改定）合意に至り、情報交換が可能となりました。

⇒ ケイマン諸島、シンガポール、バミューダ、マレーシア、ルクセンブルク、ベルギー、スイス、香港、バハマ、ガーンジー、マン島、ジャージー等

第4章
税務調査

第1節 税務調査の基本事項

① 官職名で税務調査の種類が分かる

「男はつらいよ」は渥美清が主演して人気を博した映画シリーズですが、寅さんの義理の弟が勤める「とらや」の裏にある印刷屋の社長が出てきて、「明日から税務署が来るんだよ」と困った顔をします。「参ったな」というのが口癖で、それが庶民感覚の税務署へのイメージです。

税務調査を受ける場合、まれに抜き打ちの調査があります。つまり、事前通知（前もって調査に行きますよという連絡を行うこと）をしないで、会社や代表者の自宅に調査官がやって来て、現状を調査するやり方があるということです。

一般的な税務調査では、1週間ほど前に、「○月○日の○時から××株式会社の税務調査に、本社事務所に伺いたいのですがご都合はいかがでしょうか」といった電話があります。電話の主は必ず「××国税局××部××部門の××と××が伺います」と名乗ります。この所属と官職名により、税務調査の種類がある程度予測できます。

1 任意調査 (audit)

任意調査とは、調査を受ける者の同意を得て行う調査のことです。国税通則法の質問検査権に基づく課税要件事実を調査するものです（平成23年12月2日改正、平成25年1月1日施行。改正前は法人税法等各実定法に規定がありました）。

その手段は任意的ですが、不答弁及び検査拒否等については罰則が適用されますので調査を受ける受けないがまったく自由というわけではなく間接的強制力があるといわれています。

2 強制調査 (criminal investigation)

　国税犯則取締法に基づく脱税事件の調査を指します。各国税局に配置された査察官がこの調査に当たっています。強制調査には次の2種類があります。
① 　国税局長の命を受け、管轄地方裁判所等の裁判官から臨検、捜索または差押えの令状の交付を受けて行う場合です。
② 　間接国税の現行犯事件のように、証拠収集上急を要し、裁判官の許可を受けることができない場合において、令状によらず臨検、捜索または差押えを行うことができる場合です。

　いわゆる査察調査は、国税局（調査）査察部の査察官によって行われます。また、間接国税の強制捜査は間接税の調査担当部門の調査官によって実施されます。
　一方、任意調査は国税局の調査部（調査課）の調査官または、税務署の調査部門の調査官によって行われます。徴収部署の徴収官による滞納処分も任意調査の枠内です。
　国税局には、課税部に資料調査課という部署があります。この部署に所属する職員は実査官と呼ばれますが、実査官も税務署所管の法人の調査を担当する場合があります。所轄の税務署の調査官ではなく国税局の実査官が担当すべき調査事案と位置づけていることからも、調査の密度が濃いことが予想できます。

② どのような会社が税務調査の対象として選定されるか

申告件数と調査件数の比率（平成23年分）

税 目	申告数① （源泉徴収義務者）	調査件数②	調査割合 ②／①
個人所得税	2,185万件	9.4万件 (69.4万件)*1	0.43% (3.18%)
源泉所得税	670.9万件	16.9万件	2.52%
法 人 税	276.2万件	12.5万件	4.53%
消 費 税	323.4万件	21.5万件	6.65%
相 続 税	14.3万件	1.4万件	9.79%

*1　電話または納税者の来署を求めて行う簡易な接触を含む
　2　国税庁「国税庁レポート2012」を参考に作成
　3　総人口は1億2,806万人

　法人税でいえば276万件の法人税申告の中から、12万件の調査対象が選定され、実地調査が行われています。調査課所管法人は、3万件のうち4,000件が選定され調査されています。単純計算すれば、すべての会社の調査を行うためには、20年かかることになりますので、運の良い会社はほとんど税務調査を受けないことになります。

　調査を担当する国税庁の職員数には限りがあります。しかも、専門的な知識と調査経験を備えて、複雑で高度な経済取引の調査、解明ができる人材はいっそう限られています。企業の経営と同様に、これらの限られた人的資源を効果的に、かつ、効率的に機能させるためには、調査すべき対象法人を合理的に絞り込む必要があるわけです。

❶ 高額不正重点の調査対象選定

　国税庁がホームページで公表している「法人税調査により把握された申告漏れ所得金額」のデータでは、バー・クラブ、パチンコ等の業種の法人税調査で、40％を超す割合で不正計算が把握された事実が分かります。貿易業の企業の調査で把握された申告漏れ所得金額が大きいことが注目されますが、そのような全体のすう勢を念頭に、各調査担当部署は調査対象とする企業の選定を行います。税務調査の重点目標である事務運営の基本方針において、毎年、高額不正事案の調査と国際化、高度情報化関連業種の調査が挙げられています。

❷ 資料・情報のある会社が選定される

　「国税庁レポート2011」によれば、国税庁は年間に4億件に上る資料情報を収集し、KSKシステムと呼ばれる納税者管理のためのコンピューターシステムで、迅速かつ統合された納税者管理を行っています。集積された資料・情報と申告内容を照合し、申告内容に調査・検討すべき項目がある場合には、その会社が優先的に調査選定されることになります。
　さて、それでは資料・情報とは具体的にどのようなものなのでしょうか。次に示すものがその典型的なものです。
　①　脱税等に関する投書や電話情報、電子メールなどがあります。
　②　税務調査の際に調査官によって収集された取引情報、金融機関取引情報等があります。
　③　金融機関から提出される法定の資料があります。
　④　法定の支払調書があります。
　⑤　外国税務当局から提供される取引情報等があります。

3 過去の調査実績に基づき問題が多かった会社が選定される

　一定規模以上の会社は、おおむね3年に一度程度の周期で、定期的に調査を受けていることと思われます。国税庁の調査担当部署には、過去の調査の結果と経緯等に関する記録が継続的に記録保管されています。そのため、調査の度に不正計算が発見された会社や多額な誤りが発見された会社などは、優先的に調査選定される傾向があります。

4 財務諸表の分析

　財務諸表の係数分析は、調査選定の出発点に位置づけられます。単年度分析とともに暦年分析が行われます。

　単年度分析では、売上総利益率、たな卸回転率、営業利益率、経常利益率、純利益率、外注費率、人件費率といった業種の特性に基づく重要な係数に異常がないか、慎重に検討されます。低過ぎる、あるいは高過ぎるという異常があると、売上に問題があるのか、仕入か、あるいはたな卸資産の期末有高か、といった要検討項目がリストアップされることになります。

　また、暦年の係数分析では、交際費や役員報酬、寄附金といった税務上損金不算入の取扱いがある科目の科目操作の可能性などにも注目します。これらの勘定科目の金額が損金算入限度額に近い場合、あるいは超過している場合には、経費科目の検討が必要な会社とみなされるでしょう。

　さらに、過去5年間とか7年間といったスパンで、財務データと申告内容が前年対比の変動対比表のような形で記録、保管されていますので、異常な係数が把握されると、文書による照会が行われたり、あるいは実地の調査が行われることとなります。

5 好況業種や話題性のある会社

　国税庁の調査担当部署や資料情報担当部署では、あらゆる種類の新聞や雑誌を収集し、経済関係を中心に話題になった納税者に関する資料・情報の収集と蓄積を継続的に行っています。税務調査は、決算を了して税務申告が終了した事業年度について実施されますので、その時期の資料・情報が調査選定の参考とされるわけです。合併や企業買収、営業譲渡といった財務上の大きな変動要因の発生は、取引発生後歳月が経ってしまうと、記録が散逸する場合があります。また、担当者の記憶も薄れてしまうため、できるだけ早期に確認調査が実施されます。企業再編税制に関係する優遇措置の対象となる取引がある場合には、課税問題も多額となるので、取引発生時に税務調査を念頭に置いた資料の準備と説明の準備を終わらせておくべきでしょう。

6 広域的に事業展開を行う企業グループ

　国税庁は、全国の国税局、税務署のネットワークを活用して、企業グループやグループ内の役員に関する所得関連データを集積し、これを分析して、関連する納税者を全体として調査選定する場合があります。広域的納税者管理を担当する部署もあるようです。

　また、連結納税制度を適用する企業グループについては、該当するグループ全体が調査の対象となります。

第2節 質問検査権

① 税務調査で「できること」「できないこと」

　税務調査にはいくつかのパターンがあることを紹介しましたが、調査の当日になると、名刺の交換を行い、会社の経理責任者と税理士さんが立ち会う中で、調査官が会社の概況を聴取することから税務調査が始まります。また、無予告による調査の場合は、事務所や代表者の自宅等に訪問した調査官（通常2名以上で行動します）と、数分間のやりとりを行い、立ち話もなんだからということで、応接室（間）に通して、実質的な調査が始まります。

　皆さんは、調査を受ける納税者として、税務調査を受けなければならない理由、根拠についてあらためて調べてみたことがありますか。

　この節では、調査官が税務調査ができる根拠といえる**質問検査権**の具体的な範囲と納税者が調査を受け入れなければならない義務である**受忍義務**について解説します。

1 質問検査権は誰に対して付与されているのか

　国税通則法の改正（平成24年、平成25年1月1日施行）前の根拠規定は、次のとおりです。
　　イ　所得税法234条は「国税庁、国税局又は税務署の当該職員は……」と規定しています。
　　ロ　相続税法60条も「国税庁、国税局又は税務署の当該職員は……」と規

定しています。
　ハ　法人税法153条は「国税庁の当該職員又は法人の納税地の所轄税務署若しくは所轄国税局の当該職員は……」と規定しています。

　国税庁（下級官庁を含む）の職員は、事務分掌規定により、それぞれの所属部署に応じた職務が決まっており、質問検査権を付与された調査担当部署の職員とこれを持たない内部管理事務等を担当する職員がいます。
　納税者は、税務調査に臨場する職員が**質問検査証**を携帯しているかどうかを確認することによって、その職員が質問検査権を持った職員かどうかを確認することができます。質問検査証の確認は、いわゆる偽税務職員の排除にも効果的です。

❷ どのような場合に税務調査を行うのか

　イ　所得税法234条は「……所得税に関する調査について必要があるときは……」と規定されています。
　ロ　相続税法60条は「……相続税若しくは贈与税に関する調査又は相続税若しくは贈与税の徴収について必要があるときは……」と規定されています。
　ハ　法人税法153条は「……法人税に関する調査について必要があるときは……」と規定されています。

② 調査する「必要があるとき」というのは誰が判断するのか

　ある特定の企業について「調査を行う必要があるか否か」を誰が判断するのかという疑問があります。租税法上の理論書や判例においては、必ずしも調査官の自由裁量に委ねられているわけではない、といわれています。
　しかしながら、税務申告と納税が正しければ、調査の必要性はないわけで

すが、申告内容が合法的か否かは、関係資料をチェックしなければ判明しないことです。そのため、税務調査は、全納税義務者の中から国税庁部内の判断基準に従って抽出された一部の納税義務者に対して実施されます。国税庁部内の正規の手続きを経て調査選定された事案について、仮に、「『必要があるとき』には当たらないのではないか」という問題提起を行うためには、国税庁部内の選定理由を開示してもらわなければ議論にならないような気がします。このような争点の税務訴訟もかつてあったようですが、調査官等による専門技術的な判断に基づいて必要性の認定が違法とされた事例は少ないようです（最高裁判決昭和58年7月14日、名古屋高裁判決昭和48年1月31日、大阪高裁判決平成2年6月28日等があります）。

③ 誰に対して調査ができるか

　調査の対象となる人や物（書類も含む）の範囲については、次のような規定があります。
　　イ　納税義務がある者、納税義務があると認められる者、確定損失申告書を提出した者が明示されています（所法234①一、法法153等）。
　　ロ　支払調書・源泉徴収票等の提出義務のある者が明示されています（所法234①二）。
　　ハ　イのグループと取引関係のある第三者等が明示されています（所法234①三、法法154①）。これを「反面調査」と呼びます。

　調査の対象者は、租税法上の条文に規定されており、かなり広範な関係者に及びますので具体的な規定を引用することにします（次頁参照、下線は筆者による）。

所得税法

(当該職員の質問検査権)

第234条　国税庁、国税局又は税務署の当該職員は、所得税に関する調査について必要があるときは、次に掲げる者に質問し、又はその者の事業に関する帳簿書類（その作成又は保存に代えて電磁的記録（電子的方式、磁気的方式その他の人の知覚によっては認識することができない方式で作られる記録であって、電子計算機による情報処理の用に供されるものをいう。）の作成又は保存がされている場合における当該電磁的記録を含む。次条第2項及び第242条第10号（罰則）において同じ。）その他の物件を検査することができる。

一　納税義務がある者、納税義務があると認められる者又は第123条第1項（確定損失申告）、第125条第3項（年の中途で死亡した場合の確定申告）若しくは第127条第3項（年の中途で出国をする場合の確定申告）（これらの規定を第166条（非居住者に対する準用）において準用する場合を含む。）の規定による申告書を提出した者

二　第225条第1項（支払調書）に規定する調書、第226条第1項から第3項まで（源泉徴収票）に規定する源泉徴収票又は第227条から第228条の3まで（信託の計算書等）に規定する計算書若しくは調書を提出する義務がある者

三　第1号に掲げる者に金銭若しくは物品の給付をする義務があつたと認められる者若しくは当該義務があると認められる者又は同号に掲げる者から金銭若しくは物品の給付を受ける権利があつたと認められる者若しくは当該権利があると認められる者

2　前項の規定による質問又は検査の権限は、犯罪捜査のために認められたものと解してはならない。

(当該職員の団体に対する諮問及び官公署等への協力要請)

第235条　国税庁、国税局又は税務署の当該職員は、所得税に関する調査について必要があるときは、事業を行う者の組織する団体に、その団体員の所得の調査に関し参考となるべき事項（団体員の個人ごとの所得の金額及び団体が団体

員から特に報告を求めることを必要とする事項を除く。）を諮問することができる。

2　国税庁、国税局又は税務署の当該職員は、所得税に関する調査について必要があるときは、官公署又は政府関係機関に、当該調査に関し参考となるべき帳簿書類その他の物件の閲覧又は提供その他の協力を求めることができる。

法人税法

（当該職員の質問検査権）

第153条　国税庁の当該職員又は法人の納税地の所轄税務署若しくは所轄国税局の当該職員は、法人税に関する調査について必要があるときは、法人（連結親法人の納税地の所轄税務署又は所轄国税局の当該職員がその連結親法人の各連結事業年度の連結所得に対する法人税に関する調査について必要があるときは、連結子法人を含む。）に質問し、又はその帳簿書類（その作成又は保存に代えて電磁的記録（電子的方式、磁気的方式その他の人の知覚によっては認識することができない方式で作られる記録であって、電子計算機による情報処理の用に供されるものをいう。）の作成又は保存がされている場合における当該電磁的記録を含む。以下この編及び第162条第3号（偽りの記載をした中間申告書を提出する等の罪）において同じ。）その他の物件を検査することができる。

2　連結子法人の本店又は主たる事務所の所在地の所轄税務署又は所轄国税局の当該職員は、連結親法人の各連結事業年度の連結所得に対する法人税に関する調査について必要があるときは、当該連結子法人及び当該連結親法人に質問し、又はその帳簿書類その他の物件を検査することができる。

第154条　国税庁の当該職員又は法人の納税地の所轄税務署若しくは所轄国税局の当該職員は、法人税に関する調査について必要があるときは、法人（連結親法人の納税地の所轄税務署又は所轄国税局の当該職員がその連結親法人の各連結事業年度の連結所得に対する法人税に関する調査について必要があるときは、連結子法人を含む。）に対し、金銭の支払若しくは物品の譲渡をする義務があると認められる者又は金銭の支払若しくは物品の譲渡を受ける権利がある

と認められる者に質問し、又はその事業に関する帳簿書類その他の物件を検査することができる。

2　連結子法人の本店又は主たる事務所の所在地の所轄税務署又は所轄国税局の当該職員は、連結親法人の各連結事業年度の連結所得に対する法人税に関する調査について必要があるときは、当該連結子法人に対し、金銭の支払若しくは物品の譲渡をする義務があると認められる者又は金銭の支払若しくは物品の譲渡を受ける権利があると認められる者に質問し、又はその事業に関する帳簿書類その他の物件を検査することができる。

3　分割法人は前二項に規定する物品の譲渡をする義務があると認められる者に、分割承継法人はこれらの規定に規定する物品の譲渡を受ける権利があると認められる者に含まれるものとする。

第155条　前二条の規定は、国税庁の当該職員及び納税地の所轄税務署又は所轄国税局の当該職員以外の当該職員のその所属する税務署又は国税局の所轄区域内に本店、支店、工場、営業所その他これらに準ずるものを有する法人に対する質問又は検査について準用する。

第156条　前三条の規定による質問又は検査の権限は、犯罪捜査のために認められたものと解してはならない。

（官公署等への協力要請）

第156条の2　国税庁、国税局又は税務署の当該職員は、法人税に関する調査について必要があるときは、官公署又は政府関係機関に、当該調査に関し参考となるべき帳簿書類その他の物件の閲覧又は提供その他の協力を求めることができる。

④ 反面調査の必要性

法人税法154条には、調査官が反面調査を行う権限を有することが規定されています。それでは、ここでいうところの「必要があるとき」とは、どの

ような場合を指すのでしょうか。

　この点に関して、大阪高等裁判所の平成2年6月28日判決は、納税義務者本人（調査対象の納税者）が調査に協力しなかった事実をもって、反面調査の客観的必要性ないし社会通念上の反面調査の妥当性の根拠としているようです（類似判例として、東京高裁判決平成11年11月28日があります）。

　反面調査できる取引先等としては、「金銭の支払い若しくは物品の譲渡をする義務があると認められる者」、「金銭の支払い若しくは物品の譲渡を受ける権利があると認められる者」が明記されています。そして、これらの取引先等に「質問し」または「その事業に関する帳簿書類を検査すること」ができるとされています。

　また、京都地方裁判所昭和50年7月18日の判決で、反面調査に当たり、事前通知や調査理由の開示、調査対象の納税者の同意書は必ずしも必要とされないとの判決が下されています。

⑤ 何を調査できるか

　税務調査の対象物件については、個別の租税法上において規定されています。具体的には次のとおりです。
　イ　所得税法では「事業に関する帳簿書類、その他の物件」とされています。
　ロ　法人税法では「帳簿書類、その他の物件」とされています。
　ハ　相続税法では「財産又はその財産に関する帳簿書類」とされています。

⑥ 調査官がしなければならないこと

　納税者の受忍義務とともに、調査官の義務も次のように規定されています。
　イ　身分証明書を携帯し、提示しなければなりません。不携帯の場合には、

調査に当たって納税者は応答する義務がないと解されます。
ロ　質問、検査の日時、場所、理由等を事前に相手方に通知する義務があります。判例では、調査の必要上、事前通知を行わずに調査を行うことができる場合もあるとの判断が有力とされており、説が分かれています。

金融機関の税務調査に関する Q&A

Q94 外国銀行の税務調査

外国銀行の税務調査の概況聴取では、どのような内容を聴取されるのでしょうか。

A 国内源泉所得の範囲と所得の種類を特定するために必要な情報を入手するための関連事項を広範に聴取します。

解説

税務調査では、特別な場合を除き、基本的に当局から調査の事前通知があります。事前通知の段階で、調査日程や、調査に臨場する調査担当官の人数等の告知があり、会議室の確保や調査時に提出を求めた資料やコピーの保管用のキャビネット、パソコンやコピー機の設置について協力を求められる場合もあるようです。これに応じるか否かは、会社の判断ですが、調査を効率的に進めてもらい、会社側の担当者の手数をできるだけ省く意味から、対応している企業が多いようです。

概況聴取の内容を3つのポイントに分けて説明します。

1 本店に関する事項

外国銀行日本支店の設立時期、沿革、主要な業務、組織図、従事員数、海外展開の現状、本店所在地国における金融機関の中の位置づけ（規模、収益等）、経営の基本方針、本店所在国の監督当局との関係等の説明を求められ

ますので、関連する資料を事前に準備しておくと良いでしょう。

❷ 在日拠点に関する事項

　日本支店の開設時期、業務内容、支店の組織、支店が意思決定できる事項、本店の了解を受けるべき事項、意思決定プロセスに係る書類、従事員数、帳簿組織、コンプライアンスのチェックシステム、給与・報酬の査定制度と権限の所在、会計監査の実施状況等の説明を求められます。

❸ 本店との関係に関する事項

　イ　本店の組織、日本支店の業務管理を担当する部署、レポーティングラインを説明する資料の提出を求められることがあります。
　ロ　日本支店の代表者に付与されている業務執行権限の範囲を明示した資料の提出を求められます。
　ハ　日本支店において、業務執行のための企画、立案、実施、審査等のために設けられている会議等の名称及び議事録等の提出を求められます。議事録に記載された個別取引等の調査に進むわけです。

　留意すべきことは、説明する内容について、本支店間の意見調整と支店内関連部署間の意思統一を図っておかなければならないということです。

Q95 業務関連部署のスタッフへのヒアリング

　外国銀行の税務調査で、業務関連部署のスタッフ等には、どのような質問調査が行われるのでしょうか。

A 本店のコントロールがどこまで浸透しているか、本支店の所得配分が合理的に行われているかが焦点です。

解説

業務関連部署のスタッフ等に対して説明を求められる事項には、次のような項目があります。

❶ 流動性リスクの管理に関する事項

イ　円資金を市場から調達し、運用する担当部署と担当者名、レポートラインについて、組織図等を基に説明することを求められます。

ロ　日本支店が調達可能な円資金の上限額、スワップ取引で調達可能な金額、資金の調達先等について、資料に基づき説明を求められます。

ハ　大口負債の明細の提出を求め、期日管理がどのように行われているかについて、説明を求められます。

ニ　本店所在地国の金融当局は、日本支店の流動性リスクについてどのような指導を行い、規制を行っているかの説明を求められます。

❷ マーケットリスクに関する事項

イ　日本支店が本店から許容されている商品毎のポジション限度額、損失限度額について、資料に基づき説明することを求められます。

ロ　直近に行ったストレステスト*の内容について、計算方法、計算要素等を示して、リスクファクター（円ドルレート、円短期金利、円長期金利、ドル金利等）別の分析結果のシミュレーションを求められることがあります。

　　＊　ストレステスト（Stress Test）
　　　　金融市場において不測の事態が生じた場合に備えて、ポートフォリオの損失の程度や損失の回避策を予めシミュレーションしておくリ

スク管理手法のことです。"Stress Test"用語は、マーケットのリスク管理に関する用語として以前からありましたが、2009年にFRB（連邦準備制度理事会）など米金融当局が、金融機関の資産の健全性を調べるために、大手金融機関を対象に実施した検査にこの用語を使ったことにより一般化しました。

ハ　日本支店がブックしているデリバティブ取引がある場合、その明細を提出させ、金額的重要性の高い取引に焦点を当てて説明を求めます。
ニ　デリバティブ取引の時価評価について、資料に基づき説明を求められます。
ホ　ディーラーが取引の約定を行った場合、どのような処理を行い、どのような記録が残るのかについて説明を求められます。
ヘ　各ディーラーの日々のポジッション及び損益金額は、いつの時点で、どの部署の誰に、どのような方法でレポートされるのかの説明を求められます。
ト　日本支店における各商品、各ディーラーのポジションと損益金額は、いつの時点で本店に報告されるのかを、資料に基づいて説明することを求められます。

❸ 信用リスクに関する事項

　取引先毎の与信管理の現状の説明を求められます。また、貸付有価証券の有無、レポ取引の有無の説明を求められます。特に、大口与信先の明細を提出させ、行内格付け等の確認を行う場合もあります。

❹ 業務管理に関する事項

イ　市場外取引がある場合、市場時価と乖離がないか、チェックシステムの説明を求められます。
ロ　トレーダーの約定入力、チケット作成の確認などの業務管理はどこの部署の誰が行い、どのような記録が残されるかの説明を求められます。

ハ　保有している債券の保管状況、売買の管理と債券の受渡事務のフローの説明を求められます。

　留意すべきことは、説明する内容について、本支店間の意見調整と支店内関連部署間の意思統一を図っておかなければならないということです。

Q96 外国証券会社の税務調査

外国証券会社の税務調査においては、どのような質問調査が行われるのでしょうか。

A　対顧客取引と自己売買取引について、収益性の軽重に応じて質問調査が行われます。

解説

　本店に関する事項、在日拠点に関する事項、本店との関係に関する事項については、銀行業とほぼ同様の質問事項に関する説明を求められます。
　業務に関する事項を、収益関連事項と費用関連事項に分けて解説します。

1 収益関連事項

❶　株式委託手数料
　市場内取引以外に、市場外取引、媒介取引、非上場銘柄の委託取引等について、特定顧客に対する経済的利益の供与がないかという視点で、取引内容の説明を求められます。

❷ 増資・起債引受手数料、M&A コンサルティング手数料

日本支店独自の取引に係る収益計上の妥当性とともに、本店主導あるいは他の海外拠点との共同案件に係る手数料収益が適正に計上されているかについて取引資料と会計処理の流れの説明を求められます。

❸ 有価証券売買等損益

売買目的有価証券勘定の補助簿の説明を求められます。また、質的、金額的重要性により特定取引の一覧表の作成が求められ、その資料に基づき、同一銘柄にもかかわらず価格が異なる取引がないか、関係会社との取引等に異常がないかといった視点で質問調査が行われます。

保有有価証券の期末評価額について、評価の判断基準と実際の時価の確認資料の説明を求められます。

❹ クロスボーダー役務提供取引

いわゆるグローバルトレーディングについては、日本支店の社員が行った海外業務や海外拠点との共同業務について、役務提供の対価として手数料等を収受すべきものがないかという視点で業務内容の説明を求められます。

本店を含む海外拠点の社員が、日本支店を拠点として海外拠点の直接取引（日本支店に収益計上されない取引）を行っていないかという視点で、質問調査が行われます。

2 費用関連事項

❶ 本店からの配賦経費

本店配賦経費の損金性を検討するため、配賦基準の説明、計算の根拠となる本店における発生費用の額を説明する資料の提出、計算が正確であることを説明する資料の提出等が求められます。

❷ イントラグループサービス（Intra-Group Service）の対価

　企業グループ内役務提供取引（イントラグループサービス）に該当する役務提供の対価について、移転価格税制上の合法性の検討を行うため、計算方法やマークアップの有無等について、説明を求められます。

❸ 外国人派遣社員の給与

　日本支店に、外国関係会社から派遣されている社員の給与について、日本人スタッフとの給与較差の有無や経済的な利益の有無等を検討するための質問調査が行われます。

① 外国人派遣社員の雇用契約上の身分
② 給与総額のうち日本において支給される金額と海外で支給される金額
③ 給与支給額の全額が日本支店において負担すべきものか
④ ストックオプション制度の適用の有無

資　料

外国法人に関する法令等・税務関係書類一覧

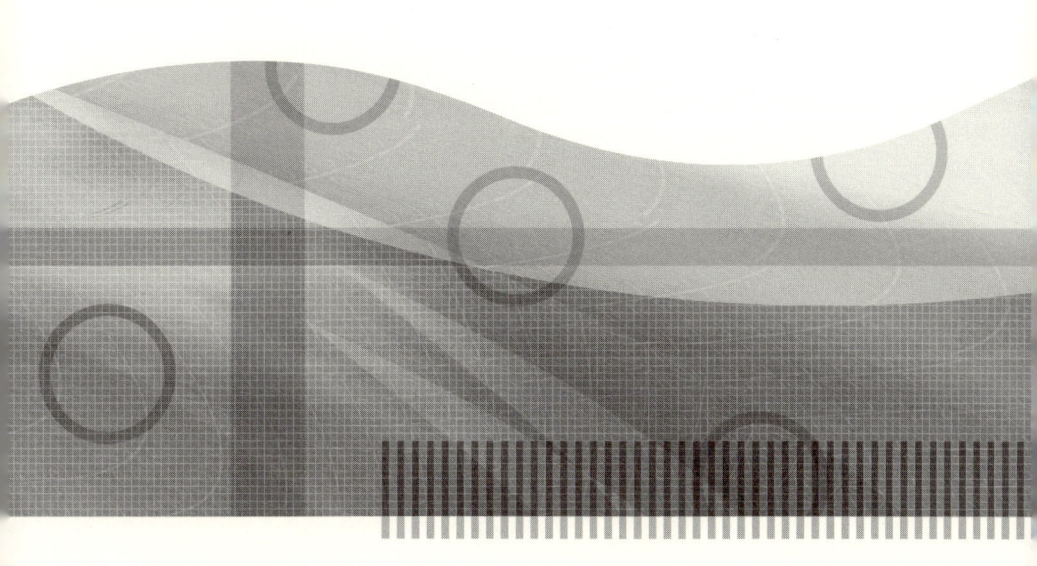

参考資料1　外国法人の商業登記関連法令

　わが国において、外国法人が登記をしなければならないことの根拠となる法令としては、以下のものがあります。

（外国会社の登記）
会社法第933条　外国会社が第817条第１項の規定により初めて日本における代表者を定めたときは、３週間以内に、次の各号に掲げる場合の区分に応じ、当該各号に定める地において、外国会社の登記をしなければならない。
　一　日本に営業所を設けていない場合　日本における代表者（日本に住所を有するものに限る。以下この節において同じ。）の住所地
　二　日本に営業所を設けた場合　当該営業所の所在地

（外国会社の登記）
商業登記法第129条　会社法第933条第１項の規定による外国会社の登記の申請書には、次の書面を添付しなければならない。
　一　本店の存在を認めるに足りる書面
　二　日本における代表者の資格を証する書面
　三　外国会社の定款その他外国会社の性質を識別するに足りる書面
　四　会社法第939条第２項の規定による公告方法についての定めがあるときは、これを証する書面
２　前項の書類は、外国会社の本国の管轄官庁又は日本における領事その他権限がある官憲の認証を受けたものでなければならない。
３　第１項の登記の申請書に他の登記所の登記事項証明書で日本における代表者を定めた旨又は日本に営業所を設けた旨の記載があるものを添付したときは、同項の書面の添付を要しない。

（登記）
民法第36条　法人及び外国法人は、この法律その他の法令の定めるところにより、登記をするものとする。

| 参考資料2 | 外国における組織再編成に係る我が国租税法上の取扱いについて(目次) |

　本書の「外国法人が関係する企業組織再編への課税に関するQ&A」（171頁）の冒頭で紹介した「外国における組織再編成に係る我が国租税法上の取扱いについて」（日本租税研究協会　国際的組織再編等課税問題検討会　平成24年4月9日公表）の目次は、以下のようになります。同報告書では、内国法人の外国子会社が外国において組織再編成を行った場合に、株主である内国法人に係るわが国における課税関係（適格組織再編として課税繰延が認められるか）が、主要国の事例を個別検討する方法で、分析され、結論づけられていますので、興味のある方はご参照ください（同報告書の本文は、『租税研究』2012年7月号　39～64頁参照）。

```
                    目　　　　次
Ⅰ　総論
　　外国における組織再編成に係る我が国租税法上の取扱いについて
Ⅱ　国別事例
　　1　米国
　　　　1－1　米国の会社法に基づく合併
　　　　1－2　米国の会社法に基づく逆三角合併
　　　　1－3　米国の分割
　　2　英国
　　　　英国の合併類似再編行為（事業譲渡＋清算）
　　3　ドイツ
　　　　ドイツの会社法に基づく合併
　　4　フランス
　　　　フランスの会社法に基づく合併
　　5　カナダ
　　　　カナダの会社法に基づくAmalgamation
　　6　シンガポール
　　　　シンガポールの会社法に基づく合併
```

参考資料3　外国普通法人となった旨の届出書（法法149）

(1) PE を有する外国法人及び PE を有しない外国法人の届出義務

次の場合に該当する外国法人は、所定の期限までに届出書を提出しなければなりません。

① 国内に PE を有する外国普通法人に該当することとなった場合
② 人的役務の提供事業を国内において開始した場合
③ 国内にある資産の運用、保有もしくは譲渡等により生ずる対価あるいは不動産等の貸付けにより生ずる対価を有することとなった場合

　＊　②及び③は、国内に PE を有しない外国普通法人が対象となります。

(2) 提出期限

提出時期は次の日とされています。

①の場合 ⇒ その該当することとなった日以後2か月以内
②の場合 ⇒ その開始した日以後2か月以内
③の場合 ⇒ その有することとなった日以後2か月以内

(3) 主たる記載事項

「外国普通法人となった旨の届出書」(318頁)に記載すべき事項は次のような事項です。

① その納税地及び国内において行う事業または国内にある資産の経営または管理の責任者の氏名
② 国内において行う事業の目的及び種類または国内にある資産の種類及び所在地
③ 国内において行う事業を開始した日もしくはその開始予定日または国内にある資産を有することとなった日

(4) 提出部数・添付書類

届出書は次の書類を添付して（法規64）2部提出する必要があります（記載要領）。

① 法人税法149条1項に規定するその該当することとなった時またはその開始した時もしくはその有することとなった時における貸借対照表（法令上このように表現されていますが、実務上、これらの時の属する事業年度の**直前事業年度の法人全体の貸借対照表**を添付すればよいと思われます）

② 定款、寄附行為、規則もしくは規約またはこれらに準ずるものの和訳文
③ 国内にある事務所、事業所その他これらに準ずるものについて登記をしている場合には、その**登記事項証明書**
④ 国内にある事務所、事業所その他これらに準ずるものの名称及び所在地を記載した書類（法令上添付書類とされていますが、届出書の書式上記載欄がありますので、ここに記載することにより添付は必要ありません）
⑤ 法人税法149条１項に規定するその該当することとなった時またはその開始した時もしくはその有することとなった時における**国内において行う事業または国内にある資産に係る貸借対照表及び財産目録**
⑥ 国内において行う事業の概要を記載した書類

(5) **提出先**

提出先は当該外国法人の**納税地の所轄税務署長**で、この届出書を提出する場合の納税地は次のとおりです（法法149、法法17、法令16）。
① 国内にPEを有する外国法人（法人税法141条１号から３号までに規定するもの）にあっては、国内にある事務所、事業所その他これらに準ずるもののうちその主たるものの所在地
② ①以外の法人で不動産の貸付け等の対価（船舶又は航空機の貸付けによるものを除く）を受ける法人にあっては、その貸付け等をしている資産のうち主たる資産の所在地
③ ①及び②以外の法人にあっては、法人税に関する申告、請求、その他の行為をする場所として選択した場所

(6) **記載に当たり留意すべき事項**

記載欄	留意事項
法人名等	法人税法２条29号の２に規定する法人課税信託の受託者がその法人課税信託について、国税に関する法律に基づき税務署長等に申請書等を提出する場合には、「法人名等」の欄には、受託者の法人名または氏名のほか、その法人課税信託の名称を併せて記載します。

納税地	① 国内にPEを有する外国法人（1号～3号）にあっては、国内にある事務所、事業所その他これらに準ずるもののうちその主たるものの所在地 ② ①以外の法人で不動産の貸付け等の対価（船舶又は航空機の貸付けによるものを除く）を受ける法人にあっては、その貸付け等をしている資産の所在地 ③ ①及び②以外の法人にあっては、法人税に関する申告、請求、その他の行為をする場所として選択した場所
責任者氏名	国内において行う事業または国内にある資産の管理の責任者の氏名を、「責任者住所」欄には、その者の住所を記載します。
事業年度	当該外国普通法人の事業年度を記載します。
国内において行う事業の目的及び種類	国内において行う事業の目的及び種類を具体的に記載します。国税庁の示す記載要領では、事業所得を有する外国普通法人を前提に事業目的を記載するようになっていますが、事業所得を有しない外国普通法人については、国内源泉所得の種類を念頭に活動内容を記載すればよいものと思われます。
国内にある事務所等	国内における主たる事務所、事業所等以外の国内にある事務所、事業所等についてその名称（例えば、大阪支店）と所在地を記載します。
国内において資産の運用等を行うこととなった日または役務の提供を行うこととなった日	国内にPEを有し事業を行う外国法人以外で、国内にある資産を有することとなった日または人的役務の提供を行うこととなった日を記載します。
国内にある資産の種類及び所在地	国内にある資産を有することとなった外国普通法人について、その国内にある資産の種類及び所在地を記載します。
『給与支払事務所等の開設届出書』の提出の有無	『給与支払事務所等の開設届出書』の提出の有無について、該当欄に○を付します。同届出書は、給与支払事務所等を設置した日から1月以内に、所轄税務署長に提出しなければなりません。
添付書類	(4)に記載した添付書類について、添付した書類の欄に○を付します。
税理士署名押印	この届出書を税理士及び税理士法人が作成した場合に、その税理士等が署名押印します。

外国普通法人となった旨の届出書

参考資料 4　源泉所得税関係申告書

　源泉所得税関係申告書には、主要なものとして以下のものがあります。なお、一部を省略して掲載しています。

① 外国法人又は非居住者に対する源泉徴収の免除証明書交付（追加）申請書
　⇒ 320頁参照

② 外国金融機関等の債券現先取引に係る利子の非課税の特例に関する非課税適用申告書
　⇒ 321頁参照

③ 芸能人の役務提供に関する事業を行う個人事業者に対する所得税の源泉徴収免除証明書交付（追加）申請書
　⇒ 322頁参照

④ 源泉徴収に係る所得税の納税管理人の届出書
　⇒ 323頁参照

外国法人又は非居住者に対する源泉徴収の免除証明書交付（追加）申請書

外国金融機関等の債券現先取引に係る利子の非課税の特例に関する非課税適用申告書

外国金融機関等の債券現先取引に係る利子の非課税の特例に関する非課税適用申告書
Application Form of Withholding Tax Exemption with regard to Special Treatment of Non-Taxation on Interest in connection with Bond *Gensaki* Transactions by Foreign Financial Institutions, etc.

平成　年　月　日
YYYY/MM/DD

_____税務署長殿
To:The District Director of the _____ Tax Office

フリガナ *Kana*（reading）	
本店又は主たる事務所の所在地 Location of head office or main office of the applicant	
フリガナ *Kana*（reading）	
名称 Name of the applicant	

下記の特定金融機関等との間で行う債券現先取引に係る特定利子につき、租税特別措置法第42条の２第２項各号に掲げる外国法人のいずれにも該当しないことから、同条第１項の規定の適用を受けたいので、この旨申告します。
We hereby file for tax-exemption to apply to the provisions in Article42-2 Item 1 of the Tax Special Measurement Law, with regard to special interest in connection with Bond *Gendsaki* Transactions made with the Specified Financial Institutions etc. below, since none of foreign corporations set out in each of Item 2 of the same article apply.

特定金融機関等の名称及び本店の所在地 Name of Specified Financial Institutions etc. and the location of its head office	
非課税適用申告書が受理される事務所等の名称及び所在地 Name of the office etc. to accept the application and its location	
納税管理人の氏名及び住所 Name and address of the applicant's tax agent (if any)	

（摘要） （Remarks）	確認書類の名称 Name of ID documents	特定金融機関等の受理日付印 Date of receipt by Specified Financial Institutions etc

資料　321

芸能人の役務提供に関する事業を行う個人事業者に対する所得税の源泉徴収免除証明書交付(追加)申請書

芸能人の役務提供に関する事業を行う個人事業者に対する所得税の源泉徴収免除証明書交付(追加)申請書			
税務署受付印			※整理番号
平成　年　月　日 　　　　　税務署長殿	住所又は居所	〒 　　　　　電話　　－　　－	
	(フリガナ)		
	氏　　名		㊞
	(フリガナ)		
	名　　称		

所得税法第206条第1項に規定する証明書　　　部の交付を申請します。

① 現に行っている事業の概要	(直近年度の決算書を添付してください。)
② 現に行っている事業が次に掲げる要件の一に該当する事情の詳細 　1　映画又はレコード(録音のテープ及びワイヤーを含む。)の製作を主たる事業としていること 　2　自ら主催してその所有する劇場において定期的に演劇の公演を行っていること 　3　自ら主催して興行場において定期的に演劇の公演を行うことを主たる事業としていること 　4　主として自己に専属する芸能人をもって演劇の製作及びその製作した演劇の公演を行うことを主たる事業としていること	
③ 芸能人の役務の提供に関して支払を受ける報酬又は料金がその備付帳簿に明確に記録されていることの事実の詳細	
④ 証明書を2部以上必要とする事情の詳細	
⑤ 自己に専属する主要芸能人の氏名	(書ききれない場合は別紙に記載して添付して下さい。)
⑥ 自己に専属する芸能人との専属契約の内容	

税理士署名押印		㊞

※税務署処理欄	起案	・・	署長	副署長	統括官	担当者	整理簿	処理内容	交付・不交付	(規格A4)
	決裁	・・						交付部数	部	
	(摘要)						交付事績	有効期限	・・	
								証明書番号	～	
							通知書	交付通知年月日	・・	

15.07改正　　　　　　　　　　　　　　　　　　　　(源1425)

源泉徴収に係る所得税の納税管理人の届出書

REGISTRATION OF TAX AGENT ON WITHHOLDING INCOME TAX
源泉徴収に係る所得税の納税管理人の届出書

Date
平成＿＿年＿＿月＿＿日

To the District Director,
＿＿＿＿＿＿ Tax Office
＿＿＿＿＿＿税務署長殿

Place for tax payment
納 税 地 ＿＿＿＿＿＿＿＿＿＿＿＿＿

Domicile of place of head office
住所又は所在地 ＿＿＿＿＿＿＿＿＿＿

Full name   Signature
氏名又は名称 ＿＿＿＿＿＿＿＿＿＿＿ ㊞

I (we) hereby declare that I (we) assign the following person for my (our) Tax Agent and authorize him／her to act for me (us) on the withholding income Tax.
源泉徴収に係る所得税の納税管理人として、次の者を定めたので届け出ます。

1 Tax Agent in Japan
　納税管理人

　Domicile
　〒　―
　住　所 ＿＿＿＿＿＿＿＿＿＿＿＿＿＿＿＿＿

　Full name
　フリガナ
　　　　　　　　　　　　　　　　Signature   Relation to you
　氏　名 ＿＿＿＿＿＿＿＿＿＿＿＿＿ ㊞   届出者との関係

　Occupation   Telephone Number
　職　業 ＿＿＿＿＿ 電話番号 ＿＿＿（　）＿＿＿＿＿   ＿＿＿＿＿＿

2 Reason for Assigning the Tax Agent
　納税管理人を定めた理由

3 Others
　その他参考事項

For official use only

税務署処理欄	一般事務整理簿	源泉所得税調査簿	管理部門連絡		

20. 06 改正

参考資料5　投資組合等の外国組合員に関する申告書

　投資組合等の外国組合員に関する申告書には、主要なものとして以下のものがあります。なお、一部を省略して掲載しています。
① 　投資組合契約の外国組合員に対する課税の特例に関する（変更）申告書
　　⇒ 325頁参照
② 　恒久的施設を有しない外国組合員の課税所得の特例の適用に関する届出書（外国法人）
　　⇒ 327頁参照
③ 　恒久的施設を有しない外国組合員の課税所得の特例に関する届出書（非居住者）
　　⇒ 328頁参照

資料 | 325

投資組合契約の外国組合員に対する課税の特例に関する（変更）申告書

投資組合契約の外国組合員に対する
課税の特例に関する（変更）申告書
APPLICATION FORM (TO MODIFY PREVIOUS
APPLICATION) TO APPLY FOR SPECIAL
PROVISION FOR FOREIGN MEMBER OF
INVESTMENT LIMITED PARTNERSHIP

この申告書の記載に当たっては、別紙の注意事項を参照して下さい。
See separate instructions

税務署整理欄
For official use only
適用：有、無

_____ 税務署長 殿
To the District Director, _____ Tax Office

1．申告者に関する事項
Details of Applicant

氏名又は名称 Name	
非居住者の場合 Individual	住所等（注5） Domicile, etc. (Note5)
外国法人の場合 Corporation	本店又は主たる事務所の所在地 Place of Head or Main Office

※ 該当する方にチェックして下さい。　Please check the box of applicable sentence.

☐ 投資組合契約につき、租税特別措置法第41条の21第1項各号に掲げる要件をすべて満たしていることから、同条第1項及び/又は同法第67条の16第1項の特例の適用を受けたいので、同法第41条の21第3項及び/又は同法第67条の16第2項の規定により申告します。
In accordance with the provisions in Paragraph 3 of Article 41-21 and/or Paragraph 2 of Article 67-16 of the Act on Special Measures Concerning Taxation, I (we) hereby submit an application for the special provision prescribed in Paragraph 1 of Article 41-21 and/or Paragraph 1 of Article 67-16 of the Act, with regard to the Investment Limited Partnership Contract, since I (we) qualify all conditions listed in Paragraph 1 of Article 41-21 of the Act.

☐ 租税特別措置法第41条の21第1項及び/又は同法第67条の16第1項の特例の適用を受けるため提出した「投資組合契約の外国組合員に対する課税の特例に関する（変更）申告書」の記載内容に変更があったので、同法第41条の21第7項及び/又は同法第67条の16第2項の規定により申告します。
In accordance with the provisions in Paragraph 7 of Article 41-21 and/or Paragraph 2 of Article 67-16 of the Act on Special Measures Concerning Taxation, I (we) hereby submit an application to change item(s) reported in the previous "Application Form (to Modify Previous Application) to Apply for Special Provision for Foreign Member of Investment Limited Partnership" to apply for the special provisions prescribed in Paragraph 1 of Article 41-21 and /or Paragraph 1 of Article 67-16 of the Act.

　　　　年　　月　　日
Date　Year　Month　Date

署名
Signature

2．特例適用投資組合契約に関する事項　（注：契約書の写しを添付してください。（注3））
Details of Investment Limited Partnership Contract Applied for Special Provision
Note: Please attach the copy of contract to this form. (Note 3)

投資組合の名称 Name of Partnership	
国内事務所等の所在地（注6） Place of Office in Japan, etc. (Note 6)	
配分の取扱者の氏名又は名称 Name of Distribution Manager	
投資組合の事業の内容 Detail of Business	
投資組合契約締結年月日 Date of Contract	／　／	投資組合の存続期間 Period of Duration	／　／ ～ ／　／
投資組合財産に対する持分割合（注7） Share of Property (Note 7)	（　　％） ％	損益分配割合（注7） Share of Distribution of Profit and Loss(Note 7)	（　　％） ％

投資組合契約の外国組合員に対する課税の特例に関する(変更)申告書のつづき

3. 特殊の関係のある者に関する事項(注8、13)
Details of Special Related Person (Note 8, 13)

氏名又は名称 Name	
投資組合財産に対する持分割合 Share of Property ％	損益分配割合 Share of Distribution of Profit and Loss ％

4. 申告者が持分を有する他の組合に関する事項(注9、13)
Details of the Other Partnership Shared by Applicant (Note 9, 13)

組合の名称 Name	
主たる事務所の所在地 Place of Main Office	
組合の代表者の氏名又は名称 Name of Representative	
2．の組合の投資組合財産に対する持分割合(注10) Share of Property of Partnership Mentioned in Box 2 (Note 10) ％	2．の組合に係る損益分配割合(注10) Share of Distribution of Partnership Mentioned in Box 2 (Note 10) ％
このうち申告者の持分割合(注10) Applicant's Share of Property Mentioned Above (Note 10) ％	このうち申告者の損益分配割合(注10) Applicant's Share of Distribution of Profit and Loss Mentioned Above (Note 10) ％

5. 租税特別措置法施行令第26条の30第14項若しくは第15項及び/又は同令第39条の33第2項若しくは第3項の適用に関する事項(注11、13)
Details Where the Applicant Applies for Paragraph 14 or 15 of Article 26-30 and/or Paragraph 2 or 3 of Article 39-33 of the Cabinet Order of the Act on Special Measures Concerning Taxation (Note 11, 13)

適用条項：
Applicable Provision:
□ 租税特別措置法施行令第26条の30第14項及び/又は同令第39条の33第2項
　Paragraph 14 of Article 26-30 and/or Paragraph 2 of Article 39-33 of the Cabinet Order of the Act on Special Measures Concerning Taxation
□ 租税特別措置法施行令第26条の30第15項及び/又は同令第39条の33第3項
　Paragraph 15 of Article 26-30 and/or Paragraph 3 of Article 39-33 of the Cabinet Order of the Act on Special Measures Concerning Taxation

(1) 直前に有していた他の恒久的施設に関する事項
Details of the Other Permanent Establishment Which Was Held by Applicant Just Before This Application

直前に有していた他の恒久的施設の名称 Name	
恒久的施設の所在地 Place of Permanent Establishment	
第5号要件を満たすこととなる年月日 Date of Qualifying Requirements of Act on Special Measures Concerning Taxation 41-21(1)(v)	／　／

(2) 他の投資組合契約に関する事項(注12)
Details of the Other Applicable Partnership for Exception (Note 12)

他の投資組合の名称 Name	
国内事務所等の所在地(注6) Place of Office in Japan, etc. (Note 6)	
他の投資組合契約につきこの申告書を提出した場合のその提出年月日 Date of Application for the Other Applicable Investment Limited Partnership if Submit	／　／

6. 納税管理人に関する事項(注14)
Details of Tax Agent (Note 14)

氏名 Name		届出をした税務署名 Name of Tax Office Registered	
住所又は居所 Domicile or Residence			税務署 Tax Office

7. その他参考となるべき事項(注15)
Others (Note 15)

恒久的施設を有しない外国組合員の課税所得の特例の適用に関する届出書(外国法人)

税務署受付印	恒久的施設を有しない外国組合員の課税所得の特例の適用に関する届出書	※整理番号	
	（フリガナ）		
	外国法人の名称		
平成　年　月　日	本店又は主たる事務所の所在地	〒	
税務署長殿	（フリガナ）		
	代表者の氏名		㊞

特例適用投資組合契約等について租税特別措置法施行令第39条の33の2第1項（恒久的施設を有しない外国組合員の課税所得の特例）の規定の適用を受けたいので、下記のとおり届け出ます。

記

<table>
<tr><td rowspan="6">特例を締結している投資組合契約の場合</td><td>（フリガナ）</td><td></td></tr>
<tr><td>投資組合の名称</td><td></td></tr>
<tr><td>国内にある事務所等の所在地</td><td></td></tr>
<tr><td>納税地</td><td></td></tr>
<tr><td>特例適用申告書（変更申告書）の提出年月日</td><td>平成　年　月　日（平成　年　月　日）</td></tr>
<tr><td colspan="2">内国法人の株式又は出資の譲渡の時において、特例適用投資組合契約等について租税特別措置法第67条の16第1項の規定の適用を受けています。</td></tr>
<tr><td rowspan="4">投資組合契約を締結している場合</td><td>（フリガナ）</td><td></td></tr>
<tr><td>投資組合の名称</td><td></td></tr>
<tr><td>主たる事務所の所在地</td><td></td></tr>
<tr><td colspan="2">租税特別措置法施行令第39条の33の2第1項第1号及び第2号に掲げる要件を満たしています。</td></tr>
</table>

	内国法人の発行済株式総数又は出資総額に占める所有割合		
	年　月　日～　年　月　日	年　月　日～　年　月　日	年　月　日～　年　月　日
(1) 内国法人の特殊関係株主等（(2)に掲げる者を除く。）	％	％	％
(2) 内国法人の特殊関係株主等のうち特例適用投資組合契約等に係る法人税法施行令第187条第4項第3号に掲げる者に該当する者			

譲渡した内国法人の株式又は出資の明細	銘柄	株式数又は出資金額	租税特別措置法施行令第26条の31第3項各号に掲げる株式数又は出資金額
		内	
		内	
		内	
		内	

その他参考となるべき事項	

（規格 A 4）

税理士署名押印		㊞

※税務署処理欄	部門	決算期	業種番号	整理簿	備考	通信日付印　年　月　日	確認印

21.06

恒久的施設を有しない外国組合員の課税所得の特例に関する届出書(非居住者)

恒久的施設を有しない外国組合員の課税所得の特例に関する届出書

通信日付印の年月日	確認印	番号
年 月 日		

税務署受付印

_____税務署長殿

___年___月___日提出

届出者	住所(国内の居所)	( )
	フリガナ	
	氏名	㊞
	職業	連絡先電話番号 ( )

※押印の欄については、該当する部分の番号を○で囲んでください。「1」に該当する方は、特例適用申告書(及び変更申告書)の提出年月日を記載してください。

特例適用投資組合契約等について租税特別措置法施行令第26条の31第1項の規定の適用を受けたいので、下記の内容のとおり届出します。

記

1 特例適用投資組合契約等の内容

投資組合の名称	
投資組合の所在地	
特例適用投資組合契約等の要件(※)	1 私は、内国法人の株式又は出資の譲渡の時において、特例適用投資組合契約につき租税特別措置法第41条の21第1項の規定の適用を受けています。特例適用申告書(及び変更申告書)の提出年月日 年 月 日(年 月 日) 2 私は、投資組合契約につき租税特別措置法施行令第26条の31第1項第1号及び第2号に掲げる要件を満たしています。

2 内国法人の発行済株式等の総数等のうちに次の(1)及び(2)に掲げる者が所有している株式等の数等の占める割合

	内国法人の発行済株式等の総数等のうちに所有している株式等の数等の占める割合		
	年月日~年月日	年月日~年月日	年月日~年月日
(1) 内国法人の特殊関係株主等 ((2)に掲げる者を除く。)	%	%	%
(2) 内国法人の特殊関係株主等のうち一定の者(注)	%	%	%

【注】「一定の者」とは、特例適用投資組合契約等に係る所得税法施行令第291条第4項第3号に掲げる者に該当する者をいいます。

3 譲渡した内国法人の株式又は出資の明細

譲渡した内国法人の株式又は出資の銘柄			
譲渡した内国法人の株式の数(又は出資の金額)	株(円)	株(円)	株(円)
租税特別措置法施行令第26条の31第3項各号に掲げる株式の数(又は出資の金額)	株(円)	株(円)	株(円)

4 その他参考となる事項

関与税理士	㊞	電話番号	

(資6・95・A4統一)

参考資料6　租税条約に関する届出書の提出（源泉徴収関係）

　源泉徴収の対象となる国内源泉所得の支払を受ける非居住者、外国法人等が、日本において源泉徴収される所得税について、租税条約に基づき軽減または免除を受けようとする場合には、「租税条約に関する届出書」（以下、「届出書」）を提出する必要があります。

　この届出書は、その支払内容によって書式が異なり、その主なものは、(1)配当に対する所得税の軽減・免除（様式１）、(2)利子に対する所得税の軽減・免除（様式２）及び(3)使用料に対する所得税の軽減・免除（様式３）です。

　届出書は、所得の支払者ごとに正副２部作成し、最初にその所得の支払を受ける日の前日までに、所得の支払者である源泉徴収義務者（以下、「支払者」）を経由して支払者の納税地の所轄税務署長に提出します。

　支払を受ける日の前日までに届出書を税務署長へ提出していない場合には、支払者が、その支払の際、国内法（日本の所得税法及び租税特別措置法をいう、以下同）の規定に基づき源泉徴収をします。

　ただし、上記「租税条約に関する届出書」を提出せず国内法に基づく源泉徴収を受けた場合であっても、後日届出書とともに「租税条約に関する源泉徴収税額の還付請求書（様式11）」を、支払者を通じて支払者の所轄税務署長に提出することで、軽減または免除の適用を受けた場合の源泉徴収税額と、国内法の規定による税率により源泉徴収された税額との差額について、還付を請求することができます。

　なお、提出した届出書の内容に異動（変更）がある場合には、異動を生じた事項等を記載した届出書を提出することとなります。

　しかし、異動（変更）の内容が、配当に対する所得税の軽減を受ける場合の「元本の数量」の増減など、一定の場合には、この異動に係る届出書の提出を省略することができます。

● 租税条約に関する届出書（源泉所得税関係）の種類

《手続名称》　＊本書には、網カケの手続きに関するもののみ、様式を掲載しています。

① 租税条約に関する届出（配当に対する所得税の軽減・免除）［様式１］
　⇒ 334頁参照
② 租税条約に関する届出（利子に対する所得税の軽減・免除）［様式２］
　⇒ 332頁参照
③ 租税条約に関する届出（使用料に対する所得税の軽減・免除）［様式３］
　⇒ 336頁参照
④ 租税条約に関する申請（外国預託証券に係る配当に対する所得税の源泉徴収の猶予）［様式４］
⑤ 租税条約に関する届出（外国預託証券に係る配当に対する所得税の軽減）［様式５］
⑥ 租税条約に関する届出（人的役務提供事業の対価に対する所得税の免除）［様式６］
⑦ 租税条約に関する届出（自由職業者・芸能人・運動家・短期滞在者の報酬・給与に対する所得税の免除）［様式７］
⑧ 租税条約に関する届出（教授等・留学生・事業等の修習者・交付金等の受領者の報酬・交付金等に対する所得税の免除）［様式８］
⑨ 租税条約に関する届出（退職年金・保険年金等に対する所得税の免除）［様式９］
⑩ 租税条約に関する届出（所得税法第161条第３号から第７号まで、第９号、第11号又は第12号に掲げる所得に対する所得税の免除）［様式10］
⑪ 租税条約に関する源泉徴収税額の還付請求（割引債及び芸能人等の役務提供事業の対価に係るものを除く）［様式11］⇒ 338頁参照
⑫ 租税条約に関する芸能人等の役務提供事業の対価に係る源泉徴収税額の還付請求［様式12］
⑬ 租税条約に関する割引債の償還差益に係る源泉徴収税額の還付請求（割引国債）［様式13］
⑭ 租税条約に関する割引債の償還差益に係る源泉徴収税額の還付請求（割引国債以外の割引債用）［様式14］
⑮ 租税条約に基づく認定を受けるための申請［様式18］

⑯ 租税条約に関する源泉徴収税額の還付請求（利子所得に相手国の租税が賦課されている場合の外国税額の還付）
⑰ 特典条項に関する付表［様式17］⇒ 341〜352頁参照
⑱ 免税芸能法人等に関する届出

租税条約に関する届出書（利子に対する所得税の軽減・免除）［様式２］

様式 2 FORM	租税条約に関する届出書 APPLICATION FORM FOR INCOME TAX CONVENTION (利子に対する所得税の軽減・免除) (Relief from Japanese Income Tax on Interest) この届出書の記載に当たっては、別紙の注意事項を参照してください。 See separate instructions.	税務署整理欄 For official use only 適用；有，無

税務署長殿
To the District Director, _____ Tax Office

1　適用を受ける租税条約に関する事項
　　Applicable Income Tax Convention
　　日本国と_____との間の租税条約第____条第____項
　　The Income Tax Convention between Japan and _____, Article ____, para. ____

☐ 限度税率 ____％　Applicable Tax Rate
☐ 免　税　Exemption

2　利子の支払を受ける者に関する事項；Details of Recipient of Interest

氏　名　又　は　名　称 Full name		
個人の場合 Individual	住　所　又　は　居　所 Domicile or residence	（電話番号 Telephone Number）
	国　　籍 Nationality	
法人その他の団体の場合 Corporation or other entity	本店又は主たる事務所の所在地 Place of head office or main office	（電話番号 Telephone Number）
	設立又は組織された場所 Place where the Corporation was established or organized	
	事業が管理・支配されている場所 Place where the business is managed or controlled	（電話番号 Telephone Number）
下記「4」の利子につき居住者として課税される国及び納税地（注8） Country where the recipient is taxable as resident on Interest mentioned in 4 below and the place where he is to pay tax (Note 8)		（納税者番号 Taxpayer Identification Number）
日本国内の恒久的施設の状況 Permanent establishment in Japan ☐有(Yes)，☐無(No) If "Yes", explain:	名　　称　Name	
	所　在　地　Address	（電話番号 Telephone Number）
	事業の内容 Details of business	

3　利子の支払者に関する事項；Details of Payer of Interest

氏　名　又　は　名　称 Full name		
住所（居所）又は本店（主たる事務所）の所在地 Domicile (residence) or Place of head office (main office)		（電話番号 Telephone Number）
日本国内の恒久的施設の状況 Permanent establishment in Japan ☐有(Yes)，☐無(No) If "Yes", explain:	名　　称　Name	（事業の内容 Details of Business）
	所　在　地　Address	（電話番号 Telephone Numb）

4　上記「3」の支払者から支払を受ける利子で「1」の租税条約の規定の適用を受けるものに関する事項（注9）；
　　Details of Interest received from the Payer to which the Convention mentioned in 1 above is applicable (Note 9)
　　○　元本の種類：　☐ 公社債　　☐ 公社債投資信託　　☐ 預貯金、合同運用信託　　☐ 貸付金　☐ その他
　　Kind of principal:　　Bonds and debentures　　Bond investment trust　　Deposits or Joint operation trust　　Loans　　Others

(1)　債券に係る利子の場合；In case of Interest derived from securities

債券の銘柄 Description of Securities	名義人の氏名又は名称（注10） Name of Nominee of Securities (Note 10)	債券の取得年月 Date of Acquisition of Securities
額面金額 Face Value of Securities	債券の数量 Quantity of Securities	利子の支払期日 Due Date for Payment	利子の金額 Amount of Interest

(2)　債券以外のものに係る利子の場合；In case of other Interest

支払の基因となった契約の内容 Content of Contract under Which Interest is paid	契約の締結年月日 Date of Contract	契　約　期　間 Period of Contract	元　本　の　金　額 Amount of Principal	利子の支払期日 Due Date for Payment	利　子　の　金　額 Amount of Interest

資　料 | 333

租税条約に関する届出書（利子に対する所得税の軽減・免除）［様式2］のつづき

5　その他参考となるべき事項（注11）；
　　Others (Note 11)

6　日本の税法上、届出書の「2」の外国法人が納税義務者とされるが、「1」の租税条約の相手国では、その外国法人の株主等が納税義務者とされており、かつ、租税条約の規定によりその株主等である者（相手国居住者に限ります。）の所得として取り扱われる部分に対して租税条約の適用を受けることとされている場合の租税条約の適用を受ける割合に関する事項（注4）；
Details of proportion of income to which the convention mentioned in 1 above is applicable, if the foreign company mentioned in 2 above is taxable as a company under Japanese tax law, and the member of the company is treated as taxable person in the other contracting country of the convention; and if the convention is applicable to income that is treated as income of the member (limited to a resident of the other contracting country) of the foreign company in accordance with the provisions of the convention (Note 4)

届出書の「2」の欄に記載した外国法人に、「4」の利子につき、「1」の租税条約の相手国において次の法令に基づいて、次の日以後、その株主等が課税されることとされています。
The member of the foreign company mentioned in 2 above is taxable in the other contracting country mentioned in 1 above regarding the interest mentioned in 4 above since the following date under the following law of the other contracting country.

根拠法令＿＿＿＿＿＿＿＿＿＿＿＿＿＿　効力を生じる日　　年　　月　　日
Applicable law　　　　　　　　　　　　Effective date＿＿＿＿＿＿＿＿＿＿

届出書の「2」の外国法人の株主等で租税条約の適用を受ける者の名称 Name of member of the foreign company mentioned in 2 above, to whom the Convention is applicable	間接保有 Indirect Ownership	持分の割合 Ratio of Ownership	受益の割合＝ 租税条約の適用を受ける割合 Proportion of benefit = Proportion for Application of Convention
	☐	%	%
	☐	%	%
	☐	%	%
	☐	%	%
	☐	%	%
合計 Total		%	%

7　日本の税法上、届出書の「2」の団体の構成員が納税義務者とされるが、「1」の租税条約の相手国ではその団体が納税義務者とされており、かつ、租税条約の規定によりその団体の所得として取り扱われる部分に対して租税条約の適用を受けることとされている場合の記載事項等（注5）；
Details if, while the partner of the entity mentioned in 2 above is taxable under Japanese tax law, the entity is treated as taxable person in the other contracting country of the convention mentioned in 1 above, and if the convention is applicable to income that is treated as income of the entity in accordance with the provisions of the convention (Note 5)

届出書の「2」に記載した団体は、「4」の利子につき、「1」の租税条約の相手国において次の法令に基づいて、法人として課税されることとされています。
The entity mentioned in 2 above is taxable as a corporation regarding the interest mentioned in 4 above since the following date under the following law in the other contracting country of the convention mentioned in 1 above.

根拠法令＿＿＿＿＿＿＿＿＿＿＿＿＿＿　効力を生じる日　　年　　月　　日
Applicable law　　　　　　　　　　　　Effective date＿＿＿＿＿＿＿＿＿＿

他のすべての構成員から通知を受けこの届出書を提出する構成員の氏名又は名称＿＿＿＿＿＿＿＿＿＿
Full name of the partner of the entity who has been notified by all other partners and is to submit this form

私は、この届出書の「4」に記載した利子が「1」に掲げる租税条約の規定の適用を受けるものであること、「租税条約の実施に伴う所得税法、法人税法及び地方税法の特例等に関する法律の施行に関する省令」の規定により届け出るとともに、この届出書（及び付表）の記載事項が正確かつ完全であることを宣言します。

In accordance with the provisions of the Ministerial Ordinance for the Implementation of the Law concerning the Special Measures for the Income Tax Law, the Corporation Tax Law and the Local Tax Law for the Enforcement of Income Tax Conventions, I hereby submit this application form under the belief that the provisions of the Income Tax Convention mentioned in 1 above is applicable to Interest mentioned in 4 above and also hereby declare that the statement on this form (and attachment form) is correct and complete to the best of my knowledge and belief.

　　年　　月　　日
Date＿＿＿＿＿＿＿＿＿

　　　　　　　利子の支払を受ける者又はその代理人の署名
　　　　　　　Signature of the Recipient of Interest or his Agent＿＿＿＿＿＿＿＿＿＿＿＿＿＿

8　権限ある当局の証明（注12）
　　Certification of competent authority (Note 12)

私は、届出者が、日本国と＿＿＿＿＿＿＿＿＿＿との間の租税条約第　　条第　　項　　に規定する居住者であることを証明します。
I hereby certify that the applicant is a resident under the provisions of the Income Tax Convention between Japan and ＿＿＿＿＿＿＿, Article ＿＿＿, para. ＿＿＿

　　年　　月　　日
Date＿＿＿＿＿＿＿　　　　　　　　Signature＿＿＿＿＿＿＿＿

○　代理人に関する事項　；　この届出書を代理人によって提出する場合には、次の欄に記載してください。
　　Details of the Agent　；　If this form is prepared and submitted by the Agent, fill out the following columns.

代理人の資格 Capacity of Agent in Japan	氏名（名称） Full name	納税管理人の届出をした税務署名 Name of the Tax Office where the Tax Agent is registered
☐ 納税管理人 ※ 　Tax Agent ☐ その他の代理人 　Other Agent	住所（居所・所在） Domicile (Residence or location)　　　　　（電話番号 Telephone Number）	 税務署 Tax Office

※「納税管理人」とは、日本国の国税に関する申告、申請、請求、届出、納付等の事項を処理させるため、国税通則法の規定により選任し、かつ、日本国における納税地の所轄税務署長に届出をした代理人をいいます。

※ "Tax Agent" means a person who is appointed by the taxpayer and is registered at the District Director of Tax Office for the place where the taxpayer is to pay his tax, in order to have such agent take necessary procedures concerning the Japanese national taxes, such as filing a return, applications, claims, payment of taxes, etc., under the provisions of the General Law for National Taxes.

○　適用を受ける租税条約が特典条項を有する租税条約である場合；
　　If the applicable convention has article of limitation on benefits
　　特典条項に関する付表の添付　☐有Yes
　　"Attachment Form for　　　☐添付省略 Attachment not required
　　Limitation on Benefits　　　特典条項に関する付表を添付して提出した租税条約に関する届出書の提出日　　年　　月　　日
　　Article" attached　　　　　Date of previous submission of the application for income tax convention with the "Attachment Form for Limitation on Benefit Article"

租税条約に関する届出書（配当に対する所得税の軽減・免除）［様式１］

様式１
FORM

租税条約に関する届出書
APPLICATION FORM FOR INCOME TAX CONVENTION

配当に対する所得税の軽減・免除
Relief from Japanese Income Tax on Dividends

この届出書の記載に当たっては、別紙の注意事項を参照してください。
See separate instructions.

払者受付印
支
税務署受付印

税務署整理欄
For official use only

適用；有、無

税務署長殿
To the District Director, _____ Tax Office

1 適用を受ける租税条約に関する事項；
  Applicable Income Tax Convention
  日本国と_____との間の租税条約第___条第___項
  The Income Tax Convention between Japan and _____, Article ____, para. ____

☐ 限度税率 ____%
  Applicable Tax Rate
☐ 免税
  Exemption

2 配当の支払を受ける者に関する事項；
  Details of Recipient of Dividends

氏　名　又　は　名　称 Full name	
個人の場合 Individual	住　所　又　は　居　所 Domicile or residence （電話番号 Telephone Number）
	国　　　　　　　籍 Nationality
法人その他の 団体の場合 Corporation or other entity	本店又は主たる事務所の所在地 Place of head office or main office （電話番号 Telephone Number）
	設立又は組織された場所 Place where the Corporation was established or organized
	事業が管理・支配されている場所 Place where the business is managed or controlled （電話番号 Telephone Number）
下記「４」の配当につき居住者として課税される 国、納税地（注８） Country where the recipient is taxable as resident on Dividends mentioned in 4 below and the place where he is to pay tax (Note 8)	（納税者番号 Taxpayer Identification Number）
日本国内の恒久的施設の状況 Permanent establishment in Japan ☐有(Yes), ☐無(No) If "Yes", explain:	名　　　　　称 Name
	所　在　地 Address （電話番号 Telephone Number）
	事　業　の　内　容 Details of Business

3 配当の支払者に関する事項；
  Details of Payer of Dividends

(1) 名　　　　　　　　　　称 Full name	
(2) 本　店　の　所　在　地 Place of head office	（電話番号 Telephone Number）
(3) 発行済株式のうち議決権のある株式の数(注9) Number of voting shares issued (Note 9)	

4 上記「3」の支払者から支払を受ける配当で「1」の租税条約の規定の適用を受けるものに関する事項（注10）；
  Details of Dividends received from the Payer to which the Convention mentioned in 1 above is applicable (Note 10)

元　本　の　種　類 Kind of Principal	銘　柄　又　は　名　称 Description	名　義　人　の　氏　名　又　は　名　称（注11） Name of Nominee of Principal　(Note 11)
☐出資・株式・基金 　Shares (Stocks) ☐株式投資信託 　Stock investment trust		
元　本　の　数　量 Quantity of Principal	左のうち議決権のある株式の数 Of which Quantity of Voting Shares	元　本　の　取　得　年　月　日 Date of Acquisition of Principal

5 その他参考となるべき事項（注12）；
  Others (Note 12)

租税条約に関する届出書（配当に対する所得税の軽減・免除）［様式１］のつづき

6　日本の税法上、届出書の「2」の外国法人が納税義務者とされるが、「1」の租税条約の相手国では、その外国法人の株主等が納税義務者とされており、かつ、租税条約の規定によりその株主等である者（相手国居住者に限ります。）の所得として取り扱われる部分に対して租税条約の適用を受けることとされている場合の租税条約の適用を受ける割合に関する事項等（注4）；
Details of proportion of income to which the convention mentioned in 1 above is applicable, if the foreign company mentioned in 2 above is taxable as a company under Japanese tax law, and the member of the company is treated as taxable person in the other contracting country of the convention; and if the convention is applicable to income that is treated as income of the member (limited to a resident of the other contracting country) of the foreign company in accordance with the provisions of the convention (Note 4)

届出書の「2」の欄に記載した外国法人は、「4」の配当につき、「1」の租税条約の相手国において次の法令に基づいて、次の日以後、その株主等である者が課税されることとされています。
The member of the foreign company mentioned in 2 above is taxable in the other contracting country mentioned in 1 above regarding the dividends mentioned in 4 above since the following date under the following law of the other contracting country

根拠法令　　　　　　　　　　　　　　　　　　　　　　　　　効力を生じる日　　年　　月　　日
Applicable law   Effective date

届出書の「2」の外国法人の株主等で租税条約の適用を受ける者の氏名 Name of member of the foreign company mentioned in 2 above, to whom the Convention is applicable	間接保有 Indirect Ownership	持分の割合 Ratio of Ownership	受益の割合＝ 租税条約の適用を受ける割合 Proportion of benefit = Proportion for Application of Convention
	□	％	％
	□	％	％
	□	％	％
	□	％	％
合計 Total		％	％

7　日本の税法上、届出書の「2」の団体の構成員が納税義務者とされるが、「1」の租税条約の相手国ではその団体が納税義務者とされており、かつ、租税条約の規定によりその団体の所得として取り扱われる部分に対して租税条約の適用を受けることとされている場合の記載事項等（注5）；
Details if, while the partner of the entity mentioned in 2 above is taxable under Japanese tax law, the entity is treated as taxable person in the other contracting country of the convention mentioned in 1 above, and if the convention is applicable to income that is treated as income of the entity in accordance with the provisions of the convention (Note 5)

届出書の「2」の欄に記載した団体は、「4」の配当につき、「1」の欄の租税条約の相手国において次の法令に基づいて、次の日以後、法人として課税されることとされています。
The entity mentioned in 2 above is taxable as a corporation regarding the dividends mentioned in 4 above since the following date under the following law in the other contracting country of the convention mentioned in 1 above

根拠法令　　　　　　　　　　　　　　　　　　　　　　　　　効力を生じる日　　年　　月　　日
Applicable law   Effective date

他のすべての構成員から通知を受けこの届出書を提出する構成員の氏名又は名称
Full name of the partner of the entity who has been notified by all other partners and is to submit this form

私は、この届出書の「4」に記載した配当が「1」に掲げる租税条約の規定の適用を受けるものであること、「租税条約の実施に伴う所得税法、法人税法及び地方税法の特例等に関する法律の施行に関する省令」の規定により届け出るとともに、この届出書（及び付表）の記載事項が正確かつ完全であることを宣言します。

In accordance with the provisions of the Ministerial Ordinance for the Implementation of the Law concerning the Special Measures of the Income Tax Law, the Corporation Tax Law and the Local Tax Law for the Enforcement of Income Tax Conventions, I hereby submit this application form under the belief that the provisions of the Income Tax Convention mentioned in 1 above is applicable to Dividends mentioned in 4 above and also hereby declare that the statement on this form (and attachment form) is correct and complete to the best of my knowledge and belief.

　　　　　　年　　月　　日
Date　　　
　　　　配当の支払を受ける者又はその代理人の署名
　　　　Signature of the Recipient of Dividends or his Agent

8　権限ある当局の証明（注13）
Certification of competent authority (Note 13)

私は、届出者が、日本国と　　　　　　　　　　　　　　　　　　との間の租税条約第　　　条第　　　項　　に規定する居住者であることを証明します。
I hereby certify that the applicant is a resident under the provisions of the Income Tax Convention between Japan and _____. Article _____. para. _____.

　　　　　　年　　月　　日
　Date　　　　　　　　　　　　　　Signature

○　代理人に関する事項　；　この届出書を代理人によって提出する場合には、次の欄に記載してください。
　　Details of the Agent　；　If this form is prepared and submitted by the Agent, fill out the following Columns.

代理人の資格 Capacity of Agent in Japan	氏名（名称） Full name		納税管理人の届出をした税務署名 Name of the Tax Office where the Tax Agent is registered
□納税管理人 ※ 　Tax Agent □その他の代理人 　Other Agent	住所（居所・所在地） Domicile (Residence or location)	（電話番号 Telephone Number）	税務署 Tax Office

※「納税管理人」とは、日本国の国税に関する申告、申請、請求、届出、納付等の事項を処理させるため、国税通則法の規定により選任し、かつ、日本国における納税地の所轄税務署長に届出をした代理人をいいます。

※ "Tax Agent" means a person who is appointed by the taxpayer and is registered at the District Director of Tax Office for the place where the taxpayer is to pay his tax, in order to have such agent take necessary procedures concerning the Japanese national taxes, such as filing a return, applications, claims, payment of taxes, etc., under the provisions of the General Law for National Taxes.

○　適用を受ける租税条約が特典条項を有する租税条約である場合；
　　If the applicable convention has article of limitation on benefits
　特典条項に関する付表の添付　□有Yes
　"Attachment Form for　　　□添付省略 Attachment not required
　Limitation on Benefits　　（特典条項に関する付表を添付して提出した租税条約に関する届出書の提出日　　年　　月　　日）
　Article" attached　　　　　Date of previous submission of the application for income tax convention with the "Attachment Form for Limitation on Benefits Article"

租税条約に関する届出書（使用料に対する所得税の軽減・免除）［様式３］

様式３
FORM

租 税 条 約 に 関 す る 届 出 書
APPLICATION FORM FOR INCOME TAX CONVENTION

（ 使用料に対する所得税の軽減・免除
Relief from Japanese Income Tax on Royalties ）

この届出書の記載に当たっては、別紙の注意事項を参照してください。
See separate instructions.

税務署整理欄
For official use only

適用；有、無

_____税務署長殿
To the District Director, _____ Tax Office

1 適用を受ける租税条約に関する事項；
  Applicable Income Tax Convention
  日本国と_____との間の租税条約第___条第___項
  The Income Tax Convention between Japan and_____, Article____, para.____

  □ 限度税率　　　　　　％
    Applicable Tax Rate
  □ 免　税（注11）
    Exemption(Note 11)

2 使用料の支払を受ける者に関する事項；
  Details of Recipient of Royalties

氏　　名　　又　　は　　名　　称 Full name	

個人の場合 Individual	住　所　又　は　居　所 Domicile or residence	（電話番号 Telephone Number）
	国　　　　　籍 Nationality	

法人その他の団体の場合 Corporation or other entity	本店又は主たる事務所の所在地 Place of head office or main office	（電話番号 Telephone Number）
	設立又は組織された場所 Place where the Corporation was established or organized	
	事業が管理・支配されている場所 Place where the business is managed or controlled	（電話番号 Telephone Number）

下記「4」の使用料につき居住者として課税される国及び納税地(注8) Country where the recipient is taxable as resident on Royalties mentioned in 4 below and the place where he is to pay tax (Note 8)	（納税者番号 Taxpayer Identification Number）

日本国内の恒久的施設の状況 Permanent establishment in Japan □有(Yes)，□無(No) If "Yes", explain:	名　　称 Name	
	所　在　地 Address	（電話番号 Telephone Number）
	事業の内容 Details of Business	

3 使用料の支払者に関する事項；
  Details of Payer of Royalties

氏　　名　　又　　は　　名　　称 Full name	

住所（居所）又は本店（主たる事務所）の所在地 Domicile (residence) or Place of head office (main office)	（電話番号 Telephone Number）

日本国内の恒久的施設の状況 Permanent establishment in Japan □有(Yes)，□無(No) If "Yes", explain:	名　　称 Name	（事業の内容 Details of Business）
	所　在　地 Address	（電話番号 Telephone Number）

4 上記「3」の支払者から支払を受ける使用料で「1」の租税条約の規定の適用を受けるものに関する事項（注9）；
  Details of Royalties received from the Payer to which the Convention mentioned in 1 above is applicable (Note 9)

使用料の内容 Description of Royalties	契約の締結年月日 Date of Contract	契約期間 Period of Contract	使用料の計算方法 Method of Computation for Royalties	使用料の支払期日 Due Date for Payment	使用料の金額 Amount of Royalties

5 その他参考となるべき事項（注10）；
  Others (Note 10)

資料 | 337

租税条約に関する届出書（使用料に対する所得税の軽減・免除）［様式３］のつづき

6 日本の税法上、届出書の「2」の外国法人が納税義務者とされるが、「1」の租税条約の相手国では、その外国法人の株主等が納税義務者とされており、かつ、租税条約の規定によりその外国法人の株主等である者（相手国居住者に限ります。）の所得として取り扱われる部分に対して租税条約の適用を受けることとされている場合の租税条約の適用を受ける割合に関する事項（注4）；
Details of proportion of income to which the convention mentioned in 1 above is applicable, if the foreign company mentioned in 2 above is taxable as a company under Japanese tax law, and the member of the company is treated as taxable person in the other contracting country of the convention; and if the convention is applicable to income that is treated as income of the member (limited to a resident of the other contracting country) of the foreign company in accordance with the provisions of the convention (Note 4)

届出書の「2」の欄に記載した外国法人は、「4」の使用料につき、「1」の租税条約の相手国において次の法令に基づいて、次の日以後、その株主等である者が課税されることとされています．
The member of the foreign company mentioned in 2 above is taxable in the other contracting country mentioned in 1 above regarding the royalties mentioned in 4 above since the following date under the following law of the other contracting country

根拠法令 ＿＿＿＿＿＿＿＿＿＿＿＿＿＿＿＿＿＿＿＿＿＿ 効力を生じる日　年　月　日
Applicable law　　　　　　　　　　　　　　　　　　　　 Effective date ＿＿＿＿＿＿＿＿＿＿

届出書の「2」の外国法人の株主等で租税条約の適用を受ける者の氏名 Name of member of the foreign company mentioned in 2 above, to whom the Convention is applicable	間接保有 Indirect Ownership	持分の割合 Ratio of Ownership	受益の割合＝ 租税条約の適用を受ける割合 Proportion of benefit = Proportion for Application of Convention
	□	％	％
	□	％	％
	□	％	％
	□	％	％
合計 Total		％	％

7 日本の税法上、届出書の「2」の団体の構成員が納税義務者とされるが、「1」の租税条約の相手国ではその団体が納税義務者とされており、かつ、租税条約の規定によりその団体の所得として取り扱われる部分に対して租税条約の適用を受けることとされている場合の記載事項（注5）；
Details of if, while the partner of the entity mentioned in 2 above is taxable under Japanese tax law, the entity is treated as taxable person in the other contracting country of the convention mentioned in 1 above, and if the convention is applicable to income that is treated as income of the entity in accordance with the provisions of the convention (Note 5)

届出書の「2」に記載した団体は、「4」の使用料につき、「1」の租税条約の相手国において次の法令に基づいて、法人として課税されることとされています．
The entity mentioned in 2 above is taxable as a corporation regarding the royalties mentioned in 4 above since the following date under the following law in the other contracting country mentioned in 1 above

根拠法令 ＿＿＿＿＿＿＿＿＿＿＿＿＿＿＿＿＿＿＿＿＿＿ 効力を生じる日　年　月　日
Applicable law　　　　　　　　　　　　　　　　　　　　 Effective date ＿＿＿＿＿＿＿＿＿＿

他のすべての構成員から通知を受けこの届出書を提出する構成員の氏名又は名称
Full name of the partner of the entity who has been notified by all other partners and is to submit this form

私は、この届出書の「4」に記載した使用料が「1」に掲げる租税条約の規定の適用を受けるものであること、また、「3」の租税条約の実施に伴う所得税法、法人税法及び地方税法の特例等に関する法律の施行に関する省令」の規定により届け出るとともに、この届出書（及び付表）の記載事項が正確かつ完全であることを宣言します．

In accordance with the provisions of the Ministerial Ordinance for the Implementation of the Law concerning the Special Measures of the Income Tax Law, the Corporation Tax Law and the Local Tax Law for the Enforcement of Income Tax Conventions, I hereby submit this application form under the belief that the provisions of the Income Tax Convention mentioned in 1 above is applicable to Royalties mentioned in 4 above and also hereby declare that the statement on this form (and attachment form) is correct and complete to the best of my knowledge and belief.

Date　　年　月　日

使用料の支払を受ける者又はその代理人の署名
Signature of the Recipient of Royalties or his Agent ＿＿＿＿＿＿＿＿＿＿

○ 代理人に関する事項 ； この届出書を代理人によって提出する場合には、次の欄に記載してください．
Details of the Agent ； If this form is prepared and submitted by the Agent, fill out the following columns.

代理人の資格 Capacity of Agent in Japan	氏名（名称） Full name		納税管理人の届出をした税務署名 Name of the Tax Office where the Tax Agent is registered
□ 納税管理人 ※ 　Tax Agent □ その他の代理人 　Other Agent	住所（居所・所在地） Domicile (Residence or location)	（電話番号 Telephone Number）	税務署 Tax Office

※ 「納税管理人」とは、日本国の国税に関する申告、申請、請求、届出、納付等の事項を処理させるため、国税通則法の規定により選任し、かつ、日本国における納税地の所轄税務署長に届け出をした代理人をいいます．

※ "Tax Agent" means a person who is appointed by the taxpayer and is registered at the District Director of Tax Office for the place where the taxpayer is to pay his tax, in order to have such agent take necessary procedures concerning the Japanese national taxes, such as filing a return, applications, claims, payment of taxes, etc., under the provisions of the General Law for National Taxes.

○ 適用を受ける租税条約が特典条項を有する租税条約である場合；
　If the applicable convention has article of limitation on benefits
　特典条項に関する付表の添付　　□有Yes
　"Attachment Form for　　　　　　□添付省略Attachment not required
　Limitation on Benefits　　　　　　（特典条項に関する付表を添付して提出した租税条約に関する届出書の提出日
　Article" attached　　　　　　　　　Date of previous submission of the application for income tax
　　　　　　　　　　　　　　　　　　convention with the "Attachment Form for Limitation on Benefits
　　　　　　　　　　　　　　　　　　Article" ＿＿＿＿＿＿ 年　月　日）

租税条約に関する源泉徴収税額の還付請求書
(割引債及び芸能人等の役務提供事業の対価に係るものを除く。) [様式11]

様式11 FORM	租税条約に関する源泉徴収税額の還付請求書 (割引債及び芸能人等の役務提供事業の対価に係るものを除く。)	税務署整理欄 For official use only

APPLICATION FORM FOR REFUND OF THE OVERPAID WITHHOLDING TAX OTHER THAN REDEMPTION OF SECURITIES AND REMUNERATION DERIVED FROM RENDERING PERSONAL SERVICES EXERCISED BY AN ENTERTAINER OR A SPORTSMAN IN ACCORDANCE WITH THE INCOME TAX CONVENTION

この還付請求書の記載に当たっては、裏面の注意事項を参照してください。
See instructions on the reverse side.

税務署長殿
To the District Director, _____ Tax Office

1 還付の請求をする者（所得の支払を受ける者）に関する事項；
Details of the Person claiming the Refund (Recipient of Income)

フリガナ Furigana 氏名又は名称(注5) Full name (Note 5)		(納税者番号 Taxpayer Identification Number)
住所（居所）又は本店（主たる事務所）の所在地 Domicile (residence) or Place of head office (main office)		(電話番号 Telephone Number)

2 還付請求金額に関する事項；
Details of Refund

(1) 還付を請求する還付金の種類；（該当する下記の□欄に✓印を付してください（注6）。）
Kind of Refund claimed; (Check applicable block below (Note 6).)

租税条約の実施に伴う所得税法、法人税法及び地方税法の特例等に関する法律の施行に関する省令第15条第1項
Ministerial Ordinance of the Implementation of the Law concerning the Special Measures of the Income Tax Law, the Corporation Tax Law and the Local Tax Law for the Enforcement of Income Tax Conventions, paragraph 1 of Article 15

□ 第1号 (Subparagraph 1)
□ 第3号 (Subparagraph 3)
□ 第5号 (Subparagraph 5)
□ 第7号 (Subparagraph 7)

に掲げる還付金
Refund in accordance with the relevant subparagraph

(2) 還付を請求する金額；
Amount of Refund claimed ¥ _____ 円

(3) 還付金の受領場所等に関する希望；（該当する下記の□欄に✓印を付し、次の欄にその受領を希望する場所を記入してください。）
Options for receiving your refund; (Check the applicable box below and enter your information in the corresponding fields.)

受取希望場所 Receipt by transfer to:	銀行 Bank	支店 Branch	預金種類及び口座番号又は記号番号 Type of account and account number	口座名義人 Name of account holder
□ 日本国内の預金口座 a Japanese bank account				
□ 日本国外の預金口座 a bank account outside Japan	支店住所(国名,都市名) Branch Address (Country, City):			
□ ゆうちょ銀行の貯金口座 an ordinary savings account at the Japan Post Bank		—		
□ 郵便局等の窓口受取りを希望する場合 the Japan Post Bank or the post office (receipt in person)		—	—	

3 支払者に関する事項；
Details of Payer

氏名又は名称 Full name		
住所（居所）又は本店（主たる事務所）の所在地 Domicile (residence) or Place of head office (main office)		(電話番号 Telephone Number)

4 源泉徴収義務者の証明事項；
Items to be certified by the withholding agent

(1) 所得の種類 Kind of Income	(2) 所得の支払期日 Due Date for Payment	(3) 所得の支払金額 Amount paid	(4) (3)の支払金額から源泉徴収した税額 Withholding Tax on (3)	(5) (4)の税額の納付年月日 Date of Payment of (4)	(6) 租税条約を適用した場合に源泉徴収すべき税額 Tax Amount to be withheld under Tax Convention	(7) 還付を受けるべき金額 Amount to be refinded (4)-(6)
		円 yen	円 yen		円 yen	円 yen

上記の所得の支払金額につき、上記のとおり所得税を徴収し、納付したことを証明します。
I hereby certify that the tax has been withheld and paid as shown above.

Date ____年____月____日   源泉徴収義務者 Signature of withholding agent _____ 印

租税条約に関する源泉徴収税額の還付請求書
（割引債及び芸能人等の役務提供事業の対価に係るものを除く。）[様式11]のつづき

私は、日本国と ＿＿＿＿＿＿＿＿＿＿ との間の租税条約第 ＿＿ 条第 ＿＿ 項の規定の適用を受ける上記「4」の所得について源泉徴収された所得税額につき、「租税条約の実施に伴う所得税法、法人税法及び地方税法の特例等に関する法律の施行に関する省令」の規定により還付の請求をするとともに、この還付請求書の記載事項が正確かつ完全であることを宣言します。

In accordance with the provisions of the Ministerial Ordinance for the Implementation of the Law concerning the Special Measures of the Income Tax Law, the Corporation Tax Law and the Local Tax Law for the Enforcement of Income Tax Conventions, I hereby claim the refund of tax withheld on the Income of 4 above to which subparagraph of paragraph ＿＿ of Article ＿＿ of Income Tax Convention between Japan and ＿＿＿＿＿＿ is applicable and also hereby declare that the above statement is correct and complete to the best of my knowledge and belief.

Date 　年　月　日

還付の請求をする者又はその代理人の署名
Signature of the Applicant or his Agent ＿＿＿＿＿＿＿＿＿＿＿＿＿＿＿＿＿

○ 代理人に関する事項 ； この届出書を代理人によって提出する場合には、次の欄に記載してください。
Details of the Agent ； If this form is prepared and submitted by the Agent, fill out the following columns.

代理人の資格 Capacity of Agent in Japan	氏名 (名称) Full name		納税管理人の届出をした税務署名 Name of the Tax Office where the Tax Agent is registered
□ 納税管理人 ※ Tax Agent □ その他の代理人 Other Agent	住所 (居所・所在地) Domicile (Residence or location)	(電話番号 Telephone Number)	税務署 Tax Office

※ 「納税管理人」については、「租税条約に関する届出書」の裏面の説明を参照してください。
※ "Tax Agent" is explained on the reverse side of the "Application Form for Income Tax Convention".

―― 注 意 事 項 ―― ―― INSTRUCTIONS ――

還付請求書の提出について

1 この還付請求書は、還付を請求する税額の源泉徴収をされた所得の支払者ごとに作成してください。
2 この還付請求書は、上記1の所得につき租税条約の規定を受けるための別に定める様式（様式1～様式3、様式6～様式10及び様式19）による「租税条約に関する届出書」（その届出書に付表や書類を添付して提出することとされているときは、それらも含みます。）とともに、それぞれ正副2通を作成して所得の支払者に提出し、所得の支払者は、還付請求書の「4」の欄の記載事項について証明をした後、還付請求書及び租税条約に関する届出書の正本を所轄の税務署長に提出してください。
3 この還付請求書を納税管理人以外の代理人によって提出する場合には、その委任関係を証する委任状をその翻訳文とともに添付してください。
4 この還付請求書による還付金を代理人によって受領することを希望する場合には、還付請求書にその旨を記載してください。この場合、その代理人が納税管理人以外の代理人であるときは、その委任関係を証する委任状及び還付請求をする者（所得の支払を受ける者）のサイン証明書を、これらの翻訳文とともに添付してください。

還付請求書の記載について

5 納税者番号とは、租税の申告、納付その他の手続を行うために用いる番号、記号その他の符号でその手続をすべき者を特定することができるものをいいます。支払を受ける者が納税者番号を有しない場合や支払を受ける者の居住地である国に納税者番号に関する制度が存在しない場合には納税者番号を記載する必要はありません。

6 還付請求書の「2(1)」の条項の区分は、次のとおりです。

□ 第1号 …… 租税条約の規定の適用を受ける人的役務の対価としての給与その他の報酬を2以上の支払者から支払を受けるため、その報酬につき「租税条約に関する届出書」を提出できなかったこと又は免税の金額基準が設けられている租税条約の規定の適用を受ける株主等対象の支払を受けるため、その対価につき「租税条約に関する届出書」を提出できなかったことに基因して源泉徴収をされた所得税額について還付の請求をする場合

□ 第3号 …… 第1号及び第5号以外の場合で、租税条約の規定の適用を受ける所得につき「租税条約に関する届出書」を提出しなかったことに基因して源泉徴収をされた所得税額について還付の請求をする場合

□ 第5号 …… 特定社会保険料を支払った又は控除される場合において、当該給与又は報酬につき源泉徴収をされた所得税額について還付の請求をする場合

□ 第7号 …… 租税条約の規定がそ及して適用されることとなったため、当該租税条約の効力発生前に支払われる所得につき既に源泉徴収をされた所得税額について還付の請求をする場合

Submission of the FORM

1 This form must be prepared separately for each Payer of Income who withheld the tax to be refunded.
2 Submit this form in duplicate to the Payer of Income concerned together with the "Application Form for Income Tax Convention" (Forms 1 to 3, 6 to 10 and 19) prepared in duplicate for the application of Income Tax Convention to Income of 1 above (including attachment forms or documents if such attachment and documents are required). The Payer of the Income must certify the item in 4 on this form and then file the original of each form with the District Director of Tax Office for the place where the Payer resides.
3 An Agent other than the Tax Agent must attach a power of attorney together with its Japanese translation.
4 The applicants who wishes to receive refund through an Agent must state so on this form. If the Agent a Tax Agent, a power of attorney and a guarantee of signature or seal-impression of the applicant (recipient of income) must be attached together with their Japanese translations.

Completion of the FORM

5 The Taxpayer Identification Number is a number, code or symbol which is used for filing of return and payment of due amount and other procedures regarding tax, and which identifies a person who must take such procedures. If a system of Taxpayer Identification Number does not exist in the country where the recipient resides, or if the recipient of the payment does not have a Taxpayer Identification Number, it is not necessary to enter the Taxpayer Identification Number.

6 The distinction of the provisions of the item 2 (1) on this form is as follows:

□ Subpara.1… For the refund of tax on salary or other remuneration for personal services withheld to the benefits of the Income Tax Convention which was withheld due to the failure to file the "Application Form for Income Tax Convention" because there are more than two Payers of Income. Alternatively, regarding the payment of stockholder value entitled according to the benefits of the Income Tax Convention, which provides an exemption amounts standard, the failure to file the "Application Form for Income Tax Convention" for the value.

□ Subpara.3… For the refund of tax on income entitled to the benefits of the Income Tax Convention which was withheld due to the failure to file the "Application Form for Income Tax Convention" in cases other than Subpara.1 and Subpara.5.

□ Subpara.5… For the refund of tax which was withheld at the source from wages or remuneration with which designated insurance premiums were paid or from which said premiums are deducted.

□ Subpara.7… For the refund of tax withheld on income paid before the coming into effect of Income Tax Convention when the Convention became applicable retroactively.

● 特典条項を有する租税条約の場合（実施特例省令2～2の5、9の5～9の10）

　租税条約の規定の適用に関する条件を定める租税条約の規定、いわゆる、「特典条項」を有する租税条約の場合の取扱いは329頁で説明した事項と共通ですが、「租税条約に関する届出書」の他に「特典条項に関する付表（様式17）」及び「居住者証明書（相手国における居住者であることを証明する書類）」が必要になります。
　特典条項に関する付表は、租税条約の適用を受けることができる居住者であるかどうかを判定する書類であり、特典条項を有する租税条約の適用を受けようとする場合に届出書に添付して提出します。
　居住者証明書は、原本を届出書に添付するか、源泉徴収義務者へ提示することとなっています。
　源泉徴収義務者が原本の提示を受けた場合には、「確認をした旨」、「確認者の氏名」、「確認日」及び「証明書の作成年月日」を届出書の「その他参考となるべき事項」の欄に記載し、居住者証明書の写しを作成し、提示を受けた日から5年間保存しておく必要があります。なお、この場合、居住者証明書は提示の日前1年以内に作成されたものに限ります。
　日本と相手国の間で課税上の取扱いが異なる事業体（租税条約相手国では団体として課税され、日本ではその構成員に課税している場合等）に該当する場合には、「外国法人の株主等の名簿兼相手国団体の構成員の名簿（様式16)」を添付し、租税条約の適用を受けることができる者を明確にする必要があります。

資料 | 341

特典条項に関する付表（オランダ王国）[様式17]

様 式 17·オランダ王国
FORM 17·Kingdom of the Netherlands

特 典 条 項 に 関 す る 付 表（オランダ王国）
ATTACHMENT FORM FOR LIMITATION ON BENEFITS ARTICLE (Kingdom of the Netherlands)

記載に当たっては、別紙の注意事項を参照してください。
See separate instructions.

1 適用を受ける租税条約の特典条項に関する事項；
Limitation on Benefits Article of applicable Income Tax Convention
日本国とオランダ王国との間の租税条約第21条
The Income Tax Convention between Japan and Kingdom of the Netherlands, Article 21

2 この付表に記載される者の氏名又は名称；
Full name of Resident

	居住地国の権限ある当局が発行した居住者証明書を添付してください（注5）。 Please Attach Residency Certification issued by Competent Authority of Country of residence. (Note5)

3 租税条約の特典条項の要件に関する事項；
AからCの順番に各項目の「□該当」又は「□非該当」の該当する項目に✓印を付してください。いずれかの項目に「該当」する場合には、それ以降の項目に記入する必要はありません。なお、該当する項目については、各項目ごとの要件に関する事項を記入の上、必要な書類を添付してください。（注6）

In order of sections A, B and C, check the applicable box in each line as "Yes" or "No". If you check any box as "Yes" in sections A to C, you need not fill in the lines that follow. Only the applicable lines need to be filled in and any necessary documents must be attached.(Note 6)

A

(1) 個人 Individual　　　　　　　　　　　　　　　　　　　　　　　　　　　□該当 Yes , □非該当 No

(2) ①政府、地方政府又は地方公共団体、②オランダ中央銀行、③①のいずれかが直接又は間接に所有する者　　　□該当 Yes , □非該当 No
①the government , any political subdivision or local authority thereof, ②the Central Bank of the Netherlands or ③a person that is owned, either directly or indirectly, by any entities mentioned in ①.

(3) 公開会社（注7）Publicly Traded Company(Note 7)　　　　　　　　　　　　□該当 Yes , □非該当 No

公認の有価証券市場の名称； Recognized Stock Exchange	シンボル又は証券コード Ticker Symbol or Security Code

(4) 銀行、保険会社又は証券会社 Bank, insurance company or securities dealer　　　□該当 Yes , □非該当 No
設立の根拠法令 Law for Establishment　　　　規制の根拠法令 Law for Regulation

(5) 年金基金（注8）Pension Fund (Note 8)　　　　　　　　　　　　　　　　　　□該当 Yes , □非該当 No
（直前の課税年度の終了の日においてその受益者、構成員又は参加者の50%を超えるものが日本又は「1」の租税条約の相手国の居住者である個人であるもの又はその基金の75%を超えるものが、適格者である日本又は「1」の租税条約の相手国の居住者が拠出した基金である年金基金に限ります。受益者等の50%を超えるものが、両締約国の居住者である事実又はその基金の75%を超えるものが、適格者である両締約国の居住者が拠出した基金である年金基金である事実を記入してください。）
The "Pension Fund" is limited to those where more than 50% of beneficiaries, members or participants were individual residents of Japan or the other contracting country of the convention mentioned in 1 above as of the end of the prior taxable year, or more than 75% of the contributions made to the person is derived from residents of Japan or the other contracting country of the convention mentioned in 1 above which are qualified persons. Please provide details below showing that more than 50% of beneficiaries et al. are individual residents of either contracting country, or more than 75% of the contributions are made to the person is derived from residents of either contracting countries which are qualified persons.)

設立等の根拠法令 Law for Establishment　　　非課税の根拠法令 Law for Tax Exemption

(6) 公益団体（注9）Public Service Organization（Note 9)　　　　　　　　　　　□該当 Yes , □非該当 No
設立等の根拠法令 Law for Establishment　　設立の目的 Purpose of Establishment　　非課税の根拠法令 Law for Tax Exemption

⬇　Aのいずれにも該当しない場合は、Bに進んでください。If none of the lines in A are applicable, please proceed to B.

特典条項に関する付表（オランダ王国）［様式17］のつづき

B

(1) 個人以外の者
Person other than an Individual

□該当 Yes ，□非該当 No

「個人以外の者」の場合、日本又は「１」の租税条約の相手国の居住者である A の(1)から(6)までの者が，議決権の 50％以上に相当する株式その他の受益に関する持分を直接又は間接に所有するものに限ります。(注 10)
The "Person other than an Individual" refers to residents of Japan or the contracting country of the convention mentioned in 1 above who fall under (1),(2),(3),(4) ,(5) or (6) of A and own either directly or indirectly shares or other beneficial interests representing at least 50%of the voting power of the person.(Note10)

年 月 日現在の株主等の状況 State of Shareholders, etc. as of (date) ／ ／

株主等の氏名又は名称 Name of Shareholder(s)	居住地国における納税地 Place where Shareholder(s) is taxable in Country of residence	Aの番号 Number of applicable Line in A	間接保有 Indirect Ownership	株主等の持分 Number of Shares owned
			□	
			□	
			□	
合 計 Total (持分割合 Ratio (％) of Shares owned)				(％)

(2) 「１」の租税条約の相手国の居住者である法人
Company that is a resident of the other contracting country of the convention mentioned in 1

□該当 Yes ，□非該当 No

次の(a)又は(b)の要件を満たす下の者（「同等受益者」といいます）が、その法人の議決権の 75％以上に相当する株式を直接又は間接に保有する場合に限ります。「同等受益者」に関する事項を記入してください。(注11)
(a) 日本との間に租税条約を有している国の居住者であって，次の(aa)から(cc)までの要件を満たすもの
  (aa) その租税条約が実効的な情報の交換に関する規定を有すること
  (bb) その租税条約において、その居住者が特典条項における適格者に該当すること（その租税条約が特典条項を有しない場合には、その条約に「１」の租税条約の特典条項が含まれているとしたならばその居住者が適格者に該当するであろうとみられること）
  (cc) その居住者が、「１」の租税条約の特典が要求される「１」の租税条約の第 10 条 3，第 11 条 3，第 12，第 13 条又は第 20 条に定める所得についてその租税条約の適用を受けようとしたならば、「１」の租税条約に規定する税率以下の税率の適用を受けるであろうとみられること
(b) A の(1)から(6)までの者

The company is limited to those whose shares representing at least 75%of the voting power of the company are owned, either directly or indirectly, by seven or fewer persons who meet requirement (a) or (b) ("equivalent beneficiaries"). Please provide details below regarding equivalent beneficiaries. (Note11)
(a) The resident of a country that has a convention for avoidance of double taxation between that country and Japan, and meets the following requirements from (aa) through to (cc)
  (aa) that convention contains provisions for effective exchange of information
  (bb) that resident is a qualified person under the limitation on benefits provisions in that convention (where there are no such provisions in that convention, would be a qualified person if that convention is read as including provisions corresponding to the limitation on benefits provisions of the convention mentioned in 1)
  (cc) that resident would be entitled under that convention to a rate of tax with respect to an item of income referred to in paragraph 3 of Article 10, paragraph 3 of Article 11 or Article 12, 13 or 20 of the convention mentioned in 1 for which the benefits are being claimed under the convention mentioned in 1 that is at least as low as the rate applicable under the convention mentioned in 1
(b) Person listed in (1) through to (6) in A

株主の氏名又は名称 Name of Shareholders	居住地国における納税地 Place where Shareholder is taxable in Country of residence	(a)の場合 (a)			(b)の場合 (b)	株主等の持分 Number of Shares owned
		(aa)を満たすか Requirement (aa)	(bb)を満たすか Requirement (bb)	(cc)を満たすか Requirement (cc)	Aの番号 Number of applicable Line in A	
		□はい Yes ，□いいえ No	□はい Yes ，□いいえ No	□はい Yes ，□いいえ No		
		□はい Yes ，□いいえ No	□はい Yes ，□いいえ No	□はい Yes ，□いいえ No		
		□はい Yes ，□いいえ No	□はい Yes ，□いいえ No	□はい Yes ，□いいえ No		
		□はい Yes ，□いいえ No	□はい Yes ，□いいえ No	□はい Yes ，□いいえ No		
		□はい Yes ，□いいえ No	□はい Yes ，□いいえ No	□はい Yes ，□いいえ No		
		□はい Yes ，□いいえ No	□はい Yes ，□いいえ No	□はい Yes ，□いいえ No		
		□はい Yes ，□いいえ No	□はい Yes ，□いいえ No	□はい Yes ，□いいえ No		
合 計 Total (持分割合 Ratio(％ of Shares owned)						(％)

⬇ B に該当しない場合は、C に進んでください。If B does not apply, proceed to C.

特典条項に関する付表（オランダ王国）[様式17] のつづき

C
(1) (a)の要件を満たす「1」の租税条約の相手国の居住者　　　　　　　　　　　　　　　　　　□該当 Yes ，□非該当 No
　Resident of the other contracting country of the convention mentioned in 1 satisfying all of the following conditions of (a)
　(a) 次の(ⅰ)から(ⅲ)の要件を全て満たす「1」の租税条約の相手国の居住者
　　Resident of the other contracting country of the convention mentioned in 1 satisfying all of the following conditions from (ⅰ) through (ⅲ)
　　(ⅰ) (b)に規定する多国籍企業集団の本拠である法人として機能すること
　　　The resident functions as a headquarters company for a multinational corporate group mentioned in(b)
　　(ⅱ) 特典条項の適用がある租税条約の規定に基づき、租税の軽減又は免除を受けようとする所得が(b)(ⅱ)に規定する事業に関連し、又は付随して取得されるものであること
　　　The item of income mentioned in (b)(ⅱ) for which application of benefits of the convention with Limitation on Benefits Article derived from that other Contracting State is derived in connection with, or is incidental to, the business referred to in (ⅱ) of (b)
　　(ⅲ) 特典条項の適用がある租税条約の規定に規定する要件を満たすこと
　　　The resident satisfies any other specified conditions in the paragraphs or Articles which grant application of benefits of the convention with Limitation on Benefits Article.
　(b) 「1」の租税条約の相手国の居住者が、次の(ⅰ)から(ⅵ)までの要件を全て満たす限り、(a)の規定の適用上多国籍企業集団の本拠である法人とされます。
　　The resident of the other contracting country of the convention mentioned in 1 shall be considered a headquarters company for a multinational corporate group for the purpose of (a) only if all of the following conditions from (ⅰ) through (ⅵ) are satisfied
　　(ⅰ) 「1」の租税条約の相手国の居住者が、その多国籍企業集団の全体の監督及び運営の実質的な部分を行うこと又はその多国籍企業集団の資金供給を行うこと
　　　The resident mentioned in 1 provides a substantial portion of overall supervision and administration of the group or provides financing for the group
　　(ⅱ) その多国籍企業集団が、5以上の国の法人により構成され、これらの法人のそれぞれが居住者とされる国において事業を行うこと。ただし、これらの国のうちいずれかの5の国内においてその多国籍企業集団が行う事業が、それぞれの多国籍企業集団の総所得の5%以上を生み出す場合に限ります。(注12)
　　　The group consists of companies which are resident in and are carrying on business in at least five countries, and the business carried on in each of the five countries generates at least 5% of the gross income of the group (Note12)
　　(ⅲ) 「1」の租税条約の相手国以外のそれぞれの国内において多国籍企業集団が行う事業が、いずれもその多国籍企業集団の総所得の50%未満を生み出さないこと(注12)
　　　The business carried on in any one country other than the other contracting country of the convention mentioned in 1 generate less than 50% of the gross income of the group (Note12)
　　(ⅳ) 「1」の租税条約の相手国の居住者の総所得のうち、日本国内から「1」の租税条約の相手国の居住者が取得するものの占める割合が 50%以下であること(注12)
　　　No more than 50% of the resident's gross income is derived from the other contracting country of the convention mentioned in 1 (Note12)
　　(ⅴ) (ⅰ)に規定する機能を果たすために、「1」の租税条約の相手国の居住者が独立した裁量的な権限を有し、かつ、行使すること
　　　The resident has, and exercises, independent discretionary authority to carry out the functions referred to in clause (ⅰ)
　　(ⅵ) 「1」の租税条約の相手国の居住者が、「1」の租税条約の相手国において、所得に対する課税上の規則であって(2)に規定する者が従うものと同様のものに従うこと
　　　The resident is subject to the same income taxation rules in the other contracting country of the convention mentioned in 1 as persons described in (2)

(2) 次の(a)から(c)に要件を全て満たす者 Person satisfying all of the following conditions from (a) through (c)　　□該当 Yes ，□非該当 No
　居住地国において従事している事業の概要 (注13) ; Description of business in residence country (Note13)

　(a) 居住地国において従事している事業が、自己の勘定のために投資を行い又は管理するもの（銀行、保険会社又は証券会社が行う銀行業、保険業又は証券業を除きます。）ではないこと（注14）：　　　　　　　　　　　　　　　　　　　□はい Yes ，□いいえ No
　　The business in the country of residence is other than that of making or managing investments for the resident's own account (unless the business is banking, insurance or securities business carried on by a bank, insurance company or securities dealer) (Note14)
　(b) 所得が居住地国において従事している事業に関連又は付随して取得されるものであること（注15）：　　□はい Yes ，□いいえ No
　　An item of income is derived in connection with or is incidental to that business in the country of residence (Note15)
　(c) （日本国内において行う事業から所得を取得する場合）居住地国において行う事業が日本国内において行う事業との関係で実質的なものであること（注16）：　　　　　　　　　　　　　　　　　　　　　　　　　　　　　　　　　　　　　□はい Yes ，□いいえ No
　　(If you derive an item of income from a business in Japan) The business conducted in the country of residence is substantial in relation to the business conducted in Japan. (Note 16)
　日本国内において従事している事業の概要 ; Description of Business in Japan.

D 国税庁長官の認定 ;
　Determination by the NTA Commissioner
　国税庁長官の認定を受けている場合には、以下にその内容を記載してください。その認定の範囲内で租税条約の特典を受けることができます。なお、上記AからCまでのいずれかに該当する場合には、国税庁長官の認定は不要です。
　If you have received authorization from the NTA Commissioner, please describe below the nature of the authorization. The convention benefits will be granted within the range of the authorization. If any of the above mentioned Lines A through to C above are applicable, then authorization from the NTA Commissioner is not necessary.
　・認定を受けた日 Date of authorization ＿＿＿＿＿＿年＿＿＿月＿＿＿日
　・認定を受けた所得の種類
　　Type of income for which the authorization was received＿＿＿＿＿＿＿＿＿＿＿＿＿＿＿＿＿＿＿＿＿＿＿＿

特典条項に関する付表（米）[様式17]

様式 17-米 FORM

特典条項に関する付表（米）
ATTACHMENT FORM FOR LIMITATION ON BENEFITS ARTICLE (US)

記載に当たっては、別紙の注意事項を参照してください。
See separate instructions.

1 適用を受ける租税条約の特典条項に関する事項 ；
 Limitation on Benefits Article of applicable Income Tax Convention
 日本国とアメリカ合衆国との間の租税条約第 22 条
 The Income Tax Convention between Japan and The United States of America, Article 22

2 この付表に記載される者の氏名又は名称；
 Full name of Resident this attachment Form

居住地国の権限ある当局が発行した居住者証明書を添付してください(注5)。
Attach Residency Certification issued by Competent Authority of Country of residence. (Note 5)

3 租税条約の特典条項の要件に関する事項 ；
 AからCの順番に各項目の「□該当」又は「□非該当」の該当する項目に✓印を付してください。いずれかの項目に「該当」する場合には、それ以降の項目に記入する必要はありません。なお、該当する項目については、各項目ごとの要件に関する事項を記入の上、必要な書類を添付してください。
 In order of sections A, B and C , check applicable box "Yes" or "No" in each line. If you check any box of "Yes", in section A to C, you need not fill the lines that follow. Applicable lines must be filled and necessary document must be attached.

A

(1) 個人 Individual　　　□該当 Yes ，□非該当 No

(2) 国、地方政府又は地方公共団体、中央銀行
 Contracting Country, any Political Subdivision or Local Authority, Central Bank　　　□該当 Yes ，□非該当 No

(3) 公開会社(注 7) Publicly Traded Company (Note 7)　　　□該当 Yes ，□非該当 No
 （公開会社には、下表のC欄が6％未満である会社を含みません。）(注8)
 "Publicly traded Company" does not include a Company for which the Figure in Column C below is less than 6%.(Note 8)

株式の種類 Kind of Share	公認の有価証券市場の名称 Recognized Stock Exchange	シンボル又は証券コード Ticker Symbol or Security Code	発行済株式の総数の平均 Average Number of Shares outstanding A	有価証券市場で取引された株式の数 Number of Shares traded on Recognized Stock Exchange B	B/A(%) C %

(4) 公開会社の関連会社 Subsidiary of Publicly Traded Company　　　□該当 Yes ，□非該当 No
 （発行済株式の総数（　　　　株）の50％以上が上記(3)の公開会社に該当する5以下の法人により直接又は間接に所有されているものに限ります。）(注9)。
 "Subsidiary of Publicly Traded Company" is limited to a company at least 50% of whose shares outstanding (　　　　shares) are owned directly or indirectly by 5 or fewer "Publicly Traded Companies" as defined in (3) above.(Note 9)
 年　　月　　日現在の株主の状況 State of Shareholders as of (date)

株主の名称 Name of Shareholder	居住地国における納税地 Place where Shareholder is taxable in Country of residence	公認の有価証券市場 Recognized Stock Exchange	シンボル又は証券コードTicker Symbol or Security Code	間接保有 Indirect Ownership	所有株式数 Number of Shares owned
1				□	
2				□	
3				□	
4				□	
5				□	
合 計 Total (持株割合 Ratio (%) of Shares owned)					(%)

(5) 公益団体(注10) Public Service Organization (Note 10)　　　□該当 Yes ，□非該当 No
 設立の根拠法令 Law for Establishment　　　　設立の目的 Purpose of Establishment

(6) 年金基金(注11) Pension Fund (Note 11)　　　□該当 Yes ，□非該当 No
 （直前の課税年度の終了の日においてその受益者、構成員又は参加者の50％を超える者が日本又は上記の租税条約の相手国の居住者である個人であるものに限ります。受益者等の50％以上が、両締約国の居住者である事情を記入してください。）
 "Pension Fund" is limited to one more than 50% of whose beneficiaries, members, or participants were individual residents of Japan or the other contracting country of the convention mentioned in 1 above as of the end of the prior taxable year. Provide below details showing that more than 50% of beneficiaries etc. are individual residents of either contracting country.

設立等の根拠法令 Law for Establishment　　　　非課税の根拠法令 Law for Tax Exemption

⬇ Aのいずれにも該当しない場合は、Bに進んでください。If none of the lines in A applies, proceed to B.

特典条項に関する付表（米）［様式17］のつづき

B 次の(a)及び(b)の要件のいずれも満たす個人以外の者 Person other than an Individual, and satisfying both (a) and (b) below　□該当 Yes ，□非該当 No

(a) 株式や受益に関する持分（　　　　　）の 50%以上が、Aの(1), (2), (3), (5)及び(6)に該当する日本又は「1」の租税条約の相手国の居住者により直接又は間接に所有されていること（注 12）
Residents of Japan or the other contracting Country of the Convention mentioned in 1 above who fall under (1),(2),(3),(5) or (6) of A own directly or indirectly at least 50% of Shares or other beneficial Interests (_____) in the Person. (Note 12)

年　月　日現在の株主等の状況 State of Shareholders, etc. as of (date)_____／_____／_____

株主等の氏名又は名称 Name of Shareholders	居住地国における納税地 Place where Shareholders is taxable in Country of residence	Aの番号 Number of applicable Line in A	間接所有 Indirect Ownership	株主等の持分 Number of Shares owned
			□	
			□	
			□	
合　計 Total　（持分割合 Ratio(%) of Shares owned）				(　　　%)

(b) 総所得のうち、課税所得の計算上控除される支出により、日本又は「1」の租税条約の相手国の居住者に該当しない者（以下「第三国居住者」といいます。）に対し直接又は間接に支払われる金額が、50%未満であること（注 13）
Less than 50% of the person's gross income is paid or accrued directly or indirectly to persons who are not residents of Japan or the other contracting country of the convention mentioned in 1 above ("third country residents") in the form of payments that are deductible in computing taxable income in country of residence (Note 13)

第三国居住者に対する支払割合　Ratio of Payment to Third Country Residents　　　　　　　（通貨 Currency:　　　　　）

	申告 Tax Return		源泉所得税 Withholding Tax	
	当該課税年度 Taxable Year	前々課税年度 Taxable Year three Years prior	前々課税年度 Taxable Year two Years prior	前課税年度 Prior taxable Year
第三国居住者に対する支払 Payment to third Country Residents	A			
総所得 Gross Income	B			
A/B　　　　　(%)	C　　　　%	%	%	%

Bに該当しない場合は、Cに進んでください。If B does not apply, proceed to C.

C 次の(a)から(c)の要件をすべて満たす者 Resident satisfying all of the following Conditions from (a) through (c)　□該当 Yes ，□非該当 No

居住地国において従事している営業又は事業の活動の概要（注 14）; Description of trade or business in residence country (Note 14)

(a) 居住地国において従事している営業又は事業の活動が、自己の勘定のために投資を行い又は管理する活動（商業銀行、保険会社又は登録を受けた証券会社が行う銀行業、保険業又は証券業の活動を除きます。）ではないこと（注 15）：
Trade or business in country of residence is other than that of making or managing investments for the resident's own account (unless these activities are banking, insurance or securities activities carried on by a commercial bank, insurance company or registered securities dealer) (Note 15)　□はい Yes ，□いいえ No

(b) 所得が居住地国において従事している営業又は事業の活動に関連又は付随して取得されるものであること（注 16）：
Income is derived in connection with or is incidental to that trade or business in country of residence (Note 16)

(c) （日本国内において営業又は事業の活動から所得を取得する場合）居住地国において行う営業又は事業の活動が日本国内において行う営業又は事業の活動との関係で実質的なものであること（注 17）；　　　　　　　　　　　　　　　　　　　　　　　　　□はい Yes ，□いいえ No
(If you derive income from a trade or business activity in Japan) Trade or business activity conducted in the country of residence is substantial in relation to the trade or business activity conducted in Japan. (Note 17)

日本国内において従事している営業又は事業の活動の概要；Description of Trade or Business in Japan.

D 国税庁長官の認定；Determination by the NTA Commissioner
国税庁長官の認定を受けている場合は、以下にその内容を記載してください。その認定の範囲内で租税条約の特典を受けることができます。なお、上記Aからまでのいずれかに該当する場合には、権限ある当局の認定は不要です。
If you have been a determination by the NTA Commissioner, describe below the determination. Convention benefits will be granted to the extent of the determination. If any of A through C above applies, determination by the NTA Commissioner is not necessary.

・認定を受けた日 Date of determination　　　　　年　　　月　　　日

・認定を受けた所得の種類
Type of income for which determination was given_____

特典条項に関する付表（豪）［様式17］

様式 17-豪
FORM 17-Australia

特 典 条 項 に 関 す る 付 表（豪）
ATTACHMENT FORM FOR LIMITATION ON BENEFITS ARTICLE (Australia)

記載に当たっては、別紙の注意事項を参照してください。
See separate instructions.

1 適用を受ける租税条約の特典条項に関する事項；
　Limitation on Benefits Article of Applicable Income Tax Convention
　日本国とオーストラリアとの間の租税条約第23条
　The Income Tax Convention between Japan and Australia, Article 23

2 この付表に記載される者の氏名又は名称；
　Full name of Resident ＿＿＿＿＿＿＿＿＿＿

居住地国の権限ある当局が発行した居住者証明書を添付してください（注5）。
Please Attach Residency Certification Issued by Competent Authority of Country of Residence. (Note5)

3 租税条約の特典条項の要件に関する事項；
　AからCの順番に各項目の「□該当」又は「□非該当」の該当する項目に　✓印を付してください。いずれかの項目に「該当」する場合には、それ以降の項目に記入する必要はありません。なお、該当する項目については、各項目ごとの要件に関する事項を記入の上、必要な書類を添付してください。
　In order of sections A, B and C , check the applicable box in each line as "Yes" or "No". If you check any box as "Yes" in sections A to C, you need not fill in the lines that follow. Only the applicable lines need to be filled in and any necessary documents must be attached.

A

(1) 個人 Individual	□該当 Yes , □非該当 No
(2) 適格政府機関（注7）Qualified Governmental Entity （Note7）	□該当 Yes , □非該当 No
(3) 公開会社又は個人若しくは法人以外の者（注8） Publicly Traded Company, Publicly Traded Person other than an Individual or a Company (Note8)	□該当 Yes , □非該当 No
主たる種類の株式又は持分証券の別　Principal Class of Shares/ Units　□株式 Shares　□持分証券 Units	公認の有価証券市場の名称 Recognized Stock Exchange	シンボル又は証券コード Ticker Symbol or Security Code

(4) 年金基金（注9）Pension Fund （Note9）	□該当 Yes , □非該当 No

直前の課税年度の終了の日においてその受益者、構成員又は参加者の50%を超えるものが日本又は「1」の租税条約の相手国の居住者である個人であるものに限ります。受益者等の50%以上が、両締約国の居住者である事情を記入してください。
The "Pension Fund" is limited to those where over 50%of beneficiaries, members or participants were individual residents of Japan or the other contracting country of the convention mentioned in 1 above as of the end of the prior taxable year. Please provide details below showing that more than 50%of beneficiaries et al. are individual residents of either contracting countries.

設立等の根拠法令 Law for Establishment ＿＿＿＿＿＿＿＿＿＿

(5) 公益団体（注10）Public Service Organization （Note10）	□該当 Yes , □非該当 No
設立等の根拠法令 Law for Establishment	設立の目的 Purpose of Establishment	非課税の根拠法令 Law for Tax Exemption

Aのいずれにも該当しない場合は、Bに進んでください。If none of the lines in A are applicable, please proceed to B.

B

個人以外の者 Person other than an Individual	□該当 Yes , □非該当 No

株式の議決権及び価値の50%以上又は受益に関する持分の50%以上を日本又は「1」の租税条約の相手国の居住者であるAの(1)から(5)までの者が直接又は間接に所有するものに限ります。(注11)
The "Person other than an Individual" is limited to the person, where residents of Japan or the other contracting countries of the convention mentioned in 1 above who fall under (1),(2),(3),(4) or (5) of A own, either directly or indirectly, at least 50%of the aggregate vote and value of the shares of that person or at least 50%of the beneficial interests in that person. (Note11)

　年 月 日現在の株主等の状況 State of Shareholders, etc. as of (date) ＿＿/＿＿/＿＿

株主等の氏名又は名称 Name of Shareholder	居住地国における納税地 Place Where Shareholder is Taxable in Country of Residence	Aの番号 Number of Line A	間接保有 Indirect Ownership	株主等の持分 Number of Shares Owned
			□	
			□	
			□	
	合　計 Total (持分割合　Ratio (%) of Shares owned)			(%)

特典条項に関する付表（豪）[様式17] のつづき

Bに該当しない場合は、Cに進んでください。If B does not apply, proceed to C.

C　次の(a)から(c)の要件をすべて満たす者 Resident satisfying all of the following conditions from (a) through (c)　□該当 Yes , □非該当 No
居住地国において従事している事業の概要（注12）; Description of business in residence country (Note12)

(a) 居住地国において従事している事業が、自己の勘定のために投資を行い又は管理するもの（銀行、保険会社又は証券会社が行う銀行業、保険業又は証券業を除きます。）ではないこと（注13）:　□はい Yes , □いいえ No
The business in the country of residence is other than that of making or managing investments for the resident's own account (unless the business is banking, insurance or a securities business carried on by a bank, insurance company or securities dealer) (Note13)

(b) 所得等が居住地国において従事している事業に関連又は付随して取得されるものであること（注14）:　□はい Yes , □いいえ No
An item of income, profit or gain is derived in connection with or is incidental to that business in the country of residence (Note14)

(c) （日本国内において行う事業から所得等を取得する場合）居住地国において行う事業が日本国内において行う事業との関係で実質的なものであること（注15）:　□はい Yes , □いいえ No
(If you derive an item of income, profit or gain from a business in Japan) The business conducted in the country of residence is substantial in relation to the business conducted in Japan. (Note 15)

日本国内において従事している事業の概要 ; Description of Business in Japan.

D　国税庁長官の認定
Determination by the NTA Commissioner
国税庁長官の認定を受けている場合は、以下にその内容を記載してください。その認定の範囲内で租税条約の特典を受けることができます。なお、上記AからCまでのいずれかに該当する場合には、国税庁長官の認定は不要です。
If you have received determination from the NTA Commissioner, please describe below the nature of the determination. The convention benefits will be granted within the range of the determination. If any of the above mentioned Lines A through to C above are applicable, then determination from the NTA Commissioner is not necessary.

・認定を受けた日　Date of determination　　　　年　　月　　日

・認定を受けた所得の種類
Type of income for which the determination was received

特典条項に関する付表（英）[様式17]

FORM 様式17-英

特典条項に関する付表（英）
ATTACHMENT FORM FOR LIMITATION ON BENEFITS ARTICLE (UK)

記載に当たっては、別紙の注意事項を参照してください。
See separate instructions.

1 適用を受ける租税条約の特典条項に関する事項；
Limitation on Benefits Article of applicable Income Tax Convention
日本国とグレートブリテン及び北アイルランド連合王国との間の租税条約第 22 条
The Income Tax Convention between Japan and The United Kingdom of Great Britain and Northern Ireland, Article 22

2 この付表に記載される者の氏名又は名称；
Full name of Resident

居住地国の権限ある当局が発行した居住者証明書を添付してください(注5)。
Please Attach Residency Certification issued by Competent Authority of Country of residence. (Note5)

3 租税条約の特典条項の要件に関する事項；
AからCの順番に各項目の「□該当」又は「□非該当」の該当する項目に✓印を付してください。いずれかの項目に「該当」する場合には、それ以降の項目に記入する必要はありません。なお、該当する項目については、各項目ごとの要件に関する事項を記入の上、必要な書類を添付してください。
In order of sections A, B and C , check the applicable box in each line as "Yes" or "No". If you check any box as "Yes" in sections A to C, you need not fill in the lines that follow. Only the applicable lines need to be filled in and any necessary documents must be attached.

A
(1) 個人 Individual　　　　　　　　　　　　　　　　　　　　　　　　　　□該当 Yes ，□非該当 No

(2) 適格政府機関（注7） Qualified Governmental Entity (Note7)　　　　　　　□該当 Yes ，□非該当 No

(3) 公開会社又は公開信託財産（注8） Publicly Traded Company, Publicly Traded Trust (Note8)　□該当 Yes ，□非該当 No

主たる種類の株式又は持分証券の別 Principal class of Shares/Units □株式　　□持分証券 　　Shares　　　Units	公認の有価証券市場の名称 Recognized Stock Exchange	シンボル又は証券コード Ticker Symbol or Security Code

(4) 年金基金又は年金計画（注9） Pension Fund, Pension Scheme (Note9)　　　□該当 Yes ，□非該当 No
(直前の課税年度又は賦課年度の終了の日において受益者、構成員又は参加者の 50％を超えるものが日本国又は「1」の租税条約の相手国の居住者である個人であるものに限ります。受益者等の50％以上が、両締約国の居住者である事実を記入してください。)
The "Pension Fund" or "Pension Scheme" is limited to those where over 50% of beneficiaries, members or participants were individual residents of Japan or the other contracting country of the convention mentioned in 1 above as of the end of the prior taxable year or chargeable period. Please provide details below showing that more than 50% of beneficiaries et al. are individual residents of either contracting countries.

設立等の根拠法令 Law for Establishment　　　　　非課税の根拠法令 Law for Tax Exemption

(5) 公益団体（注10） Public Service Organization (Note10)　　　　　　　　□該当 Yes ，□非該当 No
設立等の根拠法令 Law for Establishment　　設立の目的 Purpose of Establishment　　非課税の根拠法令 Law for Tax Exemption

▶ Aのいずれにも該当しない場合は、Bに進んでください。If none of the lines in A are applicable, please proceed to B.

B
(1) 個人以外の者又は信託財産若しくは信託財産の受託者　　　　　　　　　　□該当 Yes ，□非該当 No
Person other than an Individual, Trust or Trustee of a Trust
（「個人以外の者」の場合、日本又は「1」の租税条約の相手国の居住者であるAの(1)から(5)までの者が、議決権の50％以上に相当する株式その他の受益持分を直接又は間接に所有するものに限ります。「信託財産若しくは信託財産の受託者」の場合、日本若しくは「1」の租税条約の相手国の居住者であるAの(1)から(5)までの者又は「B(2)(a)の「同等受益者」が、その信託財産の受益持分の50％以上を直接又は間接に所有するものに限ります。(注11)）
The "Person other than an Individual" refers to residents of Japan or other contracting countries of the convention mentioned in 1 above who fall under (1),(2),(3),(4) or (5) of A and own either directly or indirectly shares or other beneficial interests representing at least 50% of the voting power of the person.The "Trust or Trustee of a Trust" refers to residents of Japan or other contracting countries of the convention mentioned in 1 above who fall under (1),(2),(3),(4) or (5) of A or "equivalent beneficiaries" of B(2)(a) and own either directly or indirectly at least 50% of the beneficial interest.(Note11)
年　月　日現在の株主等の状況 State of Shareholders, etc. as of (date)　　／　　／

株主等の氏名又は名称 Name of Shareholder(s)	居住地における納税地 Place where Shareholder(s) is taxable in Country of residence	Aの番号又は同等受益者 Line A number, or equivalent beneficiaries	間接保有 Indirect Ownership	株主等の持分 Number of Shares owned
			□	
			□	
			□	
合 計 Total (持分割合 Ratio (%) of Shares owned)				(％)

特典条項に関する付表（英）［様式17］のつづき

B

(2) 「1」の租税条約の相手国の居住者である法人
　　Company that is a resident of the other contracting country of the convention mentioned in 1　　□該当 Yes , □非該当 No
　　次の(a)又は(b)の要件を満たす 7 以下の者（「同等受益者」といいます。）が、その法人の議決権の75%以上に相当する株式を直接又は間接に保有する場合に限ります。「同等受益者」に関する事項を記入してください。(注12)

(a) 日本との間に租税条約を有している国の居住者であって、次の(aa)から(cc)までの要件を満たすもの
　　(aa) その租税条約が実効的な情報交換に関する規定を有すること
　　(bb) その租税条約において、その居住者が特典条項における適格者に該当すること（その租税条約が、特典条項を有しない場合には、「1」の租税条約の特典条項における適格者に該当すること）
　　(cc) その租税条約に規定する税率その他の要件が、「1」の租税条約の税率その他の要件よりも制限的でないこと(注13)

(b) Aの(1)から(5)までの者
　　The company is limited to those whose shares representing at least 75% of the voting power of the company are owned, either directly or indirectly, by seven or fewer persons who meet requirement (a) or (b) ("equivalent beneficiaries"). Please provide details below regarding equivalent beneficiaries. (Note12)

(a) The resident of a country that has a convention for avoidance of double taxation between that country and Japan, and meets the following requirements from (aa) through to (cc)
　　(aa) that convention contains provisions for effective exchange of information
　　(bb) that resident is a qualified person under the limitation on benefits provisions in that convention (where there are no such provisions in that convention, would be a qualified person when that convention is read as including provisions corresponding to the limitation on the benefits provisions of the convention mentioned in 1)
　　(cc) The rate or other conditions under that convention are no less restrictive than those in the convention mentioned in 1 (Note13)

(b) Person listed in (1) through to (5) in Line A

株主の氏名又は名称 Name of Shareholders	居住地国における納税地 Place where Shareholder is taxable in Country of residence	(a)の場合 (aa)を満たすか Requirement (aa)	(bb)を満たすか Requirement (bb)	(cc)を満たすか Requirement (cc)	(b)の場合 Aの番号 Line A number	株主等の持分 Number of Shares owned
		□はい Yes , □いいえ No	□はい Yes , □いいえ No	□はい Yes , □いいえ No		
		□はい Yes , □いいえ No	□はい Yes , □いいえ No	□はい Yes , □いいえ No		
		□はい Yes , □いいえ No	□はい Yes , □いいえ No	□はい Yes , □いいえ No		
			合　　計 Total (持分割合 Ratio(%) of Shares owned)			(　　%)

Bに該当しない場合は、Cに進んでください。If B does not apply, proceed to C.

C

次の(a)から(c)の要件をすべて満たす者 Resident satisfying all of the following Conditions from (a) through (c)　　□該当 Yes , □非該当 No
居住地国において従事している事業の概要(注14); Description of business in residence country (Note14)

(a) 居住地国において従事している事業が、自己の勘定のために投資を行い又は管理するもの（銀行、保険会社又は証券会社が行う銀行業、保険業又は証券業を除きます。）ではないこと(注15)：　　□はい Yes , □いいえ No
The business in the country of residence is other than that of making or managing investments for the resident's own account (unless the business is banking, insurance or a securities business carried on by a bank, insurance company or securities dealer) (Note15)

(b) 所得等が居住地国において従事している事業に関連又は付随して取得されるものであること(注16)：　　□はい Yes , □いいえ No
An item of income, profit or gain is derived in connection with or is incidental to that business in the country of residence (Note16)

(c) （日本国内において行う事業から所得等を取得する場合）居住地国において行う事業が日本国内において行う事業との関係で実質的なものであること(注17)：　　□はい Yes , □いいえ No
(If you derive an item of income, profit or gain from a business in Japan) The business conducted in the country of residence is substantial in relation to the business conducted in Japan. (Note 17)

日本国内において従事している事業の概要；Description of Business in Japan.

D

国税庁長官の認定；
Determination by the NTA Commissioner
国税庁長官の認定を受けている場合には、以下にその内容を記載してください。その認定の範囲内で租税条約の特典を受けることができます。なお、上記AからCまでのいずれかに該当する場合には、国税庁長官の認定は不要です。
If you have received authorization from the NTA Commissioner, please describe below the nature of the authorization. The convention benefits will be granted within the range of the authorization. If any of the above mentioned Lines A through to C above are applicable, then authorization from the NTA Commissioner is not necessary.

・認定を受けた日　Date of authorization　　　　　年　　月　　日

・認定を受けた所得の種類
　Type of income for which the authorization was received

特典条項に関する付表（スイス）[様式17]

様式 17-スイス
FORM 17-Switzerland

特典条項に関する付表（スイス）
ATTACHMENT FORM FOR LIMITATION ON BENEFITS ARTICLE (Switzerland)

記載に当たっては、別紙の注意事項を参照してください。
See separate instructions.

1　適用を受ける租税条約の特典条項に関する事項；
　　Limitation on Benefits Article of applicable Income Tax Convention
　　日本国とスイスとの間の租税条約第22条のA
　　The Income Tax Convention between Japan and Switzerland, Article 22A

2　この付表に記載される者の氏名又は名称；
　　Full name of Resident

	居住地国の権限ある当局が発行した居住者証明書を添付してください（注5）。Please Attach Residency Certification issued by Competent Authority of Country of residence. (Note5)

3　租税条約の特典条項の要件に関する事項；
　　AからCの順番に各項目の「□該当」又は「□非該当」の該当する項目に✓印を付けてください。いずれかの項目に「該当」する場合には、それ以降の項目に記入する必要はありません。なお、該当する項目については、各項目ごとの要件に関する事項を記入の上、必要な書類を添付してください。（注6）
　　In order of sections A, B and C, check the applicable box in each line as "Yes" or "No". If you check any box as "Yes" in sections A to C, you need not fill in the lines that follow. Only the applicable lines need to be filled in and any necessary documents must be attached. (Note 6)

A

(1)　個人　Individual　　　　　　　　　　　　　　　　　　　　　　　　□該当 Yes , □非該当 No

(2)　適格政府機関（注7）　Qualified Governmental Entity （Note7）　　□該当 Yes , □非該当 No

(3)　公開会社（注8）　Publicly Traded Company （Note8）　　　　　　□該当 Yes , □非該当 No

公認の有価証券市場の名称 Recognized Stock Exchange	シンボル又は証券コード Ticker Symbol or Security Code

(4)　銀行、保険会社又は証券会社　Bank, insurance company or securities dealer
　　設立の根拠法令　Law for Establishment　　　規制の根拠法令　Law for Regulation

(5)　年金基金又は年金計画（注9）　Pension Fund or Pension Scheme （Note9）　□該当 Yes , □非該当 No
　　（直前の課税年度の終了の日においてその受益者、構成員又は参加者の50％を超えるものが日本又は「1」の租税条約の相手国の居住者である個人であるものに限ります。受益者等の50％を超えるものが、両締約国の居住者である事情を記入してください。）
　　The "Pension Fund" or "Pension Scheme" is limited to those where more than 50% of beneficiaries, members or participants were individual residents of Japan or the other contracting country of the convention mentioned in 1 above as of the end of the prior taxable year. Please provide details below showing that more than 50% of beneficiaries et al. are individual residents of either contracting countries.

　　設立等の根拠法令　Law for Establishment　　　非課税の根拠法令　Law for Tax Exemption

(6)　公益団体（注10）　Public Service Organization （Note10）　　　　□該当 Yes , □非該当 No
　　設立等の根拠法令　Law for Establishment　　設立の目的　Purpose of Establishment　　非課税の根拠法令　Law for Tax Exemption

⬇　Aのいずれにも該当しない場合は、Bに進んでください。If none of the lines in A are applicable, please proceed to B.

資料 | 351

特典条項に関する付表（スイス）[様式17] のつづき

B

(1) 個人以外の者
Person other than an Individual   □該当 Yes, □非該当 No

「個人以外の者」の場合、日本又は「1」の租税条約の相手国の居住者である Aの(1)から(6)までの者が、発行済株式その他の受益に関する持分又は議決権の 50%以上に相当する株式その他の受益に関する持分を直接又は間接に所有するものに限ります。(注11)

The "Person other than an Individual" refers to residents of Japan or the other contracting country of the convention mentioned in 1 above who fall under (1),(2),(3),(4),(5) or (6) of A and own either directly or indirectly shares or other beneficial interests representing at least 50%of the capital or of the voting power of the person.(Note11)

年 月 日現在の株主等の状況 State of Shareholders, etc. as of (date) ___/___/___

株主等の氏名又は名称 Name of Shareholder(s)	居住地国における納税地 Place where Shareholder(s) is taxable in Country of residence	Aの番号 Number of applicable Line in A	間接保有 Indirect Ownership	株主等の持分 Number of Shares owned
			□	
			□	
			□	
		合 計 Total (持分割合 Ratio (%) of Shares owned)	(%)

(2) 「1」の租税条約の相手国の居住者である法人   □該当 Yes, □非該当 No
Company that is a resident of the other contracting country of the convention mentioned in 1

次の(a)又は(b)の要件を満たす 7 以下の者（「同等受益者」といいます。）が、その法人の発行済株式又は議決権の 75%以上に相当する株式を直接又は間接に保有する場合に限ります。「同等受益者」に関する事項を記入してください。(注12)

(a) 日本との間に租税条約を有している居住者であって、次の(aa)から(cc)までの要件を満たすもの
  (aa) その租税条約が実効的な情報の交換に関する規定を有すること
  (bb) その租税条約において、その居住者が特典条項における適格者に該当すること（その租税条約が特典条項を有しない場合には、その条約に「1」の租税条約の特典条項が含まれているとしたならばその居住者が適格者に該当するであろうとみられること）
  (cc) その居住者が、「1」の租税条約の特典が要求される「1」の租税条約の第 10 条 3、第 11 条 3 (c)、(d若しくは(e)、第 12、第 13 条 6 又は第 22 条に定める所得についてその租税条約の適用を受けようとしたならば、「1」の租税条約に規定する税率以下の税率の適用を受けるであろうとみられること

(b) Aの(1)から(6)までの者

The company is limited to those whose shares representing at least 75%of the capital or of the voting power of the company are owned, either directly or indirectly, by seven or fewer persons who meet requirement (a) or (b) ("equivalent beneficiaries"). Please provide details below regarding equivalent beneficiaries. (Note12)

(a) The resident of a country that has a convention for avoidance of double taxation between that country and Japan, and meets the following requirements from (aa) through to (cc)
  (aa) that convention contains provisions for effective exchange of information
  (bb) that resident is a qualified person under the limitation on benefits provisions in that convention (where there are no such provisions in that convention, would be a qualified person when that convention is read as including provisions corresponding to the limitation on benefits provisions of the convention mentioned in 1)
  (cc) that resident would be entitled under that convention to a rate of tax with respect to an item of income referred to in paragraph 3 of Article 10, subparagraph (c), (d) or (e) of paragraph 3 of Article 11, Article 12, paragraph 6 of Article 13 or Article 22 of the convention mentioned in 1 for which the benefits are being claimed under the convention mentioned in 1 that is at least as low as the rate applicable under the convention mentioned in 1.

(b) Person listed in (1) through to (6) in A

株主の氏名又 は名称 Name of Shareholders	居住地国におけ る納税地 Place where Shareholder is taxable in Country of residence	(a)の場合 (a)			(b)の場合 (b)	株主等 の持分 Number of Shares owned
		(aa)を満たすか Requirement (aa)	(bb)を満たすか Requirement (bb)	(cc)を満たすか Requirement (cc)	Aの番号 Number of applicable Line in A	
		□はい Yes, □いいえ No	□はい Yes, □いいえ No	□はい Yes, □いいえ No		
		□はい Yes, □いいえ No	□はい Yes, □いいえ No	□はい Yes, □いいえ No		
		□はい Yes, □いいえ No	□はい Yes, □いいえ No	□はい Yes, □いいえ No		
		□はい Yes, □いいえ No	□はい Yes, □いいえ No	□はい Yes, □いいえ No		
		□はい Yes, □いいえ No	□はい Yes, □いいえ No	□はい Yes, □いいえ No		
		□はい Yes, □いいえ No	□はい Yes, □いいえ No	□はい Yes, □いいえ No		
		□はい Yes, □いいえ No	□はい Yes, □いいえ No	□はい Yes, □いいえ No		
	合	計 Total (持分割合 Ratio(%) of Shares owned)				(%)

⬇ Bに該当しない場合は、Cに進んでください。If B does not apply, proceed to C.

特典条項に関する付表（スイス）[様式17] のつづき

C

(1) (a)の要件を満たす「1」の租税条約の相手国の居住者 □該当 Yes , □非該当 No
Resident of the other contracting country of the convention mentioned in 1 satisfying all of the following conditions of (a)

  (a) 次の(i)から(iii)までの要件を全て満たす「1」の租税条約の相手国の居住者
Resident of the other contracting country of the convention mentioned in 1 satisfying all of the following conditions from (i) through (iii)

    (i) (b)に規定する多国籍企業集団の本拠である法人として機能すること
The resident functions as a headquarters company for a multinational corporate group mentioned in (b)

    (ii) 特典条項の適用がある租税条約の規定に基づき、租税の軽減又は免除を受けようとする所得が(b)(ii)に規定する営業又は事業の活動に関連し、又は付随して取得されるものであること
The item of income which is granted application of benefits of the convention with Limitation on Benefits Article derived from that other Contracting State is derived in connection with, or is incidental to, the trade or business activity referred to in (ii) of (b).

    (iii) 特典条項の適用がある租税条約の規定に規定する要件を満たすこと
The resident satisfies any other specified conditions in the subparagraphs, paragraphs or Articles which grant application of benefits of the convention with Limitation on Benefits Article.

  (b) 「1」の租税条約の相手国の居住者が、次の(i)から(vi)までの要件を全て満たす限り、次の規定の適用上多国籍企業集団の本拠である法人とされます。
The resident of the other contracting country of the convention mentioned in 1 shall be considered a headquarters company for a multinational corporate group for the purpose of (a) only if all of the following conditions from (i) through (vi) are satisfied.

    (i) 「1」の租税条約の相手国の居住者が、その多国籍企業集団の全体の監督及び運営の実質的な部分を行うこと又はその多国籍企業集団の資金供給を行うこと
The resident mentioned in 1 provides a substantial portion of overall supervision and administration of the group or provides financing for the group

    (ii) その多国籍企業集団が、5以上の法人により構成され、これらの法人のそれぞれが居住者とされる国において営業又は事業の活動を行うこと。ただし、これらの5の国のうちいずれか5の国内においてその多国籍企業集団が行う営業又は事業の活動が、それぞれその多国籍企業集団の総所得の5%以上を生み出す場合に限ります。(注13)
The group consists of companies which are resident in and are engaged in an active trade or business in at least five countries, and the trade or business activities carried on in each of the five countries generate at least 5 % of the gross income of the group (Note13)

    (iii) 「1」の租税条約の相手国以外のそれぞれの国内においてその多国籍企業集団が行う営業又は事業の活動が、いずれもその多国籍企業集団の総所得の50%未満しか生み出さないこと(注13)
The trade or business activities carried on in any one country other than the other contracting country of the convention mentioned in 1 generate less than 50% of the gross income of the group (Note13)

    (iv) 「1」の租税条約の相手国の居住者の総所得のうち、日本国内から「1」の租税条約の相手国の居住者が取得するものの占める割合が 50%以下であること(注13)
No more than 50% of the resident's gross income is derived from the other contracting country of the convention mentioned in 1 (Note13)

    (v) (i)に規定する機能を果たすために、「1」の租税条約の相手国の居住者が独立した裁量的な権限を有し、かつ、行使すること
The resident has, and exercises, independent discretionary authority to carry out the functions referred to in (i)

    (vi) 「1」の租税条約の相手国の居住者が、「1」の租税条約の相手国において、所得に対する課税の規則であって(2)に規定する者が従うものと同様のものに従うこと
The resident is subject to the same income taxation rules in the other contracting country of the convention mentioned in 1 as persons described in (2)

(2) 次の(a)から(c)の要件を全て満たす者 Person satisfying all of the following conditions from (a) through (c) □該当 Yes , □非該当 No
居住地国において従事している事業の概要(注14) ; Description of business in residence country (Note14)

  (a) 居住地国において従事している事業が、自己の勘定のために投資を行い又は管理するもの（銀行、保険会社又は証券会社が行う銀行業、保険業又は証券業を除きます。）ではないこと(注15) ; □はい Yes , □いいえ No
The business in the country of residence is other than that of making or managing investments for the resident's own account (unless the business is banking, insurance or a securities business carried on by a bank, insurance company or securities dealer) (Note15)

  (b) 所得が居住地国において従事している事業に関連又は付随して取得されるものであること(注16) ; □はい Yes , □いいえ No
An item of income is derived in connection with or is incidental to that business in the country of residence (Note16)

  (c) （日本国内において行う事業から所得を取得する場合）居住地国において行う事業が日本国内において行う事業との関係で実質的なものであること(注17) ; □はい Yes , □いいえ No
(If you derive an item of income from a business in Japan) The business conducted in the country of residence is substantial in relation to the business conducted in Japan. (Note 17)

日本国内において従事している事業の概要 ; Description of Business in Japan.

D 国税庁長官の認定 ;
Determination by the NTA Commissioner
国税庁長官の認定を受けている場合は、以下にその内容を記載してください。その認定の範囲内で租税条約の特典を受けることができます。なお、上記AからCまでのいずれかに該当する場合には、国税庁長官の認定は不要です。
If you have received authorization from the NTA Commissioner, please describe below the nature of the authorization. The convention benefits will be granted within the range of the authorization. If any of the above mentioned Lines A through to C above are applicable, then authorization from the NTA Commissioner is not necessary.

・認定を受けた日 Date of authorization ＿＿＿＿年＿＿月＿＿日

・認定を受けた所得の種類
Type of income for which the authorization was received＿＿

居住者証明書（英）

居 住 者 証 明 書
Certificate of Residence

　　　　私は、届出者_____が、
日本国と_____との間の
租税条約第___条第___項___に規定する居住者であることを証明します。

　　　I hereby certify that (the applicant:)_____

is a resident under the provisions of the Income Tax Convention between

Japan and _____,

Article_____, para._____.

年月日 _____
Date_____ / _____ / _____

署 名　_____
Signature　_____

官 印
Official Stamp

居住者証明書（仏）

居 住 者 証 明 書
ATTESTATION DE RESIDENCE

私は、届出者　_____
が、日本国と　_____
との間の租税条約第____条第____項____に規定する居住者であることを証明します。

Le soussigné certifie que (le demandeur :) _____
a bien la qualité de résident au sens de la convention fiscale entre le Japon
et _____
Article _____, para. _____.

年月日　_____
Date ____ / ____ / ____

署 名　_____
Signature _____

官 印
Cachet

参考資料7　租税条約に基づく限度税率一覧表

国・地域名	限度税率 利子(A)	限度税率 配当(B)	限度税率 使用料(C)	備　考
アイルランド	10%	15%(10%)	10%	・A欄は割引債の償還差益を含む。
アゼルバイジャン共和国 (旧ソ連)	10%	15%(－)		・A欄は割引債の償還差益を含む。 ・C欄は文化的使用料は免税、工業的使用料は10%。
アメリカ合衆国	10%	10% (5%または免税)	免税	・A欄は金融機関等や年金基金が受け取る利子は免税、割引債の償還差益を含む。 ・B欄は一定の年金基金が受け取る配当は免税。
アルメニア共和国 (旧ソ連)	10%	15%(－)		・A欄は割引債の償還差益を含む。 ・C欄は文化的使用料は免税、工業的使用料は10%。
イスラエル	10%	15%(5%)	10%	・A欄は割引債の償還差益を含む。 ・C欄は著作権、工業所有権等の譲渡益を含む。
イタリア共和国	10%	15%(10%)	10%	・A欄は割引債の償還差益を含む。
インド共和国	10%	10%(－)	10%	・A欄は割引債の償還差益を含む。
インドネシア共和国	10%	15%(10%)	10%	・A欄は割引債の償還差益を含む。
ウクライナ (旧ソ連)	10%	15%(－)		・A欄は割引債の償還差益を含む。 ・C欄は文化的使用料は免税、工業的使用料は10%。
ウズベキスタン共和国 (旧ソ連)	10%	15%(－)		・A欄は割引債の償還差益を含む。 ・C欄は文化的使用料は免税、工業的使用料は10%。

国・地域名	限度税率 利子(A)	限度税率 配当(B)	限度税率 使用料(C)	備考
エジプト (アラブ連合共和国)	国内法どおり	15%(－)	15%	・C欄は映画フィルムの使用料を除く。
オーストラリア連邦	10%	10% (5%または免税)	5%	・A欄は金融機関等が受け取る利子は免税、割引債の償還差益を含む。
オーストリア共和国	10%	20%(10%)	10%	・C欄は著作権、工業所有権等の譲渡益を含む。
オランダ王国	10%	10% (5%または免税)	免税	・A欄は金融機関等や年金基金が受け取る利子は免税、割引債の償還差益を含む。 ・B欄は年金基金が受け取る配当は免税。
カザフスタン共和国	10%	15%(5%)	5%	・A欄は割引債の償還差益を含む。 ・C欄は議定書による。
カナダ	10%	15%(5%)	10%	・A欄は割引債の償還差益を含む。
ガーンジー*7	規定無	規定無	規定無	
キルギス (旧ソ連)	10%	15%(－)		・A欄は割引債の償還差益を含む。 ・C欄は文化的使用料は免税、工業的使用料は10%。
クウェート*7	10%	10%(5%)	10%	・A欄は年金基金が受け取る配当は免税、割引債の償還差益を含む。
グルジア共和国 (旧ソ連)	10%	15%(－)		・A欄は割引債の償還差益を含む。 ・C欄は文化的使用料は免税、工業的使用料は10%。

国・地域名	限度税率 利子 (A)	限度税率 配当 (B)	限度税率 使用料 (C)	備考
グレートブリテン及び北アイルランド連合王国（英国）	10%	10% （5％または免税）	免税	・A欄は金融機関等や年金基金が受け取る利子は免税、割引債の償還差益を含む。 ・B欄は年金基金が受け取る配当は免税。
ケイマン諸島	規定無	規定無	規定無	
サウジアラビア王国	10%	10%（5％）		・A欄は年金基金が受け取る利子は免税、割引債の償還差益を含む。 ・C欄は設備の使用料は5％、その他は10％。
ザンビア共和国	10%	免税	10%	・A欄は割引債の償還差益を含む。
ジャージー[*7]	規定無	規定無	規定無	
シンガポール共和国	10%	15%（5％）	10%	・A欄は割引債の償還差益を含み、特定の利子は免税。 ・C欄は一定の著作権、工業所有権等の譲渡益を含む。
スイス	10%	10% （5％または免税）	免税	・A欄は金融機関等や年金基金が受け取る利子は免税、割引債の償還差益を含む。 ・B欄は年金基金が受け取る配当は免税。
スウェーデン	10%	15% （5％または免税）	10%	・A欄は割引債の償還差益を含む。
スペイン	10%	15%（10％）	10%	・C欄は真正譲渡以外の著作権、工業所有権等の譲渡益を含む。

国・地域名	限度税率 利子(A)	限度税率 配当(B)	限度税率 使用料(C)	備考
スリランカ	—	20%(—)	半額課税	・A欄は銀行が受け取る利子は免税。 ・C欄は著作権、映画フィルムの使用料は免税。
スロバキア共和国 (旧チェッコ)	10%	15%(10%)		・A欄は割引債の償還差益を含む。 ・C欄は文化的使用料は免税、工業的使用料は10%。
タイ	25%	国内法どおり(20%)	15%	・A欄は金融機関が受け取る利子は10%、割引債の償還差益を含む。 ・B欄は親子会社間で産業的事業を営む法人からの配当は15%。 ・C欄は著作権、工業所有権等の譲渡益を含む。
大韓民国(韓国)	10%	15%(5%)	10%	・A欄は割引債の償還差益を含む。 ・B欄は親子会社間配当については平成15年末まで10%。 ・C欄は著作権、工業所有権等の譲渡益を含む。
タジキスタン共和国 (旧ソ連)	10%	15%(—)		・A欄は割引債の償還差益を含む。 ・C欄は文化的使用料は免税、工業的使用料は10%。
チェッコ共和国 (旧チェッコ)	10%	15%(10%)		・A欄は割引債の償還差益を含む。 ・C欄は文化的使用料は免税、工業的使用料は10%。
中華人民共和国	10%	10%(—)	10%	・A欄は割引債の償還差益を含む。
中華人民共和国 香港特別行政区	10%	10%(5%)	5%	・A欄は割引債の償還差益を含む。

国・地域名	限度税率 利子(A)	限度税率 配当(B)	限度税率 使用料(C)	備考
デンマーク王国	10%	15%(10%)	10%	・A欄は割引債の償還差益を含む。 ・C欄は著作権、工業所有権等の譲渡益を含む。
ドイツ連邦共和国	10%	15%(10%)	10%	・A欄は公債の利子は免税。 ・B欄は匿名組合契約の分配金を含む。 ・C欄は真正譲渡以外の著作権、工業所有権等の譲渡益を含む。
トルクメニスタン(旧ソ連)	10%	15%(－)		・A欄は割引債の償還差益を含む。 ・C欄は文化的使用料は免税、工業的使用料は10%。
トルコ共和国	15%	15%(10%)	10%	・A欄は金融機関が受け取る利子は10%、割引債の償還差益を含む。
ニュージーランド	規定無	15%(－)	規定無	
ノルウェー王国	10%	15%(5%)	10%	・A欄は割引債の償還差益を含む。 ・C欄は著作権、工業所有権等の譲渡益を含む。
パキスタン	10%	10%(7.5%または5%)	10%	・A欄は割引債の償還差益を含む。
バハマ王国	規定無	規定無	規定無	
バミューダ	規定無	規定無	規定無	
ハンガリー共和国(ハンガリー人民共和国)	10%	10%(－)		・A欄は割引債の償還差益を含み、特定の利子は免税。 ・C欄は文化的使用料は免税、工業的使用料は10%。

国・地域名	限度税率 利子(A)	限度税率 配当(B)	限度税率 使用料(C)	備考
バングラディッシュ人民共和国	10%	15%(10%)	10%	・A欄は割引債の償還差益を含む。 ・C欄は著作権、工業所有権等の譲渡益を含む。
フィジー	国内法どおり	国内法どおり	10%	・C欄は著作権、工業所有権等の譲渡益を含む。
フィリピン共和国	10%	15%(10%)	10%	・A欄は割引債の償還差益を含む。 ・C欄は映画フィルム等の使用料は15%。
フィンランド共和国	10%	15%(10%)	10%	・C欄は著作権、工業所有権等の譲渡益を含む。
ブラジル連邦共和国	12.5%	12.5%(−)	12.5%	・C欄は商標権の使用料は25%、映画フィルム等の使用料は15%。
フランス共和国	10%	10%(5％または免税)	免税	・A欄は金融機関等や年金基金が受け取る利子は免税、割引債の償還差益を含む。
ブルガリア共和国	10%	15%(10%)	10%	・A欄は割引債の償還差益を含む。 ・C欄は著作権、工業所有権等の譲渡益を含む。
ブルネイ・ダルサラーム	10%	10%(5％)	10%	・A欄は割引債の償還差益を含む。
ベトナム	10%	10%(−)	10%	・A欄は割引債の償還差益を含む。 ・C欄は著作権、工業所有権等の譲渡益を含む。
ベラルーシ(旧ソ連)	10%	15%(−)		・A欄は割引債の償還差益を含む。 ・C欄は文化的使用料は免税、工業的使用料は10%。

国・地域名	限度税率 利子(A)	限度税率 配当(B)	限度税率 使用料(C)	備考
ベルギー王国	10%	15%(10%)	10%	・C欄は真正譲渡以外の著作権、工業所有権等の譲渡益を含む。
ポーランド共和国（ポーランド人民共和国）	10%	10%(－)		・A欄は割引債の償還差益を含む。 ・C欄は文化的使用料は免税、工業的使用料は10%。
ポルトガル共和国*7	10%	10%(5%)	5%	・A欄は銀行は5%。
マレーシア	10%	15%(5%)	10%	・A欄は割引債の償還差益を含む。 ・C欄は著作権、工業所有権等の譲渡益を含む。
マン島	規定無	規定無	規定無	
南アフリカ共和国	10%	15%(5%)	10%	・A欄は間接融資等免税、償還差益を含む。 ・C欄は裸用船料・パテント譲渡益を含む。
メキシコ	15%	15%（5％または免税）	10%	・A欄は割引債の償還差益を含み、金融機関が受け取る利子は10%
モルドバ（旧ソ連）	10%	15%(－)		・A欄は割引債の償還差益を含む。 ・C欄は文化的使用料は免税、工業的使用料は10%
ルーマニア（ルーマニア社会主義共和国）	10%	10%(－)		・A欄は割引債の償還差益を含む。 ・C欄は文化的使用料は10%、工業的使用料は15%
ルクセンブルク大公国	10%	15%(5%)	10%	・A欄は割引債の償還差益を含む。

国・地域名	限度税率 利子(A)	限度税率 配当(B)	限度税率 使用料(C)	備　考
ロシア連邦 (旧ソヴィエト社会主義共和国連邦)	10%	15%(－)		・A欄は割引債の償還差益を含む。 ・C欄は文化的使用料は免税、工業的使用料は10%

* 1　限度税率は、日本側の税率です。
　 2　「配当」欄の括弧書は、親子会社間配当に対する特別税率です。
　 3　国名欄の(旧ソ連)は、旧ソヴィエト社会主義共和国連邦との間で締結された条約を承継したもの、(旧チェッコ)は、旧チェッコスロバキア社会主義共和国との間で締結された条約を承継したものです。
　 4　香港及びマカオには、日中租税協定は適用されません。香港との租税協定は平成23年8月14日発効しています。
　 5　シンガポールについては、所得のうちシンガポールに送金されまたはシンガポール内で受領された部分に対してのみシンガポールの租税が課される場合、当該送金または受領された部分についてのみ租税協定の適用があります。
　 6　オランダ及びスイスについては、平成23年11月に外交上の公文が交換され、平成23年12月に発効しましたので、平成24年1月1日以後に支払を受けるべきものから適用されます。
　 7　ガーンジー、クウェート、ジャージー、ポルトガル共和国については署名済・発効予定条約(外交上の公文の交換日の翌日から30日目の日に発効します)の限度税率規定によりました。
　 8　この表は租税条約の限度税率等を要約したものですから、具体的な適用関係については、それぞれの租税条約の該当条項を確認して下さい。

参考資料8　租税条約における特典条項規定

　平成16年の日米租税条約以降導入された特典条項について日米、日蘭租税条約の比較表を掲載しました。なお、この他にも日英、日仏、日豪、日スイス租税条約に特典条項があります。

租税条約	条　文
日米租税条約(22条)	1　一方の締約国の居住者で他方の締約国において所得を取得するものは、この条約の特典を受けるために別に定める要件を満たし、かつ、次の(a)から(f)までに掲げる者のいずれかに該当する場合に限り、各課税年度において、この条約の特典（この条約の他の条の規定により締約国の居住者に対して認められる特典に限る。以下この条において同じ。）を受ける権利を有する。ただし、この条約の特典を受けることに関し、この条に別段の定めがある場合は、この限りでない。 (a)　個人 (b)　当該一方の締約国、当該一方の締約国の地方政府若しくは地方公共団体、日本銀行又は連邦準備銀行 (c)　法人のうち、次のⅰ又はⅱに該当するもの 　ⅰ　その主たる種類の株式及び不均一分配株式が、5(b)ⅰ又はⅱに規定する公認の有価証券市場に上場又は登録され、かつ、一又は二以上の公認の有価証券市場において通常取引される法人 　ⅱ　その各種類の株式の50パーセント以上が、五以下の当該一方の締約国の居住者であるⅰに規定する法人により直接又は間接に所有されている法人（その株式が間接に所有されている場合には、各中間所有者がこの1に規定する者のみである法人に限る。） (d)　第4条1(c)に規定する者 (e)　年金基金（当該課税年度の直前の課税年度の終了の日においてその受益者、構成員又は参加者の50パーセント

を超えるものがいずれかの締約国の居住者である個人である年金基金に限る。)
(f) 個人以外の者で次のi及びiiの要件を満たすもの
　i その者の各種類の株式その他の受益に関する持分の50パーセント以上が、(a)、(b)、(c)ⅰ、(d)又は(e)に掲げる当該一方の締約国の居住者により直接又は間接に所有されていること。
　ii 当該課税年度におけるその者の総所得のうちに、その者が居住者とされる締約国におけるその者の課税所得の計算上控除することができる支出により、いずれの締約国の居住者にも該当しない者に対し、直接又は間接に支払われた、又は支払われるべきものの額の占める割合が、50パーセント未満であること。ただし、当該支出には、事業の通常の方法において行われる役務又は有体財産に係る支払(独立の企業の間に設けられる価格による支払に限る。)及び商業銀行に対する金融上の債務に係る支払(当該銀行がいずれの締約国の居住者でもない場合には、当該支払に係る債権がいずれかの締約国内にある当該銀行の恒久的施設に帰せられるときに限る。)は含まれない。
2(a) 一方の締約国の居住者は、他方の締約国において取得するそれぞれの所得に関し、当該居住者が当該一方の締約国内において営業又は事業の活動に従事しており、当該所得が当該営業又は事業の活動に関連又は付随して取得されるものであり、及び当該居住者がこの条約の特典を受けるために別に定める要件を満たすことを条件として、この条約の特典を受ける権利を有する。ただし、当該営業又は事業の活動が、当該居住者が自己の勘定のために投資を行い又は管理する活動(商業銀行、保険会社又は登録を受けた証券会社が行う銀行業、保険業又は証券業の活動を除く。)である場合は、この限りでない。
(b) 一方の締約国の居住者が、他方の締約国内における営業若しくは事業の活動から所得を取得する場合又は当該

居住者と第9条1⒜若しくは⒝にいう関係を有する者から他方の締約国内において生ずる所得を取得する場合には、当該居住者が当該一方の締約国内において行う営業又は事業の活動が、当該居住者又は当該関係を有する者が当該他方の締約国内において行う営業又は事業の活動との関係において実質的なものでなければ、当該所得について⒜に規定する条件を満たすこととはならない。この⒝の規定の適用上、営業又は事業の活動が実質的なものであるか否かは、すべての事実及び状況に基づいて判断される。

3⒜ 源泉徴収による課税について1⒞ⅱの規定を適用する場合には、一方の締約国の居住者が、その所得の支払が行われる日（配当については、当該配当の支払を受ける者が特定される日）が課税年度終了の日である場合には当該課税年度を通じて、当該支払が行われる日が課税年度終了の日以外の日である場合には当該課税年度中の当該支払が行われる日に先立つ期間及び当該課税年度の直前の課税年度を通じて、1⒞ⅱに規定する要件を満たしているときに、当該居住者は当該支払が行われる課税年度について当該要件を満たすものとする。

⒝ 1⒡ⅰの規定を適用する場合には、次に定めるところによる。

ⅰ 源泉徴収による課税については、一方の締約国の居住者が、その所得の支払が行われる日（配当については、当該配当の支払を受ける者が特定される日）が課税年度終了の日である場合には当該課税年度を通じて、当該支払が行われる日が課税年度終了の日以外の日である場合には当該課税年度中の当該支払が行われる日に先立つ期間及び当該課税年度の直前の課税年度を通じて、1⒡ⅰに規定する要件を満たしているときに、当該居住者は当該支払が行われる課税年度について当該要件を満たすものとする。

ⅱ その他のすべての場合については、一方の締約国の

居住者は、その所得の支払が行われる課税年度の総日数の半数以上の日において1(f)iに規定する要件を満たしているときに、当該支払が行われる課税年度について当該要件を満たすものとする。
- (c) 日本国における源泉徴収による課税について1(f)iiの規定を適用する場合には、合衆国の居住者は、その所得の支払が行われる課税年度の直前の三課税年度について1(f)iiに規定する要件を満たしているときに、当該支払が行われる課税年度について当該要件を満たすものとする。

4 一方の締約国の居住者は、1(a)から(f)までに掲げる者のいずれにも該当せず、かつ、2の規定に基づきある所得についてこの条約の特典を受ける権利を有する場合に該当しないときにおいても、この条約により認められる特典についての要求を受ける締約国の権限のある当局が、当該締約国の法令又は行政上の慣行に従って、当該居住者の設立、取得又は維持及びその業務の遂行がこの条約の特典を受けることをその主たる目的の一つとするものでないと認定するときは、この条約の特典を受けることができる。

5 この条の適用上、
- (a) 「不均一分配株式」とは、一方の締約国の居住者である法人の株式で、その条件その他の取決め内容により、当該株式を所有する者が、当該条件その他の取決め内容が定められていないとした場合に比し、当該法人が他方の締約国において取得する所得の分配をより多く受ける権利を有するものをいう。
- (b) 「公認の有価証券市場」とは、次のものをいう。
  - i 日本国の証券取引法（昭和23年法律第25号）に基づき設立された有価証券市場
  - ii ナスダック市場及び合衆国の1934年証券取引法に基づき証券取引所として証券取引委員会に登録された有価証券市場
  - iii その他の有価証券市場で両締約国の権限のある当局が合意するもの

	(c) 「総所得」とは、一方の締約国の居住者がその事業から取得する総収入の額から当該収入を得るために直接に要した費用の額を差し引いた残額をいう。
日蘭租税条約(21条) 2010.8.25署名 2011.12.29発効	1　一方の締約国の居住者であって他方の締約国内から第10条3、第11条3、第12条、第13条又は前条に定める所得を取得するものは、2に規定する適格者に該当し、かつ、これらの規定により認められる特典を受けるためにこれらの規定に規定する要件を満たす場合に限り、各課税年度において、これらの規定により認められる特典を受ける権利を有する。ただし、これらの規定により認められる特典を受けることに関し、この条に別段の定めがある場合は、この限りでない。 2　一方の締約国の居住者が次の(a)から(e)までに掲げる者のいずれかに該当する場合には、当該一方の締約国の居住者は、各課税年度において適格者とする。 (a)　個人 (b)　一方の締約国の政府、一方の締約国の地方政府若しくは地方公共団体、日本銀行、オランダ中央銀行又は一方の締約国の政府若しくは一方の締約国の地方政府若しくは地方公共団体が直接若しくは間接に所有する者 (c)　法人であって、その主たる種類の株式が、公認の有価証券市場に上場され、又は登録され、かつ、一又は二以上の公認の有価証券市場において通常取引されるもの（当該株式が8(c)ⅲ又はⅳに規定する公認の有価証券市場に上場され、又は登録されるものである場合には、当該法人の事業の管理及び支配の主たる場所が、当該法人が居住者とされる締約国内にあるときに限る。） (d)　次のⅰ又はⅱに規定する者のいずれかに該当する者 　　ⅰ　第4条1(b)又は(c)に規定する者（同条1(b)に規定する者にあっては、次の（aa）又は（bb）に規定する者のいずれかに該当する者に限る。） 　　　（aa）　当該課税年度の直前の課税年度の終了の日においてその受益者、構成員又は参加者の50パー

セントを超えるものがいずれかの締約国の居住者である個人である年金基金
- (bb) その基金の75パーセントを超えるものが、適格者であるいずれかの締約国の居住者が拠出した基金である年金基金
  - ii 銀行、保険会社又は証券会社(その者が居住者とされる締約国の法令に基づいて設立され、かつ、規制されるものに限る。)
- (e) 個人以外の者((a)から(d)までに掲げる適格者であるいずれかの締約国の居住者が、議決権の50パーセント以上に相当する株式その他の受益に関する持分を直接又は間接に所有する場合に限る。)

3 一方の締約国の居住者である法人は、適格者に該当しない場合においても、他方の締約国内から取得する第10条3、第11条3、第12条、第13条又は前条に定める所得に関し、七以下の同等受益者が当該法人の議決権の75パーセント以上に相当する株式を直接又は間接に所有し、かつ、当該法人がこれらの規定により認められる特典を受けるためにこれらの規定に規定する要件を満たすときは、これらの規定により認められる特典を受ける権利を有する。

4 2(e)又は3の規定の適用については、次に定めるところによる。

- (a) 源泉徴収による課税については、一方の締約国の居住者は、その所得の支払が行われる日(配当については、当該配当の支払を受ける者が特定される日)に先立つ12箇月の期間を通じて2(e)又は3に規定する要件を満たしているときは、当該支払が行われる課税年度について当該要件を満たすものとする。
- (b) その他のすべての場合については、一方の締約国の居住者は、その所得が取得される課税年度の総日数の半数以上の日において2(e)又は3に規定する要件を満たしているときは、当該課税年度について当該要件を満たすものとする。

5(a) 一方の締約国の居住者は、適格者に該当しない場合においても、他方の締約国内から取得する第10条3、第11条3、第12条、第13条又は前条に定める所得に関し、次のⅰからⅲまでに掲げる要件を満たすときは、これらの規定により認められる特典を受ける権利を有する。
　ⅰ　当該居住者が当該一方の締約国内において事業を行っていること。ただし、当該事業が、当該居住者が自己の勘定のために投資を行い、又は管理するもの(銀行、保険会社又は証券会社が行う銀行業、保険業又は証券業を除く。)である場合は、この限りでない。
　ⅱ　当該所得が当該事業に関連し、又は付随して取得されるものであること。
　ⅲ　当該居住者がこれらの規定により認められる特典を受けるためにこれらの規定に規定する要件を満たすこと。
(b)　一方の締約国の居住者が、他方の締約国内において行う事業から所得を取得する場合又は当該居住者の関連企業であって他方の締約国内において事業を行うものから当該他方の締約国内において生ずる所得を取得する場合には、当該居住者が当該一方の締約国内において行う事業が、当該居住者又は当該関連企業が当該他方の締約国内において行う事業との関係において実質的なものでなければ、当該所得について(a)に規定する条件を満たすこととはならない。この(b)の規定の適用上、事業が実質的なものであるか否かは、すべての事実及び状況に基づいて判断される。
(c)　(a)の規定に基づきある者が一方の締約国内において事業を行っているか否かを決定するに当たって、その者が組合員である組合が行う事業及びその者に関連する者が行う事業は、その者が行うものとみなす。一方の者が他方の者の受益に関する持分の50パーセント以上(法人の場合には、当該法人の議決権の50パーセント以上に相当する株式)を直接若しくは間接に所有する場合又は第三者がそれぞれの者の受益に関する持分の50パーセント以

上（法人の場合には、当該法人の議決権の50パーセント以上に相当する株式）を直接若しくは間接に所有する場合には、一方の者及び他方の者は、関連するものとする。また、すべての事実及び状況に基づいて、一方の者が他方の者を支配している場合又はそれぞれの者が一若しくは二以上の同一の者によって支配されている場合には、一方の者及び他方の者は、関連するものとする。

6 (a) 一方の締約国の居住者は、適格者に該当しない場合においても、他方の締約国内から取得する第10条3、第11条3、第12条、第13条又は前条に定める所得に関し、次のiからiiiまでに掲げる要件を満たすときは、これらの規定により認められる特典を受ける権利を有する。

　i 当該居住者が多国籍企業集団の本拠である法人として機能すること。

　ii 当該所得が(b) iiに規定する事業に関連し、又は付随して取得されるものであること。

　iii 当該居住者がこれらの規定により認められる特典を受けるためにこれらの規定に規定する要件を満たすこと。

(b) 一方の締約国の居住者は、次のiからviまでに掲げる要件を満たす場合に限り、(a)の規定の適用上多国籍企業集団の本拠である法人とされる。

　i 当該居住者が、当該多国籍企業集団の全体の監督及び運営の実質的な部分を行うこと又は当該多国籍企業集団の資金供給を行うこと。

　ii 当該多国籍企業集団が、五以上の国の法人により構成され、これらの法人のそれぞれが居住者とされる国において事業を行うこと。ただし、これらの国のうちいずれかの五の国内において当該多国籍企業集団が行う事業が、それぞれ当該多国籍企業集団の総所得の5パーセント以上を生み出す場合に限る。

　iii 当該一方の締約国以外のそれぞれの国内において当該多国籍企業集団が行う事業が、いずれも当該多国籍企業集団の総所得の50パーセント未満しか生み出さな

　　　　iv　当該居住者の総所得のうち、他方の締約国内から当
　　　　　　該居住者が取得するものの占める割合が50パーセント
　　　　　　以下であること。
　　　　v　ⅰに規定する機能を果たすために、当該居住者が独
　　　　　　立した裁量的な権限を有し、かつ、行使すること。
　　　　vi　当該居住者が、当該一方の締約国において、所得に
　　　　　　対する課税上の規則であって5に規定する者が従うも
　　　　　　のと同様のものに従うこと。
　　(c)　(b)の規定の適用上、一方の締約国の居住者は、その所
　　　　得を取得する課税年度の直前の三課税年度について(b)ⅱ
　　　　からⅳまでに規定するそれぞれの総所得の平均がこれら
　　　　の規定に規定する総所得に関する要件のそれぞれを満た
　　　　している場合には、当該所得を取得する課税年度につい
　　　　て当該要件を満たすものとみなす。
7　一方の締約国の居住者は、適格者に該当せず、かつ、3、
　　5及び6の規定に基づき第10条3、第11条3、第12条、第
　　13条又は前条に定める所得についてこれらの規定により認
　　められる特典を受ける権利を有する場合に該当しないとき
　　においても、他方の締約国の権限のある当局が、当該他方
　　の締約国の法令又は行政上の慣行に従って、当該居住者の
　　設立、取得又は維持及びその業務の遂行がこれらの規定に
　　より認められる特典を受けることをその主たる目的の一つ
　　とするものでないと認定するときは、これらの規定により
　　認められる特典を受けることができる。
8　この条の規定の適用上、
　　(a)　「主たる種類の株式」とは、合計して法人の議決権の
　　　　過半数を占める一又は二以上の種類の株式をいう。
　　(b)　「株式」には、株式の預託証券又は株式の信託受益証
　　　　券を含む。
　　(c)　「公認の有価証券市場」とは、次のものをいう。
　　　　ⅰ　日本国の金融商品取引法（昭和23年法律第25号）に
　　　　　　基づき設立された金融商品取引所又は認可金融商品取

引業協会により設立された有価証券市場
- ii オランダの金融監督に関する法律第5条の26 1（又は同法を承継する法律の関連規定）に規定する許可に基づき金融市場庁（又は同庁を承継する当局）による規制に従ってオランダにおいて設立された有価証券市場
- iii アイルランド証券取引所、ロンドン証券取引所、スイス証券取引所、ブリュッセル証券取引所、デュッセルドルフ証券取引所、フランクフルト証券取引所、ハンブルク証券取引所、香港証券取引所、ヨハネスブルク証券取引所、リスボン証券取引所、ルクセンブルク証券取引所、マドリード証券取引所、メキシコ証券取引所、ミラノ証券取引所、ニューヨーク証券取引所、パリ証券取引所、ソウル証券取引所、シンガポール証券取引所、ストックホルム証券取引所、シドニー証券取引所、トロント証券取引所、ウィーン証券取引所及びナスダック市場
- iv この条の規定の適用上、両締約国の権限のある当局が公認の有価証券市場として合意するその他の有価証券市場

(d) 「同等受益者」とは、次のi又はiiに規定するいずれかの者をいう。
- i この条約の特典が要求される締約国との間に租税に関する二重課税の回避及び脱税の防止のための条約（以下この条において「租税条約」という。）を有している国の居住者であって、次の（aa）から（cc）までに掲げる要件を満たすもの
  - （aa） 租税条約が実効的な情報の交換に関する規定を有すること。
  - （bb） 当該居住者が、租税条約における特典の制限に関する規定に基づき適格者に該当すること又は租税条約に当該規定がない場合には、租税条約に2の規定に相当する規定が含まれていると

したならば、当該居住者がその規定により適格者に該当するであろうとみられること。
　　　　　　(cc)　第10条3、第11条3、第12条、第13条又は前条に定める所得に関し、当該居住者が、この条約の特典が要求されるこれらの規定に定める所得について租税条約の適用を受けたとしたならば、この条約に規定する税率以下の税率の適用を受けるであろうとみられること。
　　　　ⅱ　2(a)から(d)までに掲げる適格者
　　(e)　「関連企業」とは、第9条1(a)又は(b)に規定する関係を有する企業をいう。
　　(f)　「総所得」とは、企業がその事業から取得する総収入の額から当該収入を得るために直接に要した費用の額を差し引いた残額をいう。

参考資料9　租税条約における情報交換規定

タックスヘイブン諸国、地域を中心に、情報交換規定の比較表を掲載しました（下線は筆者による）。

租税条約	条文
OECDモデル租税条約（26条）	1　両締約国の権限のある当局は、この条約の規定の実施又は両締約国若しくは両締約国の地方政府若しくは地方公共団体が課するすべての種類の租税に関する両締約国の法令（当該法令に基づく課税がこの条約の規定に反しない場合に限る。）の規定の運用若しくは執行に関連する情報を交換する。これらの情報の交換は、第1条及び第2条の規定による制限を受けない。 2　1の規定に基づき一方の締約国が受領した情報は、当該一方の締約国がその法令に基づいて入手した情報と同様に<u>秘密として取り扱う</u>ものとし、1に規定する租税の賦課若しくは徴収、これらの租税に関する執行若しくは訴追、これらの租税に関する不服申立てについての決定又はこれらの監督に関与する者又は当局（裁判所及び行政機関を含む。）に対してのみ、<u>開示</u>される。これらの者又は当局は、当該情報をそのような<u>目的のためにのみ</u>使用する。これらの者又は当局は、当該情報を<u>公開の法廷における審理又は司法上の決定において開示</u>することができる。 3　1及び2の規定は、いかなる場合にも、一方の締約国に対し、<u>次のことを行う義務を課するものと解してはならない</u>。 　a)　当該一方の締約国又は他方の締約国の法令及び行政上の慣行に抵触する行政上の措置をとること。 　b)　当該一方の締約国又は他方の締約国の法令の下において又は行政の通常の運営において入手することができない情報を提供すること。 　c)　営業上、事業上、産業上、商業上若しくは職業上の秘密若しくは取引の過程を明らかにするような情報又は

		公開することが公の秩序に反することになる情報を提供すること。
		4 　一方の締約国は、他方の締約国がこの条の規定に従って当該一方の締約国に対し情報の提供を要請する場合には、<u>自己の課税目的のために必要でないときであっても、当該情報を入手するために必要な手段を講ずる。</u>一方の締約国がそのような手段を講ずるに当たっては、3の規定に定める制限に従うが、その制限は、いかなる場合にも、当該情報が自己の課税目的のために必要でないことのみを理由としてその提供を拒否することを認めるものと解してはならない。
		5 　<u>3の規定は、提供を要請された情報が銀行その他の金融機関、名義人若しくは代理人若しくは受託者が有する情報又はある者の所有に関する情報であることのみを理由として、一方の締約国が情報の提供を拒否することを認めるものと解してはならない。</u>
日香港租税協定 （25条） 2010.11.9署名 2011.8.14発効		1 　OECD モデルと同文。これらの情報の交換は、<u>第1条</u>の規定による制限を受けない。
		2 　1の規定に基づき一方の締約者が受領した情報は、当該一方の締約者がその法令に基づいて入手した情報と同様に秘密として取り扱うものとし、1に規定する租税の賦課若しくは徴収、これらの租税に関する執行若しくは訴追<u>又はこれらの租税に関する不服申立てについての決定に関与する者又は当局</u>（裁判所及び行政機関を含む。）に対してのみ、開示される。これらの者又は当局は、当該情報をそのような目的のためにのみ使用する。これらの者又は当局は、当該情報を公開の法廷における審理又は司法上の決定において開示することができる。<u>当該情報は、いかなる目的のためにも、他の者又は当局（両締約者外にあるものを含む。）に開示することはできない。</u>
		3 　OECD モデルと同文。
		4 　OECD モデルと同文。
		5 　OECD モデルと同文。

日ケイマン租税協定	**第2条　目的及び適用範囲**
（第2章）	両締約者の権限のある当局は、この協定の実施又は第4条に規定する租税に関する両締約者の法令の規定の運用及び執行に関連する情報の交換を通じて支援を行う。そのような情報には、同条に規定する租税の決定、賦課及び徴収、租税債権の回収及び執行並びに租税事案の捜査及び訴追に関連する情報を含む。情報は、この協定に従って交換するものとし、かつ、第8条に規定するところにより、秘密として取り扱う。この協定に基づいて被要請者が情報を入手し、及び提供するに際しては、被要請者の法令又は行政上の慣行によって当該情報を有する者に対して保障されている手続上の権利及び保護は、これらの権利及び保護が実効的な情報の交換を不当に妨げ、又は遅延させる場合を除くほか、引き続き適用される。
2011.2.7署名	
2011.11.13発効	

第3条　管轄
　被要請者は、その当局によって保有されておらず、かつ、その領域的管轄内にある者によって保有され、又は管理されていない情報については、それを提供する義務を負わない。

第4条　対象となる租税
1　この章の規定は、一方の締約者のために課される全ての種類の現行の租税について適用する。
2　この章の規定は、1に規定する現行の租税に加えて又はこれに代わってこの協定の署名の日の後に課される租税であって、1に規定する現行の租税と同一であるもの又は実質的に類似するものについても、適用する。両締約者の権限ある当局は、各締約者の租税に関する法令について行われた重要な改正を相互に通知する。

第5条　要請に基づく情報の交換
1　被要請者の権限のある当局は、第2条に規定する目的のため、要請に応じて情報を提供する。当該情報は、調査の対象となる行為が被要請者内において行われたとした場合にその法令の下において犯罪を構成するか否かを考慮することなく提供される。
2　被要請者は、その権限のある当局が保有する情報が情報

提供の要請に応ずるために十分でない場合には、自己の課税目的のために必要でないときであっても、要請された情報を要請者に提供するために全ての関連する情報収集のための措置をとる。
3 　要請者の権限のある当局から特に要請があった場合には、被要請者の権限のある当局は、被要請者の法令によって認められる範囲において、記録の原本の写しに認証を付した形式で、この条の規定に基づく情報の提供を行う。
4 　各締約者は、第2条に規定する目的のため、自己の権限のある当局に対し、次に掲げる情報を要請に応じて入手し、及び提供する権限を付与することを確保する。
　(a)　銀行その他の金融機関及び代理人として活動し、又は受託者の資格で活動する者（名義人及び信託の受託者を含む。）が有する情報
　(b)　法人、組合、信託、財団その他の者の所有に関する情報（第3条の規定の範囲内で、所有の連鎖における全ての者の所有に関する情報を含むものとし、信託については委託者、受託者及び受益者に関する情報、財団については設立者、理事会の構成員及び受益者に関する情報を含む。）。この協定は、両締約者に対し、過重な困難を生じさせることなしに株式公開法人又は公開集団投資基金若しくは公開集団投資計画の所有に関する情報を入手することができる場合を除くほか、当該情報を入手し、又は提供する義務を生じさせるものではない。
5 　要請者の権限のある当局は、この協定に基づいて情報の提供を要請するに際しては、求める情報と当該要請との関連性を示すため、被要請者の権限のある当局に対し、次に掲げる情報を提供しなければならない。
　(a)　調査の対象となる者を特定する事項
　(b)　要請する情報に係る記述（当該情報の性質及び要請者が希望する被要請者から当該情報を受領する形式を含む。）
　(c)　要請する情報を必要とする課税目的

	(d) 要請する情報を被要請者が保有しているか又は被要請者の領域的管轄内にある者が保有し、若しくは管理していると認める根拠 (e) 要請する情報を保有し、又は管理していると認められる者の名称及び住所（判明している場合に限る。） (f) 要請が要請者の法令及び行政上の慣行に従って行われており、要請者が自らが被要請者の立場にあったとしたならば自己の法令に基づいて、又は自己の通常の行政上の慣行を通じて情報を入手することができ、並びに当該要請がこの協定に従って行われている旨の記述 (g) 要請する情報を入手するために要請者が自己の領域的管轄内において利用可能な全ての手段（過重な困難を生じさせるものを除く。）をとった旨の記述 6 被要請者の権限のある当局は、できる限り速やかに要請された情報を要請者に提供する。迅速な対応を確保するため、被要請者の権限のある当局は、次のことを行う。 (a) 要請者の権限のある当局に対し、要請の受領を書面によって確認すること及び当該要請に不備がある場合には、要請者の権限のある当局に対し、当該要請の受領の日から60日以内に当該不備を通知すること。 (b) 要請の受領の日から90日以内に要請された情報の入手及び提供ができない場合（当該情報を提供することについて障害がある場合又は当該情報を提供することを拒否する場合を含む。）には、要請者に対し、そのような入手及び提供が不可能である理由、当該障害の性質又は当該拒否の理由を説明するため直ちに通知すること。 （第6条以下省略）
日バハマ租税協定 （第2章） 2011.1.27署名 2011.8.25発効	第2条　目的及び適用範囲 日ケイマン租税協定と同文。 第3条　管轄 日ケイマン租税協定と同文。 第4条　対象となる租税 1 この章の規定は、一方の締約国又はその地方公共団体の

ために課される全ての種類の租税について適用する。
2　両締約国の権限のある当局は、各締約国の租税に関する法令について行われた重要な改正を相互に通知する。
第5条　要請に基づく情報の交換
1～4
日ケイマン租税協定と同文。
（筆者注：日ケイマン租税協定では「調査（examination）の対象となる行為が被要請者内において行われたとした場合にその法令の下において犯罪を構成するか否かを考慮することなく提供される。」となっていますが、日バハマ租税協定では、「要請（request）の対象となる行為が被要請国内において行われたとした場合にその法令の下において犯罪を構成するか否かを考慮することなく提供される。」となっています）
5　要請国の権限のある当局は、この協定に基づいて情報の提供を要請するに際しては、求める情報と当該要請との関連性を示すため、被要請国の権限のある当局に対し、次に掲げる情報を書面により提供しなければならない。
　(a)　要請の対象となる納税者を特定する事項
　(b)　要請する情報に関連する者が(a)に規定する納税者でない場合には、当該者を特定する事項
　(c)　要請する情報に係る記述（当該情報の性質及び要請国が希望する被要請国から当該情報を受領する形式を含む。）
　(d)　課税目的のために必要なものとして要請する情報の対象となる期間
　(e)　要請する情報を必要とする課税目的（法的根拠を含む。）
　(f)　要請する情報がこの協定の実施又は前条に規定する租税に関する要請国の法令の規定の運用若しくは執行に関連すると認める理由
　(g)　要請する情報を被要請国が保有しているか又は被要請国の領域的管轄内にある者が保有し、若しくは管理していると認める根拠

	(h) 要請する情報を保有し、又は管理していると認められる者の名称及び住所(判明している場合に限る。) (i) 要請が要請国の法令及び行政上の慣行に従って行われており、要請国が自らが被要請国の立場にあったとしたならば自国の法令に基づいて、又は自国の通常の行政上の慣行を通じて情報を入手することができ、並びに当該要請がこの協定に従って行われている旨の記述 (j) 要請する情報を入手するために要請国が自国の領域的管轄内において利用可能な全ての手段(過重な困難を生じさせるものを除く。)をとった旨の記述 6 ケイマン協定と同文。
日スイス租税条約改正(25条A) 2010.5.21署名 2011.12.30発効	1 両締約国の権限のある当局は、この条約の規定の実施又は両締約国若しくはそれらの地方政府若しくは地方公共団体が課するすべての種類の租税に関する両締約国の法令(当該法令に基づく課税がこの条約の規定に反しない場合に限る。)の規定の運用若しくは執行に関連する情報を交換する。情報の交換は、第1条及び第2条の規定による制限を受けない。 2 1の規定に基づき一方の締約国が受領した情報は、当該一方の締約国がその法令に基づいて入手した情報と同様に秘密として取り扱うものとし、1に規定する租税の賦課若しくは徴収、これらの租税に関する執行若しくは訴追又はこれらの租税に関する不服申立てについての決定に関与する者又は当局(裁判所及び行政機関を含む。)に対してのみ、開示される。これらの者又は当局は、当該情報をそのような目的のためにのみ使用する。これらの者又は当局は、当該情報を公開の法廷における審理又は司法上の決定において開示することができる。 3 1及び2の規定は、いかなる場合にも、一方の締約国に対し、次のことを行う義務を課するものと解してはならない。 (a) 当該一方の締約国又は他方の締約国の法令及び行政上の慣行に抵触する行政上の措置をとること。 (b) 当該一方の締約国又は他方の締約国の法令の下におい

	て又は行政の通常の運営において入手することができない情報を提供すること。 (c) 営業上、事業上、産業上、商業上若しくは職業上の秘密若しくは取引の過程を明らかにするような情報又は公開することが公の秩序に反することになる情報を提供すること。 4　一方の締約国は、他方の締約国がこの条の規定に従って当該一方の締約国に対し情報の提供を要請する場合には、自己の課税目的のために必要でないときであっても、当該情報を入手するために必要な手段を講ずる。一方の締約国がそのような手段を講ずるに当たっては、3に定める制限に従うが、その制限は、いかなる場合にも、当該情報が自己の課税目的のために必要でないことのみを理由としてその提供を拒否することを認めるものと解してはならない。 5　3の規定は、提供を要請された情報が銀行その他の金融機関、名義人、代理人若しくは受託者が有する情報又はある者の所有に関する情報であることのみを理由として、一方の締約国が情報の提供を拒否することを認めるものと解してはならない。これらの情報を入手するため、当該一方の締約国の税務当局は、この5の規定に基づく義務を履行するために必要な場合には、3の規定又は当該一方の締約国の法令のいかなる規定にもかかわらず、当該情報を開示させる権限を有する。
日蘭租税条約（25条） 2010.8.25署名 2011.12.29発効	1～4 日スイス租税条約と同文。 5　3の規定は、提供を要請された情報が銀行その他の金融機関、名義人、代理人若しくは受託者が有する情報又はある者の所有に関する情報であることのみを理由として、一方の締約国が情報の提供を拒否することを認めるものと解してはならない。
日バミューダ租税協定（第2章） 2010.2.1署名 2010.8.1発効	**第2条　目的及び適用範囲** 　両締約者の権限のある当局は、この協定の実施又は第4条に規定する租税に関する両締約者の法令の規定の運用若しくは執行に関連する情報の交換を通じて支援を行う。そのよう

な情報には、同条に規定する租税の決定、賦課及び徴収、租税債権の回収及び執行並びに租税事案の捜査及び訴追に関連する情報を含む。情報は、この協定に従って交換するものとし、かつ、第8条に規定するところにより、秘密として取り扱う。

第3条 管轄

日ケイマン租税協定と同文。

第4条 対象となる租税

1 この章の規定は、一方の締約者又はその地方政府若しくは地方公共団体のために課される所得に対する租税（課税方法のいかんを問わない。）について適用する。

2 日本国については、この章の規定が適用される現行の所得に対する租税は、所得税、法人税及び住民税とする。

3 この章の規定は、1及び2に規定する租税のほか、日本国において課される相続税及び贈与税についても、適用する。

4 この章の規定は、2及び3に規定する租税に加えて又はこれらに代わってこの協定の署名の日の後に課される租税であって、2及び3に規定する租税と同一であるもの又は実質的に類似するものについても、適用する。

5 両締約者の権限のある当局は、各締約者の租税に関する法令について行われた重要な改正を、その改正後の妥当な期間内に、相互に通知する。

第5条 要請に基づく情報の交換

1 被要請者の権限のある当局は、第2条に規定する目的のため、要請に応じて情報を提供する。

2 被要請者は、その権限のある当局が保有する情報が情報提供の要請に応ずるために十分でない場合には、自己の課税目的のために必要でないときであっても、要請された情報を要請者に提供するためにすべての関連する情報収集のための措置をとる。

3 要請者の権限のある当局から特に要請があった場合には、被要請者の権限のある当局は、被要請者の法令によって認められる範囲において、記録の原本の写しに認証を付した形式で、この条の規定に基づく情報の提供を行う。

4　各締約者は、第2条に規定する目的のため、自己の権限のある当局に対し、次に掲げる情報を要請に応じて入手し、及び提供する権限を付与することを確保する。
　(a)　銀行その他の金融機関及び代理人として活動し、又は受託者の資格で活動する者（名義人及び信託の受託者を含む。）が有する情報
　(b)　法人、組合その他の者の所有に関する情報（第3条の規定の範囲内で、所有の連鎖におけるすべての者の所有に関する情報を含む。）並びに信託については、委託者、受託者及び受益者並びに所有の連鎖における地位に関する情報
5　この協定は、被要請者に対し、次に掲げる情報を入手し、又は提供する義務を生じさせるものではない。
　(a)　次の事項に関する情報。ただし、過重な困難を生じさせることなしに入手することができる場合は、この限りでない。
　　(i)　株式公開法人の所有
　　(ii)　信託又は株式公開法人以外の者の持分証券、株式その他の持分であって、一般に購入され、又は販売されるものの所有
　(b)　関連する課税期間が開始した日前6年の日前に生じた事項に関する情報
6　この協定に従って要請者が情報の提供を要請する場合には、要請者の権限のある当局は、当該要請が要請者の法令に基づく納税者の納税義務の決定に関連し、かつ、その決定のために必要であることを証明する。
7　要請者の権限のある当局は、この協定に基づいて情報の提供を要請するに際しては、求める情報と当該要請との関連性を示すため、被要請者の権限のある当局に対し、次に掲げる情報を提供しなければならない。
　(a)　調査の対象となる納税者を特定する事項
　(b)　要請する情報の性質及び種類（求める特定の情報その他の支援に関する説明を含む。）並びに可能な場合には、

	要請者が希望する当該情報の受領形式 (c) 要請する情報を必要とする課税目的及び当該情報が要請者の法令に基づく納税者の納税義務の決定に関連し、かつ、その決定のために必要である理由 (d) 課税目的のために必要なものとして要請する情報の対象となる期間 (e) 要請する情報を被要請者が保有しているか又は被要請者の領域的管轄内にある者が保有し、若しくは管理していると認める根拠 (f) 要請する情報を保有し、又は管理していると認められる者の名称及び住所（判明している場合に限る。） (g) 要請が要請者の法令及び行政上の慣行に適合しており、かつ、要請者が、自らが被要請者の立場にあったとしたならば自己の法令に基づいて要請された情報を入手することができたであろう（自己の課税目的のために入手するかこの協定に基づく有効な要請に応じて入手するかを問わない。）旨の記述 (h) 要請する情報を入手するために要請者が自己の領域的管轄内において利用可能なすべての手段（過重な困難を生じさせるものを除く。）をとった旨の記述 8 被要請者の権限のある当局は、できる限り速やかに要請された情報を要請者に提供する。迅速な対応を確保するため、被要請者の権限のある当局は、次のことを行う。 (a) 要請者の権限のある当局に対し、要請の受領を書面によって確認すること及び当該要請に不備がある場合には、要請者の権限のある当局に対し、当該要請の受領の日から60日以内に当該不備を通知すること。 (b) 要請の受領の日から90日以内に要請された情報の入手及び提供ができない場合（当該情報を提供することについて障害がある場合又は当該情報を提供することを拒否する場合を含む。）には、要請者に対し、そのような入手及び提供が不可能である理由、当該障害の性質又は当該拒否の理由を説明するため直ちに通知すること。 （第6条以下省略）

参考資料10　日本が締結した租税条約の概要一覧

　日本が締結した租税条約について「署名日、発効日、対象税目」や「PE（恒久的施設）の範囲」など、概要をまとめたものを以下に掲載します。
　なお、同概要は公益財団法人納税協会連合会発行『租税条約関係法規集（平成24年版）』（2012年）《付録》から転載しています。

(1) 署名日、発効日、対象税目

項目 相手国・地域名	署名日	発効日	対象税目（日本側）	対象税目（相手国・地域）
OECD条約モデル	理事会勧告 ①1963.7.30 ②1977.4.11 ③1992.7.23 ④1994.3.31 ⑤1995.9.21	⑥1997.10.23 ⑦2000.4.29 ⑧2003.1.28 ⑨2005.7.15	所得及び財産に対するすべての租税を対象とする。	
わが国の条約例	原は原条約、全は全面改訂、①、②、③はそれぞれ第1次、第2次、第3次の補足改訂を表す。		所得税　法人税 相手国に地方税があれば住民税を含める（相手国に地方税がない場合を除く。）	所得に対する租税のみ対象とする。 （注）下線は地方税
1　アイルランド	1974.1.18	1974.12.4	所得税　法人税 住民税	所得税（付加税含む）　法人利潤税
2　アメリカ	原　1954.4.16 ①　1957.3.23 ②　1960.5.7 ③　1962.8.14 全　1971.3.8 全　2003.11.6	1955.4.1 1957.9.9 1964.9.2 1965.5.6 1972.7.9 2004.3.30	所得税　法人税	連邦所得税（社会保障税を除く）
3　イギリス	原　1962.9.4 全　1969.2.10 ①　1980.2.14 全　2006.2.2	1963.4.23 1970.12.25 1980.10.31 2006.10.12	所得税　法人税 住民税	所得税（付加税含む）　法人税 譲渡収益税　開発用地税 石油収入税 所得税　法人税　譲渡収益税
4　イスラエル	1993.3.8	1993.12.24	所得税　法人税 住民税	所得税法及びその附属法令による租税　土地評価税法による租税

相手国・地域名		署名日	発効日	対象税目 日本側	対象税目 相手国・地域
5	イタリア	原 1969.3.20 ① 1980.2.14	1973.3.17 1982.1.28	所得税 法人税 住民税	個人所得税 法人所得税 地方所得税
6	インド	原 1960.1.5 ① 1969.4.8 全 1989.3.7 ① 2006.2.24	1960.6.13 1970.11.15 1989.12.29 2006.6.28	所得税 法人税	所得税（加重税を含む）
7	インドネシア	1982.3.3	1982.12.31	所得税 法人税	所得税 法人税 利子・配当及び使用料に対する税
8	エジプト	1968.9.3	1969.8.6	所得税 法人税 住民税	不動産から生ずる所得に対する租税 動産資本所得に対する租税 商業上及び産業上の利得に対する租税 賃金・給料・手当及び退職年金に対する租税 自由職業その他すべての非商業的職業からの利得に対する租税 一般所得税 防衛税 国家安全保障税 上記の租税に対する附加税
9	オーストラリア	原 1969.3.20 全 2008.1.31	1970.7.4 2008.12.3	所得税 法人税	連邦所得税 所得税 石油資源使用税
10	オーストリア	1961.12.20	1963.4.4	所得税 法人税	所得税 法人税 住宅建設促進及び家族負担調整のための所得からの分担金
11	オランダ	原 1970.3.3 ① 1992.3.4 全 2010.8.25	1970.10.23 1992.12.16 2011.12.29	所得税 法人税 住民税	所得税 賃金税 法人税 配当税
12	カザフスタン	2008.12.19	2009.12.30	所得税 法人税 住民税	法人所得税 個人所得税
13	カナダ	原 1964.9.5 全 1986.5.7 ① 1999.2.19	1965.4.30 1987.11.14 2000.12.14	所得税 法人税	カナダ政府が課す所得税
14	ガーンジー	2011.12.6	未発効	所得税 住民税	所得税（情報交換規定においては住宅利得税も対象）
15	韓国	原 1970.3.3 全 1998.10.8	1970.10.29 1999.11.22	所得税 法人税 住民税	所得税 法人税 地方振興特別税 住民税

相手国・地域名	項目	署名日	発効日	対象税目 日本側	対象税目 相手国・地域
16	クウェート	2010.2.17	未発効	所得税 法人税 住民税	法人所得税 クウェート資本の法人の純利得からクウェート科学振興財団(KFAS)に支払われる分担金 クウェート資本の純利得から国家予算を支援するために支払われる分担金 ザカート クウェート国民である使用人を支援するために課される税
17	ケイマン諸島	2011.2.7	2011.11.13	所得税	―
18	サウジアラビア	2010.11.15	2011.9.1	所得税 法人税 住民税	ザカート 所得税（天然ガス投資税含む）
19	ザンビア	1970.2.19	1971.1.23	所得税 法人税 住民税	所得税 人頭税
20	ジャージー	2011.12.2	未発効	所得税 住民税	所得税
21	シンガポール	原 1961.4.11 全 1971.1.29 ① 1981.1.14 全 1994.4.9 ① 2010.2.4	1961.9.5 1971.8.3 1981.6.23 1995.4.28 2010.7.14	所得税 法人税 住民税	所得税
22	スイス	1971.1.19 ① 2010.5.21	1971.12.26 2011.12.30	所得税 法人税 住民税	所得に対する連邦税 州税及び市町村税
23	スウェーデン	原 1956.12.12 ① 1964.4.15 全 1983.1.21 ① 1999.2.19	1957.6.1 1965.5.25 1983.9.18 1999.12.25	所得税 法人税 住民税	国税の所得税 地方税の所得税 非居住者に対する所得税 非居住者の芸能人・運動家に対する所得税 事業拡大の手段に対する税
24	スペイン	1974.2.13	1974.11.20	所得税 法人税 住民税	個人一般所得税 法人一般所得税 農村土地税 都市土地税 勤労所得税 資本所得税 商工事業税 サハラにおける所得税及び企業利得税 石油探査等に従事する企業に対する表面使用税・産出高税及び法人利得特別税 地方所得税
25	スリ・ランカ	1967.12.12	1968.9.22	所得税 法人税	所得税
26	ソ 連 邦	1986.1.18	1986.11.27	所得税 法人税 住民税	個人所得税 外国法人に対する所得税
27	タ イ	原 1963.3.1 全 1990.4.7	1963.7.24 1990.8.31	所得税 法人税	所得税 石油所得税
28	中 国	1983.9.6	1984.6.26	所得税 法人税 住民税	個人所得税 合弁企業所得税 外国企業所得税 地方所得税

資料 387

相手国・地域名	項目	署名日	発効日	対象税目 日本側	対象税目 相手国・地域
29	チェッコスロヴァキア	1977.10.11	1978.11.25	所得税 法人税 住民税	利得税 賃金税 文学上及び美術上の活動から生ずる所得に対する租税 農業税 住民所得税 家屋税
30	デンマーク	原 1959.3.10 全 1968.2.3	1959.4.24 1968.7.26	所得税 法人税 住民税	国税の普通所得税 地方税の所得税 老齢年金拠出金 船員税 特別所得税 教会税
31	ドイツ	原 1966.4.22 ① 1979.4.17 ② 1983.2.17	1967.6.9 1980.11.10 1984.5.4	所得税 法人税 住民税 事業税	所得税 法人税 営業税 財産税
32	トルコ	1993.3.8	1994.12.28	所得税 法人税 住民税	所得税 法人税 所得税及び法人税に対し課される税
33	ニュー・ジーランド	原 1963.1.30 ① 1967.3.22	1963.4.19 1967.9.30	所得税 法人税	所得税 超過留保税
34	ノールウェー	原 1959.2.21 全 1967.5.11 全 1992.3.4	1959.9.15 1968.10.25 1992.12.16	所得税 法人税 住民税	国税の所得税 県税の所得税 市税の所得税 国税の租税平衡基金に対する分担金 海底の石油資源探査等に対する国税の所得税 国税の非居住者芸能人の報酬に対する賦課金
35	バハマ	2011.1.27	2011.8.25	所得税 住民税	―
36	バミューダ	2010.2.1	2010.8.1	所得税 住民税	―
37	ハンガリー	1980.2.13	1980.10.25	所得税 法人税 住民税	所得税 利得税 特別法人税 所得税を基礎に課される地域開発分担金 営業法人による配当及び利得の分配に対する税
38	バングラデシュ	1991.2.28	1991.6.15	所得税 法人税	所得税
39	パキスタン	原 1959.2.17 ① 1960.6.28 全 2008.1.23	1959.5.14 1961.8.1 2008.11.9	所得税 法人税	所得税 附加税 事業利得税
40	フィリピン	原 1980.2.13 ① 2006.12.9	1980.7.20 2008.12.5	所得税 法人税	所得税
41	フィンランド	原 1972.2.29 ① 1991.3.4	1972.12.30 1991.12.28	所得税 法人税 住民税	国税の所得税 地方税の所得税 教会税 非居住者の所得に対する源泉徴収税
42	フランス	原 1964.11.27 ① 1981.3.10 全 1995.3.3 ① 2007.1.11	1965.8.22 1981.10.14 1996.3.24 2007.12.1	所得税 法人税 住民税	所得税 法人税 法人概算税 給与税 一般社会保障税及び社会保障債務返済税

相手国 ・地域名		署名日	発効日	対象税目 日本側	対象税目 相手国・地域
43	ブラジル	原 1967.1.24 ① 1976.3.23	1967.12.31 1977.12.29	所得税　法人税	連邦所得税
44	ブルガリア	1991.3.7	1991.8.9	所得税　法人税 住民税	総所得税　利得税
45	ブルネイ	2009.1.20	2009.12.19	所得税　法人税 住民税	所得税　石油利得税
46	ヴィエトナム	1995.10.24	1995.12.31	所得税　法人税 住民税	個人所得税　利得税　利得送金税　外国契約者税（利得に対する税とみなされるものに限る。）　外国石油下請契約者税（利得に対する税とみなされるものに限る。）　使用料税
47	ベルギー	原 1968.3.28 ① 1988.11.9 ② 2010.1.26	1970.4.16 1990.11.16 未発効	所得税　法人税 住民税	個人所得税　会社税　非営利団体税　非居住者税　源泉徴収税及び源泉徴収税補完税　上記の租税の付加税
48	ポルトガル	2011.12.19	未発効	所得税　法人税 復興特別所得税 復興特別法人税 住民税	個人所得税　法人所得税　法人所得に対する付加税
49	ポーランド	1980.2.20	1982.12.23	所得税　法人税 住民税	所得税　賃金又は給料に対する税　上記の租税の付加税
50	香港	2010.11.9	2011.8.14	所得税　法人税 住民税	利得税　給与税　不動産税（個人申告制度に基づいて課されるか否かを問わない）
51	マレーシア	原 1963.6.4 全 1970.1.30 全 1999.2.19 ① 2010.2.10	1963.8.21 1970.12.23 1999.12.31 2010.12.1	所得税　法人税 住民税	所得税　石油所得税
52	マン島	2011.6.21	2011.9.1	―	―
53	南アフリカ	1997.3.7	1997.11.5	所得税　法人税 住民税	普通税　第二法人税
54	メキシコ	1996.4.9	1996.11.6	所得税　法人税 住民税	所得税
55	ルクセンブルク	1992.3.5 ① 2010.1.25	1992.12.27 2011.12.30	所得税　法人税 住民税	個人所得税　法人税　法人の役員報酬に対する税　財産税　地方営業税

相手国・地域名	項目	署名日	発効日	対象税目 日本側	対象税目 相手国・地域
56	ルーマニア	1976.2.12	1978.4.9	所得税　法人税　住民税	賃金、給料、文学・美術・学術上の活動からの所得、出版物への寄稿等の活動からの所得に対する租税　非居住個人・法人の所得に対する租税　混合法人の所得に対する租税　商業・自由業等の生産的活動からの所得及び国営企業・混合法人以外の企業の所得に対する租税　建物・土地の賃貸からの所得に対する租税　農業所得に対する租税　消費共同組合・手工芸共同組合の所得に対する租税

(2) 二重居住者、特典条項の扱い

相手国・地域名	項目 二重居住者の扱い	（交）、（議）：OECD条約モデル第4条第2項に規定する二重居住者の振分けに関する基準を考慮する旨の交換公文又は議定書あり。	特典条項
OECD条約モデル	個人は第4条第2項に規定する二重居住者の振分けに関する基準（OECD基準）により振分け、法人は実質管理地がある国の居住者とする。		―
わが国の条約例	個人はOECD基準により振分け、法人は本店所在地国の居住者とする。		―
1	アイルランド	個人は協議により振分け、法人は本店所在地国の居住者とする。	―
2	アメリカ	個人はOECD基準により振分け、法人は協議により振分ける。	規定あり
3	イギリス	個人はOECD基準により振分け、法人は協議により振分ける。	規定あり
4	イスラエル	個人は振分け基準により振分け、法人は本店所在地国の居住者とする。	―
5	イタリア	個人、法人とも協議により振分ける。	―
6	インド	個人、法人とも協議により振分ける。	―
7	インドネシア	個人、法人とも協議により振分ける。	―
8	エジプト	個人は条約対象外、法人は規定なし。	―
9	オーストラリア	個人はOECD基準により振分け、法人は協議により振分ける。	規定あり
10	オーストリア	個人、法人とも条約対象外とする。ただし、外国税額控除の適用はあり。	―
11	オランダ	同条約例	規定あり
12	カザフスタン	個人はOECD基準により振分け、法人は協議により振分ける。	―
13	カナダ	個人、法人とも協議により振分ける。（議）	―
14	ガーンジー	個人は振分け基準により振分ける。	―
15	韓国	同条約例	―

資料 | 391

相手国・地域名	項目	二重居住者の扱い	（交）、（議）：OECD条約モデル第4条第2項に規定する二重居住者の振分けに関する基準を考慮する旨の交換公文又は議定書あり。	特典条項
16	クウェート	個人はOECD基準により振分け、法人は協議により振分ける。		―
17	ケイマン諸島	個人は振分け基準により振分ける。		―
18	サウジアラビア	個人はOECD基準により振分け、法人は協議により振分ける。		―
19	ザンビア	個人は協議により振分け、法人は本店所在地国の居住者とする。		―
20	ジャージー	個人は振分け基準により振分ける。		―
21	シンガポール	個人は振分け基準により振分け、法人は協議により振分ける。		―
22	スイス	個人は協議により振分け、法人は本店所在地国の居住者とする。		規定あり
23	スウェーデン	個人は協議により振分け、法人は本店所在地国の居住者とする。		―
24	スペイン	個人はOECD基準により振分け、法人は協議により振分ける。		―
25	スリ・ランカ	個人、法人とも条約対象外とする。		―
26	ソ連邦	個人、法人とも協議により振分ける。（議）		―
27	タイ	個人、法人とも協議により振分ける。		―
28	中国	個人は協議により振分け、法人は本店所在地国の居住者とする。		―
29	チェッコスロヴァキア	個人は協議により振分け、法人は本店所在地国の居住者とする。		―
30	デンマーク	個人は協議により振分け、法人は本店所在地国の居住者とする。（交）		―
31	ドイツ	個人、法人とも協議により振分ける。（交）		―
32	トルコ	個人は振分け基準により振分け、法人は協議により振分ける。		―
33	ニュー・ジーランド	個人、法人とも条約対象外とする。		―
34	ノールウェー	個人は振分け基準により振分け、法人は協議により振分ける。		―
35	バハマ	個人はOECD基準により振分ける。		―
36	バミューダ	個人はOECD基準により振分ける。		―
37	ハンガリー	個人は協議により振分け、法人は本店所在地国の居住者とする。（交）		―
38	バングラデシュ	個人、法人とも協議により振分ける。		―
39	パキスタン	個人はOECD基準により振分け、法人は協議により振分ける。		―
40	フィリピン	個人、法人とも協議により振分ける。		―
41	フィンランド	個人は協議により振分け、法人は本店所在地国の居住者とする。（交）		―
42	フランス	個人はOECD基準により振分け、法人は協議により振分ける。		規定あり
43	ブラジル	個人、法人とも協議により振分ける。（交）		―
44	ブルガリア	個人は振分け基準により振分け、法人は本店所在地国の居住者とする。		―
45	ブルネイ	個人はOECD基準により振分け、法人は協議により振分ける。		―
46	ヴィエトナム	同条約例		―
47	ベルギー	個人、法人とも協議により振分ける。（交）		―
48	ポルトガル	個人はOECD基準により振分け、法人は協議により振分ける。		―

相手国・地域名	二重居住者の扱い	(交)、(議)：OECD条約モデル第4条第2項に規定する二重居住者の振分けに関する基準を考慮する旨の交換公文又は議定書あり。	特典条項
49 ポーランド	個人は協議により振分け、法人は本店所在地国の居住者とする。(議)		—
50 香港	個人は振分け基準により振分け、法人は協議により振分ける。		—
51 マレーシア	個人はOECD基準により振分け、法人は協議により振分ける。		—
52 マン島	—		
53 南アフリカ	個人はOECD基準により振分け、法人は協議により振分ける。		—
54 メキシコ	個人はOECD基準により振分け、法人は協議により振分ける。		—
55 ルクセンブルク	個人は振分け基準により振分け、法人は本店所在地国の居住者とする。		—
56 ルーマニア	個人は協議により振分け、法人は本店所在地国の居住者とする。		—

(3) PE（恒久的施設）の範囲

相手国・地域名	在庫保有代理人	注文取得代理人	建設工事	建設工事監督 (交)：交換公文 (議)：議定書	備考
OECD条約モデル	—	—	PEとなる。(12ヶ月超)	—	
わが国の条約例	—	—	同OECDモデル	—	
1 アイルランド	PEとなる。	—	同上	—	芸能人活動はPEとなる。
2 アメリカ	—	—	同上	—	
3 イギリス	—	—	同上	—	
4 イスラエル	—	—	同上	—	
5 イタリア	—	—	同上	—	
6 インド	PEとなる。	PEとなる。	PEとなる。(6ヶ月超)	PEとなる。(6ヶ月超)	
7 インドネシア	PEとなる。	—	同上	PEとなる。(6ヶ月超)コンサルタントを含む。	
8 エジプト	—	—	同上	—	
9 オーストラリア	—	—	同OECDモデル	PEとなる。(12ヶ月超)	・天然資源の探査・開発活動(90日超) ・大規模設備の運用(183日超)

相手国・地域名	項目	PE（恒久的施設）の範囲				備　考
		在庫保有代理人	注文取得代理人	建設工事	建設工事監督 (交)：交換公文 (議)：議定書	
10	オーストリア	―	―	同 OECD モデル	―	
11	オランダ	―	―	同　上	―	
12	カザフスタン	―	―	同　上	―	天然資源の探査
13	カ　ナ　ダ	―	―	同　上	―	
14	ガーンジー	―	―	―	―	
15	韓　　　国	―	―	PE となる。（6ヶ月超）	PE となる。（6ヶ月超）	
16	クウェート	―	―	PE となる。（9ヶ月超）	―	
17	ケイマン諸島	―	―	―	―	
18	サウジアラビア	―	―	PE となる。（183日超）	PE となる。（183日超）コンサルタントを含む。	
19	ザンビア	―	―	同 OECD モデル	―	
20	ジャージー	―	―	―	―	
21	シンガポール	―	―	PE となる。（6ヶ月超）	PE となる。（6ヶ月超）	
22	スイス	―	―	同 OECD モデル	―	
23	スウェーデン	―	―	同　上	―	
24	スペイン	―	―	同　上	―	
25	スリ・ランカ	PE となる。	―	PE となる。（183日超）	―	
26	ソ　連　邦	―	―	同 OECD モデル	―	
27	タ　　　イ	PE となる。	PE となる。	PE となる。（3ヶ月超）	PE となる。（3ヶ月超）コンサルタントは6ヶ月超	
28	中　　　国	―	PE となる。	PE となる。（6ヶ月超）	PE となる。（6ヶ月超）コンサルタントを含む。	
29	チェッコスロヴァキア	―	―	同 OECD モデル	―	
30	デンマーク	PE となる。	―	同　上	PE となる。（12ヶ月超）	芸能人活動は PE となる。

相手国・地域名	項目	PE（恒久的施設）の範囲				備　考
		在庫保有代理人	注文取得代理人	建設工事	建設工事監督 （交）：交換公文 （議）：議定書	
31	ドイツ	—	—	同OECDモデル	PEとなる。 (12ヶ月超) (交)	
32	トルコ	PEとなる。 (議)	—	PEとなる。(6ヶ月超)	PEとなる。 (6ヶ月超) コンサルタントを含む。	
33	ニュー・ジーランド	PEとなる。	PEとなる。	同OECDモデル	—	
34	ノールウェー	—	—	同　上	PEとなる。 (12ヶ月超) コンサルタントを含む。	
35	バハマ	—	—	—	—	
36	バミューダ	—	—	—	—	
37	ハンガリー	—	—	同OECDモデル	—	
38	バングラデシュ	—	—	PEとなる。(6ヶ月超)	—	
39	パキスタン	PEとなる。	—	同　上	PEとなる。 (6ヶ月超)	
40	フィリピン	PEとなる。	PEとなる。	PEとなる。(6ヶ月超)	PEとなる。 (6ヶ月超) コンサルタントを含む。	
41	フィンランド	—	—	同OECDモデル	—	
42	フランス	—	—	同　上	—	
43	ブラジル	PEとなる。	—	PEとなる。(6ヶ月超)	—	芸能人活動はPEとなる。
44	ブルガリア	—	—	同　上	—	
45	ブルネイ	—	—	PEとなる。(12ヶ月超)	—	

資料 | 395

相手国・地域名	項目	PE（恒久的施設）の範囲				備考
		在庫保有代理人	注文取得代理人	建設工事	建設工事監督（交）：交換公文（議）：議定書	
46	ヴィエトナム	PEとなる。	―	PEとなる。（6ヶ月超）	PEとなる。（6ヶ月超）コンサルタントを含む。	
47	ベルギー	―	―	同OECDモデル	PEとなる。（12ヶ月超）（議）	
48	ポルトガル	―	―	同　　上	―	
49	ポーランド	―	―	同　　上	―	
50	香　　港	―	―	PEとなる。（12ヶ月超）	―	
51	マレーシア	PEとなる。	―	PEとなる。（6ヶ月超）	PEとなる。（6ヶ月超）	
52	マン島	―	―	―	―	
53	南アフリカ	―	―	同OECDモデル	PEとなる。（12ヶ月超）	
54	メキシコ	―	―	PEとなる。（6ヶ月超）	PEとなる。（6ヶ月超）	
55	ルクセンブルク	―	―	同OECDモデル	―	
56	ルーマニア	―	―	同　　上	―	

(4) 不動産所得、事業所得

相手国・地域名	項目	不動産所得	事業所得	
			定義	課税方式
OECD条約モデル		不動産所在地国に第1次課税権を認める。	―	PEに帰属する部分についてのみ課税。（帰属主義）
わが国の条約例		同OECDモデル	―	同OECDモデル
1	アイルランド	同　上	―	同　上
2	アメリカ	同　上	―	同　上
3	イギリス	同　上	―	同　上
4	イスラエル	同　上	―	同　上
5	イタリア	同　上	―	同　上
6	インド	同　上	―	同　上
7	インドネシア	同　上	―	同　上

項目 相手国・地域名		不動産所得	事業所得 定義	事業所得 課税方式
8	エジプト	同 OECD モデル	—	同 OECD モデル
9	オーストラリア	同 上	—	同 上
10	オーストリア	同 上	—	同 上
11	オランダ	同 上	—	同 上
12	カザフスタン	同 上	—	同 上
13	カナダ	同 上	—	同 上
14	ガーンジー	—	—	—
15	韓国	同 OECD モデル	—	同 OECD モデル
16	クウェート	同 上	—	同 上
17	ケイマン諸島	—	—	—
18	サウジアラビア	同 OECD モデル	—	同 OECD モデル
19	ザンビア	同 上	—	同 上
20	ジャージー	—	—	—
21	シンガポール	同 OECD モデル	—	同 OECD モデル
22	スイス	同 上	—	同 上
23	スウェーデン	同 上	—	同 上
24	スペイン	同 上	—	同 上
25	スリ・ランカ	—	含むものと含まないものの例示あり。	同 上
26	ソ連邦	同 OECD モデル	—	同 上
27	タイ	同 上	不動産以外の財産の賃貸等の除外。	同 上
28	中国	同 上	—	同 上
29	チェッコスロヴァキア	同 上	—	同 上
30	デンマーク	同 上	—	同 上
31	ドイツ	同 上	—	同 上
32	トルコ	同 上	—	同 上
33	ニュー・ジーランド	同 上	含むものと含まないものの例示あり。	同 上
34	ノールウェー	同 上	—	同 上
35	バハマ	—	—	—
36	バミューダ	—	—	—
37	ハンガリー	同 OECD モデル	—	同 OECD モデル
38	バングラデシュ	同 上	—	同 上
39	パキスタン	同 上	—	同 上

相手国・地域名	項目	不動産所得	事業所得 定義	事業所得 課税方式
40	フィリピン	同 OECD モデル	—	同 OECD モデル
41	フィンランド	同 OECD モデル(不動産所得には、不動産会社の持分からの所得を含む。)	—	同　　上
42	フランス	同 OECD モデル(不動産利用権の賃貸等から生ずる所得も含む。)	—	同　　上
43	ブラジル	同 OECD モデル	—	同　　上
44	ブルガリア	同　　上	—	同　　上
45	ブルネイ	同　　上	—	同　　上
46	ヴィエトナム	同　　上	—	同　　上
47	ベルギー	同　　上	—	同　　上
48	ポルトガル	同　　上	—	同　　上
49	ポーランド	同　　上	—	同　　上
50	香　港	同　　上	—	同　　上
51	マレーシア	同　　上	—	同　　上
52	マン島	—	—	—
53	南アフリカ	同 OECD モデル	—	同 OECD モデル
54	メキシコ	同　　上	—	同　　上
55	ルクセンブルク	同　　上	—	同　　上
56	ルーマニア	同　　上	—	同　　上

(5) 国際運輸業所得

相手国・地域名	項目	船舶	航空機	本条項の適用上追加される項目 日本側	本条項の適用上追加される項目 相手国・地域	備　考
OECD 条約モデル		相互免除(管理支配地国)でのみ課税。		—		
わが国の条約例		相互免除(居住地国で)のみ課税。		相手国が事業税相当の税を対象とする場合、事業税を含める。		(交)、(議)：交換公文又は議定書あり。
1	アイルランド	同条約例		事業税	事業税類似	

相手国・地域名		国際運輸業所得				備考
	項目	船舶	航空機	本条項の適用上追加される項目		
				日本側	相手国・地域	
2	アメリカ	同条約例		住民税、事業税	住民税類似、事業税類似	付随的な裸用船料、コンテナー及びその運送のための関連設備の使用、保持又は賃貸から取得する利得を含む。
3	イギリス	同 上		事業税	事業税類似	付随的な裸用船料、コンテナー及びその運送のための関連設備の使用、保持又は賃貸から取得する利得を含む。
4	イスラエル	同 上		事業税	事業税類似	コンテナー及びその運送のための関連設備の付随的な使用から取得する利得を含む。（議）
5	イタリア	同 上		事業税	所得に対する地方税	
6	インド	半額課税（注）	免除	事業税	事業税類似	（注） 条約締結後、最初の5年は半額課税、次の5年は25％課税、10年後から免除。コンテナー及びその運送のための関連設備の使用、保持又は賃貸から取得する利得を含む。（交）
7	インドネシア	同条約例		（一般対象税目のみ）		
8	エジプト	同 上		事業税	なし	
9	オーストラリア	同 上		事業税、住民税	事業税類似、住民税類似	一方の締約国における運送は、運送が行われた国にも課税権がある。
10	オーストリア	同 上		事業税	営業税	
11	オランダ	同 上		事業税	事業税類似	
12	カザフスタン	同 上		事業税	事業税類似	
13	カナダ	同 上		住民税、事業税	所得に対する地方税、事業税類似	付随的な裸用船料、コンテナー及びその運送のための関連設備の付随的な使用から取得する利得を含む。（議）
14	ガーンジー	—		—	—	
15	韓国	同条約例		事業税	事業税類似	
16	クウェート	同 上		事業税	事業税類似	付随的な裸用船料、コンテナー及びその運送のための関連設備の使用、保持又は賃貸から取得する利得を含む。（議）
17	ケイマン諸島	—		—	—	

	項目	国際運輸業所得		本条項の適用上追加される項目		備考
相手国・地域名		船舶	航空機	日本側	相手国・地域	
18	サウジアラビア	同条約例		事業税	事業税類似	付随的な裸用船料、コンテナー及びその運送のための関連設備の付随的な使用等から取得する利得を含む。(議)
19	ザンビア	同 上		(一般対象税目のみ)		
20	ジャージー	—		—	—	
21	シンガポール	同条約例		事業税	事業税類似	付随的な裸用船料、コンテナー及びその運送のための関連設備の付随的な使用等から取得する利得を含む。(交)
22	スイス	同 上		事業税	事業税	
23	スウェーデン	同 上		事業税	事業税類似	
24	スペイン	同 上		事業税(議)	なし	
25	スリ・ランカ	半額課税		(一般対象税目のみ)		
26	ソ 連 邦	同条約例		事業税	事業税類似	
27	タ イ	半額課税	免除	(一般対象税目のみ)		
28	中 国	同条約例		事業税	工商統一税(付加税含む)(交)	
29	チェッコスロヴァキア	同 上		事業税	事業税類似	
30	デンマーク	同 上		事業税	資本税	
31	ド イ ツ	同 上		固定資産税	なし	コンテナー及びその運送のための関連設備の使用から取得する利得を含む。
32	ト ル コ	同 上		事業税	事業税類似	付随的な裸用船料、コンテナー及びその運送のための関連設備の付随的な使用から取得する利得を含む。(議)
33	ニュー・ジーランド	同 上		住民税、事業税	事業税類似(議)	
34	ノールウェー	同 上		事業税	資本税	コンテナー及びその運送のための関連設備の使用から取得する利得を含む。
35	バ ハ マ	—		—	—	
36	バミューダ	—		—	—	
37	ハンガリー	同条約例		事業税	事業税類似	恒久的施設を有する場合及び補助的活動に係る利得にも適用する。(交)

	項目	国際運輸業所得			
相手国・地域名		船舶	航空機	本条項の適用上追加される項目		備考
				日本側	相手国・地域	
38	バングラデシュ	半額課税又は総収入の4%	免除	（一般対象税目のみ）		
39	パキスタン	同条約例		事業税	事業税類似	
40	フィリピン	40%軽減		（一般対象税目のみ）		最恵国待遇。（交）
41	フィンランド	同条約例		事業税	資本税	
42	フランス	同　　上		事業税、事業所税	職業税、職業税付加税	
43	ブラジル	同　　上		住民税、事業税	なし	
44	ブルガリア	同　　上		事業税	事業税類似	
45	ブルネイ	同　　上		事業税	事業税類似	
46	ヴィエトナム	同　　上		事業税	事業税類似	
47	ベルギー	同　　上		事業税	なし	
48	ポルトガル	同　　上		事業税	事業税類似	
49	ポーランド	同　　上		事業税	事業税類似	補助的活動に係る利得にも適用する。（議）
50	香　　　港	同　　上		事業税	事業税類似	
51	マレーシア	同　　上		事業税	事業税類似	
52	マ　ン　島	－		－	－	
53	南アフリカ	同条約例		事業税	事業税類似	付随的な裸用船料、コンテナ及びその運送のための関連設備の付随的な使用等から取得する利得を含む。（議）
54	メキシコ	同　　上		事業税	事業税類似、資産税（議）	内陸平路面の輸送等は免税対象外。（議）
55	ルクセンブルク	同　　上		事業税	事業税類似	
56	ルーマニア	同　　上		事業税	事業税類似	

(6) 配当

相手国・地域名	項目	配 制限税率 一般	当 制限税率 親子間	親子間要件 出資比率	親子間要件 所有期間	備考
	OECD条約モデル	15%以下	5%以下	25%以上	―	
	わが国の条約例	15%以下	5%以下	25%以上	6ヶ月	
1	アイルランド	日本：15%	日本：10%	25%以上	6ヶ月	アイルランド：非課税、付加税も免除
2	アメリカ	10%	5%	10%以上（間接含）	―	・配当受領者が上場会社等一定の要件を満たしていることが追加的要件 ・一定の年金基金が受取る配当は免税
2	アメリカ	10%	免税	50%超（間接含）	12ヶ月	
3	イギリス	10%	5%	10%以上（間接含）	6ヶ月	一定の年金基金が受取る配当は免税
3	イギリス	10%	免税	50%超（間接含）	6ヶ月	
4	イスラエル	15%	5%	25%以上	6ヶ月	
5	イタリア	15%	10%	25%以上	6ヶ月	
6	インド	10%	―	―	―	
7	インドネシア	15%	10%	25%以上	12ヶ月	送金税の制限あり。（10%）（議）
8	エジプト	日本：15% エ：―（※）	―	―	―	※個人に係る一般所得税に限り、20%
9	オーストラリア	10%	5%	10%以上	―	不動産投資信託からの配当に対する限度税率は15%
9	オーストラリア	10%	免税	80%以上	12ヶ月	
10	オーストリア	20%	10%	50%超	12ヶ月	
11	オランダ	10%	5%	10%以上（間接含）	6ヶ月	一定の年金基金が受取る配当は免税
11	オランダ	10%	免税	50%超（間接含）	6ヶ月	
12	カザフスタン	15%	5%	10%以上（間接含）	6ヶ月	
13	カナダ	15%	5%※	25%以上	6ヶ月	カナダ：支店税の制限あり。（5%）（議） ※カナダの居住者である非居住者所有投資法人からの配当は10%。（議）
14	ガーンジー	―	―	―	―	
15	韓国	15%	5%※	25%以上	6ヶ月	※2003年末までは10%
16	クウェート	10%	5%	10%以上（間接含）	6ヶ月	

#	相手国・地域名	配当 制限税率 一般	配当 制限税率 親子間	親子間要件 出資比率	親子間要件 所有期間	備考
17	ケイマン諸島	—	—			
18	サウジアラビア	10%	5%	10%以上（間接含）	183日	
19	ザンビア	免除	免除	—		
20	ジャージー	—	—	—		
21	シンガポール	日本：15%	日本：5%	25%以上	6ヶ月	シンガポール：非課税
22	スイス	10%	5%	10%以上（間接含）	6ヶ月	
22	スイス	10%	免税	50%以上（間接含）	6ヶ月	一定の年金基金が受取る配当は免税
23	スウェーデン	15%	5% 一定のもの：免税 ※	25%以上	6ヶ月	※配当受領者が上場法人であるか又は当該受領者の株式の50%超を政府、個人居住者等が保有していることが追加的要件。
24	スペイン	15%	10%	25%以上	6ヶ月	
25	スリ・ランカ	日本：20%	—			スリ・ランカ：6％課税（附加税）法人のみ
26	ソ連邦	15%	—	—		
27	タイ	—	15%※ 20%	25%以上	6ヶ月	※産業的事業を営む法人からの配当の場合
28	中国	10%				
29	チェッコスロヴァキア	15%	10%	25%以上	6ヶ月	
30	デンマーク	15%	10%	25%以上	12ヶ月	
31	ドイツ	15%	日本：10% ドイツ：—	25%以上（間接含）	12ヶ月	
32	トルコ	15%※	10%※	25%以上	6ヶ月	※トルコについては、トルコの法人税率が40%未満の場合、一般20%、親子間15%となる。（議）トルコ：支店税の制限あり。（原則10%）（議）
33	ニュー・ジーランド	15%	—	—		
34	ノールウェー	15%	5%	25%以上	6ヶ月	
35	バハマ	—	—			
36	バミューダ	—	—			

相手国・地域名	項目	配当 制限税率 一般	制限税率 親子間	親子間要件 出資比率	親子間要件 所有期間	備考
37	ハンガリー	10%	—			
38	バングラデシュ	15%	10%	25%以上	6ヶ月	
39	パキスタン	10%	7.5%	25%以上	6ヶ月	
			5%	50%以上	6ヶ月	
40	フィリピン	15%	10%	10%以上	6ヶ月	※創始企業からの配当は10%。送金税制限あり（10%）（議）
41	フィンランド	15%	10%	25%以上	6ヶ月	
42	フランス	10%	5%	10%以上（間接含）	6ヶ月	
			免税	(仏)15%以上(間接含) / (日)15%以上(直接) 25%以上(間接含)	6ヶ月	
43	ブラジル	12.5%	—	—		
44	ブルガリア	15%	10%	25%以上	6ヶ月	
45	ブルネイ	10%	5%	10%以上（間接含）	6ヶ月	
46	ヴィエトナム	10%	—	—		
47	ベルギー	15%	日本：10% ベルギー：5%	25%以上	6ヶ月	
48	ポルトガル	10%	5%	10%以上	12ヶ月	
49	ポーランド	10%	—	—		
50	香港	10%	5%	10%以上（間接含）	6ヶ月	
51	マレーシア	日本：15%	日本：5%	25%以上	6ヶ月	マレーシア：非課税
52	マン島	—	—	—	—	
53	南アフリカ	15%	5%	25%以上	6ヶ月	
54	メキシコ	15%	5% 一定のもの※：免税	25%以上	6ヶ月	※配当受領者が上場法人であり、その株式の50%超を政府、個人居住者等が保有していることが追加的要件。
55	ルクセンブルク	15%	5%	25%以上	6ヶ月	
56	ルーマニア	10%	—	—		

(7) 利子、使用料

相手国・地域名 \ 項目	利子 制限税率	利子 参考事項	使用料 制限税率	使用料 参考事項
OECD条約モデル	10%以下	償還差益を含む。	免除	
わが国の条約例	10%以下	政府、日銀、国際協力銀行受取利子は免税。	10%以下	パテント譲渡益を含む。
1 アイルランド	10%	同OECDモデル	10%	─
2 アメリカ	10%	同条約例、間接融資等免税、償還差益を含む。金融機関等、一定の年金基金が受取る利子、延払債権利子は免税。	免税	─
3 イギリス	10%	同条約例、間接融資等免税、償還差益を含む。金融機関等、一定の年金基金が受取る利子、延払債権利子は免税。	免税	─
4 イスラエル	10%	同条約例、間接融資等免税、償還差益を含む。	10%	同条約例（裸用船料を含む。）
5 イタリア	10%	同OECDモデル	10%	
6 インド	10%	同条約例、間接融資等免税、償還差益を含む。	10%	技術的役務の料金を含む。
7 インドネシア	10%	同条約例、間接融資等免税、償還差益を含む。	10%	─
8 エジプト	─	─	15%	映画フィルムを除く。
9 オーストラリア	10%	同条約例、金融機関が受取る利子免税、償還差益を含む。	5%	─
10 オーストリア	10%	─	10%	同条約例
11 オランダ	10%	同条約例、間接融資等免税、償還差益を含む。金融機関等、一定の年金基金が受取る利子、延払債権利子は免税。	免税	─
12 カザフスタン	10%	同条約例、間接融資等免税、償還差益を含む。	10%	議定書により5%
13 カナダ	10%	同条約例、間接融資等免税、償還差益を含む。	10%	─
14 ガーンジー	─	─	─	─
15 韓国	10%	同条約例、償還差益を含む。	10%	同条約例（裸用船料を含む。）
16 クウェート	10%	同条約例、間接融資等免税、償還差益を含む。	10%	─
17 ケイマン諸島	─	─	─	─

相手国・地域名		利子 制限税率	利子 参考事項	使用料 制限税率	使用料 参考事項
18	サウジアラビア	10%	同条約例、間接融資等免税、償還差益を含む。一定の年金基金が受取る利子は免税。	5%：設備の使用 10%：その他	—
19	ザンビア	10%	同条約例、償還差益を含む。	10%	—
20	ジャージー	—	—	—	—
21	シンガポール	10%	同条約例、間接融資等免税、償還差益を含む。シンガポールの産業的事業の社債・貸付金の利子免税（議）。	10%	同条約例（裸用船料を含む。）
22	スイス	10%	同条約例、間接融資等免税、償還差益を含む。金融機関等、一定の年金基金が受取る利子、延払債権利子は免税。	免税	—
23	スウェーデン	10%	同 OECD モデル	10%	裸用船料を含む。
24	スペイン	10%	—	10%	パテント譲渡（真正譲渡を除く。）益を含む。
25	スリ・ランカ	—	銀行が受取る利子は免税。	免税：著作権、映画フィルム 半額課税：特許権等	—
26	ソ連邦	10%	同条約例、間接融資等免税、償還差益を含む。	免税：文化的使用料 10%：工業的使用料	—
27	タイ	法人の受取るものに限る。 10%（金融機関等受取） 25%（その他の法人受取）	同条約例、償還差益を含む。	15%	パテント譲渡益を含み機器の賃貸料は含まれない。
28	中国	10%	同条約例、間接融資等免税、償還差益を含む。	10%	—
29	チェッコスロヴァキア	10%	同条約例、間接融資等免税、償還差益を含む。	免税：文化的使用料 10%：工業的使用料	—

相手国・地域名	項目	利子 制限税率	利子 参考事項	使用料 制限税率	使用料 参考事項
30	デンマーク	10%	同OECDモデル	10%	同条約例（裸用船料を含む。）
31	ドイツ	10%	同条約例	10%	パテント譲渡（真正譲渡を除く。）益を含む。
32	トルコ	10%（金融機関が受取る利子） 15%（一般）	同条約例、償還差益を含む。	10%	同条約例（裸用船料を含む。）
33	ニュー・ジーランド	―	―	―	―
34	ノールウェー	10%	同条約例、間接融資等免税、償還差益を含む。	10%	パテント譲渡益を含み機器の賃貸料は含まれない。
35	バハマ	―	―	―	―
36	バミューダ	―	―	―	―
37	ハンガリー	10%	同条約例、間接融資等及び延払利子免税、償還差益を含む。	免税：文化的使用料 10%：工業的使用料	―
38	バングラデシュ	10%	同条約例、間接融資等免税、償還差益を含む。	10%	同条約例
39	パキスタン	10%	同条約例、間接融資等免税、償還差益を含む。	10%	―
40	フィリピン	10%	同条約例、間接融資等免税、償還差益を含む。	15%（映画フィルム） 10%（一般・創始企業からの使用料）	―
41	フィンランド	10%	―	10%	同条約例
42	フランス	10%	同条約例、間接融資等免税、償還差益を含む。金融機関等、一定の年金基金が受取る利子、延払債権利子は免税。	免税	―
43	ブラジル	12.5%	同条約例	12.5%（一般） 25%（商標権） 15%（映画フィルム等）	―
44	ブルガリア	10%	同条約例、間接融資等免税、償還差益を含む。	10%	同条約例

相手国・地域名		利子 制限税率	利子 参考事項	使用料 制限税率	使用料 参考事項
45	ブルネイ	10%	同条約例、間接融資等免税、償還差益を含む。	10%	—
46	ヴィエトナム	10%	同条約例、間接融資等免税、償還差益を含む。	10%	同条約例
47	ベルギー	10%	—	10%	裸用船料、パテントの譲渡(真正譲渡を除く。)益を含む。
48	ポルトガル	10%	同条約例、銀行が受取る利子は5%	5%	
49	ポーランド	10%	同条約例、間接融資等免税、償還差益を含む。	免税：文化的使用料 10%：工業的使用料	—
50	香港	10%	同条約例、間接融資等免税、償還差益を含む。	5%	—
51	マレーシア	10%	同条約例、償還差益を含む。	10%	同条約例（裸用船料を含む。）
52	マン島	—	—	—	—
53	南アフリカ	10%	同条約例、間接融資等免税、償還差益を含む。	10%	同条約例（裸用船料を含む。）
54	メキシコ	15%（一般） 10%（銀行等が受取る利子等）	同条約例、間接融資等免税、償還差益を含む。	10%	パテント譲渡（真正譲渡を除く。）益を含む。
55	ルクセンブルク	10%	同条約例、間接融資等免税、償還差益を含む。	10%	裸用船料を含む。
56	ルーマニア	10%	同条約例、間接融資等免税、償還差益を含む。	10%：文化的使用料 15%：工業的使用料	—

(8) キャピタル・ゲイン

相手国・地域名 \ 項目	キャピタル・ゲイン				
	不動産	PE	株式	不動産化体株式	その他
OECD条約モデル	所在地国課税	所在地国課税	居住地国課税	源泉地国課税	居住地国課税
わが国の条約例	同OECDモデル	同OECDモデル	事業譲渡類似の株式譲渡益は所在地国課税	同OECDモデル	同OECDモデル
1 アイルランド	同 上	同 上	同OECDモデル	―	同 上
2 アメリカ	同 上	同 上	破綻金融機関の株式譲渡益は所在地国課税	同OECDモデル	同 上
3 イギリス	同 上	同 上	同条約例	同 上	同 上
4 イスラエル	同 上	同 上	源泉地国で課税	―	源泉地国で課税
5 イタリア	同 上	同 上	同OECDモデル	―	同OECDモデル
6 インド	同 上	同 上	源泉地国で課税	―	同 上
7 インドネシア	同 上	同 上	同OECDモデル	―	同 上
8 エジプト	同 上	同 上	源泉地国で課税	―	源泉地国で課税
9 オーストラリア	同 上	同 上	同条約例	同OECDモデル	同OECDモデル
10 オーストリア	同 上	同 上	同 上	―	滞在地国における動産の譲渡益は滞在地国で課税
11 オランダ	同 上	同 上	破綻金融機関の株式譲渡収益及び譲渡前10年以内に居住者であった個人の株式譲渡収益は所在地国課税	同OECDモデル	同OECDモデル
12 カザフスタン	同 上	同 上	同条約例	同 上	同 上
13 カナダ	同 上	同 上	源泉地国で課税	―	源泉地国で課税
14 ガーンジー	―	―	―	―	―
15 韓国	同OECDモデル	同OECDモデル	同条約例	同OECDモデル	同OECDモデル
16 クウェート	同 上	同 上	破綻金融機関の株式譲渡益は所在地国課税	同 上	同 上
17 ケイマン諸島	―	―	―	―	―
18 サウジアラビア	同OECDモデル	同OECDモデル	同条約例	同OECDモデル	同OECDモデル

資料 | 409

相手国・地域名	項目	キャピタル・ゲイン					
		不動産	PE	株式	不動産化体株式	その他
19	ザンビア	同OECDモデル	同OECDモデル	同OECDモデル	—	同OECDモデル
20	ジャージー	—	—	—	—	—
21	シンガポール	同OECDモデル	同OECDモデル	同条約例	同OECDモデル	同OECDモデル
22	スイス	同 上	同 上	破綻金融機関の株式譲渡益は所在地国課税	同 上	同 上
23	スウェーデン	同 上	同 上	—	—	—
24	スペイン	同 上	同 上	同OECDモデル	—	同OECDモデル
25	スリ・ランカ	同 上	同 上	源泉地国で課税	—	同 上
26	ソ 連 邦	同 上	同 上	同 上	—	同 上
27	タ イ	同 上	同 上	同 上	—	源泉地国で課税
28	中 国	同 上	同 上	同 上	—	同 上
29	チェッコスロヴァキア	同 上	同 上	同OECDモデル	—	同OECDモデル
30	デンマーク	同 上	同 上	同条約例	—	同 上
31	ドイツ	同 上	同 上	同OECDモデル	—	同 上
32	トルコ	同 上	同 上	源泉地国で課税	—	源泉地国で課税
33	ニュー・ジーランド	—	—	—	—	—
34	ノールウェー	同OECDモデル	同OECDモデル	源泉地国で課税	—	源泉地国で課税
35	バハマ	—	—	—	—	—
36	バミューダ	—	—	—	—	—
37	ハンガリー	同OECDモデル	同OECDモデル	同OECDモデル	—	同OECDモデル
38	バングラデシュ	同 上	同 上	源泉地国で課税	—	源泉地国で課税
39	パキスタン	同 上	同 上	同条約例	同OECDモデル	同OECDモデル
40	フィリピン	同 上	同 上	同OECDモデル	同 上	同 上
41	フィンランド	同 上	同 上	同 上	—	同 上
42	フランス	同 上	同 上	同条約例	同OECDモデル	同 上
43	ブラジル	同 上	同 上	同OECDモデル	—	同 上
44	ブルガリア	同 上	同 上	源泉地国で課税	—	同 上
45	ブルネイ	同 上	同 上	同条約例	同OECDモデル	同 上
46	ヴィエトナム	同 上	同 上	同 上	同 上	同 上
47	ベルギー	同 上	同 上	同OECDモデル	—	同 上
48	ポルトガル	同 上	同 上	破綻金融機関の株式譲渡収益は所在地国課税	同OECDモデル	同 上

相手国・地域名	項目	キャピタル・ゲイン 不動産	PE	株式	不動産化体株式	その他
49	ポーランド	同OECDモデル	同OECDモデル	破綻金融機関の株式譲渡収益は所在地国課税	―	同OECDモデル
50	香港	同上	同上	同上	同OECDモデル	同上
51	マレーシア	同上	同上	源泉地国で課税	―	源泉地国で課税
52	マン島	―	―	―	―	―
53	南アフリカ	同OECDモデル	同OECDモデル	源泉地国で課税	―	源泉地国で課税
54	メキシコ	同上	同上	同条約例	同OECDモデル	同上
55	ルクセンブルク	同上	同上	源泉地国で課税	―	源泉地国で課税
56	ルーマニア	同上	同上	同OECDモデル	―	同OECDモデル

(9) 芸能人所得

相手国・地域名	項目	芸能人所得（(PE) は企業についてみなし PE 規定のあるもの）
OECD 条約モデル		役務の提供地国で課税する。
わが国の条約例		同 OECD モデル（特別の文化交流計画によるものは免税。）
1	アイルランド	同 OECD モデル (PE)
2	アメリカ	同条約例、報酬が年間10,000ドルまでは免税。
3	イギリス	同 OECD モデル
4	イスラエル	同条約例
5	イタリア	同 OECD モデル
6	インド	同条約例
7	インドネシア	同上
8	エジプト	同 OECD モデル
9	オーストラリア	同上
10	オーストリア	同上
11	オランダ	同上
12	カザフスタン	同上
13	カナダ	同条約例
14	ガーンジー	―
15	韓国	同条約例、報酬が年間10,000ドルまでは免税。（議）
16	クウェート	同 OECD モデル
17	ケイマン諸島	―

相手国・地域名		芸能人所得 ((PE)は企業についてみなしPE規定のあるもの)
18	サウジアラビア	同 OECD モデル
19	ザンビア	同　上
20	ジャージー	―
21	シンガポール	同条約例
22	スイス	同 OECD モデル
23	スウェーデン	同条約例
24	スペイン	同 OECD モデル
25	スリ・ランカ	同　上
26	ソ連邦	同条約例
27	タイ	同条約例
28	中国	同　上
29	チェッコスロヴァキア	同　上
30	デンマーク	同 OECD モデル（PE）
31	ドイツ	同 OECD モデル
32	トルコ	同条約例
33	ニュー・ジーランド	同 OECD モデル
34	ノールウェー	同 OECD モデル（特別の文化交流計画により、かつ公的資金等の実質的援助によるものは免税。）
35	バハマ	―
36	バミューダ	―
37	ハンガリー	同条約例
38	バングラデシュ	同　上
39	パキスタン	同 OECD モデル
40	フィリピン	同 OECD モデル（特別の文化交流計画により、かつ公的資金等の実質的援助によるものは免税。）
41	フィンランド	同 OECD モデル
42	フランス	同 OECD モデル（政府・非営利団体援助のものは免税。）
43	ブラジル	同 OECD モデル（PE）
44	ブルガリア	同条約例
45	ブルネイ	同 OECD モデル
46	ヴィエトナム	同条約例
47	ベルギー	同 OECD モデル
48	ポルトガル	同　上
49	ポーランド	同条約例

相手国・地域名 \ 項目	芸能人所得 ((PE) は企業についてみなし PE 規定のあるもの)
50 香　　　　港	同 OECD モデル
51 マ レ ー シ ア	同条約例
52 マ　　ン　　島	―
53 南 ア フ リ カ	同条約例
54 メ キ シ コ	同条約例
55 ルクセンブルク	同　　上
56 ル ー マ ニ ア	同　　上

(10) その他所得（明示なき所得）

相手国・地域名 \ 項目	その他所得 （明示なき所得）
OECD 条約モデル	居住地国課税
わが国の条約例	同 OECD モデル
1 アイルランド	同　　上
2 ア メ リ カ	同　　上
3 イ ギ リ ス	同　　上
4 イ ス ラ エ ル	源泉地国課税
5 イ タ リ ア	同 OECD モデル
6 イ ン ド	源泉地国課税
7 インドネシア	同 OECD モデル
8 エ ジ プ ト	―
9 オーストラリア	源泉地国課税
10 オーストリア	―
11 オ ラ ン ダ	同 OECD モデル
12 カザフスタン	同　　上
13 カ ナ ダ	源泉地国課税
14 ガ ー ン ジ ー	―
15 韓　　　　国	同 OECD モデル
16 ク ウ ェ ー ト	源泉地国課税
17 ケイマン諸島	―
18 サウジアラビア	源泉地国課税
19 ザ ン ビ ア	同 OECD モデル
20 ジ ャ ー ジ ー	―
21 シンガポール	源泉地国課税

相手国・地域名 \ 項目	その他所得 （明示なき所得）
22 ス イ ス	同 OECD モデル
23 スウェーデン	源泉地国課税
24 ス ペ イ ン	同 OECD モデル
25 スリ・ランカ	―
26 ソ 連 邦	同 OECD モデル
27 タ イ	源泉地国課税
28 中　　　　国	同　　上
29 チェッコスロヴァキア	同 OECD モデル
30 デンマーク	同　　上
31 ド イ ツ	同　　上
32 ト ル コ	源泉地国課税
33 ニュー・ジーランド	―
34 ノールウェー	源泉地国課税
35 バ ハ マ	―
36 バ ミ ュ ー ダ	―
37 ハ ン ガ リ ー	同 OECD モデル
38 バングラデシュ	源泉地国課税
39 パ キ ス タ ン	源泉地国課税
40 フィリピン	同 OECD モデル
41 フィンランド	同　　上
42 フ ラ ン ス	同　　上

資料 | 413

相手国・地域名	項目	その他所得（明示なき所得）
43	ブラジル	源泉地国課税
44	ブルガリア	同　上
45	ブルネイ	同 OECD モデル
46	ヴィエトナム	同　上
47	ベルギー	同　上
48	ポルトガル	同　上
49	ポーランド	同　上

相手国・地域名	項目	その他所得（明示なき所得）
50	香港	同 OECD モデル
51	マレーシア	源泉地国課税
52	マン島	—
53	南アフリカ	源泉地国課税
54	メキシコ	同　上
55	ルクセンブルク	同　上
56	ルーマニア	—

(11) **相互協議、情報交換、徴収共助、外交官、国内法上の有利な取扱い、適用地域の拡張**

相手国・地域名	相互協議	情報交換	徴収共助	外交官	国内法上の有利な取扱い	適用地域の拡張
OECD 条約モデル	規定あり	規定あり	規定あり	規定あり	—	規定あり
わが国の条約例	同 OECD モデル	条約の対象税目についての情報に限定	条約により免除又は税率が軽減された租税のみ	同 OECD モデル	—	—
1 アイルランド	同　上	同　上	—	同　上	—	—
2 アメリカ	同　上	すべての国税についての情報	同条約例	同　上	規定あり	—
3 イギリス	同　上	条約の対象税目及びすべての国税についての情報	—	同　上	—	—
4 イスラエル	同　上	条約の対象税目についての情報に限定	—	同　上	—	—
5 イタリア	同　上	同　上	—	同　上	—	—
6 インド	同　上	同　上	—	同　上	—	—
7 インドネシア	同　上	同　上	—	同　上	—	—
8 エジプト	同　上	同　上	—	同　上	—	—
9 オーストラリア	同　上	すべての国税についての情報	—	同　上	—	—
10 オーストリア	同　上	同　上	—	—	規定あり	—
11 オランダ	同　上	すべての税目についての情報	同条約例	同 OECD モデル	—	同 OECD モデル
12 カザフスタン	同　上	同　上	同　上	同　上	—	—

相手国・地域名	項目	相互協議	情報交換	徴収共助	外交官	国内法上の有利な取扱い	適用地域の拡張
13	カナダ	同上	すべての国税についての情報	同上	同上	規定あり	—
14	ガーンジー	同上	所得税、法人税、住民税、相続税、贈与税、消費税	—	—	—	—
15	韓国	同上	条約の対象税目についての情報に限定	同条約例	同OECDモデル	規定あり	—
16	クウェート	同上	すべての税目についての情報	—	同OECDモデル	—	—
17	ケイマン諸島	同上	すべての国税についての情報	—	—	—	—
18	サウジアラビア	同OECDモデル	すべての税目についての情報	—	同OECDモデル	—	—
19	ザンビア	同上	条約の実施のために必要な情報	—	同上	—	—
20	ジャージー	同上	すべての税目についての情報	—	—	—	—
21	シンガポール	同上	すべての税目についての情報	同条約例	同OECDモデル	—	—
22	スイス	同上	同上	—	同上	—	—
23	スウェーデン	同上	条約の対象税目についての情報に限定	同条約例	同上	—	—
24	スペイン	同上	同上	—	同上	—	—
25	スリ・ランカ	同上	同上	—	同上	—	—
26	ソ連邦	同上	同上	—	—	規定あり	—
27	タイ	同上	同上	—	同OECDモデル	—	—
28	中国	同上	同上	—	同上	規定あり	—
29	チェッコスロヴァキア	同上	同上	—	同上	—	—
30	デンマーク	同上	同上	—	同上	—	同OECDモデル
31	ドイツ	同上	条約の実施のために必要な情報	—	同上	—	同上
32	トルコ	同上	条約の対象税目についての情報に限定	同条約例	同上	—	—

資料 | 415

	相手国・地域名	相互協議	情報交換	徴収共助	外交官	国内法上の有利な取扱い	適用地域の拡張
33	ニュー・ジーランド	同上	同上	—	同上	規定あり	—
34	ノールウェー	同上	同上	同条約例	同上	—	—
35	バハマ	同上	すべての税目についての情報	—	—	—	—
36	バミューダ	同上	所得税、法人税、住民税、相続税、贈与税	—	—	—	—
37	ハンガリー	同上	条約の対象税目についての情報に限定	—	同OECDモデル	—	—
38	バングラデシュ	同上	同上	—	同上	—	—
39	パキスタン	同上	同上	—	同上	—	—
40	フィリピン	同OECDモデル	条約の対象税目についての情報に限定	—	同OECDモデル	—	—
41	フィンランド	同上	同上	同条約例	同上	—	—
42	フランス	同上	すべての税目についての情報	同上	同上	—	—
43	ブラジル	同上	条約の実施のために必要な情報	—	同上	—	—
44	ブルガリア	同上	条約の対象税目についての情報に限定	—	同上	—	—
45	ブルネイ	同上	すべての税目についての情報	同条約例	同上	—	—
46	ヴィエトナム	同上	すべての国税についての情報	同上	同上	—	—
47	ベルギー	同上	すべての税目についての情報	—	同上	—	—
48	ポルトガル	同上	同上	—	同上	—	—
49	ポーランド	同上	条約の対象税目についての情報に限定	—	同上	—	—
50	香港	同上	すべての税目についての情報（合意するまでは条約の対象税目の情報に限定）	—	同上	—	—
51	マレーシア	同上	同上	—	同上	—	—
52	マン島	規定あり	すべての税目についての情報	—	—	—	—

項目　　　相手国・地域名	相互協議	情報交換	徴収共助	外交官	国内法上の有利な取扱い	適用地域の拡張
53　南アフリカ	同OECDモデル	条約の対象税目についての情報に限定	同条約例	同OECDモデル	—	—
54　メキシコ	同　上	すべての国税についての情報	同　上	同　上	—	—
55　ルクセンブルク	同　上	すべての税目についての情報	同　上	同　上	—	—
56　ルーマニア	同　上	条約の対象税目についての情報に限定	—	同　上	—	—

索　引

い

移転価格ガイドライン　273
移転価格課税問題　109
移転価格課税リスク　150
移転価格税制　129, 158, 180, 183, 188, 309

お

OECDモデル租税条約　46, 51, 66
　──のコメンタリー　46, 54
　──5条に関するコメンタリー　50, 51, 53
オフショア所得を免税　125
オプション　118

か

外形標準課税　258, 259
外国組合契約　23
外国証券会社　307
外国税額控除制度　276
外国普通法人　17
　──となった旨の届出書　261
外国法人　3, 26
確定申告書　251
　──の提出期限の延長の特例　20
貸付金の利子　90, 232
過少資本税制　182, 188
課税の繰延　178
課税方式　215
過大支払利子税制　188

過大役員報酬　163
合併　174
株式交換　174
株式等の買集め　73
管理支配地主義　3

き

企業グループ内役務提供取引（イントラグループサービス）　309
企業組織再編税制　174, 294
企業の利得　106, 151, 154, 225
技術等の資産の現物出資　244
寄附金　166
給与較差　309
強制調査　290
共同事業性　10, 24, 39
居住者　36
　──条項　35
居住性　4, 34, 104, 215, 276
居住地国課税　232, 275
金銭等不交付分割型分割　174

く

組合　36
　──契約　9
グローバルトレーディング　127, 308
クロスライセンス契約　119

け

契約締結権限　53

源泉性　　　56, 104, 215, 276
源泉地国課税　　　232, 275
源泉徴収　　　133, 217
　──の免除の特例　　　201
現物出資　　　178

こ

航海用船（機）契約　　　228
恒久的施設　　　26, 27, 106
工業所有権等の譲渡益　　　247
貢献度利益分割法　　　129
広告、宣伝　　　160
広告料　　　110
構成員課税　　　38, 41, 97, 98
　──方式　　　22
国外関連者　　　181
国外支配株主等　　　183
国際金融取引　　　127
国際的な二重課税　　　275
国債振替決済制度　　　201
国内業務に係る貸付金の利子　　　88
国内源泉所得　　　28, 29, 33, 34, 56, 59, 60, 63, 216
国内事業管理親法人株式　　　175
国内にある資産の運用または保有もしくは譲渡により生ずる所得　　　112

さ

サーバー　　　54
　──PE　　　108
在庫代理人　　　32
財産の共同所有性　　　10, 24, 39
債務者主義　　　91, 232, 236, 245
査察調査　　　290
三角合併　　　171

産業上、商業上の利得　　　151, 154, 225

し

事業譲渡類似株式　　　173
事業所得　　　26, 66, 108, 243
事業体課税　　　34, 38, 41, 98
事業年度　　　16
事業利得　　　66
資産の運用または保有による所得　　　68
資産の譲渡により生ずる所得　　　70
事前確定届出給与　　　164
事前通知　　　289
実質支配関係　　　183
質問検査権　　　295
自動設備　　　48
従属代理人　　　52
受動的所得　　　126
受忍義務　　　295
準備的または補助的な性格を有する活動　　　49
証券保管振替制度　　　202
常習代理人　　　31
　──から除かれる者　　　32
使用地主義　　　91, 120, 236, 245
商法上の匿名組合　　　104
使用料　　　93, 96, 245
　──等（7号所得）　　　237
　──に含まれないもの　　　243
　──又は譲渡の対価　　　241
資料調査課　　　290
申告期限延長の特例の申請書　　　20
人的役務提供事業の対価　　　78, 136, 225, 243

す

ストレステスト　　　305

索引 | 419

図面、人的役務等の提供の対価　242

せ

税務調査　289
ゼネラル・パートナーシップ　12, 24
船舶又は航空機の貸付けによる対価　228
船舶又は航空機の裸用船（機）料　83
船舶若しくは航空機の貸付けによる対価　84

そ

双方居住法人　4
租税回避否認規定　188
租税条約　216
　——に関する届出書　200, 211
　——に基づく情報交換制度　282
　——に基づく認定を受けるための申請書　212
その源泉が国内にある所得　71
その他所得　102

た

タックスヘイブン対策税制（CFC税制）　124
脱税事件の調査　290

ち

チェック・ザ・ボックス規則　34, 37, 38, 39, 41, 43
注文取得代理人　33
調査部　290
著作隣接権の使用料　226

て

定期同額給与　164
定期用船（機）契約　228

適格合併　172, 173
適格株式交換　173
適格現物出資　178, 179
適格分割型分割　173
デット・アサンプション　113
デリバティブ　129
典型的な匿名組合　101
　——契約　104
電子商取引　26, 54, 105

と

問屋契約　109
当該業務に係るもの　240
導管事業体　9, 216
投資組合契約　21, 23
投資事業有限責任組合　22
特殊関係株主等　74
特殊関係者　74
特典条項　207
　——に関する付表　211
特別国際金融取引勘定　202
特別の技術による生産方式等　239
匿名組合　102
　——契約　97, 199
　——契約に基づく利益分配　97
独立企業間価格　181
独立企業原則　113, 128, 138, 155
独立代理人　30, 53
　——に当らない代理人　31
　——に該当する者　30
土地等の譲渡対価　222

な

内国法人　3
内部使用料　121

内部利子　121
　　――は損金不算入　121

に

日蘭租税条約　102
任意組合　22, 24, 104
任意調査　289

は

パートナーシップ　36, 104
　　――形態　52
配当等　233
パススルー課税　13
　　――方式　22
裸用船（機）契約　228, 230
反面調査　297

ひ

PE　63
　　――なければ課税なし　154
　　――を有しない外国法人　173
非居住パートナー　11
必要があるとき　297
非典型の匿名組合　101
　　――契約　104

ふ

不動産の賃貸料等　136, 228

ほ

法人事業税　258
法人住民税　257
補助的な機能　160
本支店間の内部利子　121
本店所在地主義　3, 277

本店配賦経費　20, 122

ま

マーケットリスク　305

み

みなし事業年度　18, 19
みなし譲渡　175
身分証明書　301
民間国外債　202
民法組合　22
民法上の組合契約　199, 218
民法上の任意組合　104

む

無形資産　149

め

免税芸能法人等　80
　　――に関する届出書　80

や

役員賞与　163

ゆ

有限責任組合員　23
有限責任事業組合　22

よ

汚れた所得　125

り

利益分割法　158
利益連動給与　164
利子　90, 231

利子·所得　　86, 91, 114
リミテッド・パートナーシップ　　13, 24
リミテッド・ライアビリティ・カンパニー
　　（LLC）　　42
流動性リスク　　305

ろ

ローン・パーティシペーション　　115

わ

割引債の償還差益　　86, 232

英数字

General partnership　　9
Limited liability company　　9
Limited partnership　　9
OECD モデル租税条約　　46, 51, 66
　　——のコメンタリー　　46, 54
　　——5条に関するコメンタリー
　　50, 51, 53

PE　　63
　　——なければ課税なし　　154
　　——を有しない外国法人　　173
1号所得（事業）　　56
1号 PE　　27, 46, 48
2号所得　　78
　　——（人的役務提供事業の対価）　　56
2号 PE　　28, 50
3号所得（不動産賃貸料等）　　56
3号 PE　　30
4号所得（預金利子等）　　57
4号 PE　　34
5号所得（配当等）　　57
6号所得（貸付金の利子等）　　57, 90
7号所得（使用料等）　　57
8号所得（広告宣伝のための賞金）　　57
9号所得（生命保険契約等に基づく年金等）　　57
10号所得（定期積金に係る給付補てん金等）　　57
11号所得（匿名組合契約の利益分配額）　　57

◆著者略歴

遠藤 克博（えんどう・かつひろ）

東北大学経済学部卒業後、昭和53年東京国税局入局。国税庁調査課からロンドン長期出張、移転価格事前確認審査担当専門官、国際調査課課長補佐、税務大学校研究部教授、主任国際税務専門官。平成20年遠藤克博税理士事務所開設。平成21年ローランド ディー．ジー．㈱社外監査役（現任）、青山学院大学大学院客員教授。平成23年千代田インテグレ㈱社外監査役（現任）。平成24年税務大学校総合研修講師。

主な著作に「パススルーエンティティをめぐる国際課税問題」（日税連懸賞論文）、「移転価格税制と寄附金課税」（税務大学校論叢33号）、『[詳解] 国際税務』（共著、清文社）等。

〈編集協力〉

山内 利文（やまうち・としふみ）

税理士。昭和43年4月仙台国税局採用。都内及び千葉県下税務署、東京国税局調査部に勤務。この間、外国人、外国法人担当部門、税務署国際調査情報官、国際情報専門官などを経て平成21年退職。同年税理士事務所開設。

Q&A 外国法人所得課税の実務
（がいこくほうじんしょとくかぜい じつむ）

2012年10月10日　発行

著　者	遠藤　克博 © （えんどう かつひろ）
発行者	小泉　定裕
発行所	株式会社 清文社

東京都千代田区内神田1−6−6（MIFビル）
〒101−0047　電話 03(6273)7946　FAX 03(3518)0299
大阪市北区天神橋2丁目北2−6（大和南森町ビル）
〒530−0041　電話 06(6135)4050　FAX 06(6135)4059
URL http://www.skattsei.co.jp/

印刷：亜細亜印刷㈱

■著作権法により無断複写複製は禁止されています。落丁本・乱丁本はお取り替えします。
■本書の内容に関するお問い合わせは編集部までFAX（03-3518-8864）でお願いします。

ISBN978-4-433-51382-5